JN325859

近代社会事業の形成における地域的特質

――山口県社会福祉の史的考察――

推薦のことば

本書は、日本における社会事業形成と展開の過程を、山口県という地域においてとらえ、日本の社会事業の歴史的特性を示し、ひいては日本の社会福祉の課題を明らかにすることを目指したものである。

本書に収録された論文は、とくにつぎの三点が評価・注目され、博士（学術・福祉）の学位論文として、合格したものである。

(1) 数すくない地域史の研究である。

(2) 山口県社会事業に関する雑誌、行政資料にとどまらず、施設所有の一次資料の発掘、採集なども行い、さらに関係者からの聞きとりも実施している。

(3) 従来の、社会事業の範囲でとらえられなかったハンセン病患者や、朝鮮人労働者問題との関連も論じた。

なお、今後は、さらに次の諸点が探求されることが期待された。

(1) 〝地域〟のとらえ方をより明確にし、その在り方を探求すること。

(2) 〝地域〟の、経済・社会・文化的特性との関連を考究すること。

(3) 朝鮮人労働者問題など、労働者の移動に関しての地域の在り方を検討すること。

この論文は、それらを充分に展開しうる可能性をはらんだものであり、今後、関連分野における有効かつ貴重な文献となることを期待、推薦のことばとしたい。

平成十八年八月一日

長崎純心大学大学院教授
一番ヶ瀬　康子

近代社会事業の形成における地域的特質／目次

序章　地域社会福祉史研究の意義と動向

第一節　地方分権と地域社会福祉史研究

本研究は、日本において、慈善・社会事業が各地においてどう受容され、発展したかを示すことで、日本社会事業の歴史的特性を示し、ひいては日本の社会福祉の課題を明らかにすることを目指している。そのために山口県を研究対象として設定し、山口県における慈善事業から社会事業、戦時下への動きを分析している。

近代社会の形成のなかで慈善事業として展開された公私の救済は、通説としては、一九二〇年前後に、科学的、専門的性格をもった社会事業へと発展したものの、それが戦時体制のもとで戦時厚生事業に変質し、戦後社会福祉として再出発していくと語られている。本研究は、主に社会事業とされる時期を中心としつつ、必要に応じて、その準備をした慈善事業の時期の活動や思想を追っている。具体的な時期としては、主に一九二〇年台前半から一九三〇年代末を対象としつつ、一九〇〇年頃から一九四五年頃まで広げている場合もある。

本研究は、「地域社会福祉史研究」といわれる研究である。「地域社会福祉史研究」とは菊池義昭らが主張しているが、「日本各地で実施されてきた社会福祉活動を、丹念に発掘していくなかから新しい社会福祉の歴史が生まれてくると考える。私たちは、この研究を、地域社会福祉史研究と名付けたい」との発想のもと、「政策や制度が成立する以前もしくは、それらが成立したあとの運用の実態を、生活者の側から検証しようとする歴史研究」を行い、「中央」と「地方」をいう発想を排している。一人ひとりの生活者にとって、自分の生活している場が「中央」であると考えると、「中央」「地方」という概念ではなく「地域」という視点において、「社会福祉」の歴史を分析しようとした。したがって「地方史」という考え方も拒否している。(1)

歴史研究には、政策史、思想史、人物史、施設史、分野史等の方法があるが、それらは日本という国民国家をひとつの単位として、その中央政府の政策やその背景、あるいは全国的に見た場合に先進的と考えられ注目すべき人物や実践を扱うこととなる。それらが重要な研究であることはいうまでもない。ただそれらは、政策という、社会福祉の論理よりも国家の論理で動くものを捉え、あるいは実践においては突出して秀逸な存在を描くことになる。いずれも、大多数の国民から見たら、日々の生活と直結したものではない。大多数の国民は職業生活において必要な場所に住み、一日一日を暮らし、それが躓いたときに社会福祉を利用することになる。日本全体から見渡す方法では、そうした平凡な日常から観た福祉の像を描くことはできない。また、社会福祉は個別性や地域性をもったものであり、その集大成が「日本の福祉」とみなされるものである。全体を理解するためには、集大成される前の個々のものを見ることも必要である。しかも、その個々のものは全体のミニチュアなのではなく、独自の形態をもっていることもある。本研究は、いわば国民一人ひとりという、下から社会福祉の歴史を捉えようとしている。

「地域社会福祉史研究」は、今日より一層その必要性が高まっている。第一に、地域福祉の発展である。一九八〇年代より地域福祉が重視され、日本地域福祉学会も設立された。今では、社会福祉の基本が地域福祉であることを否定する者はいないであろう。しかし、地域福祉の議論は、地域福祉計画の立案方法とか、介護システムの構築とか、ボランティアの組織化とか、社会福祉協議会の運営とかといった、技術的な課題に流れがちである。地域福祉を考えるのであれば、民生委員の歴史的性格の把握や、地域で積み上げられてきた福祉活動の総括が必要である。それがないまま、法で義務づけられた社会福祉計画の立案を重ねるだけでは、国に統制されていることに変わりはなく、地域福祉が発展することはないだろう。なお、そもそも地域福祉とは何なのか、定義が定まっているわけではなく、地域福祉研究と称して行われていることも、社会福祉協議会論であったり、コミュニティワーク論であったりと多様である。筆者は、地域福祉を社協活動などに矮小化してはならず、生活者が直面した課題を解決する方策を、地域において解決するために取り組まれる実践の総体としてとらえるべきであると考える。その際の課題とは狭義の社会福祉ニーズではなく、生活全般であるべきだし、実践とは、政策立案、計画化、サービス提供、ボランティア活動、セルフヘルプグループ等、多様にとらえるべきである。

そしてそれは固定的なものではなく、地域のネットワークの体制が構築され、市民参加の実績が蓄積されれば、計画化や政策的介入の要素は後退し、各地域での福祉文化の具体的展開が地域福祉の主要な要素とみなされていくであろう。

第二に、地方分権の動きの本格化である。昨今の「地方分権」と称される動きには財政難の打開という政策側の本音も見え隠れし、地方分権一括法や補助金の一般財源化などの具体策も、真に地方分権につながるのか疑問に感じざるを得ない。しかし、地方分権の理念自体は、民主主義の基本としては推進すべきものである。その場合、地方自治体における社会福祉についての政策立案能力や実践力が問われる。これまで、どう政策をたて、また実践レベルでどう展開され、思想が形成されたのかが明確でなければならない。それなしの地方分権を受け入れても成功せず、中央にまかせることになりかねない。

第三は、国際化である。グローバル化の流れは、経済にとどまらず、社会福祉にも及びつつある。世界規模での思考なしに、社会福祉を形成することはできない。このことによって、マクロ的な思考だけが求められるのではない。むしろ国際化は、自らの地域について理解する必要を強く要請する。それなしでは、歪んだナショナリズムが広がるだけである。また、国際化がすすむということは、国家のもつ意義が相対的に小さくなるということである。国家の存在が薄まれば薄まるほど、地域の重みが増してくる。これは、社会主義国という中央集権的で抑圧的な国家の解体の後に、旧社会主義国での地域紛争が絶えないことからも明らかであろう。

「地域社会福祉史研究」という場合、「地域」をどう設定するかが問われる。「東北」「九州」といった広域な地域もありうる。逆に市町村は基本単位であるし、市町村内部でさらに細かい区分が可能である。中核的な市とその周辺の郡部によるまとまりもあるし、あるいは県によって独自のまとまり、たとえば、福島県での「浜通り」「中通り」、福井県での「嶺北」「嶺南」といったその県に特有の独特な区分がなされる場合がある。

いずれも、歴史的ないし地理的に一定の意味があるが、本研究では、「県」というまとまりをとった。都道府県を一区域として設定することに、研究上の合理性があると考えたからである。第一に、廃藩置県から現在にいたるまで、長期的にほぼ現行の形で推移し国民にも定着している。明治期にいくらか変動があり、あるいは北海道や東京都に関して法的な位置付けが変わり、沖縄県が一時期米軍統治下に入ったといった変遷はあったものの、全体としていえば、安定した形態といえよう。また、多くの場合、前近代の藩や国の組み合わせが基礎となっている。山口県も江戸時代の長州藩を踏襲した区域であり、現在の区域が四〇〇年維持されている。その結果、「県民性」といったものも形成されているといわれる。郷土への愛着も都道府県単位であり、国民体育大会は都道府県が順位を争い、高校野球も都道府県代表として出場し、国民は自分の出身県を応援する。

市町村は、住民と行政との距離が近く、制度的にも国民健康保険や介護保険が市町村で運営される。日常の生活圏も通常は市町村内で完結することが多く、市町村を単位とすることに意義は大きい。しかし、一方で、合併が繰り返され、市制町村制が発足した頃より随分形態が変化している。また町村が市に昇格するケースなど、内容も変貌している。「昭和の大合併」で戦前よりも広域化し、さらに近年の市町村合併によって、一段と変わり、かつ市によっては、かなり多くの市町村が合併に参加して著しく広域化し、歴史的な継続性が把握しにくくなっている。特に大都市に編入合併された場合に、小規模な旧町村は見過ごされやすい。

また、小規模な市町村では、戦前の社会事業はそう多くないので、まとまった研究対象になりにくく、かといって、ある程度社会事業がなされている市となると、結局大都市ということになり、それでは戦前社会の基本であった農村が欠落してしまう。

第二に、地方行政の単位として完結していることである。都道府県社会福祉協議会はじめ主要な社会福祉団体も都道府県単位で設置されており、社会福祉以外でもあらゆる領域にわたり、都道府県を単位として各種団体なども組織されている。身体障害者更生相談所、知的障害者更生相談所、児童相談所など、主要な相談機関は都道府県設置（指定都市も含まれるが）であることも、都道府県がサービスの一単位であることを示している。政治史、労働運動史、教育史、医学史など関連領域での歴史研究も、都道府県単位で研究がまとめられている場合が多く、そうした研究を活用し、比較分析するうえでも、都道府県単位に合理性がある。

もっとも、都道府県も行政遂行上の都合で便宜上区分けしているに過ぎない面もある。都道府県の業務は、広域調整が中心で独自の行政判断の余地はそう多くはなく、中核市や特例市の制度ができて、ますます権限が縮小している。戦前の道府県が決して自治の単位ではなく、内務省による行政のコントロールの道具であった面も軽視してはならない。

多くの研究が当然の前提として都道府県を単位として用いているが、果たして当然なのかどうか、疑う余地は大きい。そもそも、その県域自体も細かく見ていくと曖昧なことがある。「平成の大合併」においても、長野県・岐阜県境の長野県山口村と岐阜県中津川市で、県を越える合併がかなりの現実味のなかで議論され、ついに実現した。山口県でも、旧田万川町（結局は萩市と合併）で、一時島根県益田市との合併が話題にのぼった。また、下関市・北九州地域では、海をはさんでいるので地理的な県境は明確だが、人的・物的交流は非常に大きく、商圏・経済圏も重なり、あたかも一体の如き様相を呈している。山口県の歴史をさかのぼると、一九〇三年に、山口県を二つに分割して、広島県、福岡県に併合する案や、島根県の一部と併合する案が政府で検討され、廃県反対運動が展開されたことがある。

また、都道府県の合併や道州制が強く主張されるなど、現行の都道府県が未来永劫続く保障もない。したがって、現行の都道府県を絶対視して固定することなく、柔軟に地域を考える必要がある。しかし、歴史把握において、当面都道府県がもっとも有効な区分であることは否定できない。

では、なぜ四七都道府県のうち、山口県を対象とするのか。筆者が研究を開始したごく初期の段階で、山口県が筆者にとって本籍地であり、また両親の出身地であり、筆者が山口県の高校を卒業したという、個人的事情が動機としてあったことは事実である。しかし、郷土史的な関心で研究を継続しているわけではないし、そもそも筆者は山口県で生まれ育ったわけではなく、成人するまでに山口県に居住したのは五年間にすぎず、いわゆる長州人というには、資格に欠けているように思われる。つまり、山口県を研究するのは、郷土愛の発露などでは全くなく、山口県を対象にすることで社会福祉の課題が解ける特別な理由があるためである。

まず、前近代より、鎌倉初期には東大寺再建のための木材入手に来ていた重源による飢餓の救済があった。戦国期にはキリシタンによる慈善活動がみられ、飢饉での救済などが行われ、キリシタン史やカトリック福祉史において常に注目されてきた。また江戸時代には長州藩においても、凶作時の農民の救済、火災に遇った農民の救済などが政策的に行われるなど、藩による救済や相互扶助による救済の具体的事例がみられる(2)。それらは、直接的に近代に継続されてはいないとはいえ、歴史的な蓄積として近代に影響を与えている可能性がある。

近代になると、農山漁村をかかえる一方で、工業都市や炭鉱もあり、日本海側と山陽側と両方の地域があり、いわば日本の縮図のような性格をもって発展した。また、朝鮮半島に近いことから朝鮮人が多数流入し定住し、あるいは被差別部落が多く部落問題が深刻であり、労働組合運動も一時活発になるなど、社会問題が明確である。炭鉱が多く存在したことも、労働問題や朝鮮人問題を広げる役割を果たした。

さらに、後述のように史料が他県に比してよく残っており、研究条件に恵まれているが、それを生かした研究はほとんどなかった。姫井伊介、篠崎篤三といった、本来ならもっと注目されていいのに知られていない社会事業家がいる。さまざまな点で社会事業史研究のうえで、研究すべき要素をかかえている。

山口県出身者が明治政府の要職を多く占め、政治に多大な影響を与えてきたことで、政策の方向が貫徹しやすい県ではないかとの見方もあろう。確かに、国家を支えているのは自分たちだという自負のもとで実践に取り組む社会事業家も存在した。だが、特に国家の政策が山口県で容易に貫徹しているわけではない。山口県でも、労働運動や農民運動は活発であった。社会事業においても、済生会の寄付集めの際に応じない資産家が多く、県は必死になって寄付集めに奔走しなければならなかったし、方面委員制度はかなり特異な展開をしている。救護法を適用しない町村も多かった。ハンセン病患者への「無癩県運動」が活発だったように政策動向に合致していたこともあるが、全体としては、政策の動きをうけつつ独自の事情もからみながら社会事業の発展がみられたのである。

第二節　地域社会福祉史研究の先行研究

（一）社会福祉史研究全体において

こうした地域社会福祉史研究はこれまで、どの程度の研究蓄積を有しているのであろうか。戦後の社会福祉史研究は吉田久一を軸にすすめられた。吉田は『昭和社会事業史』（一九七一年）、『現代社会事業史研究』（一九七九年）などのすぐれた通史を多数執筆し、社会福祉史研究を方向づけた。吉田の功績はきわめて大きく、吉田以後の研究者は筆者も含めて、吉田を土台にして研究をスタートさせているといって過言ではない。それゆえ、吉田の研究の問題点は、吉田一人にとどまらず、社会福祉学全体の問題点にもつながっている。

吉田は社会福祉の歩みを鳥瞰し、多様な動きを細かく把握して、歴史の全体像を描き出そうとした。そのため、地域に着目して社会福祉を描く視点は弱く、むしろ内務省や中央社会事業協会の設定した社会事業の枠組みが全面に出ている。主要史料は『社会事業』『社会事業研究』あるいは内務省の発行した一連の発行物等と思われる。

また、社会事業の範囲は、内務省等の設定した範囲に影響されている。ときに禁酒運動や動物愛護まで触れているのに、ハンセン病、結核、精神病などの動向やその対策といった、国民生活に影響を与えた動きがあまり出てこない。朝鮮人、アイヌ、被差別部落等も北海道旧土人保護法のように社会事業法制と関係した形では出てくるが、積極的な取り上げ方ではない。

そこには、吉田が研究した時期は信頼に足る通史は乏しく、一定の範囲で重点を定めて、とりあえず通史を完成させる必要が高かった事情がある。また吉田は自己の体系に満足せず、晩年において『新・日本社会事業の歴史』（二〇〇四年）を出版した。同書は単に近年の動きを書き足したのではなく、最新の研究を吸収しようという意欲が随所にあふれている。

九〇歳近い年齢でなお、新たな研究を開拓しようとする姿勢に筆者としても尊敬の念を一段と強く持たざるをえない。しかし、吉田の弱点を克服していかないと、ノーマライゼーションやユニバーサルデザインの思想を軸に幅を広げる近年の社会福祉の動向を解く研究に、つながっていかないであろう。

吉田に遅れて通史を完成させたのは池田敬正である。池田は『日本社会福祉史』（一九八六年）を書き上げ、さらに『現代社会福祉の基礎構造』（一九九九年）、『福祉原論を考える』（二〇〇五年）等、社会福祉の歴史的な姿を緻密に描き出そうとしてきた。池田は、吉田にみられたやや淡白な分析とは違って、時代ごとの背景や社会構造と社会福祉との関連を詳細に論述し、さらに『現代社会福祉の基礎構造』以降は人類史的視点から「福祉学」を提唱するにいたった。しかし、その視点は吉田以上にマクロに流れていて、社会保険の動きなどへの関心は強いが、地域から社会福祉を照らしたり、国民の生活の実相を事例的に示したりすることへの関心が強いとはいえない。

菊池正治・清水教恵・田中和夫・永岡正己・室田保夫『日本社会福祉の歴史』（二〇〇三年）は、テキスト的な通史としては、現在最もすぐれたものであろう。吉田、池田のもつ問題点をかなり克服してはいる。たとえば、方面委員制度について、各道府県の沿革を一覧にして、方面委員制度が各地で特異な展開をみせた事実を明らかにしている。しかし、学生向け教科書を意図したと思われる同書は、量的にはコンパクトであるため、吉田、池田にかわりうる体系を示したとはいえない。

結局、一連の通史的研究においては、地域的な視点は確立されず、またハンセン病、結核、精神障害等の病者、被差別部落、朝鮮人、アイヌ等の差別に関する課題をどう位置づけるか確立できずに現在にいたっているといわざるをえない。

（二）個人研究

地域社会福祉研究は研究の乏しい領域であると指摘されてきたが、個々には注目すべき成果もある。(3) 個人による地域史研究の先駆としては、何といっても守屋茂の岡山県の研究である。岡山県は、岡山孤児院、岡山博愛会、成徳学校等の注目すべき施設があり、また山室軍平、留岡幸助、片山潜といった著名な社会事業家を生み出すという社会事業史では特筆される県である。守屋は公務員であったが、長く岡山県社会事業史を研究し『岡山県下に於ける慈善救済史の研究』（一九五八年）、『近代岡山県社会事業史』（一九六〇年）として集大成した。個人研究としては量的にも膨大であるが、先行研究もほとんどないなか、岡山県の社会事業の動きを体系化した。

内田守『熊本県社会事業史稿』（一九六五年）、『九州社会福祉事業史』（一九六九年）も個人研究として先駆である。内田は九州療養所や長島愛生園の医師としてハンセン病医療に携わり、また明石海人などを発掘した歌人でもあった。戦後は熊本短期大学で社会福祉を講じ、九州における社会福祉研究の草分けである。熊本もまた、回春病院、待労院、慈愛園など著名な施設が多く、実践と研究者の熱意とが結びついた研究である。ただ、内田の研究は網羅的ではあるが、その分個々の実践や思想について一次史料によって丁寧に分析しているわけではない。また、内田は、救癩運動にかかわったり、慈愛園のパウラスや潮谷総一郎、回春病院のライトと個人的に親交があるなど、研究対象とのつながりがあった。それは、内田の強みではあるものの、研究と個人の体験や伝聞が混在しており、研究としての手続きに不備がある。

大阪を対象とした研究も早くからみられ、研究者個人が担ってきた。古くは柴田善守、近年では永岡正己などである。ただ、それらは地域社会福祉史というより、日本社会福祉全体での関心であろう。永岡についていえば、セツルメントや社会改良に関心が高く、その研究の対象が大阪であった。永岡の研究は狭義の社会福祉にとどまらず、医療などにもひろがり、またその内容に精緻さを加えている。

三吉明は『北海道社会事業史研究』（一九六九年）を出版するなど、北星学園大学教員時代に、北海道の社会事業史の発掘と整理に成果をあげた。ただ、同書は学園紛争下の厳しい条件での研究だったという現実があったとはいえ、広く整理されてはいるが、史実を羅列した淡白な内容ともいえる。三吉の歴史研究全体が、社会福祉史研究が未熟な時代の水準の研究であり、北海道史研究もその未熟さを引きずっている。北海道の研究は三吉によって築かれた基礎が、後述の北海道社会事業史研究会によって継承され、本格的に展開されているといえよう。

芹沢勇は『神奈川県社会事業形成史』（一九八六年）を書いている。著名な施設や人物の紹介は詳しく、統計資料も多く掲載されている。しかし、分野ごとの記述であるため、全体としてどう展開したのかの把握は困難である。しかも、その分野の区分や順番にも疑問が生じる。児童領域は「養護」「教護」「保育・保護」といくつにもわかれて分量も多いのに、都市部をかかえて比重は高かったと思われる経済保護事業は、最後に位置する「援護」のごく一部分にとどまっている。「援護」という表記自体、現在の行政では戦災援護のことを指すのだから、漫然と違う意味で使うべきではないだろう。

赤松力は『近代日本における社会事業の展開過程—岡山県の事例を中心に—』（一九九〇年）をまとめた。赤松は岡山市の職員であったが、『岡山市百年史』の編纂にかかわったこともあって、社会事業史研究を行った。守屋の先行研究を受けて、戦前の岡山県の歩みを動的に描いている。個人研究の通史としては、その全体把握、史料の収集、政治や経済への目配りなど、最も完成度の高い著作といっていいだろう。ただ、岡山の著名な施設や人物の紹介は詳細だが、その分無名の実践の掘り起こしは弱い。題名からいって、もともと関心が日本全体にあって、岡山はその手段にすぎないのかもしれないが、地域社会福祉史としてみると、物足りなさが残る。

村山幸輝には、香川県を対象にした『地方から見た近代日本社会の形成』（一九九四年）がある。同書は『香川県史』『善通寺市史』のために執筆した原稿をもとに、県史・市史に記述できなかったことも含めて叙述したものである。書名からわかるように、一地域の歴史にとどまらず、全国史へと視野を広げていく展望をもって執筆された野心的な研究といえる。ただ、衛生問題が重視され、確かに衛生が狭義の社会福祉でないことから従来の社会福祉史研究において軽視されてきたことは、社会福祉の歴史把握のうえで重大な欠陥であった。ただ、だからといって、衛生が重視されすぎると、逆に社会事業本来の救済活動が見えにくくなることも否めない(4)。

矢上克己は『北信越社会事業のあゆみ』（一九九三年）、『石川県社会福祉成立史研究』（二〇〇四年）を出している。通史的に概観することで、地域の特性を明らかにしようという意欲や、実践志向など、社会福祉全体に位置づけようとする意欲が強い。年表や統計などデータが詳細であり実証的である。ただ、『北信越社会事業のあゆみ』は新潟県、富山県、石川県、福井県、長野県と広域である分、各県の記述がそう多くはない。石川県については『石川県社会福祉成立史研究』によって、かなり充足されたものの、せっかくの史料収集の徹底さが、通史としての歴史分析になお生かしきれていない。石川県については、雑誌『石川県之社会改良』の分析を中心とした元村智明の研究もある。沖縄県では末吉重人『近世・近代沖縄の社会事業史』（二〇〇四年）がある。独自の文化や歴史を有する沖縄県について、前近代から整理した興味深い内容である。ただ、近代については、例示的に主要施設が紹介され、慈善事業から社会事業、厚生事業にいたる経過は明確ではない。また戦時下で終わっているので、米軍統治下の時代は課題として残されている。沖縄県では、本研究の時点では本としてまとまっていないが、石井洗二による研究も注目すべきである。『沖縄の社会福祉に関する歴史的研究』（二〇〇五年）という科学研究費報告書として整理されている。まだ研究の中途と思われるのでコメントは控えたいが、研究の空白を埋める意欲的研究である。しかし、「地方社会福祉史研究としてではなく、また、沖縄をとおして日本を見るというものでもなく、日本の社会福祉の歴史を相対化する姿勢」を述べており、筆者や他の研究とは視点を異にしており、地域社会福祉史の範疇におさめられない研究のようである。

こうして、個人研究をたどってみたが、最大の功績者は一九七〇年頃から今日まで地域社会福祉史研究をリードした田代国次郎である。田代は、東北福祉大、広島女子大、福島大、倉敷市立短期大学、立正大と勤務校を変えてきているが、常に在住している地域の歴史研究に励んできた。具体的には東北全体、栃木、福島、広島等である。さらに個人的に研究誌『福祉の広場』（改題し現在は『草の根福祉』）を発刊、同誌に各地の地域社会福祉史研究の論考を掲載することで、発表の場が乏しい地域社会福祉史研究を支援した。後進の指導にも熱心であり、菊池義昭、本田久市、矢上克己、井村圭壯らが主要な研究者は、田代によって指導されてきた。筆者も田代から激励されてきた一人である。『ヒロシマ地域社会福祉史』（二〇〇二年）、『東北地域社会福祉史』（二〇〇二年）が出版されている。ただ、地域的に各地を取り上げてきた分、各県の詳細な分析は完成されないままである。

こうした全県的、通史的研究のほか、青山大作『名古屋市の社会福祉　終戦時を中心にして』（一九七三年）、浦田正吉

『近代地方下層社会の研究』（一九九四年）、本田久市『福島保育研究運動史』（二〇〇五年）といった、ある時期を区切ったり、限定された分野での研究もある。個別論文にもそうしたものが多々あると思われる。

（三）研究会による研究活動

一部の地域では、研究会を中心にした活動により研究をすすめている。その草分けは、一九七七年設立の東北社会福祉史研究連絡会である。設立年は千葉県社会事業史研究会より二年ほど後ではあるが、それ以前から東北ソーシャルワーカー協会内での歴史研究の活動実績がある。『東北社会福祉史研究』を発刊している。当初は筑前甚七が会長であったが、現在は大坂譲治である、会の実務は菊池義昭が担っている。ほかに、本田久市、田澤薫らがメンバーである。長期間、たゆまなく研究を継続している。社会事業史文献賞を受賞した『東北基督教育児院八十八年史』の執筆者は、この研究会の会員が中心である。

一九七五年設立の千葉県社会事業史研究会は長谷川匡俊ら淑徳大学の研究者を中心として、千葉県の人物研究、史料発掘、実践分析などに成果をあげてきた。『千葉県社会事業史研究』を発刊している。梅原基雄、小倉常明、三好一成、土井直子らの研究がある。『人物でつづる千葉県社会福祉事業の歩み』（一九八五年）を発刊して人物史の輪郭を示し、また主要施設の研究や方面委員制度の展開など、次々と課題を解いている。二〇〇六年に千葉・関東地域社会福祉史研究会へと発展的に改組した。

一九八九年設立の北海道社会福祉史研究会は、平中忠信らを中心にして、道内の施設史研究人物発掘などを続けている。平中は現場人であるだけに、実践史的視点が明瞭である。北海道への注目は家庭学校に集まっている感があるが、ほかにもユニークな施設・人物が多い。三吉明の研究以来の成果が、着実に積みあがっている。

二〇〇一年設立の北信越社会福祉史研究会は矢上克己を中心に本格的な研究を開始した。『北信越社会福祉史研究』を発刊している。

二〇〇一年には中国四国社会福祉史研究会も生まれた。中心の井村圭壯は養老院研究で注目されている。ほかに、藤原正範や筆者が参加している。しかし、「中国四国」と称しながら四国の研究者の参加はわずかで、研究誌への掲載論文も岡山県と山口県に偏っていて、中国四国の歴史的特徴を示すにはほど遠い。

これらの研究会は各地の無名の施設や人物を丹念に発掘しその内容を一つひとつ明らかにしている。これらの連絡会の組織化として二〇〇〇年に地域社会福祉史研究会連絡協議会がスタートして、個別地域の研究成果を総合化する努力がはじまった。

ただ、研究会といっても、実態は核となる少数の研究者が何とか会を維持しているにすぎない。会の研究誌も、執筆者の顔ぶれが毎号ほとんど同じといっても過言ではない研究誌もある。研究誌の査読の態勢もなく、まずは研究の実績をつくっているという状況である。社会福祉系の学校が激増し、各地に社会福祉研究者が存在するはずだが、地域社会福祉史に関心をもつ者はきわめて少なく、研究の活性化につながっていない。

（四）行政・社会福祉協議会による年史

行政、あるいは社会福祉協議会により、関連の本が出版される場合がある。『秋田県社会福祉史』『静岡県社会福祉の歩み』『大分県の社会福祉事業史』『島根県社会福祉史』『福岡県社会福祉事業史』『長崎県福祉のあゆみ』などである。個別分野では、民生委員制度の史書がよく出版される。大部なものがあり、一定の時間と費用をかけ、また県ないし社会福祉協議会の事業ということになれば、史料収集にも便宜が図られることもある。しかし、施設や施策の羅列という側面を免れず、新しい歴史像を描く意欲には乏しい。こうした企画自体は、歴史への関心を喚起するものとして歓迎できるものの、基礎にして研究を発展させないと、役所や施設の応接室の飾りに使われるだけである。

なお、都道府県や市町村で歴史編纂が行われ『〇〇県史』『〇〇市史』といった大部な文献が発刊されることが普通である。筆者はそれらのほんのごく一部しか見ていないので、一般論ないし印象論に過ぎないが、それらは社会福祉には不案内な一般の歴史研究者が編纂・執筆するため、社会福祉についての記述が少なく、あったとしても不正確であるなど、研究の指針になりにくい。歴史全体を把握するうえでの入門的な有益さはあるが、地域社会福祉史研究の先行研究としての成果は、内田守が参加した『熊本県史』、村山幸輝が執筆している『香川県史』のようなもの以外は内容は乏しいといわざるをえない。

(五) 山口県での先行研究

山口県でも、県レベルの史書や市町村史で社会福祉史に触れることは稀であった。県レベルの史書での記載としては、『山口県の統計百年』(一九六八年) に簡略な記載がある。『山口県政史』(一九七一年) にはまとまった記述があるが、特定の時代や事象に偏っている。市史では『岩国市史』(一九七一年)『下関市史』(一九七三年) などに記載があるほか、『宇部市史』(一九九三年) には比較的よく書かれている。近年になるほど記載が増える傾向にはある。『宇部市史』の旧版 (一九六六年) と新版を比べるとわかる。社会福祉の認識が高まったことが背景にあるだろう。

社会福祉を意識した研究としては、一九七〇年代からの松本れい子と脇英夫が嚆矢である。詳細は本文の該当箇所で触れるが、松本は山口県社会事業の全体像の把握、特に児童領域にその関心が高かった。防長孤児院や農繁期託児所の研究などがある。ただ、防長孤児院の史料発掘なども行ってはいるが、全体に史料収集が不徹底であり、たとえば『山口県社会時報』について、松本が研究していた時期でも大阪府立夕陽ケ丘図書館や日本社会事業大学に所蔵があることは容易にわかったはずだが、山口県立図書館所蔵の分しか利用していない。

脇は、戦後の山口県社会福祉草創期にかかわった実践者でもある。赤松照幢・安子夫妻の実践について史料発掘などもふまえて、研究を重ねていたが、逝去によって中断した。

一九八〇年代半ばからは、筆者及び布引敏雄が、研究の中心になっていく。筆者は、山口県内の仏教社会事業や社会事業の形成などを研究し、その論文を収録して『山口県社会福祉史研究』(一九九七年) を発刊した。山口県にとって最初の社会福祉史の著作である。同書は既発表論文から構成されているが、こうした論集としての地域社会福祉史の著作は全国的にみても珍しいものである。済生会の寄附金集めの実態を明らかにし、当時注目度の低かったハンセン病について詳述し、朝鮮人の問題に触れるなど、狭義の社会事業に終始する従来の地域社会福祉史と異なる視点が見られる。しかし、同書は既発表論文を収録しただけであるので、全体の論理展開や整合性に欠ける弱点があった。また、それゆえ、当然触れるべき重要な論点、たとえば救護法の実施状況とか方面委員制度などが、不十分もしくは全く欠落している。

布引敏雄は元来は部落史研究者であり、関心も主に中世や近世にあった。最初の単著は『長州藩部落解放史研究』（一九八〇年）であり、その題名が示すように近世が研究対象である。しかし、同書の発刊後近代に関心を広げ、特に姫井伊介に注目し、姫井の融和事業論の研究などをすすめる過程で、社会事業にも研究を広げることになる。近代を研究の主眼とした著作は『融和運動の史的分析』（一九八九年）である。同書は近代の融和運動を姫井を軸にして通史的に描いたもので、山口県の近代部落史の初の本格的研究であるばかりでなく、日本全体の融和運動史においても、新地平を開くものであった。すなわち、それまで、部落史研究や同和教育のなかで、水平運動を当事者による闘いとして礼賛する一方で、融和運動を水平運動に敵対する官製運動として排撃するという図式的な理解が多かったのに対し、融和運動が単なる官製の反部落住民の運動ではなく、そこにも部落解放を願う真摯な実践があった事実を実証的に示した。しかし、姫井のほか河野諦円らの社会事業家が登場するが、あくまで融和運動の業績との関連であり、社会事業史研究の要素は多くはなかった。

布引がその後、姫井研究をさらに広げ、隣保事業実践を軸に構成したのが『隣保事業の思想と実践』（二〇〇〇年）である。同書は、内容としては姫井伊介の生涯・思想・実践を詳細に分析することを軸としつつ、中村法城、松木淳、桂哲雄ら他の隣保事業や「内鮮融和」施設の昭和館にも触れている。広範な史料収集をしているばかりでなく、聞き取りも交え、研究上の課題を次々と解き明かしていく筆致は、推理小説でも読んでいるかのようである。布引が社会福祉学界では知られていないため、同書は社会福祉研究者にはほとんど影響を与えていないが、社会福祉実践とは何かをここまで具体的に描いた文献は決して多くはない。ただ、布引が関心を社会事業にまで広げたとはいえ、なおその関心は融和運動に関連する事業である隣保事業や保育にとどまっている。やはり布引は部落史研究者であって、救貧制度や育児事業など社会事業固有といってよい領域についてまでは関心が広がっていない。社会事業の一側面を描いただけであって、全体像にせまるものではない。

また、地域社会福祉史研究とは異なる関心であるが、寺脇隆夫による救護法の研究において、山口県が事例として取り上げられている。(5) 山口県文書館に所蔵されている救護法関係の行政文書は、筆者もたびたび閲覧して関心を寄せていたが、どう分析してよいかとまどい、これを使う研究をまとめてこなかった。寺脇は一連の救護法研究においてこれに着目し、山口県での救護法の実施過程を明らかにした。

以上のように、山口県の研究は『山口県社会福祉史研究』と『隣保事業の思想と実践』を到達点とし、一定の成果があがっているものの、個々の制度や施設についてなお全く研究されていないものもあり、またいずれの研究も先行研究がないなかの研究のうえ、後に続く者もなく、やりっぱなしになっている。すでに研究がなされた点についての内容の妥当性について改めて検討する必要がある。

第三節　史料の概要

地域社会福祉史研究においては、史料の少なさが研究を進展させるうえでネックになる。そもそも日本社会全体が、史料を残すという、手間ばかりかかって直接には何も生産しない行為に熱心ではない。あらゆる領域において、史料の保存が悪く、日本史の史料収集のためにアメリカに行かなければならないことも珍しくない。雑誌の復刻や資料集の発刊がすすんではいる。しかし、復刻されても欠号が残っていることもあり、雑誌復刻を手がけている不二出版では、自社の図書目録のなかで、毎年情報提供を呼びかけている。

社会事業においてはいっそうひどく、戦前には地域別、領域別にさまざまな社会事業雑誌が発刊されたが、その多くはどの保存機関においても欠号だらけであり、閲覧には困難がともなう。主要な雑誌については復刻がすすみ、地方誌では大阪の『社会事業研究』、東京の『社会福利』、石川県の『石川県之社会改良』が復刻され容易に読めるようになった。しかし、他の道府県のものは、大阪府立中央図書館や日本社会事業大学に所蔵されているが、一部分にすぎない。全国を探してもすべての号が発見されていない雑誌のほうが普通であり、それは『社会事業雑誌目次総覧』（一九九九年）の別巻に整理された所蔵状況にも示されている。

また行政機関がもつ史料も、永久保存の文書でない限り保存し続けることは少ない。社会福祉実践は即時的性格があることや、そもそも古い文書類をいつまでも保管しているスペースもないこともあって、施設にも史料が残りにくい。また、近代以降、地震や戦災などが繰り返され、その都度史料が失われた。個々の施設では火災にあうことも必ずしも珍しくない。滝乃川学園や待労院など著名施設でも火災を経験している。浦上養育院は火災に遭い、かつ被爆した。こうした研究史料の保存の悪さの打開を目指して、社会事業史学会では史料保存へむけての活動を開始した。

山口県でも、状況は同じである。明治維新を成し遂げた県という自負から、維新関係の史料については関心が高いなどの特殊事情はあり、維新史料専門の出版書店があるほどで、史料保存の必要性への理解や熱意は高いと思われる。それは全国で最初に文書館を設置していることや、人口規模の割には設備等の整った県立図書館の存在にもあらわれている。

しかし、あらゆる領域においてまで史料を保存しているわけではなく、社会事業について意識的に史料が残されたわけではない。しかも、県庁所在地の山口市こそ山間部であることが幸いして戦災がなかったものの、岩国、徳山、宇部、下関という主要都市は空襲の被害に遭っている。また、山口県社会福祉協議会では移転を繰り返している過程で、所蔵している書類等が廃棄されているようである。『山口県社会時報』がある程度県社協に保管されているが、これは県社協自身が保管し続けたものではなく、船木隣保館を運営していた寺から寄贈されたものである。

しかし、他県と比較した場合、有利な条件もみられる。基礎資料として、まず、『山口県社会時報』がある。これについては詳細は本文中に記したが、他県では全号揃っているのは東京の『社会福利』、大阪の『社会事業研究』という中央誌的性格をあわせもったものを別として、稀であるが、山口県ではほとんど揃っている。県によっては、そもそも発行された時期が限定されていたり、雑誌としては薄かったり、内容は方面委員制度など県が管轄する事業が中心で内容に偏りがあったりしているが、他県に比して、充実している。『山口県社会時報』が発行されている時期については、社会事業の動きをおおむね掌握できる。むしろ、戦後の『新保育』やそれを継承した『山口県社会福祉』に欠号が見られる。

他の雑誌では、社会事業そのものではないが、『心光』という融和事業団体一心会の機関誌がある。筆者が第一号から第六号を個人的に古書店で入手したが、公共機関の所蔵で確認できるのは第三号のみである。『心光』は『融和時報』の「山口県一心会版」に継承されるが、これは復刻されて容易に閲覧できる。

関連領域の雑誌として、『山口県教育』『山口県青年』といった教育雑誌にも社会事業に関連する論考等が載っている場合がある。『産業組合中央会山口県支会報』にも医療関係の記事がある。医療関係の主要な医療雑誌は山口県医師会にコピーではあるが保管されている。特に『防長医薬評論』は医療関係のさまざまな記事が掲載されており、児童保護に関して、医師の側からの記事がよく載っている。また、健康保険法や国民健康保険法、産業組合による医業への進出等に医師会がどう対応したのかがわかる興味深い内容を持っている。

山口県の社会福祉史研究にとって有力な史料は、何といっても山口県文書館所蔵の行政文書である。その全体像は寺脇隆夫によって紹介されているが(6)、恤救規則、軍事援護、済生会、救護法、農繁期託児所、感化院・少年教護院など、主要な社会事業行政全体にわたっている。その多くは、他県ではまず残っていないものである。当時の行政文書が綴じられたそのままの姿で残っている。宇部市と下関市にも文書館があり、それぞれその地域の役場史料や旧家の文書を保存しており、社会事業関連の史料がわずかながら混じっている。

また、県下各地に残る町村役場史料などに、社会事業関係の文書が含まれている場合もある。特に久賀町の山口県社会事業協会の文書は、県社会事業協会の活動の状況をかなり把握できる。ただ、町村役場文書は誰もがすぐに容易に閲覧できる状態になっているとは限らない。

また県社会課が『社会事業概要』等の冊子を繰り返し発行し、県内の社会事業団体や施設の把握・紹介を行っているが、これも、かなりの程度残っている。

方面委員関係では、山口県史編さん室が収集した史料、あるいは筆者が宇部市教念寺に保管してあるものを発見した宇部市方面委員に関するものなどがある。

一般新聞のなかに、社会事業関連の記事が掲載されることがある。山口県の代表的新聞は『防長新聞』であり、社会事業関係の記事が掲載されている。筆者がよく用いるのは宇部市で発行されていた『宇部時報』である。炭鉱地帯を背景としており、社会問題に直面せざるを得ず、社会事業に関連する報道も多い。

議会での動きや行政の考えを知るうえでは『県会議事速記録』が残っており、県会での議員と県当局の発言がかなり詳細に記載されている。県会での社会事業等の議論もわかる。

こうしてみると、比較的多数の史料が残っている。これまで、こうした史料があまり活用されず、筆者と布引敏雄の占有物であるかのごとき様相を呈していた。寺脇隆夫によって山口県文書館の史料が広く知られるところとなり、今後は地域社会福祉史研究にとどまらず、さまざまな研究においてこうした史料が活用されることが期待される。

第四節　本研究の課題と概要

本研究は、山口県をフィールドにして、近代社会事業が近代社会の変遷のなかで、どのような経緯をたどって展開したのかを論じている。その際、通史的な方法ではなく、主要な論点を出して、その論点について、詳細に論じる形をとっている。山口県では、行政による社会福祉の通史も発刊されておらず、通史が求められていると感じるが、むしろ急がれるのは今日の社会福祉に関連する課題を解くことであると考えるからである。

その際の視点として、常に念頭においたのは第一に「排除と救済」という視点である。近代社会において、孤児、非行児、障害者、治癒しない病者、貧困者、朝鮮人、といった存在は、底辺に位置すべき排除の対象であった。しかし、排除ばかりしていたわけではなく、救い上げることを平行して行っている。その役割を果たすのが社会事業である。排除だけ取り上げて近代社会の非情を糾弾するのでも、救済の面だけ着目して礼賛するのでもなく、その同時並行を社会事業がどう担ったかを示す必要がある。第二は「行政と民間の協調と相違」である。行政は民間を取り込みつつ社会事業を遂行しようとする。民間側が意識的に行政と異なる道を目指したわけではないが、その動機や志向が一致していたわけではない。協調が深まったり不一致が広がったりを繰り返したのが、現実であろう。その姿を描く必要がある。第三は「統制と自立」である。「対立」というほど、「地方」が「国家」と違う道をとろうとしたわけではないが、しかし、「国家」の思惑が常にそのまま実現するわけでもない。地方の実態を踏まえた独自の動きは絶えずあらわれた。しかし、最後は国家の統制のもとに組み込まれ、戦時厚生事業という矛盾に満ちた異様な存在を出現させていく。

こうした問題意識のもと、第一章では「社会事業推進における重点課題」を取り上げた。慈善事業が社会事業へと変化し、それは米騒動を契機として一九一八年頃が転機とされる。その現象として、内務省に救護課が設置され、社会課、社会局、社会局の外局化、やはり内務省の救済事業調査会の設置とその社会事業調査会への改組、中央慈善協会の中央社会事業協会への改称などがあげられる。質的な変化としては組織化、専門化などがあげられている。そして、社会事業形成を後押しした力として、労働運動、社会主義運動、農民運動、水平運動、婦人運動などの社会運動の活性化、また外圧としてロシア革命の成功もあった。

こうした社会事業形成の動きが個々の地方ではどう展開したのであろうか。府県知事を内務官僚が勤める戦前の体制のもとでは、内務省の意向はすぐに地方に伝わっていく。したがって、社会事業推進に転じた内務省の立場はそのまま、府県の立場にもなっていくわけだが、しかし単純に号令だけで、社会事業が地域に根付くわけではない。社会事業の形成といっても、法的には公的救済は恤救規則のままで、しかも失業保険などの所得保障策があったわけでもない。つまり制度ではなく実態として、新しいものをつくっていくとなると、それを実現する何らかの仕掛けが求められた。

そこでは組織化が必要であり、全国レベルではすでに一九〇八年に中央慈善協会が結成され、機関誌『慈善』が発行され、また感化救済事業講習会も開催されている。しかし、地方レベルでは一部を除いて組織化はなされておらず、社会事業を根付かせるには組織化とその定着が急務であった。その際、上から鼓舞するだけでは不十分であり、自らの使命として担い、活動する人物も必要であった。内務省においても、井上友一、田子一民といった人物の力が大きかったように、地方においても変動する社会事業を担いうる人物が体制内に求められた。

こうして、社会事業と称される時期を迎えるのであるが、先進国の典型とされるイギリスでは、失業保険と医療保険が二〇世紀初頭に成立し、新救貧法こそ残ったものの、実態としては新救貧法制定時のもくろみは崩れていた。日本では、失業保険の制定は戦後であるし、医療保険もかろうじて肉体労働者についてのみ健康保険法が一九二二年に制定されただけで、それも関東大震災という不幸があったためとはいえ、実施はようやく一九二七年であった。救貧制度も恤救規則がなお維持され、救護法が一九二九年に制定され、三二年に実施されるが、受給者の権利性は否定されていた。つまり、社会事業の前提となる要件は満たされてはいなかった。それゆえ、経済保護事業なる、本来は社会事業とはいえない領域のものが社会事業を代表する活動として前面にでてくることになる。経済保護事業を把握することが社会事業の理解の前提であろう。そこで、経済保護事業とは何だったのか、その動きを追った。

社会事業の歴史をみる場合、都市に顕著にみられる社会構造の変化と社会事業との関係に着目しやすいのであるが、戦前では農村こそ多くの国民の生活の場であるとともに、貧困や失業などの社会の矛盾を吸収する場であった。そして現在にいたるまで、都市への人口の供給源でもある。

今日、農村では過疎化により地域の相互扶助の体制がゆらぐなかで、新たな地域福祉のあり方が模索されている。農協による福祉サービスへの参入の動きも活発である。介護保険をはじめ福祉サービスに競争原理を取り入れ、あるいは市町村独自の福祉を考えていく際に、財政力やマンパワーの点で劣る農村の今後の方向が問われている。
農村での地域福祉を考えるにあたり、これまで農村でどのように社会事業・社会福祉が形成され、展開してきたのかを明らかにしなければ、単純に時代の流れを追うだけでは、それぞれの地域にふさわしい福祉のあり方を探ることはできない。

また、農村の生活に打撃を与えたのは結核である。結核はむしろ人口が密集し工場の立地する都市でこそ感染しやすいのであるが、都市で、とくに工場で劣悪な環境で働いた女性が感染し、あるいは徴兵された者が軍隊内で感染するなどし、農村にもちかえった。山口県でも結核が、医療政策の課題として重視されてくる。農村に限定された問題でないのはもちろんではあるが、農村との関連が深いことから、第一章で扱っている。

第二章では「方面委員制度の創設と展開」として、方面委員制度について論じている。二〇〇〇年に民生委員法が改正され、民生委員の地域福祉での役割が改めて明確になった。反面、民生委員は、前身である方面委員が隣保相扶などの日本的な風土で展開し、統制・教化の観点で救済を行うなどの歴史的制約のもとにあることは否定できない(7)。芹沢一也は「社会を監視する方面委員」との視点から、社会秩序をおびやかす危険を防ぐという、住民生活の擁護とは別の性格を指摘している(8)。

民生委員については現在、選任の困難や高齢化など、課題は少なくない。しかし、日本独自の地域福祉のシステムとして、積極的に活用していくことが現実的な選択である(9)。その際、前身の方面委員制度の役割が明らかになることで、民生委員の方向性もより鮮明になる。菅沼隆は方面委員の特性として、天皇制国家への奉仕、「人格者」承認と天皇の見守り、不定形で情緒的な方面工夫、救済の非政治化を指摘し、そうした方面委員の体制を「名誉職裁量体制」と呼んで、戦前と戦後の強い連続性を論じている。菅沼はそれを前提に戦後の民生委員制度の動きを論じているが(10)、それならば、戦前の歩みを分析しておくことが前提である。

方面委員制度は当初は府県ごとに、名称、設置主体、実施範囲等、かなり異なる制度であったことから、各府県の状況を把握し、府県ごとの特質と全国的な共通点を明らかにすべきである。永岡正己は一九九三年に「方面委員制度についてはこれまで大阪を中心に論じられてきた。（中略）しかし、その歴史的な意義と問題点を再検討し、今日の地域福祉とのかかわりでの継承や発展を考えるには、さらに全国的な展開の全体像や政策との関連、各地への受容の過程、影響関係を見る必要がある」と述べている。[11]しかし、府県ごとの研究は必ずしも十分すすんではいない。『〇〇県民生委員〇年史』といった題名の文献がまとめられているケースは少なくないが、戦前についての分析は史料的制約もあって、十分ではない。共同研究によって、詳細に分析されつつある県もあるとはいえ、[12]各府県の状況をつき合わせて、方面委員制度の全体像を示すだけの蓄積が出揃ったとはいえない。

山口県は、当初山口県社会事業協会が運営したり、県全体の制度と市町村独自の制度が並立するなど、方面委員制度の展開が特異であった。山口県をみることで、特定の県の特異さを明らかにできると同時に、それは全国での共通点を見出すことにもなる。しかし、山口県の方面委員制度の研究は不十分である。戦前『方面事業二十年史』では約三ページにわたって、概略を説明している。[13]『民生委員制度四十年史』『五十年史』『七十年史』にも記載されている。しかし、これら年史は全国を全体としてみているので、きわめて簡略な記述である。最も基本的な文献は、『山口県民生委員五十年の歩み』である。[14]戦前の動きについて『山口県社会時報』を主な史料として用い、他県の類書に比べ詳細にまとめているものの、事実関係の整理にとどまっていて、歴史的な分析にはいたっていない。その後『山口県民生児童委員の歩み　制度発足八十周年記念』が出されたが、[15]歴史の記述は『五十年の歩み』の要約であると断っている。結局のところ、僅かに筆者が宇部市独自の方面委員制度についてまとめたことがあるだけで、[16]県全体について詳細に分析した研究はなかった。また『五十年の歩み』の作成の段階では『山口県社会時報』について、未発見の号があり、ことに制度創設当初の号が未発見であった。そのため、肝心の創設時の記述が不十分である。筆者はその部分を見ることができた。

こうした点から、山口県の方面委員制度について、三つの時期に分けて分析した。第一は宇部市に創設されやや遅れて山口県社会事業協会によって設置されてから県営に移管される時期である。第二は県営に移管後、救護法が実施された一九三二年以降である。第三は一九三六年の方面委員令が三七年に実施されて以降であるが、この時期は戦時下とほぼ重なっているため、戦時下に力点をおいた。さらに方面委員の個別事例として、小河内行衛を取り上げ、方面委員になった人物が方面委員に限らず、地域で社会事業の場をつくっていった軌跡を追った。

第三章では「児童への社会事業」として、児童の生活課題に社会事業がどうかかわったかを述べた。近代社会のもたらした社会のひずみは児童により厳しくふりかかり、それは一方で児童を対象にした慈善事業を生んだ。全国的にみても近代の初頭に、カトリック関係の孤児救済や福田会育児院等が開始され、やがて岡山孤児院という大きい成果を生み出していく。山口県でも、山口育児院や防長孤児院等の育児事業、赤松安子による携帯乳児育児、今富八郎による今富盲学館（創設後、下関博愛盲唖学校、さらに下関盲唖学校へと改称）、丘道徹による感化院の薫育寮などが比較的早くから活動して、児童への実践が社会事業の基礎を築いていく。ただし、孤児、障害児、非行児童といった、特定の児童に限定した活動であって、児童全体への取り組みではない。しかも、社会事業が成立する動きのなかで、廃止されたり（防長孤児院など）、県に移管されたり（下関盲唖学校、薫育寮）して、もとの形で長期的に継続されたのは山口育児院のみである。

社会事業の成立のなかで、対象が広がりをみせ、児童においては特定の児童にとどまらず、広く児童全体を視野に入れた活動が求められてくる。従来の慈善事業としての児童救済とは、対象の広がり、組織性、地域性など性格を異にし、それゆえ、社会事業が以前とは違った新たな対応を、人道的な面も含みつつとっていることを示している。反面で、乳幼児死亡率の高さを背景とした、国家的・軍事的観点からの要請も強かった。池田敬正は、社会事業の展開のなかでの児童保護事業の重視の根底に「国家主義的あるいは社会有機体説的な発想」があったことを指摘している[17]。また、児童が近代社会のなかで「国家の子ども」として位置づけられ、家制度のなかに組み込まれた、歴史的存在としての児童の姿についても重視しなければならない[18]。

日本の社会事業の消極性にもかかわらず、児童のかかえる課題は、児童自身の責任によってもたらされたわけではないので惰民論を引き起こすことはなく、将来の生産力を確保するという点では防貧の方向とも合致することから、取り組み

やすい課題でもあった。吉田久一は社会事業の成立の指標として児童保護の動きをとらえ、詳述している。(19)

しかし、活動が広く組織的である分、山口県の社会事業のもつ限界をも露呈する側面もあった。また、児童施設の歴史としては、とかく「先進施設」に研究が傾きがちであり、浦上養育院、岡山孤児院、上毛孤児院、東京孤児院といった著名施設が語られてきた。特に岡山孤児院については膨大な研究が積み重ねられ、文部科学省検定教科書で、日本最初の児童養護施設などという誤った記述がまかり通るほどである。筆者も岡山孤児院の意義を強調することに何の異議もなく、むしろ山口県への岡山孤児院の影響を述べることで、岡山孤児院の重要性を改めて確認する。しかし、各地に孤児がいて、それを救済したのは各地の施設である。社会福祉の個別的・地域的性格からいえば、それら施設の一つひとつを見ていくことが、実践を明らかにするうえでも、また近代社会の犠牲者として孤児であることを強いられた子ども一人ひとりを救いあげていくうえでも必要となるだろう。

本節では、慈善事業期から戦時下にかけての山口県における児童保護の動きを把握し、そこから得られた成果を確認するとともに、戦時下にあえなく変質し、解体していった弱さとを検討していく。

第四章では「少年感化・救護実践とその性格」として、児童のなかでも、特に非行少年に関する課題を取り上げた。非行少年は、政策上特別な対応のなかで展開する。民間レベルでは先んじて池上感化院など、非行少年を対象にした活動が進められ、山口県でも丘道徹による薫育寮が開設されていた。国も一九〇〇年に感化法を制定して、非行少年の施設での処遇に乗り出していく。留岡幸助による家庭学校が一八九九年に創設され、民間でも少年の自立を目指す実践が行われる。ただ、感化院は、そもそも監獄内に児童を対象とした懲治場がおかれたことへの批判から生じた経緯や、犯罪という治安上の問題への対処という側面もあって、育児事業や障害児への保護と異なり、国の関与・介入がなされやすい。感化院の多くは府県立であり、国の枠組みのなかですすんだ。したがって、国家の良民を育成するという目的が重視されるのは避けられない。しかし、現場は国家への奉仕一色だったわけではなく、少年の立場を重視する思想や処遇が展開され、それが少年教護法制定運動に結実し、戦前の立法としては先進的といってよい少年教護法を実現させることになる。

こうした流れについて、ともすれば留岡のような指導者の役割や小河滋次郎のようなオピニオンリーダーの理論の検討が研究の中心になるのだが、非行少年や感化院の実態に密着した研究は多くはない。ようやく、佐々木光郎による全国の感化院・少年教護院の網羅的研究がすすんできた。ただ、佐々木の研究は全国を総合的に把握することに力点があるため、個別施設の状況の究明はおおざっぱであることを免れない。少なくとも山口県について、山口県文書館の史料などを用いた詳細な研究には本研究の時点ではいたっていない。

丘道徹による初期の感化実践や思想についてはすでに研究を行ったので、その部分は省き、山口県立育成学校創設後の理念や動きを追った。

第五章では「人権・差別をめぐる諸問題」として、人権・差別の課題を論じている。近代社会の形成において国民統合をすすめて軍事力をもった帝国主義国家への道をすすむなか、それにそぐわない存在となったのは病者、障害者、外国人である。これらの人々は、国家にとって邪魔な存在として、国民レベルでも差別や偏見の対象となるが、政策においても排斥をすすめる。ただ、差別や排斥といっても、その内容は一様ではないし、時代によっても異なっていく。朝鮮人については、治安上その他の理由で好ましくない存在としてとらえられた時期もあれば、労働力不足を打開する切り札として強制的に連行することさえあった。朝鮮人のとらえ方も、さまざまであった(20)。

また、被差別部落も山口県にとって重要な課題であり、融和運動団体としての一心会が結成され、一方山口県水平社が結成される。特に融和運動の中心人物の社会事業家でもある姫井伊介であり、また県社会課が主体であり、社会事業と融和運動は密接な関係をもって展開された。『山口県社会時報』にも多数の融和運動関係の論考が掲載されている。

したがって、「日本は病者や外国人を差別し排除した」という単純な見方ではなく、個々に詳細に分析する必要がある。ただし、本研究は社会事業史であるので、差別一般を研究対象とするのではなく、社会事業と関連する問題を扱うこととする。被差別部落についてはすでに布引敏雄による詳細な研究があるので触れていない。

その場合、まず取り上げたのは、ハンセン病である。しばしば青年期に発症し、闘病が長期化し、また肉体的苦痛も生じ、嫌悪され徹底した隔離が行われた。患者への対応を見ることで、差別と救済のあり様を把握することができる。

また山口県特有の問題として朝鮮人の問題がある。関釜連絡船の発着地をかかえているため、朝鮮人が日本に入ってくるとき、済州島・大阪航路などの例外を除いて、必ず山口県を経由しなければならなかった。なかにはそのまま山口県に居住する者もおり、また炭鉱労働などで求められてもいた。朝鮮人が賃金、労働条件、日常生活の交際等で差別を受けることはいうまでもないが、その一方で社会事業の救済対象とされていく。下関では山口県社会事業協会によって昭和館が設置され、「内鮮融和」事業が展開される。その動きについて筆者はすでに論じたことがあるので、本研究では宇部市に焦点をあてて改めて検討した。

社会事業は差別を受ける者に共感し、かかわりをもとうとする。そこに社会事業・社会福祉の価値があるのだが、しかしそれは実践者自身も差別体制に巻き込まれ差別に加担する危険を生じさせる。社会福祉はその美しい理念を語ることに終始するのではなく、差別へのかかわりを直視するべきである。

以上が、本研究の概要であるが、本研究は通史ではないので、すべての領域や論点について網羅しているわけではない。恤救規則、済生会、仏教社会事業などは『山口県社会福祉史研究』ですでに触れているので、特に大きく扱っていないし、救護法の動きはすでに寺脇隆夫の詳細な研究があるので、ほとんど論じていない。姫井伊介は随所に登場はするが、まとめて論じることはしていない。布引敏雄による詳細な研究が重ねられているためでもある。しかし、山口県社会事業の特質を示す課題には一通り触れたつもりである。

ただ、限界として主要資料は『山口県社会時報』と山口県文書館所蔵戦前県庁文書であり、そのほかの『山口県会議事速記録』や諸雑誌等の多くも、県当局に関連するものである。つまり当時の県当局による史料が中心であることである。利用者サイドに立った史料が少ないのはもちろん、市町村や個別施設の史料も部分的には用いているが、決して多くはない。したがって、全体として、県当局からみた社会事業像をベースにしていることは否定できない。吉田久一について、内務省や中央社会事業協会に依拠していることを批判しておきながら、筆者自身が今度は山口県や山口県社会事業協会に依拠するのでは、規模が小さくなっただけで、同じではないかとの批判は免れない。ただ、そうであるからこそ、当時の社会事業の実態の一側面を明確にできるのではないだろうか。

こうして山口県の社会事業の特質をみることで、日本の社会事業がどう生まれ、どう定着したのか、一事例を示している。この事例には、山口県特有の問題と、全国に共通に見出せる問題とが存在する。その両者が示されることで、日本社会事業とは何だったかを明らかにする手がかりが得られるであろう。

本研究は以上の立場から研究を行い、山口県の社会事業の形成の具体的経過を明らかにし、そこでの県当局の動きや意図、実践者側の動向、政策のもたらした結果などを論じている。それによって、山口県の社会事業が展開していくなかでの特質を把握し、それをもたらした原因を分析した。そして、生活問題、政策、実践、地域との関連のなかで社会事業が展開し、戦時下への社会変動のなかで変質を強いられた過程のなかに、日本の社会事業全体を把握していくうえでの課題があることを示した。

注

（1）菊池義昭・本田久市「地域社会福祉史研究のすすめ」一番ヶ瀬康子・高島進編『講座社会福祉　二』（有斐閣、一九八一年）。菊池はさらに「地域社会福祉史研究の意義と役割についての試論」『地域社会福祉史研究』創刊号（二〇〇五年三月）で、その主張を緻密に展開している。

（2）脇英夫「近世封建制社会における慈恵と扶助―長州藩の『社会事業』研究―」『徳山大学論叢』第一六号（一九八一年一一月）。

（3）『社会事業史研究』第三号（一九七五年一〇月）では「地方史特集」を組んでいる。そこでは三吉明（北海道）、田代国次郎（東北）、永岡正己（大阪）、宇都栄子（文献目録）の報告が掲載されている。

（4）村山の研究については石井洗二「地方社会事業史研究のための覚書―村山幸輝の研究によせて―」『四国学院大学論集』第一〇三号（二〇〇〇年一二月）が詳細に分析している。

（5）寺脇隆夫「救護法による救護限度の設定と改訂・引上げの実態―法の施行準備からその展開・全国改訂まで／一九三一〜一九

三九年―」『長野大学紀要』第二三巻第四号（二〇〇一年三月）。寺脇「救護法下の救護施設の実態―普及と施設実態、認可と補助、施設財政など―」『長野大学紀要』第二四巻三号（二〇〇二年一二月）。

（6）寺脇隆夫『山口県文書館所蔵／戦前・戦中期社会事業関係文書資料目録―旧山口県社会課など関係文書資料の目録とその解説』（日本図書センター、二〇〇四年）。

（7）遠藤興一「方面委員活動の地域処遇史的課題」一番ヶ瀬・高島編『講座社会福祉　二』（有斐閣、一九八一年）。永岡正己「日本における地域福祉の歴史的諸問題」右田紀久恵編著『自治型地域福祉の展開』（法律文化社、一九九三年）。

（8）芹沢一也『〈法〉から解放される権力』（新曜社、二〇〇一年）一四三頁～一八一頁。

（9）『月刊福祉』第八五巻第一一号（二〇〇二年九月）「特集　地域福祉を拓く民生委員・児童委員」はそうした今後の方向性について議論している。

（10）菅沼隆「占領期の民生委員と地方軍政部―無差別平等の名誉職裁量体制の運命―」『社会事業史研究』第二四号（一九九六年一二月）。菅沼「方面委員制度の存立根拠」佐口和郎・中川清編『福祉社会の歴史』（ミネルヴァ書房、二〇〇五年）。

（11）永岡他「近畿圏における地域福祉の源流の比較研究」日本地域福祉学会地域福祉史研究会編『地域福祉史序説』（中央法規、一九九三年）一八〇頁。

（12）千葉県社会事業史研究会では『千葉県方面時報』などの史料を駆使して、千葉県の制度の変遷に精力的に取り組んでいる。

（13）『方面事業二十年史』（全日本方面委員連盟、一九四一年）三二四頁～三二七頁。

（14）『山口県民生委員五十年の歩み』（山口県民生児童委員協議会、一九七五年）。

（15）『山口県民生児童委員の歩み　制度発足八十周年記念』（山口県民生児童委員協議会、一九九七年）。

（16）拙稿「戦前における地域福祉の形成過程―米騒動後の山口県宇部市をめぐって―」『地域福祉研究』第一八号（一九九〇年三月）。「宇部の方面委員制度の展開」『宇部地方史研究』第二二号（一九九四年三月）。

（17）池田敬正『日本社会福祉史』（法律文化社、一九八六年）五六〇頁。

（18）小山静子『子どもたちの近代』（吉川弘文館、二〇〇二年）。

（19）吉田久一『現代社会事業史研究』（勁草書房、一九七九年）一〇四頁～一一一頁。

（20）小熊英二『単一民族神話の起源』（新曜社、一九九五年）、小熊『〈日本人〉の境界』（新曜社、一九九八年）。

第一章　社会事業の推進における重点課題

第一節　社会事業体制の構築

一、社会事業成立への政策の動向

社会事業の成立は、それを必然とする社会状況がもたらしたことはもちろんだが、それゆえに政策の側としては、社会事業を推奨しつつ、しかし社会運動的側面をもたないようコントロールする必要にもせまられた。すでに全国レベルでは、一九〇〇年代には中央慈善協会の機関誌『慈善』や感化救済事業講習会により、社会事業への関心を高めつつ、しかしそこに内務省の意向を貫徹させようとの試みがなされていた。反面、こうした言論の場が、理論水準を引き上げ、それなりに自由な議論を呼び起こして、社会事業の活性化につながったことも否定できない。

しかし、各地域で社会事業実践に従事する者や関心をもつ者からすれば、全国レベルの議論は雲の上の存在であって、そこに自らが参加しているという意識は乏しく、それゆえ影響も限定されてくる。そうすると、今度は各地域による同様の働きが求められてくる。社会事業の理念を普及させ、創出していく手段として考えられるのは、ひとつは印刷物である。もうひとつは大会、集会、講習会など、関係者を集めて口頭で伝える方法である。情報通信手段の発達した今日でさえ、テレビでの広報やホームページの開設など新手の方法も珍しくなくなってはいるが、ボランティア振興や社会福祉の啓発として柱となって行われているのは、相変わらず各種の印刷物の配布と、行事や講習である。まして、情報通信手段の乏しい当時では、このふたつが社会事業振興の手段であった。山口県の場合、印刷物としては『山口県社会時報』が発行されており、さらに社会叢書が発行された。山口県社会事業大会もほぼ毎年開催されていた。また社会事業講習会等も盛んに開かれた。

一方、こうした仕掛けは自然発生的に出てくるわけではない。誰かが企画し実行するから実現するのである。仕掛けが登場する社会背景は重要であるし、英雄的な人物の功績を必要以上に礼賛すべきではないが、しかし企画し実行した者の企画力や実行力がともなわなければ、実現しない。

そこで本節ではまず、社会事業草創期においてそうした仕掛けをした人物として篠崎篤三を取り上げる。そして、篠崎が編集、執筆することで発展する『山口県社会時報』がどのようなものであったのかを見る。さらに山口県社会事業大会の概要と役割、また関連領域として融和事業大会と方面委員大会にも触れておきたい。なお、社会叢書と称して山口県社会事業協会より発行された冊子、県内各地で開催された社会事業講習会等も社会事業の普及のうえで大きな役割を果たしたが、議論が拡散してしまうため、あまり言及していない。

二、篠崎篤三という人物

（一）篠崎篤三とは

山口県での初期の社会事業を行政の側で担ったのは、社会課長熊野隆治、社会事業主事篠崎篤三、嘱託姫井伊介であろう。山口県というと保守的なイメージがあるが、この三人は社会事業の新しい動きを理解し、社会事業を植えつける努力を重ねた。山口県の社会事業の積極的側面はこの三人がいなければ成り立たなかったであろう。

このうち、熊野隆治は山口県立育成学校校長に転じたため、社会課長としての期間は短く、また姫井は基本的には民間人であり、嘱託を離れ、以後は隣保施設・労道社の運営や県会議員として活躍する。長く社会事業行政にかかわり、山口県の社会事業形成への影響が大きかったと思われるのは篠崎篤三であることから、篠崎について、取り上げたい。篠崎が社会事業の草創期に一〇年以上も社会事業行政の中核に常にいて、社会事業行政の基本をつくった業績を評価するとともにに、その意義を考察する必要がある。

篠崎についての研究は山口県内外を通じてほとんどなく、まとまって紹介しているのは土井洋一編『家庭学校の同行者たち』での人物欄である(1)。同書は後半で家庭学校に関係する人物を網羅的に紹介し、事典のようになっている。篠崎は山口県に赴任する前に家庭学校の教頭であったため、紹介されているのである。同書により、これまでほとんど知られていなかった篠崎という存在が表に出ることとなった。出生地、経歴、著作の数などが示されている。しかし、最低限の情報だけであるし、また同書の目的は家庭学校研究にあるので家庭学校教頭としての篠崎にのみ関心があり、山口県社会事業主事としての篠崎への関心は周辺的である。また、作成者が山口県の事情に通じていない以上やむをえないことだが、篠崎の執筆した論考の数を掲載しているものの、実際の数より少ない。『家庭学校の同行者たち』だけではとうてい篠崎の存在や業績が明らかにされているとはいえない。

山口県社会事業主事としての篠崎を明らかにする意義としては、篠崎が日本の社会事業史において無名の存在となってしまっているのは、篠崎の人生のなかで最も充実し業績も豊富であった山口県社会事業主事時代が知られていないためであり、山口県社会事業主事としての篠崎を示すことは、篠崎という人物を日本社会事業史全体に位置づけることになる。また、山口県の草創期の社会事業を把握するうえで、とりわけ『山口県社会時報』の充実した内容、社会事業大会や各種の講習会、全県的に実施された方面委員制度など特徴を理解するためには、篠崎の働きを明らかにすることが不可欠の課題であろう。山口県社会事業主事としての篠崎の業績をまず考察しておきたい。

(二) 篠崎在職時の社会事業の動き

篠崎は東京出身であるが、山口県に社会課が設置されて間もない一九二二年三月に、家庭学校教頭を辞して赴任する。一九三三年三月まで、社会事業主事として活躍した(2)。退職したのは「家庭上の都合」とされ、よくわからないが、退職後も『山口県社会時報』への寄稿や山口県での講演を行っており、何らかの対立があったとは考えにくく、一応文字通りに受け取ってよいと思われる。禁酒禁煙主義で、また雄弁で熱情的な性格だったという。

篠崎が山口県に来た一九二二年は、ようやく県に社会課が設置された程度で、社会事業の体制がほとんど整備されていない状態であり、民間側も山口育児院などの先駆的施設があったり仏教関係者による免囚保護事業がはじまったりした程度で、社会事業ははじまったばかりという状況であった。

篠崎はまず、その体制をつくっていかなければならなかった。まず山口県社会事業協会が創設される。協会では機関誌『山口県社会時報』を発行する。創刊号では姫井伊介が発行人になっているが、次の号からは、退職時の一九三三年四月号まで篠崎が編集人になっている。『山口県社会時報』の詳細は次項で述べるが、当初新聞版だったものが雑誌形式になり、県外の論客による論考も多数掲載され、また民間の動きも豊富である。篠崎執筆と思われる巻頭言で多様な問題が論じられ、他県に比して、質量とも上回る内容であり、しかもほぼ確実に毎月発行された。そこには篠崎の積極的な編集姿勢が反映していることは明らかであろう。講習会の講師や『山口県社会時報』の執筆者に県外の著名な人物が多く含まれているが、篠崎の人脈の広さや見識を感じさせる。

社会事業協会を中心として、山口県社会事業大会の開催や、社会事業講演会、各種の講習会なども開催されていく。

融和事業として一心会が結成される。これにも関与して、初期の融和運動の構築にかかわった。ただ、この領域は姫井伊介が中心であり、行政から支えたという程度で、篠崎の貢献度が非常に大きいとまではいえない。

また、山口県社会事業協会によって方面委員制度が発足する。宇部市が単独で先に実施したとはいえ、基本的には全県的に実施する本格的な制度であった。それが救護法の実施を控え、県営に移管される。

こうした県レベルでの取り組みの一方で、民間サイドでの社会事業のさまざまな活動が展開される。それらは、基本的には事業に着手した事業家の功績ではあるし姫井伊介らの影響も大きいけれども、県として社会事業の奨励に努めた成果としての面もあろう。農繁期託児所の広がりはその例である。

山口県社会事業協会の事業として、「内鮮融和事業」の昭和館が設立される。篠崎はその前に朝鮮を訪問しているし、この事業にも精力的に取り組んだと考えられる。ただ、より明確に関与しているのは木村尭であり、布引敏雄は中心人物を木村と考えている。

講習会が実施されるが、篠崎は講師として県内各地を歩いている。情報手段の乏しい当時において、そのことによる篠崎による影響は大きかったであろうし、また篠崎の側からみて、県内の生活実態などをつぶさにみることにもなった。

こうして、篠崎の活動はイコール山口県社会事業全体の動きでもあった。篠崎が退職する頃には行政面でも民間の実践の面でも、大きく前進することになる。

(三) 篠崎の論考

篠崎は『山口県社会時報』を編集するだけでなく、自ら多数の論考を執筆した。署名原稿のほか、「篠崎生」「竹頭生」といったペンネームも多用している。『山口県社会時報』の「巻頭言」も篠崎の執筆である。また、編集後記も篠崎が書いた可能性が高いが、無署名であり短文なので文体や論旨による分析は困難であり、篠崎と断定はできない。『山口県社会時報』以外でも、一心会の機関誌『心光』などに執筆している。

山口県のもうひとりのオピニオンリーダー姫井伊介、あるいは社会課に長く勤務した木村尭は、自分の意見を明確に打ち出し、社会事業の問題点については厳しく批判した。それに比べて、篠崎は自分の意見を打ち出すのではなく、先進事例を紹介したり、状況を説明するようなものが目立つ。それゆえ、姫井や木村に比べて面白さや鋭さに欠ける。布引敏雄は「篠崎については、外国の社会事業事例を山口県に紹介した功績はあるが、彼自身の社会事業論は平板」と述べて、高い評価をしていないが(3)、それは篠崎のそうした姿勢がもたらしているのであろう。

しかし、その内容は社会事業の批評や提言、海外社会事業の紹介、社会事業関連の書籍の紹介などである。社会事業の話題はあらゆる分野にわたっている。

特徴として、篠崎の執筆したものは広範囲にわたっており、特に専門領域といったものは見出せないほどである。強いていえば、海外の情報や話題が少なくないことである。篠崎の識見の高さを示すとともに、山口県に海外の情報をもたらす効果をもったであろう。

書評では海野幸徳『社会事業概論』、生江孝之『社会事業綱要』、笠井信一『済世顧問制度の精神』、高田慎吾『児童問題研究』、山口正『都市社会事業の諸問題』が取り上げられている。いずれも、当時の社会事業における最先端の主要な著作であり、篠崎によってそれが広く紹介されたことにより、県内に最新の社会事業論が導入されることになる。しかも、単なる紹介ではなく、篠崎の私見も交えて詳細に分析されている。

特に何かを批判するということはあまりしていない。これは、姫井伊介や、一九三〇年代に『山口県社会時報』の論客となる木村尭と異なる点である。その点では面白みに欠けることは否めない。しかし、姫井は反骨精神の持ち主で県会議員時代にはあまりに批判的な発言で物議を醸していたほどであるから時代状況というより姫井の個性による面が強いが、木村と篠崎の違いとして木村が健筆をふるっていた時期は、方面委員制度なり救護法なり、社会事業の体制が一応完成しており、あとはそれを実施するという段階であった。ところが実際には実施されない現実があり、木村はその現実を批判せざるをえなかった。

篠崎の時代は社会事業の体制は未整備であり、一つひとつ創っていく時期であった。そこでの課題は、情報を提供して情報に基づいて体制を構築することであった。そうすると、何が必要か、県外あるいは海外ではどのようにしているのか、それを伝えることがまず必要であり、批判しようにも批判する材料がまだ出揃っていないのである。篠崎の姿勢はその段階で何が求められているのかということへの判断といえるのではないか。

しかし、篠崎に批判精神がなかったわけではない。篠崎自身は控えめな態度であったとしても、『山口県社会時報』の論考や講習会の講師の発言は決して現状肯定ではない。篠崎は自分で批判するのではなく、そうした論者を用いることで、問題点は問題点として明らかにしていた。

篠崎は個性を殺して、思想を隠していたわけではない。まず、農村問題についての発言が目立ち、農村社会事業が山口県で課題となることを認識していた。また、協同組合的な社会事業を模索していたものと思われれる。篠崎は先進的な実践の紹介や起こりうる問題を指摘していくことで、自らの立場を示したのである。

篠崎の『山口県社会時報』への執筆は山口県退職で終わらず、その後も何度か寄稿し影響を与え続けた。

（四）山口県にとっての篠崎の意味

山口県の社会事業は、篠崎のもとで動いていた。篠崎の理論的な指導と、現場での実践を踏まえた姫井伊介との結合で大きく前進した。篠崎は山口県というひとつの地域を社会事業の創造の場として、社会事業を前進させた。山口県で隣保事業や農繁期託児所などが広くすすんだことや、社会事業協会の活発な活動、『山口県社会時報』の豊富な内容、講習会、融和運動など山口県で組織的な社会事業がすすんだのは篠崎によるところが大きい。しかし、政策の路線をのりこえるものではなく、それに忠実に従う形をとりつつ、その枠内で理想的なあり方を求めていた。それは部分的には実現して、山口県社会事業の先進的な部分を形づくるのではあるが、社会事業を治安維持の一環としようとする流れに加担することにもなった。

三、『山口県社会時報』

『山口県社会時報』は山口県社会事業協会によって発行され、一九二三年に創刊され、一九四二年まで継続したと思われる。これまで、六号、七号、九～一八号が未発見とされてきた。[4] 山口県社会福祉協議会にはすべてが保存されておらず、現在保管されているのは、船木隣保館に保管されていたものを『山口県民生委員五十年の歩み』の執筆作業にあたって、寄贈を受けたものである。[5] そのため、社会事業史研究のうえでも未発見部分の時期の研究には困難さがつきまとっていた。

ところが、布引敏雄により山口大学経済学部東亜経済研究所に未発見のかなりの部分が保管されていることがわかった。

がでさた。

筆者も布引のご教示を得て、東亜経済研究所のご好意により、未発見の部分のうち、七号と一〇号を除いて入手することができた。

その結果わかったのは、まず未発見であったのは従来考えられていたのとは違っていたということである。『山口県社会時報』はまず一報～五報が発行され、その後一号となったのである。未発見であったのは一～七号、九～一八号であった。一報から五報までとその後とが根拠となる法律を出版法から新聞紙法に変えたため、一号から数え直したとされている。それを見逃していたため、誤ってとられていた。

いずれにせよ、創刊号から休刊するまで全体が明らかになった。地方の社会事業誌でこれだけそろっているのは、東京の『社会福利』や大阪の『社会事業研究』のような大都市部を別にすれば、珍しいといえよう。

まず外見を見ると、一八号まではB四版の新聞型である。保存に適さず、散逸しやすかったため、この時期の保存状況がよくないのであろう。一九号から、A五の雑誌型になった。「報」としていた時期は隔月刊だったが、「号」と数えるようになってからは原則的に月刊となった。B四版の時期には発行間隔に若干の乱れがあるが、雑誌型になってからは安定的に毎月発行され、戦時下に合併号が相次ぐまでは、一九二九年一〇月に休刊があったぐらいでほぼ確実に発行された。誌名は『山口県社会時報』であるが、一九三七年四月より表紙では『山口県社会時報』目次では『社会時報』と表記され、翌年四月より『社会時報』のみの表記となる。この改称に特に積極的な意味があったとも考えられないので、深い意味もなく変わってしまったのではないだろうか。発行部数や配付先は不明であるが、戦後の『山口県社会福祉』の発行数が一〇〇〇部ほどであったので(6)、それより非常に多いということはないだろう。

一報には一ページに巻頭言として「社会時報の使命」が掲載されていて、「普遍より特殊へ進みたるものは更に普遍への反省を加へねばならぬ。社会事業に於て歴史上光輝を有せる我防長に於て之が進展を見るに至ることは吾人の深く希望して己まぬ処である。本誌社会事業は正にかゝる大なる使命によつて発刊せるものなるを諒せられたい」と仰々しい文章が綴られている。社会事業が特殊なものから一般的なものになるなかでの発展の役割を果たすべきことを述べている。全部で一二ページで、関東大震災に関する詔書や内閣告諭のほか、論説、雑報として県内社会事業の動き、また山口県社会事業協会設立趣意書と寄付行為も載っている。広告もみられる。

二報以降もほぼこうした形で編集されている。一ページは巻頭言ではなく写真のときもある。前述のように五報まで発行された後、一号となるが、内容的には変化はない。やはり一ページ目には写真が多いが巻頭言のときもあり、一定していない。

一九二六年一月より雑誌型になる。一九号は巻頭言のほか論説等が四篇と雑報がある。労堂生（姫井伊介のペンネーム）による「防長の勤倹史片」は、前号以前からの継続の連載であるが、長期間にわたる連載は、『山口県社会時報』全体を通して、これのみである。

以後、おおむね一九号の形をほぼ踏襲し続ける。巻頭言は社会事業主事がペンネームで執筆していることがほとんどである。次いで論説が数篇載る。巻末には雑報（七九号、一九三一年四月から彙報）として、山口県内の社会事業の動き、施設の新設、講習会や各種の集会案内や結果、県社会課の人事異動などが掲載された。雑報・彙報を追うことで、発行期間の山口県社会事業史の概略をつかむことができる。

最終ページには編集後記も掲載されている。ほかに、小さいコラムが載ることもあった。ページ数は固定していないが、おおむね一九三〇年頃まで三〇ページ程度、その後増える傾向にあり、五〇ページ前後、一九三〇年代後半になると、七〇ページ、さらには一〇〇ページ近い号さえでてくる。

編集は一報は姫井伊介であるが、二報は篠崎篤三で、一〇二号まで担当した。その後も社会事業主事が担当し、一〇三号から原田士驥雄、一九三八年からは星野直隆や杉田三朗らが担当していく。ただし、杉田は社会事業主事ではなく、社会課長であり、編集の実務を実際に行ったかは疑問もある。なお杉田は社会課長の後、厚生省保険院理事官に転じている。

執筆者は県内ではまず、社会課長や社会事業主事など社会課の関係者であり、熊野隆治、篠崎篤三、足立文男、木村尭、稗田実言、杉田三朗らである。篠崎の後任として一九三八年まで社会事業主事をつとめる原田士驥雄は巻頭言や編集後記等は執筆しているが、まとまった論考は少なく、前任の篠崎に比べて地味な印象は否めない。戦時下に社会事業主事となる稗田実言は融和運動や協和事業などの発言が目につく。

社会課の関係者の論考は当然、県の意向の伝達を目指す面をもっており、足立文男「差当り努力を要する県下社会事業の考察」（四二号、一九二八年一月）、同「奨励を要する県下社会事業の五方面」（五八号、一九二九年六月）、木村尭「昭和十年の本県社会事業への待望」（一二三号、一九三五号一月）などは個人的な評論ではなく、県が社会事業のどの分野を重視しているかを示し、社会事業を方向づけようとしたものである。

しかし、家庭学校より赴任した篠崎篤三は、社会事業についての豊富な知識と情報の裏づけに基づいて、ときに「竹頭生」などのペンネームを用いつつ、巻頭言、コラム、書評ほか多数の論考を書いて、山口県の社会事業論の普及への貢献はきわめて大きい。篠崎は山口県を去った後も何度か登場している。木村尭にも、「木村生」等のペンネームによるコラムをはじめ県の立場をこえた個人的な社会事業批判もみられる。社会課の人間だからといって、行政の立場の押しつけに終始したのではなく、行政の立場を保持しつつも、主体的な社会事業論の展開も試みていたのである。

現場の実践者としては、防長孤児院を設立した進藤端堂、労道社の姫井伊介、船木隣保館の辻田玄粲、島光社の松木淳、吉見村隣保館の小河内行衛らによるものがある。なお、姫井（労堂生など）と辻田（楠仏生など）にはペンネームによるコラムもある。

姫井の社会事業論の意義については筆者はすでに論じているし、(7)布引敏雄による新たな研究も出てきているので繰り返さないが、(8)その鋭い批評が現場の実践者たちに与えた影響は大きいものと思われる。

県外の社会事業の論客による論考もある。矢吹慶輝、海野幸徳、留岡幸助、原泰一、牧野英一、小島幸治、生江孝之、志賀志那人、大林宗嗣、三田谷啓、倉橋惣三、山口正、富士川游らの名を見出すことができる。その多くは県内で行われた講演会の講演録である。たとえば二三号〜二五号の三田谷啓「児童相談の現状及其の将来」はその直前の社会事業講習会とほぼ同じテーマであるし、三四号〜四二号の生江孝之「児童保護事業に就いて」という比較的長い論考があるが、こ

れは講演の速記に訂正を加え、見出しをつけたものであることを明記している。(9)

内容的には社会事業のあらゆる分野が網羅されている。児童問題や隣保事業など個々の分野はもちろん、労働問題など広い領域に及んでいる。そのなかでも比較的目立つのは、方面委員関係である。県内外の論客による方面委員制度についての論考、方面委員制度の紹介、委員の名簿や異動、会合の記録、統計、方面委員自身による随想、「方面実話」「方面物語」等と題された実践談など頻繁である。山口県の方面委員制度は宇部市独自の制度として一九二四年に発足し、市町村独自の制度と山口県社会事業協会経営の制度（一九三一年に県に移管）とに分かれて発展していく。特に県レベルの制度が必要性に比して必ずしも十分に機能せず、発展を後押しなければならなかった。

農繁期託児所についても、農繁期託児所の一覧を掲載したり、携わった人の文章を収録して、重視する姿勢がみえる。農繁期託児所については県でも費用をかけずに着手できる事業として重視していたし、農村の実態として要請されてもいた。『山口県社会時報』も奨励の一翼を担った。

融和運動に関する記事が多いことも特徴であろう。山口県の融和運動団体である山口県一心会の情報をはじめ、融和運動の動きが常時載っている。一心会独自の機関誌として『心光』が発行されるが、それ以前は『山口県社会時報』が融和運動の動きを伝えることのできる唯一の媒体であったし、一九二六年一〇月の『心光』創刊後も、一心会関係を含めて融和運動の記事は減ることなく載っている。『心光』は長続きせず『融和時報』の山口県一心会版に移行する。しかし、『融和時報』山口県一心会版は一ページのみであり、長文の論考の掲載には適さないため、融和運動についての論考は『山口県社会時報』に掲載された。松木淳「融和実現及完成のために」（九一号、一九三二年五月）、木村尭「融和問題管見」（一〇八号、一九三三年一〇月）などである。

また「内鮮融和」事業の昭和館を山口県社会事業協会が経営していたため、昭和館に関する記事がたびたび載っているほか、足立文男「内鮮融和問題に就て」（四五号、一九二八年四月）木村尭「内鮮融和事業私見」（一二二号、一九三四年一二月）など「内鮮融和」事業に関する論考がみられる。朝鮮への旅行記や朝鮮関係の記事も散見される。関釜連絡船の発着地をかかえるなどの条件のなか、朝鮮との結びつきや関心の強さを示している。

ほとんどの号は特定の課題に焦点をあてることはしていないが、特集を組んだこともわずかながらある。四六号（一九二八年六月）は昭和館の開館と「内鮮融和」の記事のみで構成されている。六六号（一九三〇年三月）では「感化法発布三十年記念特輯」、一四七号（一九三七年一月）では方面委員令を受けて、方面委員関係の論考が大半を占めている。「方面委員令施行に際して吾人の覚悟」として方面委員の随想を多数紹介しているのは編集の仕方として特異な形になっている。一六五号（一九三八年七月）は「支那事変一周年特輯号」となっていて、日中戦争への社会事業の協力を呼びかけている。

このようにして、『山口県社会時報』は行政の意向を伝達する役割をもちつつも、自由な議論を提供する意味ももって、山口県の社会事業に貢献していくのであるが、一九三七年以降、戦時体制に入ってくると、内容が変化してくる。新しい社会事業をつくっていく意欲は後退し、政策の浸透を目指す性格が濃厚になっていく。論考の数こそ多くなり、ページ数も増えてくるもの、それは内容の充実を意味しなかった。戦時体制への社会事業の協力を説く論考が目につくようになり、「社会局」「済生会」「厚生省」「軍事保護院」を筆者とするものや、「時局に対する国民の覚悟」なる陸軍少将による連載や、陸軍大将による「前線将兵の労苦と銃後国民の奉公」なる論考まであらわれる。かつて見られた社会事業への批判や提言は少なくなり、行政の意向を伝えるだけの場となってしまった。

法律・通牒等も詳細に掲載されるなど、内容が豊富になったようでありながら、それは戦時体制のために制定された規定を徹底させる目的であったといえよう。誌面のあちこちに、「国を護った傷兵護れ」「讃えよ功績忘るな援護」など、傷兵保護や銃後の守りについてのスローガンが掲げられるようになるのも、雑誌の位置づけを示してしまっている。

一九四〇年代になると紙質も目に見えて低下するようになり、ついには一九四一年二・三月、五・六月、一一・一二月と合併号があらわれ、一九四二年一・二月の合併号を最後に休刊に追い込まれたものと思われる。

四、山口県社会事業大会

山口県社会事業協会は『山口県社会時報』の発行の一方で、山口県社会事業大会を毎年開催した。山口県社会事業大会の第一回大会は一九二四年三月二五日から二六日まで山口町の山口公会堂で開催された。その目的は「社会的施設の研究、改善、新設、普及等に関する意見の交換、討議、決議等を行ひ、更に斯道名士の講話を聞きて、一層社会事業の発達に資せんとするものであります」である。

開会の挨拶、知事祝辞、来賓挨拶及祝電披露、総会座長の選挙、大会議事として部会と総会となっている。部会として、児童保護部、社会教化部、一般社会事業部を置いて議論を行った。全部で一五の議題が提起されている。八つは協会提出であるが、七つは参加者からとなっており、すでに関係者の自主的な参加がみられる。講演として高田慎吾「家庭を中心としたる社会事業」、原泰一「社会事業家に望む」がなされた。宣言が採択され、「現代社会の欠陥に対しては世人の覚醒未だ足らず救治の策亦備はらさるもの多し尚且急激なる世態の変化は洵に国家の深憂を加ふ、此の秋に当りて常に社会事業の進展に奉仕する我等同人は進んで人類愛の発現と連帯観念の振作に力め大に共存同栄の実を挙げ一は以て県民の福祉を増進し一は以て国家今日の要務に寄与せんことを寄す」とした。出席者は「三百七八十名」とされ、予想の二倍以上とされている。主催者発表であるこの人数をただちに信用できないにせよ、『山口県社会時報』掲載の写真では、座席がほぼ埋っていて、写っている人をざっと数えても二〇〇人をこえているのは確実であり、盛会であったのはまちがいない。初めての大会ということで熱心に動員をかけたのであろうが、その点を差し引いても、かなりの関心を集めたといえよう。

その後、毎年表一のように大会が開催されている。時期としては、春の場合と秋の場合があって、一定していない。そのため、同じ年に二度開催されたり、逆に開かれない年もある。場所は当初は山口町であったが、その後山口以外でも開催されたこともある。開催地ではそれなりに社会事業への関心を高めざるをえないわけで、社会事業への関心を県下各地

に広げる意味をもった、

日程としては、第一回以降、ほぼ同様の形で行われている。議案を提案し、議論をする際、第一回は部会を設けているが、以降そのようなことはなくなっている。時間的にも制約が多く、多人数のなか、それほど内容のある議論ができたとは思えない。宣言にあたっては起草委員を選任して文案をつくっている。委員は別室にて文案を作成しているが、短時間でゼロから作成している時間はなく、初めから委員は内定し、文案も用意されていたのかもしれない。大会によっては、社会事業展覧会として、社会事業関係の資料の展示を行って、社会事業への知識や関心を喚起した。

表一　山口県社会事業大会

	開催日	場所	参加者	講師	演題
一	一九二四年　三月二五～二六日	山口町	三七〇～八〇	高田　慎吾	家庭を中心とした社会事業
				原　泰一	社会事業家に望む
二	一九二六年　三月二五日	山口町	約二〇〇	小島　幸治	社会事業概論
				三田谷　啓	児童相談事業の現在及将来
三	一九二七年　三月　二日	山口町	二〇〇名以上	大林　宗嗣	社会運動としての隣保事業
四	一九二八年　四月一三日	防府町	三〇〇余	暉峻　義等	社会事業の方向転換
五	一九二九年一一月二三日	山口市	約三五〇	小沢　一	最近の社会事業
六	一九三一年　三月二七日	山口市	二〇〇	黒正　巌	現代社会組織と社会事業
七	一九三二年　三月二二日	山口市	三〇〇余	前田　多門	世相不安と社会事業の精神
八	一九三三年　三月二四日	山口市	四〇〇	賀川　豊彦	非常時日本に於ける社会事業

九	一九三三年一〇月二〇日	山口市	三百数十	生江　孝之	非常時日本と社会事業
一〇	一九三四年一〇月　四日	山口市	三〇〇人超	大林　宗嗣	現下の情勢と社会事業
一一	一九三五年一一月二五日	徳山市	三五〇	志賀志那人	現代生活と社会事業
一二	一九三七年　三月一八日	山口市	五〇〇	古坂　明詮	社会事業に関する二三の重要問題
				大石　三良	社会事業王国建設の要諦

『山口県社会時報』関係記事による。

一方、山口県の社会事業は融和運動と密接な関係をもっており、社会事業を検討する場合、融和事業大会にも目を向けておかなければならない。融和事業大会は一九二六年からはじまった。第一回は一九二六年三月一日に山口市公会堂で開催され、「融和事業達成上広く世人の理解を求むべき適切なる方法如何」についての協議のほか大会に引き続く形で喜田貞吉による融和問題講演会が設定されている。時期としては三月に固定し毎年開催された。

もうひとつ、社会事業関係の県レベルの大会として、方面委員大会がある。前述のように山口県の方面委員制度は複雑な経緯をたどる。県としてひとつの制度でなかったせいか、全県的な方面委員大会は開催されなかった。ようやく初めて一九三五年に山口県方面委員制度創設十周年記念方面委員大会として開催された。最初に方面委員への慰霊祭を行った後は、知事告示、協議、宣言・決議とおおむね社会事業大会に近いかたちで議事をすすめている。

しかし、これはあくまで記念行事であり、定例化せず、ようやく方面委員令によって統一した制度になったことを受けて、一九三七年五月八日に宇部市にて山口県方面委員大会が開催された。翌一九三八年も開催されたが、その様相は前年とは大きく異なり、「銃後後援強化週間」という語が大会の名称に冠せられていた。一九三九年では同様に冠するとともに、第三回と銘打たれ、この大会が定例であることが明確となった。もっとも、県レベルの大会はこの第三回で終わりになる。

方面委員大会は戦時体制に方面委員が組込まれていく時期にはじまったため、社会事業にとっての積極的意義は少なかったといえる。それでも、一九四一年に第一二回全国方面委員大会を宇部市で開催できたのは、方面委員制度の実績とともに、大会開催の実績があったことと無関係ではないだろう。

こうした一連の大会であるが、度重なることで形式化してしまったことは否定できない。決議もほぼ同じ内容になり、協議題の提出者も少なくなり、また固定化していく。講演の講師自体は賀川豊彦、生江孝之、大林宗嗣、志賀志那人ら充実したメンバーが続き、その点では大会の意義は薄れてはいない。しかし、大会の性格が議論から中央の人物の講演を拝聴する場に力点が移ることにもなる。またこれら人物の講演・講習は他の場でもなされており、必ずしも社会事業大会でなければならないというわけでもなかった。『山口県社会時報』の記事もはじめは大会の様子をこと細かに報じていたが、一九三三年の第八回あたりになると、議事を通り一遍に紹介する程度で、事実を簡潔に記すにとどまるようになる。最後の大会となる一九三七年の第一二回では二ページだけ簡潔にまとめられているにすぎない。大会そのものも、協議題の数が少なくなり、宣言や決議の内容も簡略なものとなってくる。一九三四年の第一〇回大会の場合、本来なら記念となる区切りの大会のはずだが、決議は農山漁村の社会事業、方面事業、児童保護事業、救護救療事業の振興や普及を求める四か条のものにすぎないし、宣言も量的にかつてより少ないものになっている。

形式化は大会の必要性を問うようにもなる。昭和一三年度の社会事業協会の事業計画では「本会創立十五周年ニ相当スルヲ以テ記念大会ヲ開催シ社会事業精神ノ昂揚ヲ図リ斯業ノ振興ニ資スル」とあって、本来は盛大な大会を開催するはずであった。しかし、実際には記念して盛大に開くどころか、この年は開催されず、そのまま事実上大会自体が廃止されることになる。これはおそらく日中戦争の本格化によって社会事業の体制を整備し直す必要にせまられて、大会を開く余裕がなくなったためであろう。しかし、戦時体制に向かっていくことは社会事業の必要性を増すことでもあり、むしろ大会によって関係者の意欲を鼓舞するべきであったはずである。大会がすでに形式化していて、あえて困難を克服して開く必要もなかったことが背景にあるといえよう。

形式化したのは、毎年開催することによるマンネリ化に加え、社会事業について議論する場がほかにも多く設定されるようになり、実務的な議論は大会ではなく、そうした場でできるようになったこと、参加者の固定化とりわけリーダー的存在が決まってきたことなどが原因であろう。

融和事業大会も、当初から形式的な傾向が強かった。これまた一九三六年の一心会創設十周年記念大会を最後に開催されなくなる。一方で方面委員大会は盛大に開かれている。参加者が多いだけに、実質的な議論はできなかったと思われ、こちらもまた形式的ではあるが、戦時体制のなかで方面委員に対する指示が必要であったため、開く必要があったのであろう。大会にはそれなりに熱気があったにしても、時期的に大きな成果はあげられなかったし、長続きもしなかった。

山口県の社会事業大会は初期には社会事業の組織化を推進し、県民の社会事業への関心を高めるうえで一定の効果をもち、社会事業家間の交流や情報交換の役割を果たした。社会事業の関心を全県的なものにすることもできた。しかし、組織を実践の場から支えるだけの力量は形成しないままであったため、上からの力が働いたとき、社会事業の独自の立場を主張することはできずに消滅していくしかなかった。

五、成果

『山口県社会時報』の存在は豊富な社会事業の情報提供と理論紹介を行うことで、山口県の社会事業の発展を支えた。体制的とみられがちな山口県であるし、事実社会事業に限らず政府の意向の反映しやすい県であったことは否定しがたいが、自由な雰囲気のなかで、社会事業が語られた面もあったのである。山口県では隣保事業や農繁期託児所が他県に比べて多くなっている。いくつかの理由はあろうが、ひとつは『山口県社会時報』による啓発の成果である。

しかし、活字での情報伝達には限界もある。そこで、山口県社会事業大会が役割をもってくる。年中行事としての形式的な面をもってしまったものの、著名な講師による理論紹介があり、また直接集って議論が展開されることで、社会事業発展の力となった。こうしたことが可能となったのは、ひとつは篠崎篤三らの努力である。特に初期において篠崎の果たした役割は大きいし、姫井伊介の存在もある。これら社会事業に熱意のある人材をもてたことが大きい。しかし、行政の意向と無関係でないこともちろんである。社会問題の深刻化のなか、行政の意向を貫徹しつつ社会事業を発展させることが求められた。それは、強権を使って実行できるものではないので、地域の目を社会事業に向けさせ、関心を煽る必要があった。一定の自由な議論はそのために不可欠であった。

こうした動きは山口県の社会事業の牽引となり、保育事業、隣保事業、農繁期託児所、融和運動などを生み出していく。戦後も『山口県社会福祉』が発行されるなどの積極的な施策に引き継がれていく。

注

（1）土井洋一編『家庭学校の同行者たち』（大空社、一九九三年）一八三頁～一八四頁。
（2）篠崎の紹介と人物評として、篠崎退職時に書かれた足立文男社会課長による「篠崎篤三氏を送る」『山口県社会時報』第一〇二号（一九三三年四月）三二頁がある。
（3）布引敏雄『隣保事業の思想と実践』（解放出版社、二〇〇〇年）二〇六頁。
（4）社会事業史文献調査会編『社会事業雑誌目次総覧』別巻（日本図書センター、一九八八年）五三頁～五四頁に「山口県社会時報」の所蔵状況が記されているが、そのように受け取れる記載である。筆者自身も拙著『山口県社会福祉史研究』葦書房、一九九七年の「凡例」にて「創刊初期には号を『報』と表記していたので、『報』を用いている」と書いているが、創刊初期に「号」を「報」と呼んでいただけと誤解していたのである。
（5）山口県社会福祉協議会編『山口県民生委員五十年の歩み』（山口県民生児童委員協議会、一九七五年）の「あとがき」。そこでは『山口県社会時報』が創刊号からそろっているかのように書いてあるが、保存されているのは創刊号からではなく、一九号からである。船木隣保館で雑誌を綴じて、一から番号をつけていたことによる誤解であろう。
（6）『社会福祉事業十年の歩み』（山口県社会福祉協議会、一九六一年）一三七頁。
（7）拙稿「地域実践を基盤とした地域福祉論の開拓―山口県における姫井伊介の実践と社会事業論―」『日本の地域福祉』第八号

（一九九五年八月）。拙著『山口県社会福祉史研究』収録。

（8）布引敏雄「姫井伊介の平等観―人間尊重の絶対平等と人格価値の相対性―」『大阪明浄女子短期大学紀要』第一二号（一九九八年三月）。「姫井伊介の協同組合主義」『部落解放研究』第一二三号（一九九八年八月）。

（9）『社会福祉古典叢書　生江孝之集』（鳳書院、一九八三年）の巻末に生江の詳細な著作文献目録があるが、『山口県社会時報』掲載の論考は漏れている。

（本節はおおむね『山口県社会時報』をもとにして論述しており、『山口県社会時報』を根拠とする記述の注は省略して、注は最小限にとどめた）

第二節　経済保護事業の概要と本質

一、社会事業における経済保護事業

日本の社会事業の特質として、経済保護事業がその柱となったことがあげられる。経済保護事業とは、低所得層の生活困難に対応して生活を消費の部面において支える対策であり、具体的には公益質屋、職業紹介、公営住宅、公設市場、宿泊保護、簡易食堂、公設浴場などで、本来は社会事業といいがたいものである。戦前における経済保護事業のまとまった著作である『経済保護事業』にて、著者の武島一義が「元来経済保護事業は社会事業として観るべきものでなく、社会政策の分野である」と述べているように、戦前からすでに社会事業と異質な事業であることは明白であった(1)。

しかし、幅広い階層を含みこむものであることや比較的経費がかからないことなどから、社会事業の形成のなかで防貧策として重視されることとなった。とはいえ、創設者の開拓的理念によって展開される他の分野と異なって画一的な事業が多いうえ、公益質屋を除いて戦後は社会福祉から分離し、公益質屋も二〇〇〇年の公益質屋法廃止によって幕を閉じたことから、今日的な意味が乏しいようにも見え、関心をひきにくい分野である。しかし、社会事業の発展のなかでの経済保護事業のもつ意味について詳細な分析を加えた池本美和子は「経済保護事業については、あきらかに、国が指導、奨励し、その下で地方が実施するという方針が貫かれている」として、国が方向付けをしつつ、事業自体は地方独自で展開した特質を明らかにしている(2)。すなわち、経済保護事業の意義は、各地方においての動きをみることで、国民生活にとっての役割や防貧対策としての効果を把握することができる。同時に、社会事業の特質である以上、各地域においての経済保護事業は、地域の社会福祉史を把握するうえでも欠かせない課題といえる。ここでは山口県での経済保護事業を見ていくことで、経済保護事業の実際の動きと効果を検討する。

二、経済保護事業の創始

日本では一九二〇年頃に社会運動の激化などを背景として、政策的にも社会事業としての形態を整えていくことになるが、山口県でも一九二〇年代初頭に社会事業の体制整備がすすめられる。社会事業の形をととのえるために、一九二二年に山口県社会事業調査会が開催されて、知事からの諮問事項に対する答申を出す。答申では農村と市街地とに分けて社会事業の対応策を示しているが、市街地の対応策とし「経済的保護事業」をあげている。(3)つまり、経済保護事業は社会事業草創期より、都市部に限定されつつも、主要な分野とされていたのである。

実際、その後、都市部に若干の事業が生まれる。一九二四年の『山口県社会時報』の記事にて、社会事業主事の篠崎篤三が公設市場に触れて、生活の緩和に貢献する施設として評価するとともに、山口町の青物市場を紹介している。(4)山口町の公設市場はすでに一九一八年に第一次世界大戦後の物価高騰の対策として山口町臨時青物市場として開設されていた。当初は週に一度、道端に出店するという形であり、山口町と近隣の町村の農会の共同経営であった。次第に普及し、週二回、三回と増えるなか、市場のための建物を建築し、山口町と山口町農会の経営となる。(5)一九三〇年に拡張されるなど、増築を繰り返していく。山口だけでなく、下関、宇部、萩、徳山でも米騒動時の寄付金をもとにして同種の事業が行われていたが、(6)臨時的なものであるうえ社会事業との認識も少なく、いったんは消滅している。これらの市町では一九二七年以降、改めて公設市場として設置されていくことになる。

公設市場のあり方として、山口町の助役は「山口町は由来軍隊官吏学生等の居住者多数にして所謂消費都市である。生活必需品の価格を低廉にし且つ是等物価の調節をすると云ふことは最も緊要なる施設である町民一般も公設市場を利用する習慣が出来て上流階級の奥さん達も随分遠方から市場へ買入に出掛けられる様になつたことは誠に喜ぶべき現象である」と語っており、特定階層を対象にした救済策を目指しておらず、「上流階級」まで歓迎する施設であった。また「農家副業として農村振興策ともなる次第」ともされていて、多様な機能が期待された。(7)

ほかでは、一九二四年の郡市社会事業主任集会で指示事項として「職業紹介所の設置及利用者普及に関する件」「住宅組合の指導監督に関する件」が含まれているように、県としても経済保護事業を積極的に奨励をはかる分野としてとらえていた。(8)

しかし、当初の構想とは違って、むしろ農村で経済保護事業が生まれている。公設市場では一九二四年に高森町農会による公設市場が開設されている。(9) 共同浴場についても、足立文男が「詳に高森共同浴場及副業製叺の実際を知りて」で紹介しており、(10) 高森町の高森信用購買販売利用組合により設置された。(11) 共同浴場は他に萩町や厚南村に設置されているが、いずれも農村地域である。なお、「公益浴場」との記事が一九二七年一二月の『山口県社会時報』に掲載されているが、一般的な説明であって、特に山口県の状況を説明したり、設置を促すものではない。(12)

すなわち、当初の意図とは違って、必ずしも都市特有の事業とはならなかったし、都市だから発達したというより、都市、農村にかかわらず、その地域で事業を設置する動機が生じたかどうかにかかっていた。山口県の場合は都市といっても、小規模であり、各事業の基盤も乏しかった。

もっとも、都市部で一定の発展を示すのは宇部市の場合である。(13) 宇部市は炭鉱による急速な都市化のなかで社会問題が噴出し、米騒動では深刻な事態に陥った。その対策として方面委員制度の創設と報徳会による地域での教化がすすめられる。精神主義だけで乗り切れるものではなく、具体策として社会事業が推進されるものの、その柱は市営による経済保護事業である。宇部市の場合は社会問題が目に見えやすく、具体的な対応を行政としてもせざるをえなかったし、それを支持する支配層の意思も強かった、炭鉱労働者が中心で一定の経済力を有していた、といった特質があり、特異なケースといえよう。もっとも「職業紹介所、公益質屋、市営住宅、公設市場等あるが孰れも特記しなければならない程のものでもない」と評されているので、一通り設置された後には、著しく発展したともいえない[14]。

三、公益質屋の奨励と設置

やや停滞気味の経済保護事業が本格化するのは、公益質屋によってである。公益質屋とは営利を目的とせず、一般の質屋に比して有利な条件で資金を融通するものである。一九一二年に宮崎県細田村で設立されたものが最初といわれている。二〇〇〇年の法改正の一部として廃止されるまで、低所得対策として存在した。法廃止後もなお、存続を主張する意見もあるほどで[15]、戦前には低所得対策として一定の有効性をもっていたといえる。すでに公益質屋法制定前の一九二五年六月に、全国には一四道府県に四一ヶ所設置されていた[16]。しかし、山口県では必ずしも順調にスタートしたわけではない。

一九二六年八月の『山口県社会時報』には「公益質屋奨励方針」の記事が掲載されており、公益質屋が本格的に注目されるようになってきた。そこでは公益質屋を奨励する内務省の方針を説明するとともに、公益質屋の解説をしている。ただし、山口県での設置を促す記述などはない[17]。

一九二七年一月の市町村長集会の提出事項に「公設質庫奨励ノ件」があり「公益質庫ハ市街地及漁村等ニ於ケル庶民金融機関トシテ最モ適切ナル社会的施設ノ一タリ各位ハ地方ノ実情ニ応シ其ノ必要ナル地区ニ対シ町村其ノ他各種団体ニ於テ之カ設置経営ニ当ル様配意セラレムコトヲ望ム」として明確に奨励の方向を示している[18]。ここではその対象は市街地と漁村であって、農村が含まれていない。設置主体として町村のみでなく「各種団体」も含まれている。昭和二年度予算で一、〇〇〇円[19]、昭和三年度予算には二、二五〇円が県の補助金として「公益質屋費」がすでに計上されているので[20]、一九二七年頃の時点ではすでに設立を念頭においていた。

一九二七年に公益質屋法が制定される。これを受けて県では学務部長より市町村長宛の通牒「公益質屋設置ニ関スル件」「公益質屋法施行ノ件」を出し、「現下我国ニ於ケル庶民金融機関ノ状況ト小額所得者ノ生活ノ実情トニ鑑ミ公益質屋ノ普及発達ヲ図リ簡易敏速ナル金融ノ途ヲ講スルハ最モ緊要トスル所」と普及を促した。(21) 県令第五十六号として公益質屋法施行細則を制定している。

県ではまだ公益質屋が設置されていない一九二九年の段階ですでに『公益質屋便覧』という冊子を発行している。(22) この冊子は公益質屋の業務開始までの準備や設備、資金調達の方法、必要な資金、実施計画書の雛型、国庫補助などの制度の解説、規定の雛型、業務開始後の運営の実際、関係法規などが掲載されており、公益質屋の開設と運営に必要な情報が網羅されており、ノウハウを示すことで開設の後押しをしようとしたのであろう。

一九二九年の『山口県社会時報』に「公益質屋の設置奨励」という記事が掲載されているが、前述の同種の記事とは違って、公益質屋の奨励の意図を明確に示している。(23) すなわち、「努めて公益的機能を発揮せしむることを期するを目的とするを以て我が国現下庶民金融機関の状況と、少額所得者の生活の実情とに鑑み、之が普及発達を図り簡易敏速なる金融の途を講ずるは最も緊要なる所」と述べるとともに、設置の動きのある町村を紹介して歓迎の意を示している。

一九二七年の通常県会でも公益質屋が取り上げられた。田辺譲が、他県ではすでに公益質屋が次々と設置されているのに山口県には存在しないことを指摘し、公益質屋の設置についての意見を問うた。(24) 議員が公益質屋について一定の正確な知識をもっていることがうかがわれ、公益質屋の知識の普及のなか、実施が迫られたことを示している。これに対し県は、公益質屋の設置がないものの県としても必要性を強く認識しており、特に「漁村部落ニ於キマシテハ御承知ノ通リ収支ガ随分不定デアリマス、或ル時ハ非常ニ不漁デアルト云フヤウナ不定ノ収入ニ対シマシテ、公設質屋ヲ以テ其ノ金融ヲ図ルト云フヤウナコトハ極メテ必要デアル」として、都市部よりまず、漁村での必要性を重視していた。

社会課長足立文男は、『山口県社会時報』にて繰り返し公益質屋の有効性を説いて、奨励しようとした。「差当り努力を要する県下社会事業の考察」では、七つの事業を提示しているが、そのひとつは「公益質屋の経営に就いて」である。(25)
「細民の財的利用機関としては是程有効適切なものはあるまい。其の日暮しの人々や漁業者の如き天候に支配せられ一時収入の途絶する人々や其の他急救を要する細民の救済の為には市町村当局としては一二営利業者の鼻息を窺ひ躊躇するものではあるまい」と述べていて、やはり漁村を軸にして、公益質屋に高い期待を寄せるとともに、その壁として「現在の営利質屋業者の反感」を指摘している。

一九二九年二月の「金融機関としての公益質屋」は、『山口県社会時報』で公益質屋設置前に公益質屋のみが論じられた唯一の論考である。(26)そこでは従来の金融機関が中産階級の利用するのみで低所得者には機能を発揮していないことを指摘する。質屋が低所得者のための唯一の金融機関であるが、営利目的である弊害があり、公益質屋が求められているとして公益質屋の特徴を列挙する。公的な補助があるうえ利用も活発であることから経営に不安はないことを力説し、都市、漁村、中産階級以上の多い農村など、どこでも必要であるとしている。なお、ここで農村に関しては「中産階級以上」と限定しており、農村一般に広げていないのは、中産階級以下の農民にとって公益質屋がなじまないことを暗に示している。

足立はさらに「奨励を要する県下社会事業の五方面」で五つのひとつとして「庶民金融機関公益質屋」を取り上げ、同趣旨のことを述べている。(27)「山口県社会事業の趨勢」でも「今日の経済界の実状よりして中層階級以下を対象とした庶民金融機関たる公益質屋の設置が最も急務であると信じる」としたうえで、ただし、ここでは産業組合による経済保護事業を説き、産業組合経営の共同浴場を評価しており、経済保護事業について都市から農村へと視点が動きはじめている。(28)いずれにせよ、社会課長がこの時期に執拗に公益質屋の有用性を説きつづけたのである。

一九三〇年の通常県会においても、足立は答弁の中で「公益質屋、或ハ信用組合ノ活動ヲ促シマシテ、生業資金ノ運用等ニ付キマシテモ相当ニ心配ヲ致シテ居ルノデアリマス」と述べて、県としての公益質屋への関心の高さを明らかにしている。(29)

一九二九年一一月二三日の第五回山口県社会事業大会では決議のひとつとして「公益質屋の普及」が含まれている。(30)この大会では毎年類似したことが決議され形骸化しているのだが、「公益質屋の普及」が含まれたのは第五回大会のみである。特に協議題にあげられて議論されたわけではなく、県からの働きかけで決議に含まれたと思われる。「公益質屋ノ普及」に限っては、形式的に列挙してみたというのではなく、特別な意味をもっていたといえよう。一九三〇年七月二九日から八月二日の市町村長集会では「庶民金融機関トシテ公益質屋ノ経営ハ最モ緊要ナルヲ以テ此ノ際之ガ設置ニ努メ小産者ニ対スル生産資金融通ノ途ヲ図ルコト」が指示事項に含まれている。(31)

こうした奨励の結果、一九三〇年四月二八日に下松町に初の公益質屋が誕生することになる。はじめ借家を借りていたが、事務所を建築して、モデル的な存在になる。(32)その後六月に鹿野村、一二月に徳山町、一九三一年四月に田布施町、七月に厚狭町、八月に小野田町、九月に宇部市、と次々と設置されていく。つまり、市部より先に町村部に設置され、また鹿野村という明らかな農村にも設置された。ただし、『山口県社会時報』に鹿野村の公益質屋の記事はその後なくなり、『社会事業紀要』等にも記載がないことから、鹿野村では継続されなかったのではないかと思われる。吉部村でも準備がすすんでいたはずであるが、設置された形跡がない。純農村の二村で計画が頓挫したのは後述の木村の主張にもあるように、純農村では公益質屋が成り立つ基盤が乏しかったためと思われる。

以上の公益質屋がでそろった一九三一年一〇月から一九三二年三月までの事業成績は、利用者数一二、一六一人、貸付口数一五、〇七四、貸付金額一〇六、〇七二円、貸付金弁済額七一、六五七円、三月末現在の貸付残高七八、九二三円、職業別利用者数は労働者四、七〇八人、商工業者七九一人、農業者七六九人、俸給生活者四七九人、小商人三、一一七人、漁業者六二七人、其の他一、五七〇人となっている。(33)

昭和四年度の社会事業費における町村費のなかに公益質屋費が計上され、町村での経済的保護費のなかでは圧倒的になる。(34)さらに五年度とで経済保護事業が六四、六一四円から一一四、九五六円へと倍増に近い増え方をしているが、その半分以上は公益質屋費である。(35)特に町村費では七三、一一八円のうち公益質屋費が六六、五五二円と大半を占めている。昭和六年度では市費でも公益質屋費が計上され、九八、三八七円のうち六〇、八四三円が公益質屋費となっている。(36)同年度の町村費は二一四、三八一円のうち二〇八、七〇七円で、経済的保護費イコール公益質屋費といってもいいほどになっている。それまでは経済的保護費としては小住宅費が大半を占めて実質的に経済保護の柱は公営住宅であったが、一気に公益質屋がとってかわった。また、公営住宅は利用者が限定されるのに対し、公益質屋は誰もが利用しうるという点でも経済保護事業の目的によりかなうものであった。

社会課の木村尭による「公益質屋設置の提唱」は実際に公益質屋が設置されていく状況のなかで書かれたもので、約一二ページにわたる本格的な論考である[37]。公益質屋法を「庶民階級の金融問題解決に資する社会政策的立法」と位置づけたうえで、「庶民金融機関」の全般の状況、そのなかでの質屋業の状況、海外と日本の公益質屋の沿革といった総論の後、公益質屋の特質について述べたうえ、社会事業でありながら一般の社会事業のように経費を費やすだけでなく営利をもたらすため、経費の不安が少ないという長所を強調し、しかも国庫補助金等があって経営面について安定していることを説明する。さらに、他県での実例をあげてそれを実証して、各市町村で積極的に設置すべきことを説いた。ただし、農村については「公益質屋も都市や労働者街や漁業部落に於ては最も必要であるが、純農村に於ては特殊な事情がない限り殆ど其の必要を認めない」として、農村では必要でないことを明言している。あくまで都市と漁村特有の事業として奨励したのである。

こうした初期の公益質屋の事例のひとつとして、小野田町の状況を小野田町の『公益質屋便覧』で把握できる[38]。小野田町は工業地帯であるが一九三〇年頃の不況が深刻化し、経済保護事業が求められた。しかし、町財政も逼迫しており、慎重な態度もあったが、県からの勧奨もあり、設置機運が醸成された。先進地の視察を踏まえ、資金借り入れの目途もついたことから町会の決議のもと計画認可申請書を内務大臣に提出するにいたった。建物と倉庫を新たに建築している。小野田町公益質屋条例、小野田町公益質屋条例施行細則、小野田町公益質屋資金管理規定が制定されて、制度面でも整備された。予算は特別会計で、町債や国庫補助金などが資金である。利用者は工業地帯であることを反映して労働者が多く次いで小商人となっている。比較的良好な実績となったのは、工業地帯で一定の所得のある者の多いことと、姫井伊介の活動の拠点として、社会事業への理解があり、利用することへの抵抗感が少なかったものと思われる。

四、公益質屋の展開

『山口県社会時報』では八〇号から分野ごとの情報を掲載する形態をとることになるが、その時点では「失業救済」はあったが、経済保護事業はなかった。載せるほどの材料がなかったためであろう。しかし、八六号からは「経済保護」も分野のひとつとして出てくるようになる。経済保護事業が社会事業の主要な一分野として認識されたのである。

「経済保護」といっても内容はほぼ公益質屋であり、ときおり公設市場などが出てくる程度である。職業紹介は「失業防止救済」として区別されている。この時期失業問題が深刻化し、対応として職業紹介事業が重視され、独自の展開をみせ、もはや経済保護の一分野というような位置ではなくなっていく。ただ、「経済保護」としていっしょになっている号もあるが、これは記事が少ないときの編集の都合であろう。つまり、「経済保護」の柱として公益質屋が機能しつつ、広義には失業救済も含まれていたということである。この時期は「経済保護」の欄を追うことで公益質屋の動きを把握することが容易であるし、また経済保護のなかの他の事業も継続されているが、注目すべき展開はみられず、公益質屋に収斂されたといってよい。

こうして公益質屋が社会事業の主要部分としてとりあえず定着したかのようであるが、県は再び公益質屋の奨励を重視していく。すなわち、一九三二年、深刻な経済不況に対応するため、時局に対する県の対策が策定され、「失業に対する防止及救済」「職業紹介事業の普及徹底」「公設質屋の設置奨励」「各種救済救護の徹底」「救療事業の普及」「生活改善の実施」について対応することとなった。[39] 失業対策はすでに力を入れていたことであるから、目立つのは「公設質屋」である。

さっそく一九三二年七月に県内町村を集めて公益質屋設置懇談会を開催した。三四の市町村からの参加があるが、町によっては町長が出席したり、複数の出席者があって県の重視の姿勢と市町村側の関心の高さがうかがわれる。[40] 八月には時局対策の実施事項を主とする市町村長集会で注意事項として「公益質屋ニ関スル件」が出され「未設置ノ向ニ在リテハ地方ニ於ケル小額所得者ノ生活並其ノ金融状態ニ察シ此際之レカ設置ニ就付一段ノ配意アリタシ」としている。[41] 一方六月二〇日には県学務部長より市町村長宛てに「公益質屋設置ニ関スル件」を出して、「公益質屋ニ於テハ小商工農業者等ノ資金ヲ得ルニ困難ナル実状ニ鑑ミ生業資金ノ貸付ヲモ為シツヽアルモノニシテ貴市町ニ於テハ最モ緊要ト認メラレ候ニ就テハ此際特ニ之カ設置方ニ関シ御配慮相煩度候也」と設置を強く要請した。[42]

この結果、一九三二年に新たに公益質屋の設置がすすみ、久賀町、太華村、麻里布町、彦島町、長府町、山口市、仙崎町で設置がすすんでいくが、このほか神代村、須金村、神田村、向津具村は時局匡救のための設置として特別な低利資金の融資が行われた。[43] 一九三三年になるとさらに設置が続くことになる。[44]

また、以前は農村での公益質屋の必要性を否定していた木村尭は、一九三三年の農村社会事業についての論考では「経済的保護施設の内で特に公益質屋に就て一言しなければならない。頼母子講が破綻しそうになつてゐる現在の農村では所謂庶民金融は極度に梗塞してゐる。こうした時節に於てこそ質置主の利便を主体として設けられた公益質屋の経営が必要である。生業資金であれば一世帯三百円迄貸出される。農産物を質にして貸出しをすればどんなに金融上の便益を得るであらう。しかも立派に採算が取れるのだからすばらしい。宮城県亘理郡坂元村や福島県耶麻郡堂島村の公益質屋は孰れも農産物を質にとり、農村に於ける公益質屋として良好な成績を収めてゐる」と述べて、農村での公益質屋を奨励する立場に転じている。[45]

いつもは論旨の一貫している木村にしては珍しい主張の転換であるが、木村も行政の一員として政策の明確な方向には従わなければならなかったであろうし、あるいは木村がこの論考を執筆したと思われる頃に、全国誌の『社会事業』に内務官僚による「時局匡救と公益質屋」と題する論考が掲載され、そこでは最後のところで農村での公益質屋を取り上げて、農村で公益質屋が成功している事例を紹介して農村での公益質屋の有用性を強調しているし、同じ号で北海道庁社会事業主事により農漁村での公益質屋の活動が報告されていて、[46] これらに影響されたのかもしれない。もっとも、木村によるその後の農村社会事業の論考では公益質屋の奨励はあまり見られなくなっている。大きな効果をあげていない事実を認識していたからであろうか。木村もかかわってつくったという、島地村の社会事業実行計画では、網羅的に農村における社会事業が列挙されているが、公益質屋は含まれていない。(47)

農村で大きな効果があったかといえば、農村であっても利用者の職業種別による統計を見ると、農業者は少なく、農村部における商業者らが利用しているにすぎず、木村が思い描いたような利用のされ方は広がらなかった。しかし、昭和八年度予算でみると、社会事業費のうち、公益質屋費が群を抜いて多い。(48)市費では全体が三三九、〇〇五円のうち経済的保護費が二八〇、四四七円、そのうち二四二、二三四円が公益質屋費、町村費では五二九、九七六円のうち経済的保護費が三六九、八四三円、公益質屋費が三六二、五八一円と、市費、町村費とも公益質屋費が全体の過半数を超えている。経済的保護事業費のなかでの公益質屋費の割合も大きくなっており、他の事業は伸び悩んでいる。財政面だけからいえば、公益質屋が社会事業の最大の分野になったとさえいえる状態である。

社会事業主事を退任し、すでに山口県を離れていた篠崎篤三は県内での講演で「公益質屋の設立に於て幾多先進の府県を凌ぎ全国九位を占め、貸付資金に於ても四四万円の多額を擁して居ることは、我々の先づ何を措いてもしらねばならないことである」と述べて、その広がりや普及の速さを高く評価している。(49)都市部が少ないことや最初の発足が遅かったこととともあわせると、公益質屋の奨励は一定の成果をあげて、短期間に普及したといえる。篠崎は「農村生活の一要素としての社会事業」と題する講演のなかで述べており、農村の社会資源として期待している。

反面、かつては財政的には経済保護事業の柱であった「小住宅」は、下関市の市営住宅について一九三四年に「其の当時の市の住宅難緩和には非常に役立つてゐるが、何分にも当座応急の施設であつた為に、住宅払底の自然的緩和と共に次第に空室率が大になり、家賃も数度値下げをなし、経営宜しきを得ざるものとして市の当局の頭痛の種の一であつたらしいが、これは各都市に於ける共通現象」と評されるように、その必要性すら問われている。(50)もっとも、住宅事情が改善されたというより、市営住宅のシステムと貧困者の実態との乖離によるとみるべきであろう。

公益質屋について県会でも本格的に取り上げられたのが、昭和七年通常県会である。[51] 今西孫一は下層社会の安定のためには金融問題の解決が必要であると述べつつ、「銀行或ハ信用組合ト云フモノハ是等ノ人々ノ為ニハ多ク成リ得ナイノデアリマス」との現状を指摘する。そして「各町村ニ公益質屋ヲ急速ニ全般的ニ設置サレルコトガ、最モ此ノ時局ヲ救済スル上ニ於テ意義ノ深イモノト思フ」として、公益質屋の普及を求めた。これに対し、足立社会課長は、今西と同様の認識をもっており、順次条件の整っている町村より整備していくことを答弁している。

反面、公益質屋への懐疑的な質問として田熊文助が、田布施の公益質屋について「変ナ事実」を耳にしたとして、監督体制を質している。田布施での「変ナ事実」の内容は不明であるが、不正に近い運営がみられたように思われる。これについて県側は田布施にて不適切な取り扱いのあったことを認めつつ、担当者の適性の問題だとし、県全体としては適切な運営がなされていると強調したうえで、監督をすすめていくことを答弁している。確かに、すでに毎年県主催で公益質屋事務研究会を開催して、事務上の各種の問題について対応していた。しかし、一九三六年の市町村社会事業事務主任集会での提出事項のなかで「其ノ業績ノ挙ラサルモノ又ハ事務ノ整理不十分ノモノアリ庶民金融ノ実情ニ鑑ミ之レカ事業ノ進展ト其ノ整理ノ完璧ヲ期スルコトハ極メテ緊要」としたうえで、業務取り扱いの一層の注意、通牒に従った事務検査の励行、流質防止と流質物の速やかな処置を求めているのは、県の示した運営の手順に従わなかったり、流質物の不適当な処分など、適切さを欠いた運営が広がってしまったように思われる。[52]『社会事業』に一九三七年に「公益質屋の業務監査に就て」という記事の掲載があることからしても、[53] 同様の事態は山口県に限ったことではないようである。

こうして著しい発展をみせたかのような公益質屋であったが、一九三六年頃から、『山口県社会時報』での公益質屋に関する話は激減している。すでに公設市場などは注目されなくなっていたので、経済保護事業全体が軽視されてきたのである。職業紹介事業は農村をはじめとする経済的な苦境の中で意味を持ち続けて、独自に展開してきた領域であるが、戦時体制に入ると、必要性が薄れていくことになる。

戦時体制のなかで一九三八年七月一六日に学務部長より関係市町村宛てに「公益質屋事務整理ニ関スル件」が出され、

「現下時局ノ進展ニ伴ヒ庶民金融機関トシテ公益質屋ノ使命ハ益々其ノ重キヲ加フルニ到リ候ニ就テハ本事業ノ精神ニ鑑ミ徒ニ貸付資金ノ遊蓄ヲ見ルコトナク一般庶民階級ノ利便ヲ計リ出来得ル限リ貸出ノ途ヲ開キ」として、その重要性を強調した。[54] しかし、一方では「質物評価ノ適正ヲ期シ以テ流質防止ニ努メ且ツ諸帳簿ノ整理及現金出納ノ厳正ヲ期シ苟モ事務ノ不整又ハ不正ニ渉ルガ如キコト無キ様」とあるように、決して生活実態に即して拡大するということではなく、単に適切な運営を改めて求めたに過ぎない。戦時下においては注目度は落ちていく。一九三九年の柳井町のように戦時下になって新たに公益質屋を開設したケースもあるが、一頃のような増加はなく、また貸出件数や金額を見ても減少傾向にある。一二万程度だった貸付件数が昭和一四年度には九一、三〇五件になり、貸付金額も昭和一二年度七六〇、五一四円、一三年度六八八、五六〇円、一四年度六六五、六一五円となっている。[55] 一九四〇年の『山口県社会時報』には「便利で低利」「質物安全・扱い丁寧・秘密厳守」といった宣伝文句とともに公益質屋についての広告的な記事か掲載されている。[56] 掲載意図が何も書いておらず、単なる埋め草のようでもあるが、戦時下の生活困難への対応がなお期待されてはいたのかもしれない。

五、経済保護事業の評価

農漁村を中心とする山口県にとって、大都市では一定の比重をもつ公営住宅などは、部分的な設置しかみられず、大きく発展することはなかった。公設市場は一部で安定した役割を果たしたものの、社会事業としての機能を果たしたとは考えにくい。それなりに役割を果たしたのは公益質屋であり、労働者等にいくらか受け入れられた。恥辱心をさほど伴わずにいくらかの現金が入手できる公益質屋が、ある程度生活困難に対し有効であったのは確かであろうが、それは他に当面する生活困難に対応する対策がないからでもある。

農村についても公益質屋の役割は期待されたが、疲弊する農村に対しては十分な広がりは見せなかった。農村に期待された他の社会事業の多くが相互扶助的な事業が大半であったのに対し、一応は公設を基本とした生活援助ではあったが、救護法の実施のない町村があるなど既存の制度すら活用されないなか、現金を得てもいずれ返済の義務のある公益質屋が根本的な対策になるはずはなかった。

経済保護事業の着目と展開は、政府の方針への追随の限界と、底辺を支える具体策を欠いたままの「防貧」の効果のなさを示すものである。それすらも、必死の奨励でようやく形づくられるものでしかなかった。県民生活の逼迫を、行政による机上の理論で緩和することはできなかったのである。意義があったとすれば、とりあえず社会事業と称するものが広く利用されて、人々の意識のなかに社会事業というものが潜り込んだこと、公設が大半であったため、行政による社会事業の創設の契機となったことなどであろう。だが、それも戦時体制に向かうなかで、社会事業の直接の発展には結びつかなかった。

注

(1)武島一義『経済保護事業』(常磐書房、一九三八年)一頁。
(2)池本美和子『日本における社会事業の形成』(法律文化社、一九九九年)二〇三頁。
(3)『山口県社会事業紀要』(山口県内務部社会課、一九二四年)一四頁〜一五頁。
(4)竹頭「風設市場」『山口県社会時報』第二報(一九二四年一月)。竹頭は篠崎のペンネーム。「風設」とあるのは「公設」の誤植と思われる。
(5)「大正十三年一般救護」社会課、山口県文書館所蔵戦前県庁文書に山口青物市場に関する文書が含まれている。
(6)『救済事業の概要』山口県、一九二〇年、二〇頁。
(7)平野時彦「山口町公設市場に就いて」『山口県社会時報』第六号(一九二四年一二月)一一頁。
(8)『山口県社会時報』第四号(一九二四年一一月)一〇頁。
(9)『山口県社会事業紀要』(山口県社会課、一九三〇年)七七頁。

(10) 足立文男「高森町共同浴場及副業政叺の実際を知りて」『山口県社会時報』第四三号（一九二八年二月）。
(11) 『山口県社会時報』第六〇号（一九二九年八月）三三頁。
(12) 『山口県社会時報』第四一号（一九二七年一二月）二四頁。
(13) 宇部市の経済保護事業については『宇部市社会事業要覧』（宇部市社会課、一九三六年）に比較的詳しく紹介されているほか、山田亀之介編著『宇部戦前史』（宇部郷土文化会、一九七五年）に一九三〇年から四〇年頃の統計が掲載されている。
(14) 木村尭「社会事業と社会事業人（七）宇部市の巻」『山口県社会時報』第一一五号（一九三四年五月）一五頁。
(15) 小川政亮「憲法的にみた社会福祉事業法等改正法の問題性」『総合社会福祉研究』第一七号（二〇〇〇年一〇月）では「公益質屋法廃止規定を廃止し、公益質屋を第一種社会福祉事業から削除する規定を廃止し、あらためて公益質屋を第一種社会福祉事業として明記する」ことを要求し、公益質屋の存続を主張している。しかし、公益質屋がほとんど存在しなくなった現実から考えれば、形式的に法に残すことを訴えるより、低所得層への簡便な融資制度を提言するほうが有効なのではないか。
(16) 藤野恵「公益質庫の現勢（一）」『社会事業』第一〇巻第五号（一九二六年八月）一〇〇頁〜一〇一頁。
(17) 「公益質屋奨励方針」『山口県社会時報』第二六号（一九二六年八月）。
(18) 『山口県社会時報』第三一号（一九二七年一月）二三頁。
(19) 『山口県社会時報』第三七号（一九二七年八月）二四頁。
(20) 『山口県社会時報』第四八号（一九二八年八月）二五頁。
(21) 『山口県社会時報』第三八号（一九二七年九月）二五頁〜二六頁。
(22) 『公益質屋便覧』（山口県社会課、一九二九年）。
(23) 「公益質屋の設置奨励」『山口県社会時報』第五三号（一九二九年一月）。
(24) 『昭和二年山口県通常県会議事速記録』三二一頁〜三二三頁。
(25) 足立文男「差当り努力を要する県下社会事業の考察」『山口県社会時報』第四二号（一九二八年一月）。
(26) 足立文男「金融機関としての公益質屋」『山口県社会時報』第五四号（一九二九年二月）。
(27) 足立文男「奨励を要する県下社会事業の五方面」『山口県社会時報』第五八号（一九二九年六月）。
(28) 足立文男「山口県社会事業の趨勢」『山口県社会時報』第四六号（一九三〇年一月）。

(29)『昭和五年山口県通常県会議事速記録』五三〇頁。
(30)「第五回山口県社会事業大会」『山口県社会時報』第六三号（一九二九年一二月）一八頁。
(31)『山口県社会時報』第七一号（一九三〇年八月）二九頁。
(32)『山口県社会時報』第七四号（一九三〇年一一月）一九頁。
(33)『山口県社会時報』第九二号（一九三二年六月）三八頁〜三九頁。
(34)『山口県社会時報』第五九号（一九二九年七月）二一頁。
(35)『山口県社会時報』第六九号（一九三〇年六月）二五頁〜二六頁。
(36)『山口県社会時報』第八三号（一九三一年七月）五六頁。
(37)木村尭「公益質屋設置の提唱」『山口県社会時報』第七九号（一九三一年四月）。
(38)『公益質屋便覧』（小野田町役場、一九三五年）。
(39)『山口県社会時報』第九三号（一九三二年七月）一五頁。
(40)『山口県社会時報』第九四号（一九三二年八月）五五頁。
(41)『山口県社会時報』第九四号、四五頁。
(42)『山口県社会時報』第九三号（一九三二年七月）三〇頁。
(43)『山口県社会時報』第九七号（一九三二年一一月）三一頁。『山口県社会時報』第九九号（一九三三年一月）三一頁。
(44)「昭和八年度公益質屋設備計画及国庫補助一件」山口県文書館所蔵戦前県庁文書には久賀町、大華村、長府町の公益質屋設置の文書があり、当時の公益質屋の予算、公費補助、建物、設備等を把握することができる。
(45)木村尭「農村社会事業振興に関する若干考察」『山口県社会時報』第一〇一号（一九三三年三月）一八頁。
(46)持永義夫「時局匡救と公益質屋」、西田豊平「公益質屋と託児所の設置奨励」『社会事業』第一六巻第一〇号（一九三三年一月）。
(47)木村尭「指導村に於ける社会事業実行計画」『山口県社会時報』第一一一号（一九三四年一一月）。
(48)『山口県社会時報』第一〇六号（一九三三年八月）三〇頁〜三三頁。
(49)篠崎篤三「農村生活安定の一要素としての社会事業」『山口県社会時報』第一二五号（一九三五年三月）一三頁。
(50)木村尭「社会事業と社会事業人（六）下関市の巻」『山口県社会時報』第一一四号（一九三四年四月）二一頁。

(51)『昭和七年山口県通常県会議事速記録』四〇六頁～四〇七頁、四三一頁～四三三頁。
(52)『山口県社会時報』第一三五号（一九三六年一月）二九頁。
(53)小倉千里「公益質屋の業務監査に就て」『社会事業』第二一巻第三号（一九三七年六月）。
(54)『山口県社会時報』第一六六号（一九三八年八月）四七頁～四八頁。
(55)『山口県社会時報』第一九六号（一九四一年二・三月）五五頁。
(56)『山口県社会時報』第一八八号（一九四〇年七月）三五頁。

第三節　社会事業の展開と農村対策

一、農村社会事業

一九二〇年代前半より、山口県でも社会事業が発展をみせるが、当初は宇部市、下関市といった都市部が中心であり、方面委員制度もはじめ宇部市独自の施策として創設されて、山口県社会事業協会による県全域を対象とする方面委員制度が開始された後も、下関市や徳山町では独自の制度が置かれていたように、都市の社会問題が主眼におかれていた。各種の施設が設置されていくが、経済保護事業のような都市型の施設はもちろん、託児所なども多くが都市部に設置されていく。

しかし、一九二〇年代には農民運動が山口県でも活発化し、小作争議が目立ちはじめる。一九二三年には山口県小作組合同盟会が結成され、山口県農民組合へと発展する。(1)こうした動きに支配層が危機感を抱くのは当然であり、農村の生活困難は放置できない問題として認識されていく。

山口県では社会事業に本格的に着手していくにあたり、一九二二年に山口県社会事業調査会を設置して答申を得る。答申では都市と農村への対策をそれぞれ提示したが、農村の対応として掲げたのが自作農創成事業、自作農維持事業、小作問題防止であった。一般的な農村対策が、社会事業として掲げられたのである。(2)答申を受けて設立された山口県社会事業協会にも、一般的な農村対策を社会事業に含める傾向は受け継がれ、協会には能率部がおかれて、農業の能率推進についての懸賞論文を募集したり、(3)農業能率増進地区を設定して農作業の効率化をすすめたりするなどの農業対策に取り組んでいく。[4] さらに作業能率の増進を奨励するために、稲刈と脱穀の効率を競う稲刈稲扱競技会を開催して、その結果を『山口県社会時報』に掲載し[5]冊子にして配布した。[6]

すでに農村では、農会が組織されていた。農会とは国レベルの帝国農会とともに、県、郡、町村の各レベルにおかれた、農事改良などを目指す組織である。当時県内にくまなく組織されていたのであるから、農作業の効率化は農会でやるべきであるし、現に行われていた。[7] 農会でもしていることを社会事業協会でも行ったのである。ただし、能率部は昭和三年度をもって廃止され、財産を県に寄附することになり、社会事業協会の一組織に農業対策をもつ形には終止符を打つ。さすがに社会事業協会で行うことへの違和感があったのだろうか。

『山口県社会時報』にはA四判新聞型からA五判雑誌型に形態が変わった一九二六年頃から、農村関係の論考が頻繁に掲載されていて、農村社会事業が重視されているように見える。しかし、実際には「農村住宅の改善」[8]といった農村の生活改善の記事が目立ち、社会事業自体を論じたものはない。県学務部長田中英の「農村社会政策の提唱」では小作人と地主とも農民階級は疲弊しているので救済しなければならないとは述べているものの、対応としては地主と小作人の融和を説いているにすぎない。[9]

岡山県済世顧問三浦伊助による「農村社会事業としての私の小さき体験」は山口県主催の農村社会施設講演会の記録である。「農村社会事業」と題してはいるが、内容は飲酒の習慣が農村の生活を害しているので、村全体で禁酒を実現したという話である。[10]

社会事業主事として社会事業論をリードしていく篠崎篤三でさえ、「農村社会事業」[11]を説きつつも、その内容は二宮尊徳を持ち出しての「農村教化事業」でしかなく、精神主義的なレベルにとどまっている。[12]「農村社会施設の振興」についても述べるが、やはり「農村精神」を前提としている。

つまり、一九二〇年代には農村対策と社会事業とが未分化であり、農村と社会事業とのつながりに関心が寄せられても、具体的な社会事業の施策につながらず、社会事業と称して農村の生活習慣の改善や生産性向上が求められたのである。

ただ、一九二六年の第二回山口県社会事業大会では協会提出案として「農村に必要なる社会的施設の普及助長を計るべき方途如何」が出され、姫井伊介が説明に立ち、農村に必要な社会事業として方面委員、人事相談、委託産婆、実費診療、託児所等を例示している[13]。協会提出といっても、実際には姫井個人による発案と思われる。姫井のように農村社会事業について認識し、具体的なイメージを持つ人物もいたのである。しかし、この提案は「農村の娯楽に関し活動写真等の利用につき一二意見もあつたが宣言起草に関し時間を費したので、休憩の上食事を認むることにした」という程度の扱いで、大会の注目を集めることにはならなかった。第三回大会でも「農村社会事業中県下ニ於テ急施ヲ要スル施設如何」が協会提案として提起されている。「各町村に社会係の設置、職業紹介所との連絡、漁村の五銭講、託児所の設置等の意見が出た」とのことで、前年よりいくらか議論が具体的になった面はあるものの、それ以上の話はなかった[14]。しかし、第四回大会では特に取り上げられていないように[15]、農村社会事業は社会事業大会の議論の中心にはならなかった。

わずかに一九二〇年代より広がっていくのは、農繁期託児所である。県の奨励のもとで比較的早くから着実に広がりをみせている。

二、農村社会事業の奨励

山口県においても昭和恐慌の影響は甚大であり、一九三二年から農山漁村経済更生運動が実施される。しかし、経済更生運動とは田端光美の表現を借りれば「朝から晩まで働き、合理的に農業を経営し、さらに副業に精を出して、収入を増やすことに努める[16]」という非現実的な自助の強要にすぎず、これで農村が立ち直るはずもなかった。生活の維持の方策として、農村社会事業が緊急の課題としてクローズアップされてくる。農村の側でも農会や産業組合の活動がすすめられる中で、社会事業と他の農村対策とは分離されていく。

一九三〇年の段階ではまだ、一一月の『山口県社会時報』の「編輯雑記」にて「農村収入の激減といふことは頻りに問題とされる」と述べて農村の窮乏化の情報を把握しているにもかかわらず、「稲を刈つて直ぐ麦蒔にかゝる。工場閉鎖もなければ、失業もない。困るといつても旧来秋の気分農村に漂ふてゐる」と、まるで問題意識を欠いた楽天的な記述がある。[17] 足立文男社会課長は一九三〇年一月の「山口県社会事業の趨勢」では農村社会事業に若干触れているもの[18]、三一年一月の「当面の本県社会事業」では、関心は都市部の失業問題に傾いており、農村社会事業には全く触れていない。[19] 一九三〇年初頭では、農村の状況について、対応を検討しつつも、危機感が十分に高まってはいなかったと思われる。

足立課長は一九三二年六月では「町村社会事業調査研究機関の設置を奨む」として農村社会事業を推進すべく、町村にて役場、学校、諸団体、宗教などの関係者によって調査研究機関を設け、農村社会事業の実施を求めるようになる。[20] ここでは、農村への対策が緊急の課題として意識されてきており、論調に変化が感じられる。

一九三一年三月の第六回山口県社会事業大会では山口県社会事業協会自身による協議題として「農村の社会的施設に就き急施を要する事項如何」が出ている。ただし、「他日の研究に譲り」という結果で、あまり突っ込んだ議論はできなかったようである。[21] それでも、決議では「農村社会施設ノ普及ニ努メ社会福祉ノ増進ニ資スルコト」との一項が含まれた。その一年四ヶ月前の一九二九年一一月に開催された第五回大会では、姫井伊介が産業組合の社会的活動の促進を協議題としているものの、農村社会事業を直接指す協議題はなく、また決議にも農村社会事業に関するのはわずかに「常設及季節的託児所ノ普及」のみであり、[22] 第五回と第六回の間には農村社会事業の認識について大きな断絶がある。

具体策として、一九三〇年三月には県により農村社会事業講演並懇談会が四ヶ所で開催されている。[23] 県外の講師を招聘したうえ、講演の後に町村当局、学校長、方面委員、医師、産婆、各種団体幹部等を集めて懇談会が行われた。その詳細は不明だが、社会事業の実施を県側から強く勧めたのではないだろうか。実際、講演地のうち厚狭郡藤山村では同年に藤山児童保護協会が設置されている。[24] 危機意識の醸成がまだ不十分ななかでも、具体策に多少は着手し始めていたわけである。

一九三一年の県町村長総会では「農村社会事業ニ関スル件」と題する建議書が決議され「現在ニ於テハ政府及地方自治

団体タル県ノ社会事業施設ハ都市中心主義ニシテ農村ハ益々疲弊困憊シ其ノ前途実ニ憂慮ニ堪ヘズ将来斯ノ種ノ施設ニ関シテハ地方ノ実情ヲ親シク査察セラレ従来ノ都市中心主義ヲ緩和シテ相互ニ均衡ヲ得セシムヘク着眼履行セラレ以テ農村救済ノ実ヲ挙ケラレタク本会総会ノ決議ニ依リ及建議候也」と訴えている。(25)

こうしたことを通じてみると、一九三〇年から三二年頃の時期に、多少の揺れがありつつも、農村社会事業の重要性についての共通認識が、県や社会事業関係者の間で得られるようになったと思われる。

毎年開催される山口県社会事業大会ではその後、「農山漁村社会施設の拡充強化」が毎回決議事項としてあがっている。県や社会事業協会では農村部にて、社会事業の講演会や研究会を開催して社会事業への関心を高めた。

県会でも農村での社会事業が議論されてくる。一九三四年の通常県会で小林収三は農山漁村の社会事業が軽視されており、農村では財政が窮乏していて社会事業の経費を出す余裕がなく、県からの助成を求めた。これに対し、県は農村社会事業の実績を強調しつつ、今後も力を入れると答弁している。(26)

一九三五年の通常県会では今西孫一が「農村山村ニ於キマシテモ社会事業ハ之ヲ軽視サレテ居ルノデハナイカト云フコトハ、乳幼児ノ死亡率ガ都市ヨリモ農村ノ方ガ遥カニ高イ実例ヲ見テモ左様ニ考ヘラレルノデアリマス」として児童対策を質している。(27)また農村医療の貧弱さの指摘と対策の必要性についてしばしば発言があり、農村社会事業が県政の主要課題となってきていた。

一九二〇年代より引き続いて農繁期託児所は奨励され、社会課の足立文男は「農家経済保護の立場より農繁期託児所の設置を奨む」との論考により農繁期託児所の経済的側面を強調した。(28)三〇年代に一段と広がっていくが、部分的な対策であることは初めから明らかであったし、託児所は確かに必要であるにしても、労働能率増進ということは、農家への自助の強要の側面をもった。

社会事業指定村を指定して、県の担当者が直接村に出向いて働きかける方法もとられた。一九三三年に玖珂郡祖生村、熊毛郡光井村、吉敷郡東岐波村、豊浦郡吉見村、阿武郡生雲村を指定した。(29)さらに三四年には佐波郡島地村、厚狭郡万倉村、美祢郡真長田村を指定した。[30] 指定村とは、「従来の一般的奨励では社会事業進展上の効果が充分に期待出来ない虞があるから、社会事業発展の可能性があると認められる特定の市町村を選んで一定の期間直接指導を加へ、当該市町村をして其の実情に応じた各種社会施設を経営せしめて、所謂社会事業の模範村を造成せしめんとするにある。これは直接的には当該市町村の社会施設の完備であり、社会事業の理想村の建設であるが、間接的には農漁村社会事業の可能性を実証するものであり、一般町村に対する社会事業進展上の示範ともなり、又刺戟たらしめやうとする」とされている。[31]

指定村について社会課の木村尭は全国誌の『社会事業』を通じて、全国に紹介している。[32] そこでは、社会事業の奨励において講演会や印刷物の配布では効果は不十分であり、指導村に対する指導によって当該村の社会事業の発展ばかりでなく、他の村も追随することで全体が発展する。方法として、まず発展可能性のある村を選定する。その条件は、熱心な人材があり、村に対立などがなく、地理的にある程度交通の便がよくて、また県の一部に偏在しないようにする。指定すると調査からはじまり、計画を樹立するために協議会を開催する。実行計画を定め、実行する。県は吏員の派遣や補助助成、先進地の視察などを随時行うこととした。

指定村への指導の具体例について、木村が佐波郡島地村のケースを取り上げて紹介している。[33] それによれば、実行計画が上からの強制にならぬよう村民の合意を重視し、学校長、議員、区長、方面委員、各種団体幹部、医師、産婆、神職僧侶、その他篤志家等を委員として約八〇名による社会事業委員総会を開催し協議を行い、さらに一一名の委員を選定して特別委員会を三回にわたって開催した。それは午前八時から午後六時に及ぶ熱心な会合だったという。

しかし、そうしてできあがった計画は、まっさきに「精神作興」が置かれるなど精神主義が強いうえ、すでに行われていることや、救護法による生活扶助の徹底というような、こうした計画などなくてもやるべきこと、結婚の簡素化など社会事業と関係ない生活習慣の問題が重視されるなど、社会事業としての具体策といえるのは、乳幼児・妊産婦対策ぐらいでしかなかった。財源の保障も社会事業への理解も乏しいなかでは、いくら時間と手間をかけても実効性は少ない。事実、指導村の制度はこれ以上広がらなかった。

前述のように県会で県は、農村社会事業の実績を強調していたのに、一九三九年の通常県会になると杉田三朗社会課長は「農村ニ於ケル社会施設ガ普及スルヤウニ相当各方面努力サレテ来テ居ルノデアリマスガ、其ノ実績ハ殆ド見ルベキモノガゴザイマセヌ状況デアリマス」と成果を自ら否定する発言をしている。[34] あれこれ掲げて努力はしたものの、結局は大きな成果は得ることはできなかったのである。

三、農村社会事業の実例

こうして、県の姿勢にもかかわらず、乏しい成果に終わったとはいえ、農村で社会事業が何もなされなかったわけではない。方面委員助成、妊産婦保護などの団体がつくられている。それらは地域組織の看板を増やしただけで、どれほどの効果をあげたのか疑問もある。しかし、農村社会事業として一定の成果を挙げたケースもあったと思われる。ここではその実例として、町原公益財団の活動と佐波郡右田村での動きに触れたい。

町原公益財団は、町原虎之介により阿武郡小川村（戦後は田万川町の一部となり、二〇〇五年に萩市と合併）に財団法人町原家慈善公益財団として一九二〇年二月に設立申請し、二一年三月に認可され、二六年に町原公益財団と改称されたものである。戦後、町原報恩会と改称されて、存続したものの、活動は戦前に比べて著しく縮小している。

町原家は広大な土地や資産を有する地域の素封家であったが、家風として慈善の気風をもち、質素な生活と社会への奉仕を家訓としていた。虎之介の祖父の代からは慈善のための基金の積み立てもしていたという。虎之介もまた、社会奉仕に関心を寄せるとともに中央報徳会主催の講習会を聴講し、あるいは中央報徳会とは別に花田仲之助によって主唱された精神主義団体である報徳会にも参加した。これらの講演や活動を通じて、財団法人の形式での事業の有効性を知り、実現していくのである。[35]

町原の人物像について木村尭は「阿武郡屈指の豪農で其の所有田畑寧ろ島根県に多い。仏教信者であり、地方に於ても稀に見る温厚の君子人。家に巨万の富を擁しながら身に奉ずること極めて倹素で、常に農村福祉の増進を念とし、農村改造の為に率先して視察や指導に努め殆んど寧日あるを知らない」と評している。(36)

町原の人物を示すエピソードとして一九三四年二月二二日の高松宮との面会をあげることができる。町原は高松宮からの表彰を受けていたことからその謝辞を述べるべく、山口県を訪れていた高松宮と面会した。(37)『高松宮日記』には「町原虎之介氏来る、少時会談」とある。(38)自ら出かけて面談を求めたらしく、律儀さと積極性を示していよう。

財団の理事には村長、小学校長、郵便局長らをおいており、形だけかもしれないが地域として支える態勢をとっていた。設立時の顧問には内務官僚で当時山口県知事であった中川望の名があり、注目された存在であったことがうかがえる。広島県福山市の義倉財団の石井貞之助との交友があったことから、石井も顧問となっている。

寄付行為で事業として掲げているのは貧者施療施米及び廉売、孤児貧児の養育、罹災救助、秀才養成、自治及び教育機関後援、布教伝道の補助、其他の慈善公益事業である。「布教伝道」というのは町原家では浄土真宗に帰依することを家訓としてきたことからである。

実際には、窮民救助、産婆や医師を招いての妊産婦や乳幼児相談、無料診察、農繁期託児所、奨学金などを行った。実績としては昭和三年度で貧窮者生活費補助一名、随時窮困者救助一一名となっている。(39)

山間部の農村での事業ゆえ、数字的には大きいとはいえないが、無料診察は残されている写真を見ても大勢の人が集まっている様子がわかる。『山口県社会時報』にも「小河三等軍医が担当したが小川村は勿論隣村の島根県二条、美濃両村の受診者も頗る多く今後は農繁期を除き毎月十九日開催する予定の趣であるよしに聞く」と報告されていて、(40)村民生活の一部としてなじんでいたようである。

一九三三年には「三月十九日午後一時より同六時迄町原会館に於て第二十回無料診察実施、小川医師担当にて二十名無料診察、同時刻より母の会を開き吉兼女史の妊産婦保護に関する講演あり五時散会。四月五日例月の乳幼児健康相談開催、村上医師が担当した、同十九日午前八時より例月の無料診察開催の予定にして当日は山口赤十字病院楠川医学士が看護婦同伴の上検便を為し適当の処置を採る趣である」とも報じられていて、遠方から医師を呼ぶなど力を入れていたことがわかる。(41)

町原公益財団の他にみられない特徴は、多額の資産を保有していたことである。田畑や株券を保有し、そこからの収益をもとにして事業を行ったため、財政的には裕福であり、町原はほとんどこの事業に専念できるほどであったという。町原はこの事業を対外的に宣伝することを好まなかったので、『山口県社会時報』にも財団や町原の活動紹介の掲載はごくわずかしかない。また、社会事業協会での活動など地域外での動きもあまりみられない。しかし、下関市の「内鮮融和」施設の昭和館に多額の寄付をしたり、(42)第八回全国社会事業大会に出席したりするなど、外部との接触を保っており地域にこもっていたというわけではない。(43)

町原公益財団は農村の状況が生み出したというより、町原個人の資産と思想による個人的なアイデアという面が強く、農村社会事業として一般化できるものではない。しかし、農村の生活への援助の必要性があればこそ、組織的な事業として展開する必要があった。戦後、農地改革により資産を失い、小規模な形でしか存在できなくなっていくが、資産を失ったことに加え、農村の生活の改善がその必要性を減らしたこともあろう。

小規模ながら地域への役割は大きく、奨学金で就学できた者は後々まで感謝していたという。基本的には、町原は純粋な慈善心に依拠して事業を遂行したのであり、小作争議対策を意図したのではなかろう。とはいえ、地域でのトラブルを抑制する効果をもたらしたことも明らかであり、農村社会事業としての機能を果たしたケースといえる。

次に佐波郡右田村（現在は防府市の一部）での展開である。右田村では一九二七年七月に方面委員であり興禅院住職である福谷堅光により佐野小児保護協会が設立されたことから、社会事業が本格化する。(44)福谷は県外社会事業視察団に加わって社会事業への関心を深め、右田村の乳児死亡率の高さに危機感を抱き、妊産婦の保護と小児の身心の発達を図るために、村内の有志者と協力してこの協会を設立した。

健康相談、分娩具貸与、乳児診察、検便、母の会開催など児童や妊産婦への保健活動が行われた。看護委員をおいて活動したように、地域に出ていく態勢で取り組んでいた。この種の事業としては山口県で初めてであった。「小さいながらも農村社会事業として良好の成績を示してゐるし、県に於て本県社会事業の一特色たらしめんとして大に奨励してゐる綜合的児童保護施設たる児童保護協会の草分けである。児童保護協会も現在に於ては種々奨励の結果、漸く二十箇所近くになつたのであるが、岡山県鳥取上村山本徳一氏の小児保護協会を視察して、直に之を自村に取り入れた興禅院住職福谷堅光氏の先見と熱意は充分認められてよろしいものである」と評価され、福谷についても「右田村の興禅院住職福谷堅光氏は方面委員にして、佐野小児保護協会を主宰してゐる。余り宣伝もせず、自己の創設せる事業に孜々として倦むことなく、児童保護観念の普及に満足してゐる氏の敬虔にして、且つ熱心な態度は社会事業家の以て学ぶべきものとして、大に推称せらるべきものである」と評されている。(45)

しかし、農村恐慌は右田村にもきわめて深刻な影響をもたらした。村における負債農家率九〇%や一戸当たり負債額一八二四円は、近隣の町村と比較しても大きいものであり、村会が村長の給与を五割減、助役以下を三割減と議決するなどの姿勢を示さざるをえなかったほどであった。(46)

厳しい村民生活を背景として、一九三四年より託児所が明照寺内で行われ、託児所を軸にして一九三七年には右田隣保館へとつながった。澤田四郎の設立によるもので、澤田は戦後市議会議長に就任したように、地域のリーダー的な存在であったが、姫井伊介の影響を受けて社会奉仕の道をさぐっていて、地域での保育や隣保活動に着目したものと思われる。

右田隣保館の建設にあたっては三井報恩会や県から補助があり、一九三七年一〇月に行われた落成式では、県から学務部長らの出席があって「近来にない盛況」と報じられているように、一農村の施設をこえた扱いを受けていた。(47)これだけの扱いになるのは、この種の施設が待望され、同種の施設が後に続くことが期待されたことを明らかにしている。隣保館では託児所を引き続いて行うとともに、近隣の医師の協力を得て、無料診察などを行った。戦後は保育所として存続し、玉祖（たまのや）保育園として現存している。

このように農村での社会事業として着実な実績を残したケースが存在しており、社会事業の必要性と効果を示している。

しかし、これらの事業が可能になったのは社会事業に使命を感じる人物の存在、安定した財源、社会事業への地域の理解等の条件がそろったときにはじめて可能になるのであり、上からのかけ声で実現するのではなかった。つまり、町原公益財団や右田村のケースは、農村社会事業の限界を、成功例の側から示しているのである。

四、農村社会事業論

農村社会事業が推進されるなかで『山口県社会時報』を主な舞台にして、農村社会事業のあり方が説かれることになる。それは単なる学問的な議論ではなく、強い具体的な要請を含むものであった。

社会事業主事として社会事業の啓発や振興に努めてきた篠崎篤三は、農村社会事業に触れはするものの、内容は農村を扱ってはいても社会事業に関するものではない。他の分野では海外の知見も交えて新しい社会事業論の導入をした篠崎も、農村については苦手だったようである。『社会事業』に「農村が持たねばならぬ社会的事業」が掲載されているが、理屈が多く具体性に欠けている(48)。篠崎は社会事業主事を辞して山口県を去った後の一九三五年に、県下の農村部一〇ヶ所で講演を行っている。しかし、総論的な話が多く、事業の推進に役に立ったとは思えない(49)。

篠崎の後継の社会事業主事となる原田士驥雄は、もともと篠崎に比べて自身の名による論考が少なく、『山口県社会時報』で農村社会事業を本格的に論じることはなかった。わずかに巻頭言等のコラムにて、農村での隣保事業の必要性と、そのために寺院が隣保事業に乗り出すべきことを説いた。産業組合による社会施設の設置や(50)「総合的農村設計」の必要性も主張した(51)。

まとまった論考としては「農村と医療組合」があり、医療組合を紹介し、その活用を検討すべきことを説いた(52)。『産業組合中央会山口県支会報』にも「農村社会施設と協同組合」を寄稿している。そこでは「私が山口県に来て意外に感じたことは農村の生活状態が左程に逼迫したものでないらしいことであつた」として、山口県の農村について甘い判断を示す。

しかし、それは社会施設が不要だということではなく、協同組合によって社会施設を運営すべきとし、具体例として医療組合や託児所を掲げた(53)。

原田による断片的な議論をまとめると、山口県の農村は危機的ではないものの、社会施設は求められている。ところが「農山漁村方面に於ける社会事業の必要が常に高調され、関係者の間に相当努力の跡が見られるにも拘らず、未だ見るべき施設の起らざることは最も遺憾に考へられる(54)」と農村社会事業の発展は遅れていると嘆く。そして、農村において「隣保館は是非各地方に於て実現されなければならぬ」と隣保館を重視した(55)。「農村寺院と隣保事業といふことが最近大変喧しく言はれるやうであるが、地方の寺院でいろいろの試みをしてゐられる向があるやうである。(中略)畑のちがつた私共にも非常にうれしいことである」と述べたこともあるが(56)、基本的には寺院の取り組みはまだ弱いと認識して、さらなる取り組みに期待した。原田は、篠崎よりは農村社会事業の必要性への認識は深いものの、具体策を立案することはできず、協同組合や寺院など、漠然とした実施主体を設定して頼るしかなかった。

『山口県社会時報』に繰り返し執筆して、農村社会事業の論客となるのは、やはり社会課の木村尭である。農村社会事業についてたびたび直接取り上げるとともに、農村社会事業以外のテーマで論じるときにも農村社会事業に論及して、その必要性を訴えた。

一九三〇年の「農村社会事業としての児童保護施設」は『山口県社会時報』にて農村社会事業を正面から取り上げた最初の本格的論考といえよう。そこで「日本の農村は行詰つてゐる。農村は今や貧窮のドン底に青ざめ、農民は生色なく吐息をついてゐる」と農村の現状への危機感を示し、農村の社会問題を軽視する一部の傾向を批判した。そして、海野幸徳の議論を紹介することで農村社会事業の概要を説明し、岡山県鳥取上村小児保護協会の実例を出して、農村での児童保護を推奨した(57)。

「農村社会事業振興に関する若干考察」は木村にとっても、また『山口県社会時報』掲載の一連の論考のなかでも、農村社会事業についての最もまとまった論考である。木村は「異常な粗食と過度の労役の為に著しく健康を害し、多額の負債の為に苦悶している」と農民の姿をとらえ、農村社会事業の不振の原因として、保守思想による現状への認識不足、富の比較的偏っていないこと、住居の散在、社会事業への理解の不足、社会事業のための資力の乏しさ、社会事業が惰民を養成するとの誤解、中心人物の乏しさを挙げた。人物養成や補助奨励、模範施設の設置を対策として掲げ、必要な事業として、医療事業、児童保護施設、農繁期託児所、経済保護施設、隣保事業、人事相談、栄養指導、融和事業を列挙している。(58)

「農村社会事業偶感」では、山口県で農繁期託児所が多数設置されていることを評価しつつも、住居の散在する農村ではもっと多数の託児所を必要とする。講習会などをやりすぎて高いレベルの託児所を求めるのは、かえって普及を妨げるので、今は数を増やすことに力点をおくべきとする。いずれにせよ農繁期託児所は過渡期の策であって、本格的な社会事業が求められ、生活改善などの課題がある。具体的な施設としては、隣保施設を強調した。(59)

では隣保施設はどういうものかを、別の隣保事業についての論考で説明しているが、教育施設として講習講演会、簡易図書館、修養施設として戸主会、婦人会、報徳会、社会事業的施設として、常設託児所と季節託児所、児童健康相談所、妊産婦・児童の保護施設、教化施設として人事相談事業、禁酒禁煙運動、経済保護施設として協同組合、そのほかクラブ組織、慰安娯楽を列挙している。これでは隣保事業として考えられるあらゆる事業を網羅して紹介しただけで、農村隣保事業の形を示したとはいえない。(60)

また、「農村地方に於ける救済法規の運用」等では、救護法が実施されたにもかかわらず、農村では生活実態に比して被救護者が非常に少なく、十分機能していないことを指摘し、役場の無理解、救護を受けたがらない農村の気風、方面委員の無理解、町村指導者階級の無理解、農村の隣保相扶と制度としての救済との不整合などの理由を取り上げて分析した。(61)

全体として、木村は社会事業が都市中心に考えられてきたことを反省したうえで、農村にこそ社会事業が求められていることを強調した。そして、農繁期託児所や児童保護協会の意義を高く評価しつつも、農村社会事業イコール農繁期託児所という理解は不十分であり、本格的な農村社会事業を研究しなければならないとした。

しかし、木村自身も農村社会事業について明確な形を描いたわけではなく、「指導奨励の前にもつと其の本質を究明し検討することが必要ではあるまいか。農村には農村の特異な伝統なり、気風なり、心理なり、習慣なりがあるのだから、何を如何なる形態に於て営むべきやはもつと深く攻究せられなければならないことである」と今後の検討にまかせている。(62)「生活改善の問題であるが、現在の都市社会事業ではこれは余り重きを置かれてゐないけれど農村社会事業としてはかなり重要な問題である」としているが、これでは社会事業を経済更生運動の延長にしてしまう。(63)

木村が明確に語れたのは農村での隣保事業であり、農村には改善すべき生活習慣が多く、それへの対応として隣保事業がふさわしく、寺院が容易にできるし、するべきであると説いている。

山口県社会事業の指導的役割を果たした姫井伊介は、もともと工業地域での隣保事業家であるから、農村社会事業への論及は、最も得意とする融和運動などと比べて、非常に多いとはいえないが、それでも早くから農村にも関心を示し、社会施設の設置を訴えていた。

一九三六年の「経済更生運動と社会事業」は、姫井による『山口県社会時報』掲載の論考の中で最も農村社会事業に力点をおいたものであるが、経済更生運動が生産増加と消費節約に力点がおかれていることを批判し、生産増加が実現しても生産過剰を生んで結局貧困をもたらすと分析した。そして、経済更生運動と社会事業との関係が乏しいことを指摘し、運動の柱となる産業組合が社会事業に取り組むべきことを説いた。(64)

産業組合が社会事業を経営すべきことは終始強調した持論であって、ことあるごとに繰り返している。(65)地域内に産業組合への未加入者がいる、貧困者が産業組合に加入するとすぐ借金を申し込んで困るといった本末転倒な理由での産業組合による社会事業への消極論を厳しく排した。(66)

姫井は第五回山口県社会事業大会にてすでに協議題として「社会事業ノ普及徹底上産業組合ノ社会的活動ヲ促スノ途如何」を個人名で出している。(67)第一〇回大会では「産業組合ノ社会事業経営若ハ助成要望ノ件」を提案している。(68)産業組合中央会の機関誌でも産業組合と社会事業とを結びつける持論を述べていた。(69)

布引敏雄は、姫井は協同組合主義であったがゆえに、産業組合に高い期待を寄せていたと分析している。[70] 姫井は産業組合の現実に対しては批判的であり、全戸加入にほど遠いこと、資金がありながら有効に活用されていないこと、役員だけによる沈滞した運営などを厳しく指摘している。[71] それゆえにこそ産業組合にまだ可能性があると考え、単に農村の組織としての産業組合の活用ではなく、新しい社会事業の構築として産業組合が位置づけられている。

一九三七年の第一二回大会では、農漁村の社会事業に関する協議について、「農村に於ける綜合的社会事業団体の設置と事業経営に関する意見」が姫井より出されて、「最も注目すべき意見」であったと評されている。[72] また農村での隣保事業について、全国紙の『私設社会事業』で論じた。[73]

県外の論者も早い時期から『山口県社会時報』に登場して農村を取り上げて論じているが、前述のようにその大半は農村社会事業自体ではない。農村社会事業を取り上げて特に影響が大きかったのではないかと思われるのは、一九三三年三月の第八回山口県社会事業大会にて行われた賀川豊彦による「非常時日本と社会事業」と題した講演である。この講演内容は小冊子にまとめられ、県内に広く配布された。[74] 農村社会事業に限定した講演ではないが、かなりの程度農村に関する話である。すなわち、備荒制度の整備、医療利用組合による医療の整備、農繁期託児所、生産組合の設置、土地利用組合による小作問題の解決などである。賀川が『農村社会事業』を発刊した頃であるから、賀川にとっても農村社会事業にもっとも関心を寄せた時期であるし、関係者が賀川に期待したのも農村の打開の方策であっただろう。また『農村社会事業』は『山口県社会時報』で一ページをとって紹介されている。[75]

賀川は、同じ時期に『産業組合山口県支会報』に「医師道徳の理想と医療産業組合運動」を寄稿して、医療利用組合の必要性を強調し、開業医らの認識不足を批判した。[76] 一九三六年には同誌に「防貧運動と産業組合」を掲載して、産業組合と農民の生活向上のための取り組みについて説いた。[77] さらに同年「医療組合論」と題する連載をもち、農村での医療対策や防貧策としての医療組合の必要性について説明している。[78] 山口県でもようやく産業組合が病院設立に乗り出そうとするなど、医療への関心が高揚した時期に、それを理論面から後押しした。

どの論考も賀川の持論である協同組合主義を軸にして、農村での生活問題の解説の方向を提示しており、特に農村医療については賀川の提言が、山口県内でも一部実現へ向けて動いていく。

五、農村社会事業の行方

山口県では、一九二〇年代には農村対策一般と未分化であった農村社会事業が、三〇年代には独立した存在として注目が集まり、県からも奨励された。農村社会事業についての認識もそれなりに深められた。しかし、上からの奨励だけでは発展は困難であった。そこには農会や産業組合による農村での支配構造が機能するという社会事業外の客観的条件や、あるいは元来の相互扶助の有効性がまだ残っていたという積極面もあったかもしれないが、それだけで農村の生活問題が解決されるはずもなかった。

結局農村の生活困難への打開は「満洲」への移民であり、社会事業のなかでも「満洲」への移民がすすめられていく。『山口県社会時報』にも農村社会事業の論考にかわって、満洲への農業移民を推進する論考がいくつも掲載される。農村改善への具体的提言をしていたはずの姫井までが、「満洲」への理想農村の建設を求めていくことになる。(79)

それでも農繁期託児所は広がり、個々には注目できる事業もみられたのは、社会事業が希求されていたからでもある。あるいは、国民健康保険組合が設置され、社会保健婦の実施など、戦時下に一定の前進がみられる。しかし、戦時下の農村隣保事業は戦時体制の構築でしかなかったように、若干の前進も戦時体制に飲み込まれていく。農村社会事業を地主制との矛盾をかかえたまま、財源の裏付けもないまますすめても、農民の生活向上の手段とするには限界があった。

（本節作成にあたり、町原裕貞氏＝町原虎之介の孫、井上朝義氏＝玉祖保育園園長より、聞き取りや資料提供などの協力をいただいた。なお、聞き取りから把握した点については、いちいち注記していない）

注

(1)『山口県農地改革誌』(山口県農地改革誌刊行会、一九五一年)五二頁~五七頁。藤重豊「山口県農民組合の成立と初期運動の特徴」『山口県地方史研究』第七四号(一九九五年一〇月)。
(2)『山口県社会事業紀要』(山口県内務部社会課、一九二四年)一四頁。
(3)『山口県社会時報』第三七号(一九二七年八月)三〇~三一頁。
(4)『山口県社会時報』第四九号(一九二八年九月)三四頁。
(5)「本協会主催稲刈稲扱競技会」『山口県社会時報』第四〇号(一九二七年一一月)。
(6)『稲刈稲扱競技会概記』(山口県社会事業協会、一九二八年)。
(7)『山口県農会史』(山口県農会、一九三三年)。
(8)『山口県社会時報』第五七号(一九二九年五月)二六頁。
(9)田中英「農村社会政策の提唱」『山口県社会時報』第三一号(一九二七年一月)。
(10)三浦伊助「農村社会事業としての私の小さき体験」『山口県社会時報』第四八号~五一号(一九二八年八月~一〇月)。
(11)篠崎生「巻頭言」『山口県社会時報』第三一号(一九二七年一月)二頁。
(12)篠崎生「農村社会施設の振興」『山口県社会時報』第四八号(一九二八年八月)一頁。
(13)「第二回山口県社会事業大会記事」『山口県社会時報』第二二号(一九二六年四月)一八頁。
(14)「第三回山口県社会事業大会記事」『山口県社会時報』第三三号(一九二七年四月)。
(15)「第四回山口県社会事業大会」『山口県社会時報』第四七号(一九二八年七月)。
(16)田端光美『日本の農村福祉』(勁草書房、一九八二年)二一頁。
(17)「編輯雑記」『山口県社会時報』第七四号(一九三〇年一一月)三九頁。
(18)足立文男「山口県社会事業の趨勢」『山口県社会時報』第六四号(一九三〇年一月)。
(19)足立文男「当面の本県社会事業」『山口県社会時報』第七六号(一九三一年一月)。
(20)足立文男「町村社会事業調査研究機関の設置を奨む」『山口県社会時報』第九二号(一九三二年六月)。
(21)「第六回山口県社会事業大会」『山口県社会時報』第七九号(一九三一年四月)。

(22)「第五回山口県社会事業大会」『山口県社会時報』第六二号（一九二九年一二月）。
(23)『山口県社会時報』第六七号（一九三〇年四月）二〇頁。
(24)『山口県社会時報』第七〇号（一九三〇年七月）二五頁。
(25)『山口県社会時報』第七七号（一九三一年二月）三三頁。
(26)『昭和九年山口県通常県会議事速記録』五六七～五六八頁
(27)『昭和十年山口県通常県会議事速記録』六〇九頁。
(28)足立文男「農家経済保護の立場より農繁期託児所の設置を奨む」『山口県社会時報』第一〇三号（一九三三年五月）。
(29)『山口県社会時報』第一〇四号（一九三三年六月）二四頁。
(30)『山口県社会時報』第一一七号（一九三四年七月）二六頁。
(31)木村尭「社会事業指導町村の設定」『山口県社会時報』第一〇五号（一九三三年七月）。
(32)木村尭「農村社会事業化の一計画」『社会事業』第一八巻第二号（一九三四年五月）。
(33)木村尭「指導村に於ける社会事業実行計画」『山口県社会時報』第一二一号（一九三四年一一月）。
(34)『昭和十四年山口県通常県会議事速記録』四三七頁。
(35)「財団設立に就て」（財団設立の由来、設立趣意書、寄附行為を掲載した小冊子。冊子の序文は、中川望の名で記されている。発行は一九二二年頃と思われる。町原裕貞氏所蔵）。
(36)木村尭「社会事業と社会事業人（五）」『山口県社会時報』第一一三号（一九三四年三月）一九～二〇頁。
(37)『山口県社会時報』第一〇四号（一九三三年六月）一六～一七頁。
(38)『高松宮日記』第二巻（中央公論社、一九九五年）二二〇頁。
(39)『山口県社会事業紀要』（山口県社会課、一九三〇年）九五頁。
(40)『山口県社会時報』第八一号（一九三一年六月）三三頁。
(41)『山口県社会時報』第一〇二号（一九三三年四月）一七頁。
(42)『山口県社会時報』第一二三号（一九三五年一月）二四頁。
(43)『山口県社会時報』第一三三号（一九三五年一一月）一八頁。

(44) 佐野小児保護協会に関する史料について興禅院に照会したが、史料は残っておらず、会を知る者もいないとのことで聞き取り調査等は断念した。
(45) 木村尭「社会事業と社会事業人（佐波、吉敷、厚狭の巻）」『山口県社会時報』第一一一号。
(46) 『防府市史　通史Ⅲ近代・現代』（防府市、一九九八年）一五一頁～一五二頁。
(47) 『山口県社会時報』第一五六号（一九三七年一〇月）二六～二七頁。なお、玉祖保育園では隣保館の完成を一九三六年七月一五日と考えていて、『玉祖保育園創立六十年記念誌』で、そのように記述している。また、御薗生翁甫編『右田村史』（防府市教育委員会、一九五四年）三一七頁でも一九三六年七月一五日としている。しかし、『山口県社会時報』では県内の出来事を速報する体制をとっており、同誌の信頼性からいっても、一年もたってから最近のことのように虚偽の記述をするとは考えられず、隣保館の完成が三七年であることは確実である。玉祖保育園や御薗生は澤田からの話を根拠に一九三六年としているようである。澤田が別の事柄と混同して話したのだろうか。
(48) 篠崎篤三「農村が持たねばならぬ社会的事業」『社会事業』第一六巻第一一号（一九三三年二月）。
(49) 篠崎篤三「農村生活安定の一要素としての社会事業」『山口県社会時報』第一二五号～一二七号（一九三五年三月～五月）。
(50) 「産業組合と社会施設」『山口県社会時報』第一一二号（一九三四年一一月）。
(51) 「総合的農村設計」『山口県社会時報』第一二五号（一九三五年三月）。
(52) 原田士驥雄「農村と医療組合」『山口県社会時報』第一〇四号（一九三三年六月）。
(53) 原田士驥雄「農村社会施設と協同組合」『産業組合中央会山口県支会報』第二〇八号（一九三四年一月）。
(54) 「巻頭言」『山口県社会時報』第一四六号（一九三六年一二月）一頁。
(55) 「巻頭言」『山口県社会時報』第一四一号（一九三六年七月）一頁。
(56) 「後記の後で」『山口県社会時報』第一二六号（一九三五年四月）四二頁。執筆者は明記されていないが、同号の編集後記を書いているのは原田であるから、原田の筆によると考えるのが自然であろう。
(57) 木村尭「農村社会事業としての児童保護施設」『山口県社会時報』第六五号（一九三〇年二月）。
(58) 木村尭「農村社会事業振興に関する若干考察」『山口県社会時報』第一〇一号。
(59) 木村尭「農村社会事業偶感」『山口県社会時報』第一〇六号（一九三三年八月）。

(60) 木村尭「農村社会施設としての隣保事業」『山口県社会時報』第一〇九号（一九三三年一一月）。
(61) 木村尭「農村地方に於ける救済法規の運用」『山口県社会時報』第一一二号（一九三四年二月）。木村生「社会事業余滴」『山口県社会時報』第一三六号（一九三六年二月）。
(62) 木村生「社会事業放語」『山口県社会時報』第一三三号（一九三五年一一月）二一頁。
(63) 木村尭「本県社会事業の進展方策に関する考察―昭和十一年の本県社会事業への待望―」『山口県社会時報』第一三五号（一九三六年一月）一三～一四頁。
(64) 姫井労堂「経済更正運動と社会事業」『山口県社会時報』第一四四号（一九三六年一〇月）。
(65) たとえば、姫井労堂「社会事業の振興方途に答へて」『山口県社会時報』第一〇七号（一九三三年九月）一七頁。
(66) 労堂「無軌道」『山口県社会時報』第一二二号（一九三四年一二月）。
(67) 「第五回山口県社会事業大会」『山口県社会時報』第六三号（一九二九年一二月）一五頁。
(68) 「第十回社会事業大会記事」『山口県社会時報』第一二〇号（一九三四年一〇月）一九頁。
(69) 姫井労堂「産業組合としての社会事業」『産業組合』第二七九号（一九二九年一月）。
(70) 布引敏雄『隣保事業の思想と実践』（解放出版社、二〇〇〇年）二六五～二七〇頁。
(71) 姫井労堂「漫念筆」『産業組合中央会山口県支会報』第二四七号（一九三六年一〇月）。
(72) 「第十二回山口県社会事業大会の概況」『山口県社会時報』第一四九号（一九三七年三月）一四～一五頁。
(73) 姫井伊介「農村隣保事業の将来」『私設社会事業』第三九号（一九三六年五月）。
(74) 賀川豊彦『非常時日本と社会事業』（山口県社会事業協会、一九三三年）。
(75) 『山口県社会時報』第一〇一号（一九三三年三月、四四頁）。
(76) 賀川豊彦「医師道徳の理想と医療産業組合運動」『産業組合中央会山口県支会報』第二〇三号（一九三三年九月）。
(77) 賀川豊彦「防貧運動と産業組合」『産業組合中央会山口県支会報』第二三八号（一九三六年三月）。
(78) 賀川豊彦「医療組合論」『産業組合中央会山口県支会報』第二四六号～二四九号（一九三六年九月～一九三六年一二月）。
(79) 姫井労堂「農村再組織を満洲開拓地に考へる―内地より高度の文化を持つ理想農村建設へ―」『経済更生時報』第七巻第一号（一九四一年一月）。

第四節　農村医療の発展

一、農村の生活と医療

一九三〇年代の農村は、農村恐慌のもとで深刻な生活困難に直面する。対策として社会事業の分野では農村社会事業の振興がはかられていくが、そこで緊急の課題として認識されたのが医療問題である。農民が生活苦ゆえに満足な医療を受けられない現実は、生活困難が生命そのものの危機にまでいたったことを示していた。農村の医療は、生きていくうえでの最低限必要な社会資源であることから、社会事業の根幹として機能した側面も強い。医療は社会事業とは別の領域とみなされて、済生会などの救療を除いて社会事業史から漏れやすいのであるが、医療をおさえておかなければ当時の生活実態も、そこへの対策のあり方も理解することはできない(1)。

山口県でも事情は変わらない。東北ほど過酷ではなかったにしろ、農民は多額の借金をかかえたまま、確実に疲弊していた。社会事業の必要性が高まり、それが医療への関心に結びついていった。ここでは、山口県における一九三〇年代の農村医療の動向を把握するとともに、戦時下にかけての動きを考察する。特に国民健康保険制度の展開や社会保健婦の実践などは、今日の医療保険改革や介護保険制度の問題を議論するうえでの前提ともなるであろう。

二、一九三〇年代における農村医療の動向

一九三〇年代の農村の疲弊は生活のすべてにさまざまな影響をもたらすことになるが、生活苦のゆえに医師の診察を受けることさえ困難になることは、生命に直結するだけにきわめて深刻であり、また健康破壊は生産力の低下となってさらに生活難を深刻にしていく。医師たちは、直接農民に接するだけに、状況の深刻さを肌で感じていた。一九三二年の吉敷郡医師会から県への文書では「近来不納患者激増シ当年ノ不納診療費ニ対シテ翌年上半期ニ請求書ヲ発送スルコトアルモ習慣トシテ甚ダ微温的モノナルガ故ニ其効果極メテ僅少ニ御座候目下経済界ノ不況ト農漁山村ノ疲弊其深刻ヲ極メ治療費不納者ハ其数日ニ月ニ益々増加スルノ現状ナル地方開業医師ハ都市ノ開業医師ニ比シ診療費モ極メテ低廉世人ノ見ル所ト各医師ノ実際収入トハ大イニ軒軽アルベク」と、診療費の不払いが増加し、医師までもが収入減に悩んでいる実態を訴えている。(2) こうした状況に対し、済生会と山口県社会事業協会による共同事業としての巡回診療や、赤十字社山口支部による巡回診療などはすでに行われていたが、これらは慈恵的な救貧対策の延長として行われていたものであって、根本的な対策にはほど遠いものであった。ようやく着手されたのは、一九三二年に皇室より貧困病弱者の救療のための下賜金が出されて各県に配分され、それに県費を加えて実施した医療救護である。農村の実態からすればきわめて不十分ながら、行政による全県的で本格的な対策であった。

その方法は第一に病院や開業医に委託しての委託診療である。第二は診療所を設置したうえで月に三回以上の定例診察日を設けて医師が出張する出張診療である。第三は日本赤十字社山口支部による巡回診療であり、一ヶ所に毎月二回実施することとした。(3) しかし、皇室の下賜金が契機となっていて利用しやすいように見えるにもかかわらず、初年度の昭和七年度において実施のなかった町村が約三〇町村あったというように、決して順調にすすめられたとはいえない。(4) 社会課長の足立文男は町村当局のなかに冷淡で職責を果たさないところがあること、区長や方面委員との連絡の不十分さや方面委

員の無理解、適切でない配置や設備、医師の頻繁な交代、救療資格の厳格すぎる認定、県の予算を使い果たしたことによる中途での廃止、本来救護法により対応すべき場合についてこの診療に移す、事務整理の悪さ等を指摘している[5]。行政の責任者の発言だけに、運用が順調でなかったことは明らかであろう。なお、足立は一九三五年に全国誌の『済生』で救療事業の継続と発展を説いており、現場の運用の不合理がありつつも、この事業自体は行政にとって唯一の対応として貴重な存在であったことを示している[6]。

社会課の木村尭も「昭和七年度に於ては救療を要する患者は一人もゐないとして全然取扱をしなかつた町村が尠からずあつた。これは又何んたる無関心な態度であらう。窮迫した時の農村に医療費に困る患者がゐない等どうしても考へられないことである。無遠慮に言ふならば社会事業に対する町村の態度を今少し改めて欲しいと考へられる向が尠くない」と一部町村の態度を厳しく非難している[7]。必要性が高いにもかかわらずこういう形に陥ってしまうのは、この種の事業への不慣れとともに、社会事業自体への無理解が町村に根強くあったものと思われる。救護法の実施においても、救護が実施されない町村が少なくなく、社会事業への消極さは農村部での町村行政の傾向であった。

木村は一九三五年二月にも「農村を廻つて見て医療救護の徹底を欠いてゐる地方のあることにも一驚を喫する。それも医療費の出し場がないのなら致し方もあるまいが、恩賜救療に依る救療費は多額の割当を受けてゐながら一文も使はないで、医療を必要とする貧困患者はほつたらがされてゐる」と嘆じている[8]。同年さらに「救療事業が農村に必要であるかないかは今では議論の余地はない。今の農村が社会的施設として最も熾烈に要求してゐるものは医療問題の解決である。（中略）然もこの有難い恩賜救療さへ町村当局の消極的態度に依つて、まるで行はれない所がある等と言ふに至つては愈々情ない限りではないか。一ヶ年間を通じて救療を必要とする病人が一人もゐないと言ふ町村が県下に存し得るであらうか」と述べて、なお消極的な町村のあることを嘆き憤っている[9]。翌年には「救療事業随感」と題するまとまった論考で、救療事業への不当な非難として農村の美風維持、診療内容の粗悪化、医師の救療患者への態度の悪さ、救療を要する貧困者自体の不在といったものがあると指摘し、それらがいずれも正当性のない非難であることを論証し、救療の必要性を訴えるとともに、軽費診療事業の必要も提起している[10]。

木村がこのように繰り返すのは、救療が県の期待ほど支持されないこと、ひいては社会事業自体が、時代遅れの思想のゆえに普及しないことへのいらだちがある。木村は県内各地での、悲惨な農民の個々の事例もずいぶん把握していたであろうから、非人道的な一部の町村の態度への憤りと、県の立場にありながらそれを是正できない現実へのいらだちが高まっていたと思われる。

一九三三年の第八回山口県社会事業大会では、赤十字社山口支部病院社会部から「医療事業の普及徹底ニ関スル具体的方策如何」が協議題として提出され[11]、一九三四年の第一〇回山口県社会事業大会でも「各種救療患者ヲ最モ迅速ニ最モ合理的ニ救療シ得ル方法如何」が協議題として提出されている[12]。赤十字社から協議題が提出されるのはきわめて異例であり、こういう協議題が出されるのは、救療が順調にすすんでいない現実への直接の担当者としての疑問やあせりがあったのではないか。大会での協議題への対応は「赤十字社支部病院の救療事業に関し一般の認識の不足せる事に就き詳細に亘り説明する処あり一般の注意を喚起するに努め」ということで、議論というより、赤十字社側からの訴えが中心であったらしいところからも、赤十字社側の意向が強く推察される。と同時に、大会が回を追うごとに形式化しつつあったとはいえ、この協議題をさほど真剣に受け止めないことからみて、社会事業界の側に認識の甘さがあったように思われる。

救療が機能しない実態を一九三六年九月に、七月一一日現在の状況として、知事から内務省社会局社会部長宛ての「要医療救護者調査ニ関スル件」によってみると、無料診療も無料助産も実績がゼロとなっているのは、大島郡屋代村、玖珂郡北河内村、師木野村、熊毛郡阿月村、大野村、麻里布村、城南村、八代村、三井村、都濃郡富田村、大津島村、佐波郡西浦村、吉敷郡大歳村、鋳銭寺村、秋穂二島村、東岐波村、西岐波村、厚狭郡生田村、王喜村、豊浦郡王司村、川棚村、神田村、美祢郡綾木村、東厚保村、西厚保村、於福村、大津郡菱海村、阿武郡三見村、須佐村、六島村である[13]。同調査は「必要トスルモ受ケザル者」の統計もとっているが、これらの村の約三分の二はそれすらもゼロと報告されている。特定の一日をとった調査であるから、これだけでその村が救済に不熱心と決め付けることはできないが、必要とする者すらいないというのは不自然であり、救済に消極的な村が広く存在したことがわかる。旧来からの惰民観や恥意識、村の相互扶助体制への過大な評価などによるものであろう。救護法の適応の無い町村がみられたのと、同じ構図である。

また、普及の妨げとして、救護を受けることへの消極姿勢が住民の側にもあったようであり、社会課では「出張診療所利用の御勧め」なる印刷物を作成して利用を促している。(14) そこでは「出張診療所は前に述べた通大御心を奉体して医療に不便な地方に特別の施設として折角設けたものでありますから、能くこの趣旨を諒得せられて充分に之れを利用し、そうして一日も速に健康を回復せられ家業に精励し以て、聖旨に答へ奉ると共に、現下多難な時局打開の為に自奮自励せられんことを切に希ふものであります」と皇室の恩恵を強調することで利用を広げようとしている。

この事業は三年間であったが、以後が問題となり、内務省衛生局による意見聴取に対し、山口県からは県営としての実施と、充実策として町村の公医設置補助、医療組合設置補助、出張所設置奨励補助、軽費診療機関設置奨励、救療費増加、医師会の救療的活動、医療費低下、救療事業に関する法令の制定を挙げている。(15) 結局、救療は引き続き、国と県の費用により行われ、委託診療に関しては済生会の事業として行うこととなった。(16)

それでも部分的には、積極的に医療を活発にしようとする動きもみられてくる。阿武郡小川村では町原公益財団による無料診察が行われているが、町原家に残された写真からみて、村民によく利用されていたように思われる。一九三六年には佐々並村で村立の診療所が開設され、後述のように以後先駆的な動きがみられる。(17) 吉見村では国民健康保険制度の制定以前から、健康保険組合を設置する動きがあって、(18) 社会事業主事の原田士驥雄は「村民協同の力によって医療費軽減の問題が解決される」として賛意を示している。(19) 主として鉱工業地域を中心とした市ではあるが、一九三四年より宇部市では医師会に委託して軽費並無料診療を開始しており、(20) 一定の要件を満たした者に診療券を発行して安価または無料での診療を行った。三菱の寄付金による無医村医療施設新設計画(21)や三井報恩会による資金によって各地に診療所の設置もすすめられた。(22)

農村の実態については、各選挙区に足場を持つ県会議員らにとっても、無視できない課題と認識されたようで、県会でも農村医療が繰り返し議論されてきている。一九三四年の通常県会では今西孫一が、農村の厳しい生活のなかで、困窮している家庭で病人がでた場合、娘を売って薬代にあてている事実があると実態を指摘して、巡回医療の継続を求めている。[23]一九三五年の通常県会では田辺譲が「医療ノ問題ハ最モ重要ナル問題ダト思フノデアリマス」として病気によって貧困に陥る構造を指摘して、ことに農漁村での医師の不足への対策を要求している。引き続いて質問に立った石井司も一段の救済策を求めている。[24]こうした指摘に対して、県の答弁は施策の現状を説明するにとどまり、今後の対策については曖昧なままで終わっている。姫井伊介は持論でもある産業組合による医療施設の拡充を提案しているが、その時点では実現には結びつかなかった。

　農村の問題で特に関心が集まったのは乳幼児の死亡率の高さであろう。乳幼児という弱者への人道的観点からも、また乳幼児がやがて生産力や軍事力で日本を支える存在になることからも、特に重視すべきものであった。そこで、農村社会事業の一環として主に民間の事業として、小児保護協会や妊産婦保護事業が設立されていく。山口県での小児保護協会の嚆矢は佐波郡右田村の佐野小児保護協会であろう。先駆的な活動である岡山県赤磐郡上鳥取村の児童保護協会に触発されて、[25]方面委員でもある福谷堅光によって開始された。妊産婦保護、乳幼児保護、相談会、嘱託医に委託しての産具消毒、分娩具貸与、検便、助産、母の会、宣伝文書配布などを行った。[26]その後県内各地で同種の事業が次々と設置されていく。奥分小児保護協会、由宇町児童保護会、田布施町共済会児童保護会、伊佐町児童保護協会、亀山児童愛護婦人連盟小児保護部、黒井村主婦会浦田支部児童保護会、角島児童保護会、屋代勝友妊産婦幼児保護会、万倉村婦人会育児協会、清末村婦人会児童保護会、日積村児童保護協会、向津具村婦人会児童保護部、祖生村児童保護協会、吉見村児童愛護協会、島地村社会事業協会といったものが社会事業団体の名簿に掲載されている。[27]また、愛国婦人会による児童健康相談所などの事業もすすめられた。

　これら一連の乳幼児対策の事業は、全県的に対応した愛国婦人会を除いて、すべて農漁村である。都市部では全く発展しておらず、農村に求められていた事業であることがわかる。これらには長続きしなかったり、立ち上げてはみたものの実態がともなわない団体もあったにせよ、農村の実態にこたえようとする面をもっていた。ほかに、巡回産婆、妊産婦保護、また愛国婦人会や日本赤十字社による巡回訪問婦など個別の課題への取り組みも行われていく。しかし、比較的普及したようにも見える児童保護協会にしても木村は「この児童保護協会の設置の為に、県社会事業協会は十年この方躍起になつてゐるのだが、如何したものか、笛吹けども躍らず。新に計画する向が甚だ少ない」として、意図したほど広がっていない現実を明らかにしている。(28) 深刻さを増す医療の補完を、財源もほとんどないまま、相互扶助的で小規模な事業で対応することに、もともと無理があった。

こうして一九三〇年代は農村医療の対策が徐々にすすめられていくことにおいて、その認識の深まりを見て取れるものの、微繕的か部分的な対策がほとんどであった。抜本的な対策として、国民健康保険制度が登場するしかなくなるのである。

三、医療社会化への議論

農村医療の抜本的な対策がなかなか進展しないなか、社会事業関係者のなかで、『山口県社会時報』を主な舞台として、議論としては、医療の社会化を求める考え方があらわれる。木村尭「医療社会化に関する一考察」は医療の社会化についてのもっとも早い時期の論考である。(29) 木村は高価な医療報酬のゆえに医療が有産階級に偏っているとし、医師のいない町村の多さも指摘した。農村での死亡率の高さを述べ、対応として疾病保険制度、診療組合其の他共済的組織、軽費診療施設、公設医療機関、巡回診療、医療利用組合などを挙げた。木村の論考は、医療社会化の可能性を論じた点で画期的ではあったが、行政の内部の者にしては第三者的な論評にとどまっていて、問題は網羅されてはいるが、政策課題として具体化していく視点は乏しい。

一九三一年には全国誌の『社会事業』からの転載として南崎雄七「農村衛生の実状と医療普及」が掲載されている。(30) そこでは「各府県に於ける農村医療普及として公医及び公設産婆の普及状態」が府県ごとに列挙されている。山口県については「見るべきものがない」とされている。同様の指摘を受けている府県は他には一〇県程度であり、山口県にとって名誉な記述ではない。そうとわかっていてあえて掲載したところに、山口県での農村医療の立ち遅れへの危機感も感じられる。前述の木村の論考はいささか評論家的なところがあるとはいえ、県社会課内では農村医療への問題意識が高まりつつあったといえよう。

木村による一九三三年の「農村社会事業振興に関する若干考察」は農村社会事業の発展を企図した意欲的な論考であるが、「第一に」として真っ先に掲げたのが医療であり、約二ページにわたって詳述している[31]。農村の負債の主因に医療費があり、貧困と疾病との相関を指摘した。対策として町村による軽費診療施設を提示し、町村が困難な場合には産業組合法による医療利用組合の方法があることを説明している。第三者的な木村の前述の論考に比して具体的で現実的な議論を展開しており、木村自身の危機の深化と深刻化する現状とがあらわれている。「社会事業漫筆」では救療しない町村批判のほか、医療利用組合、小学校の女教員への医療技能の付与、栄養指導といった具体策を列挙している[32]。木村は「農村社会事業偶感」でも医療を課題のひとつとして取り上げ、医療利用組合と出産扶助組合について触れている[33]。一九三三年頃の木村は医療について一般的な関心ではなくかなりの危機意識をもって動きはじめた。

「昭和十年の本県社会事業への待望」では「農村に於ける医療問題は相当多きな社会問題である。医療機関がないことに依る医療上の不便と、生活の窮迫から医療費を負担し得ない為に医師に就けないことである。これが為には医療利用組合運動と公医制度とがある。一、二年前に於ては本県でも医療利用組合は宛も医療に関する天来の福音でゞもあるかの如く、各地で其の運動が台頭し今にも実現しそうな状勢であったが未だに実現を見てゐない」として、医療制度の前進を促している[34]。

木村が医療体制について、具体的に議論したのは一九三四年に『済生』に掲載された「恩賜救療雑感」である。救療について「今次の恩賜救療程時代の要求にぴったり当て嵌ったものは先づ他に類例を求め得難い」と高く評価する。しかし、手放しで賞賛するのではなく、「俸給旅費手当等の人件費許り嵩む出張診療や、巡回診療を実際の必要以上に余りに偏重し過ぎて実施した嫌いがあるのではあるまいか」とその手法に疑問を呈する。ここでも救療を実施しない町村のあることを厳しく批判したうえで運用における弊害を指摘し、代案として医療利用組合や町村医を提起している。実務的な問題を熟知した者のみ語りうる議論である。(35)

社会事業主事の篠崎篤三は一九三二年に「計画に新し味のある社会施設」と題した論考を連載して全国の社会事業を紹介しているが、取り上げているのは出産相扶組合、医療相扶組合等、農村の医療系の施設ばかりである。これは単に篠崎が情報提供をしているのではなく、山口県への同種の施設の可能性をさぐっていると考えるべきであろう。(36)

篠崎の後任の社会事業主事である原田士驥雄は一九三三年に「農村と医療組合」で医療組合について論じているが、農村での死亡率の高さや救療だけでは対応できない問題の指摘のほかは、医療組合の客観的な説明にとどまっている感がある。(37)しかし、原田は篠崎に比べ、個人名による論考を書くことが少なかっただけに、原田なりにこの問題を重視したあらわれであろう。

原田の考えはむしろ、『産業組合中央会山口県支会報』に寄稿した「農村社会施設と協同組合」で論じられている。(38)原田は、農村の現状について甘い認識を示しつつも、「病々の問題、児童保護の問題、妊産婦乳幼児保護の問題等今日の農村として一日も忽諸に附してならぬ問題である」として、農村に緊急に解決すべき問題のあることを指摘した。そして、町村の財政難のもとで社会施設を設置するには協同組合による自力での設置が好ましいとする。社会施設の具体例としてまず挙げたのが農村医療施設であった。

このように県社会課の関係者は、農村医療を社会事業の緊急で深刻な課題として認識し、具体的な提案を繰り返した。しかし、政策を立案、実施するもっとも近い場所にいるにもかかわらず、提案は提案で終わっていて、提案の多くはなかなか実行には移らなかった。行政内部にいるとはいいながら限られた予算や権限のなかでできることには限界があり、できないがゆえに言論に訴えるしかなく、活発な議論に結びついたといえよう。

四、産業組合の進出

一九三〇年代後半になり、産業組合が医療に進出することが具体化してくる。産業組合による社会事業については姫井伊介が早くから主張しており、一九二八年には産業組合の全国誌である『産業組合』掲載の一文で産業組合の仕事として「診療、救護、助産等の施設」をあげていて(39)、一九二九年には同誌に「産業組合としての社会事業」を寄稿して本格的に論じ、産業組合について「社会政策遂行の間接的助成機関として大なる力ある」として、具体的な事業を列挙し、医療関係でも衛生相談所、実費診療、医師産婆設置、巡回看護婦を掲げている(40)。その後も同じ趣旨の発言を繰り返し、あるいは県会議員として県会でも提起しているが、山口県では何も実現しないままであった。

しかし、医療問題の深刻化のなかで、一九三〇年代半ば以降、山口県でも産業組合の関係者のなかから、医療組合への関心が高まっていく。『産業組合中央会山口県支会報』では一九三四年に支会主事の重富卓が「組合医療事業に関する所感の二三」で産業組合医療施設をつくりたいとする希望が県下各地であがりつつあることを紹介し、産業組合が総合的医療施設を設置することが望ましいとしている(41)。重富は「医療の合理化」も寄稿している(42)。また、一九三五年に渡辺貞剛「医療利用組合病院について」が連載されているのも、医療への関心の高まりを示している(43)。渡辺は医療利用組合の制度の必要性を述べた後、「先進地組合病院視察」の報告を詳細に行い、山口県で実施する場合のあるべき姿を説いた。

産業組合内で医療に関心を寄せてオピニオンリーダーとなったのは、屋祢本正雄であろう。屋祢本は一九三六年に「医療組合小論」によって「貧困なるが為に、又は村に医者がゐない為に、医者に掛り得ず、尊い生命をむざむざ捨てねばならぬといふことは一農村の経済更生運動上深く関心すべき重要な事柄であり、社会政策、社会事業的見地より観るも看過すべからざる重大事である」と問題を提起するとともに、山口県が全国的にみても数少ない医療組合の未設置県であることを強調し「医療組合の妥当性」を説いた(44)。「医療問題素描」と題する連載では、農村の疾病について詳細なデータを用いて指摘した。[45]「国民健康保険制度と保健共済施設」では、国民健康保険制度の実施にともなって産業組合が保健施設を持つべきことを説いている。[46]『山口県社会時報』にも「医療組合小論」[47]や「医療問題素描」[48]を寄稿して同趣旨の論陣を張っている。『済生』に寄稿した「山口県の医療問題素描」では「社会的貧困の原因は、人口の限なき増加に対して限りなき富の分配が、之に伴はぬことに起因してゐる」と貧困を富の分配としてとらえたうえ、社会的貧困を根絶するには手近な個人的貧困から検討して対策をとるべきとして貧困の原因を疾病に求め、医療費が生活を圧迫している現状のデータを示す。また、農村の問題として迷信や加持祈禱があることを事例を出して説明し、これもまた農村の医療施設の不足に原因があり、医療組合に展望を見出そうとしている。[49]

また、県外の識者として賀川豊彦によりすでに一九三三年に『産業組合中央会山口県支会報』に「医師道徳の理想と医療産業組合運動」[50]が、一九三六年には「防貧運動と産業組合　百姓は何故貧乏するか如何にして貧乏から逃れるか」が掲載されて、[51]組合による医療によって農村の生活の改善を目指す立場が山口県内に知られていた。同年さらに、「医療組合論」が連載され、医療に積極的な産業組合の立場が示されるとともに、影響も大きかったと思われる。[52]なお、賀川は一九三四年の医療組合についての論文で、医療組合の設置されていない県が一府十一県あるとして、山口県もそのひとつとして指摘している。医療組合の普及を望む賀川にとって、未設置の山口県での設立に関心があったのではないか。[53]

一九三七年に企画された「産業組合批判座談会」は、組合関係者のほか県職員、県会議員、学識経験者らが出席しているが、まず医療の問題からはじまっていて、農村での医療の必要性が強調されたうえ、「産組は医療問題にどこまでも熱を以って進みたい」「県の主任官との話では産業組合の医療施設も、総合的施設として完全なものを作りたいと思つて居ます」と積極的な発言が続き、最後に菊澤謙三山口高等商業学校教授による「産業組合の医療施設は社会政策的に重要なること」「小規模ではいけぬ。有機的な綜合的な組織をもつて」という提言で締めくくられている。[54]

こうしたなか、部分的には一九三四年から阿武郡嘉年村産業組合では助産婦の利用などの制度をつくり、村内に住む産婆に委嘱して組合に申し出れば産婆を一助産につき五円で派遣する事業を開始したという動きがある。[55]しかし、本格的に実現していくのは周東医療利用組合連合会周東病院である。(56) 吉浦峯助「医療組合に依る医療の社会化」(57) や河村斎「吾等の医療組合病院に備へて医療費と貯金」(58) は組合設立の具体化のなかでの議論である。

しかし、この病院の設置には医師会の反対がみられた。医師会は全国レベルでも国民健康保険制度に否定的態度をとるなど、医療の社会化を警戒する姿勢をとっているが、山口県医師会も周東病院について批判的な立場から県への陳情を繰り返している。(59) 一九三八年一一月二七日に開催された玖珂・熊毛・大島三郡医師懇談会では周東病院への対応を議題とし、「反対的阻止運動に邁進すべきこと」を満場一致で議決した。(60) しかし、前述の座談会で県の衛生課長は「庶民階級の医療問題解決策として組合病院の建設は当然認められてゐることである。医師会もまたこれに対して理由なく反対してはならぬ両者争ひの起きる筈はないものであるから、円満に交渉して争ひの起きない様にやりたいものである、兎角ねらみ合いはみつともないだから病院が出来る以前に医師会と協議されてやつて欲しい、周東三郡で医療利用組合が出来たに対しても医師会は反対してゐるが、正当な理由なく反対してはいけない、互に協調してやつてほしい」との医師会への批判的な発言があり、県としては基本的には推進する姿勢であった。

周東病院は、医師会の姿勢などの困難を克服して、一九三八年五月に設立認可され、一九三九年に五月に開院した。(61) 農村でのもはや放置できない実状や戦時体制に入ってきたことなど、病院設置を急ぐ環境が整っていたのである、しかしなお、地元の医師会では「監視的態度を取ると同時に分院、出張所建設に向つては相当反対的行動に出る意向」であった。(62) だが、地元医師会の態度にもかかわらず、周東病院は戦時下にかけて周辺の町村に、診療所や分院を次々と設置していく。医師会の自己の利益を中心とする発想は、戦時下での医療の拡充の国策の前では有効な反対にはならなかったようである。

こうして産業組合は医療の実践者としても成長していくのであるが、戦時体制に転換する時期でもあり、せっかくの農村医療も、戦争目的にまきこまれて、農民の生命の保障という本来の目的から離れていく。たとえば一九三九年の全国産業組合保健協議会では「農村保健運動方針に基き左記事項を遂行し以て銃後産業組合報国の寔を尽さんことを期す」と決議している。医療・保健全体が戦時体制の柱となっていくなか、個々の農村の活動に独自性や先駆性を求めるのはもはや不可能であった。

五、国民健康保険制度の実施

国政レベルではさまざまな動きがあったものの[63]、ようやく一九三八年に国民健康保険制度が実施される[64]。県会では姫井伊介が医師との共存の必要性を述べ、診療報酬のあり方を質している[65]。県は「国民健康保険制度ハ全国ノ農民ガ極メテ要望シテ居リマス農村ニ於ケル唯一ノ社会施設デアルト言フ確信ヲ持ツテ居ルノデアリマス、之ガ普及ヲ見マス将来ヲ考ヘマスト言フト農村社会施設ノ玉座ヲ占ムベキモノデアルト言フ感ジヲ持ツテ居ルノデアリマス」として高い期待を表明している[66]。

江口清彦「農村社会事業より見たる国民健康保険制度」が『山口県社会時報』に掲載され、隣保相扶を基盤として農村の実態にこたえうる制度として歓迎している[67]。実施にあたり、戸塚九一郎知事の名で「社会事業法と国民健康保険法の実施に当りて」が発表され、「国民健康保険法は保健国策の最も重要なるものの一つとして殊に現下の非常時局に際して銃後の護りを固め国民体位の向上を図る上から極めて重要なる社会立法である」として、銃後の観点が強調されたうえ「本制度は国民健康の保持増進と国民生活の安定とを期するものであって農山漁村の経済更生と国力充実のための一礎石」とされた[68]。

一九三八年一二月一〇日に阿武郡小川村、玖珂郡坂上村、阿武郡佐々並村の国民健康保険組合の設立が認可されている。その少し前の一二月六日には山口県と山口県医師会、山口県歯科医師会、山口県薬剤師会との間で協定書がかわされ、診療の範囲や手続き等について定められ、態勢が整えられている。一九三九年二月にはさらに吉敷郡仁保村、阿武郡嘉年村が認可され、徐々に広がっていき、県でも制度の普及と発達を図るために、組合当事者の心得、被保険者の心得、一般県民に対する宣伝を内容とする印刷物を配布した[69]。

『山口県社会時報』には県学務部長による「国民健康保険組合の普及を望む」と題する一文が掲載され、当時山口県が被害を受けた旱魃や紀元二千六百年とも関連させて「町村当局並町村に於ける方面委員其の他有志に於かれては本組合の真価を認識せられ農村生活者の福祉増進の為に之が設置普及に尽力せられんこと」を呼びかけた。(70) 一九三九年一一月で一五組合となり、一九四〇年にはさらに設立の動きが多く「全国的にも本県は多産組合県として他府県を羨望せしめて居る」と自ら評するまでになる。(71)『山口県社会時報』には県社会課の名による「国民健康保険法実施二周年を迎へて」が掲載され、二年間の成果が強調されるとともに、やはり「全国的にも屈指の普及県」と評し、未設置市町村での組合設立を呼びかけている。(72) 一九四〇年六月には国民健康保険制度普及講習会も開催され、厚生省保険院の理事官からの講演やすでに組合を設立している村からの体験報告などが行われた。(73) 一九四〇年一一月には二六組合となり、社会課では「医師側の不安と非好意的態度が解消されつつあるのみならず更に進んで協力的態度に改善されつつある」と順調な発展を強調した。(74) 一九四〇年七月には県学務部長を理事長、社会課長を常務理事とする山口県国民健康保険組合連合会も設立されて、全県的な組織化がなしとげられた。(75)

こうして順調にもみえる発展であるが、普及の過程で議論となったことに、医療利用組合が国民健康保険組合を代行するという、いわゆる代行問題があった。国民健康保険法制定の過程で、産業組合側は、地域住民をすでに組織している産業組合が国民健康保険組合を代行しうることを主張したが、医師会の反対があって激しい議論になった課題であり、普及の過程においても、当然産業組合側で関心が持たれた。

そこで、吉浦峰助「国民健康保険組合代行の問題に付いて」では、医療組合と国民健康保険組合は精神も目的も共通するので共営すべきでありながら、現実には医師会との関係など課題の多いことを指摘し、解決策として国民健康保険法に拠らない共済組合を設立して実質的に代行に近い効果をあげる方策が提案された。(76) 西本儀人「農村と保健国民健康保険組合事業代行に就て」では戦時下において農村保健を推進すべきとする危機感のもと、産業組合が国民健康保険組合を代行することが合理的であることを説いている。(77)

これら組合のうち、注目されたのは佐々並村国民健康保険組合である。佐々並村は乳児死亡率の高さ、乳児死亡が収入の少ない世帯に多い、離乳期の死亡が多く、離乳期前に死亡する場合もまた多い、人口栄養児の死亡率が高い、栄養不良と肺炎による死亡が多い、という点が明らかにされていた(78)。また、乳児をはじめとして栄養状態が良好でなく発達が標準以下にとどまっている、虚弱児や寄生虫保有者が多い、胸郭異常者が多い、といった点が指摘された(79)。佐々並村国民健康保険組合では、愛育部を設置して村内に一三の愛育班をおき、嘱託医師や保健婦の指導のもとに、妊産婦、乳幼児の訪問調査、出産育児に関する指導、家庭と保健婦との連絡、産具や衛生器具の貸与や給与を行うこととされた。また、健康相談所の開設、母性教化、妊産婦、乳幼児、学童の保護、季節託児所の開設、栄養改善を行うこととし、そのための予算も用意した(80)。佐々並村ではすでに一九三六年に村営診療所を設置して、医療への対応をすすめている。そうした取り組みの結果、村民の健康状態が良好になり、経済生活が安定し、伝染病が減少し、医療機関がさらに整備されるなどの効果があったという(81)。『旭村史』(一九五五年に佐々並村と明木村の合併により旭村となる)で医療について「先進村」と自ら評しているのは、過剰な評価ではない(82)。

ほかにも小川村国民健康保険組合では衛生に関する映画の上映、健康祈願祭、赤痢予防注射、健康表彰式を行っている(83)。坂上村でも無医村であったのに医師が誘致できて早期診療の効果をあげたという(84)。

一九四一年には社会課より「国民健康保険組合の普及計画に就て」という文章が出されている(85)。「相互扶助協力一致の精神の下に国家的総念に更生出発して以て国民生活の安定と、健康の保持と増進を図り人的資源確保強化の実を挙げんとする厚生運動乃至は健康報国運動の基礎的組織の制度を為すもので大政翼賛運動の見地よりするも将に之が実践的一翼を為すと称し得べきである」として、国民健康保険制度を戦時下の人的資源確保の方策と位置づけ、山口県では政府の計画より早く、全市町村設置の計画であることを誇り「時代は一億一心の秋である人的資源の確保亦軍備の充実若は物的資源の確保と同様、国家的見地に立って皇道翼賛の心構への下に県民協力一致理解の下にされねばならぬ、斯くして本制度の普及に付ても亦同様の観点に立つて之が完成の速かならんことを期待して居る次第である」と結んでいる。ここでは、もはや農村社会事業としての観点は全く失われ、戦時体制を支える役割のみが課せられている。

国民健康保険制度は地域で希求されていた課題にこたえうるものであることから、普及をみたのである。しかし、国としても、単に国民への医療保障を目指して制度を創設したのではなく、軍事力の保持を意図していることは明らかであった。平時に制定されたのであれば、農民の運用次第では国民の生活の向上に直結させることも可能であったが、戦時下に制定されたものである以上、国家目的にたちまち追随せざるをえなかったのは必然であった。

六、社会保健婦の動向

保健婦は主に大阪を中心に社会事業の一部として展開したとされるが、(86)ことに戦時下にはその役割が増して、発展をみせる。山口県でも一九三〇年代後半より保健婦の設置と養成が行われ、農村医療を下支えしていく。(87)国民健康保険組合に設置がはじまり、さらに市町村や産業組合に設置される場合もあった。(88)

山口県社会事業協会では山口隣保館内に山口県社会事業協会社会保健婦養成所を設置して保健婦養成を行った。(89)一年間の本科と三ヶ月の専攻科があり、ともに定員は五名である。本科の入学資格は高等女学校卒業者、専門学校入学者、青年学校卒業及びそれと同等と認められる者である。専攻科は看護婦か産婆の免許状を有する者である。修了者には修了証書を授与することとなっていた。教育内容としては医学、看護、保健についての一般的な教科のほか社会事業一般が含まれている。実習も行われた。少人数による、一定のレベルの教育が目指されていたといってよい。第一回の本科卒業主は三名であり、卒業後、済生会の診療所で実習することとなっている。(90)社会事業協会が養成所を設置したということは、「社会保健婦」という名称ともあわせ、社会事業の一分野としてとらえられていたといえる。昭和十六年度山口県社会事業協会事業計画によれば、社会保健婦の養成は三ヶ月の専攻科のみ記載されている。(91)入所者も専攻科のみである。

保健婦養成では一九四一年九月一六日から一〇月三〇日までの日程で、全保協（全国協同組合保健協会）、山口県社会事業協会、産業組合中央会山口県支会の共同主催、山口県、山口県国民健康保険組合連合会の後援により、山口県教育会館にて保健婦養成講習会が開催されている。[92] 一九四二年には山口県保健婦協会が発足した。[93] 一九四一年の保健婦規則の制定にともなって、山口県令として「保健婦規則施行細則」の制定があり、保健婦試験について定められた。一九四四年には県立相良病院内での六ヶ月の課程の山口県立保健婦養成所が設置された。

一九四一年三月の『山口県社会時報』は、特集と銘打っているわけではないが、保健婦に関する記事が多数を占めている。[94] まず巻頭言では「当局は、健康相談所、保健所或は社会保険制度等の拡充強化により、この悲しむべき現実を打開せんとしつゝあるが、中にも社会保健婦制度の確立こそ真に有効適切なることゝ云ふべきである。予防衛生に母性並に乳幼児保護に或は医療補助機関として都市に、農村に活躍する社会保健婦をみる時、この制度の拡充発展を待望して止まない者である。本県に於ても巳に数箇所社会保健婦の設置をみ、乳幼児保護対策に農村保健対策に着々その実績を挙げつゝあるを思ふ時、県下各市町村或は各機関に於て、速に社会保健婦を設置されんことを望むものである」として、社会保健婦の普及を訴えている。巻頭の論考は谷口正弘「保健婦事業に就て」で、保健婦の名称、保健婦の歴史、保健婦の業務内容について、全般的な説明をしている。「特輯・体験を語る」と題して県内各地の保健婦による体験記を掲載している。宇部市、山口市、下関市といった都市部が並んでいるものの唯一、農村部として佐々並村国民健康保険組合の山根きくえによる「手記」という一文が載っている。山根は山口県社会事業協会社会保健婦養成所の出身であるが、佐々並村の保健婦として赴任する。山根は佐々並村の出身者ではなく、山間部の生活は初めてであった。山根が感じた佐々並村の問題は、「乳幼児の一般栄養状態の不良、母乳不足者の多い事、人工栄養の誤、離乳期の不徹底、妊産婦の不摂生」の五点であった。しかし、これまでの習慣にこだわって指導を聞いてくれない村民も少なくなく、苦労を重ねながら保健活動を続ける様子がうかがわれる。佐々並村ではこども展覧会という行事を企画して衛生思想を広めようとし、山根が中心になって動いている。[95] 山根は「山口県社会保健婦」の肩書きで『済生』にも「保健婦の報告」を寄稿している。そのときは勤務先を「熊毛郡某村」としているから、転勤したようである。二ページにわたる文で前半は統計の紹介と説明だが、後半は結核

患者が保健婦である自分にはそのことを隠して風邪だと言い張った体験を記している。(96)

保健婦活動をうかがえるもうひとつの資料として『産業組合中央会山口県支会報』に掲載された「保健婦日誌」がある。(97)美祢郡共和村産業組合保健婦の斉藤幸子による日誌である。二日分を再録したものだという。内容は保健活動を淡々と記録している

また、後の回想ではあるが、『田万川町史』では「医師の召集は村を無医村にしました。役場に保健婦（故大草テエさん）を置き、村民の保健対策に取り組みましたものの、当初はその活動も思うに任せぬところがありましたが、だんだん実績をあげられました。この保健婦さんは、戦中戦後の無医村時代を栄養問題、予防医学の普及にと、村内くまなく指導して歩かれ、村民の健康保持に貢献されました」と述べている。(98)

このように保健婦は、保健知識が不足する農村住民への啓蒙、個々の患者への具体的指導、緊急事態への対応、さらには医師の代替と幅広く農村住民の健康を支える役割を担っていく反面、「社会保健婦」から「社会」がとれていくように、戦時下の人的資源育成政策のひとつとしての面も強まる。『山口県の保健婦』と題した冊子には「時局用語集」と題するコーナーがあって、一般的な用語でどこに時局との関係があるのか疑問に感じる項目も多いが、「機甲部隊」「協和会」「健民修練所」「航空医学」といった明らかに戦争と関連した項目もみられる。(99)しかし、全体としていえば、戦争遂行への効果が期待されていたにしても、実際に行ったのは、農村の人々に直接関与することによる生活へのトータルな支援であり、戦後の医療や社会福祉の基礎づくりの役割を果たしていく。

七、農村医療のもつ意味

生活困難を凝縮した存在としての農村医療は、さまざまな具体的な動きを県内でもたらすことになった。それは個々には注目に値する活動や議論もみられたものの、産業組合の取り組みは大きく遅れてしまい、ようやく動き出した時期は戦

時下と重なってしまって、相互扶助としての取り組みと戦時体制の構築との区別がつかなくなっていった。結局、地域レベルでの活動は大きな成果を挙げるにはいたらず、国民健康保険制度という国家レベルでの制度に頼るしかなかった。それでも、国保の普及が早かったのは、それまでの地域での模索があったことが背景としてあげられるだろう。

また、社会保健婦の動きは、地域活動を中心とする社会事業の試みとしての面をもっていて、農家を一軒一軒訪ねて保健を軸にして生活改善を図る積極的な実践につながってくる。生活への個別の援助を通してさまざまな可能性を有してはいたが、これも本来の成果を出す前に、戦時体制においては、国力維持が目的となるほかなく、個々の保健婦の良心もそこに埋没ないし変質してしまった。

注

（1）中央社会事業協会社会事業研究所『現代保健・医療並救療問題検討』（一九三七年）は、一九三〇年代の医療の状況に社会事業の立場から関心を寄せている。
（2）「自昭和七年度至昭和八年度医療救護一件」社会課、山口県文書館所蔵戦前県庁文書。
（3）『山口県社会時報』第九六号（一九三二年一〇月）三八頁～三九頁。
（4）『山口県社会時報』第一〇三号（一九三三年五月）二七頁。
（5）足立文男「診療に就て」『山口県社会時報』第一〇〇号（一九三三年二月）。
（6）足立文男「昭和十年後の救療事業」『済生』第一一年第五号（一九三四年五月）二九頁。
（7）木村尭「社会事業漫筆」『山口県社会時報』第一〇四号（一九三三年六月）九頁。
（8）木村生「早朝独語」『山口県社会時報』第一二四号（一九三五年二月）二三頁。
（9）木村尭「社会事業放語」『山口県社会時報』第一三四号（一九三五年一二月）三五頁。
（10）木村尭「救療事業随感」『山口県社会時報』第一三七号（一九三六年三月）。
（11）『山口県社会時報』第一〇二号（一九三三年四月）一〇頁。
（12）『山口県社会時報』第一二〇号（一九三四年一〇月）一八頁～一九頁。

(13)「自昭和九年度至昭和十年度医療救護一件」社会課、山口県文書館所蔵戦前県庁文書。
(14)実物は「昭和七年度出張診療一件」社会課、山口県文書館所蔵戦前県庁文書にある。『山口県社会時報』第一〇〇号にも紹介されている。
(15)『済生』第一一年第五号(一九三四年五月)六九、七一頁。
(16)『山口県社会時報』第一二八号(一九三五年六月)二四頁。
(17)「佐々並村立診療所開設を見るまで」『山口県社会時報』第一三七号(一九三六年三月)。
(18)『山口県社会時報』第一三八号(一九三六年四月)三九頁~四〇頁。
(19)「巻頭言」『山口県社会時報』第一四〇号(一九三六年六月)一頁。
(20)鎌田芳助「宇部市に於ける軽費並無料診療施設に就て」『山口県社会時報』第一四五号、(一九三六年一一月)。
(21)『済生』第一二年第三号(一九三五年三月)。第一二年第一〇号(一九三五年一〇月)。
(22)「自昭和十年十二年農村医療施設一件」社会課、山口県文書館所蔵戦前県庁文書。
(23)「昭和九年山口県通常県会議事速記録」五七〇頁~五七一頁。
(24)『昭和十年山口県通常県会議事速記録』五九三頁~五九五頁、六〇〇頁。
(25)『農村に於ける児童保護施設一赤磐郡鳥取上村小児保護協会に就て一』(岡山県社会課、一九二六年)。
(26)『山口県社会時報』第八一号(一九三一年六月)二八頁~二九頁。
(27)『山口県社会事業便覧』(山口県社会課、一九三五年)一七頁~一八頁。
(28)木村尭「社会事業片々」『山口県社会時報』第一三九号(一九三六年五月)三三頁。
(29)木村尭「医療社会化に関する一考察」『山口県社会時報』第八二号(一九三一年六月)。
(30)南崎雄七「農村衛生の実状と医療普及」『山口県社会時報』第八七~八九号(一九三一年一二月~一九三二年二月)。
(31)木村尭「農村社会事業振興に関する若干考察」『山口県社会時報』第一〇一号(一九三三年三月)。
(32)木村「社会事業漫筆」。
(33)木村尭「農村社会事業偶感」『山口県社会時報』第一〇六号(一九三三年八月)。
(34)木村尭「昭和十年の本県社会事業への待望」『山口県社会時報』第一二三号(一九三五年一月)。

(35) 木村尭「恩賜救療雑感」『済生』第一一年第九号（一九三四年九月）。
(36) 篠崎篤三「計画に新し味のある社会施設」『山口県社会時報』第九四、九六～九八号（一九三二年八月、一〇～一二月）。
(37) 原田士驥雄「農村と医療組合」『山口県社会時報』第一〇四号（一九三三年六月）。
(38) 原田士驥雄「農村社会施設と協同組合」『産業組合中央会山口県支会報』第二〇八号（一九三四年一月）。
(39) 姫井伊介「組合役員と事業考察の断片」『産業組合』第二七四号（一九二八年八月）。なお、産業組合による医療活動の全国的な動向については『協同組合を中心とする日本農民医療運動史』（全国厚生農業協同組合連合会、一九六八年）。
(40) 姫井伊介「産業組合としての社会事業」『産業組合』第二七九号（一九二九年一月）。
(41) 重富卓「組合医療事業に関する所感の二三」『産業組合中央会山口県支会報』第二二一号、（一九三四年一二月）。
(42) 重富卓「医療の合理化」『産業組合中央会山口県支会報』第二三七号（一九三六年二月）。
(43) 渡辺貞剛「医療利用組合病院について」『産業組合中央会山口県支会報』第二三一号～第二三五号（一九三五年八月～一二月）。
(44) 屋祢本正雄「医療組合小論」『産業組合中央会山口県支会報』第二四四号（一九三六年七月）。
(45) 屋祢本正雄「医療問題素描」『産業組合中央会山口県支会報』第二四八号～第二四九号、（一九三六年一一月～一二月）。
(46) 屋祢本正雄「国民健康保険制度と保険共済施設」『産業組合中央会山口県支会報』第二五二号（一九三七年三月）。
(47) 屋祢本正雄「医療組合小論」『山口県社会時報』第一三八号（一九三六年四月）。
(48) 屋祢本柾雄「医療問題素描」『山口県社会時報』第一四八号（一九三七年二月）。
(49) 屋祢本柾雄「山口県の医療問題素描」『済生』第一四年第八号（一九三七年八月）。
(50) 賀川豊彦「医師道徳の理想と医療産業組合運動」『産業組合中央会山口県支会報』第二〇三号（一九三三年九月）。
(51) 賀川豊彦「防貧運動と産業組合　百姓は何故貧乏するか如何にして貧乏から逃れるか」『産業組合中央会山口県支会報』第二三八号（一九三六年三月）。
(52) 賀川豊彦「医療組合論」『産業組合中央会山口県支会報』第二四六号～第二四七号、第二四九号（一九三六年九月～一〇月、一二月）。
(53) 賀川豊彦「我国医療組合運動の現状」『済生』第一一年第三号（一九三四年三月）二五頁。
(54)「産業組合批判座談会」『産業組合中央会山口県支会報』第二五六号（一九三七年三月）。

(55)『山口県社会時報』第一一八号（一九三五年六月）二一頁〜二二頁。
(56)『柳井市史　通史編』（柳井市、一九八四年）七九〇頁〜七九一頁に同病院の記載がある。今日にいたる経緯は簡潔に説明されているが、設立の歴史的意義については不明確である。
(57) 吉浦峯助「医療組合に依る医療の社会化」『産業組合中央会山口県支会報』第二四八号、（一九三六年一一月）。
(58) 河村斎「吾等の医療組合病院に備へて医療費と貯金」『産業組合中央会山口県支会報』第二四九号（一九三六年一二月）。
(59)『山口県医師会史』（山口県医師会、一九六四年）二二一頁、二二五頁、二四四頁。
(60)「防長医薬評論」第五二〇号（一九三八年一二月）一頁。
(61)「産組周東病院落成」『産業組合中央会山口県支会報』第二七九号、一九三九年六月。
(62)『防長医薬評論』第五三二号（一九三九年八月）一頁。
(63) 国民健康保険制度成立の経緯についてはいくつかの文献があるが、制度の形成・展開を詳細に論じた中静未知『医療保険の行政と政治』（吉川弘文館、一九八八年）、福祉国家形成とのかかわりで論じた鍾家新『日本型福祉国家の形成と「十五年戦争」』（ミネルヴァ書房、一九九八年）が、本節の目的と関係が深い。
(64) 山口県の国民健康保険の歴史の概要として『山口県国民健康保険五十年史』（山口県国民健康保険団体連合会、一九九〇年）があるが、本編では戦前の動きの記述は各国保組合の設立年程度で詳しくはない。ただし、別冊の資料編に一九六八年に行われた座談会が収録されていて、制度創設の頃についても語られている。
(65)『昭和十三年山口県通常県会議事速記録』三三〇頁〜三三二頁。
(66)『昭和十四年山口県通常県会議事速記録』四三七頁。
(67) 江口清彦「農村社会事業より見たる国民健康保険制度」『山口県社会時報』第一七一号、（一九三九年一月）。なお、これは『社会事業』第二二巻第九号、一九三八年一二月に掲載されているのと同じものである。
(68) 戸塚九一郎「社会事業法と国民健康保険法の実施に当りて」『山口県社会時報』第一六五号（一九三八年七月）。
(69)『山口県社会時報』第一七六号（一九三九年六月）六〇頁〜六一頁。
(70) 廣岡謙二「国民健康保険組合の普及を望む」『山口県社会時報』第一八三号（一九四〇年一月）。
(71) 鷲頭栄一「国民健康保険組合の状況」『山口県社会時報』第一八八号（一九四〇年六月）。

(72) 山口県社会課「国民健康保険法実施二周年を迎へて」『山口県社会時報』第一八九号（一九四〇年七月）。
(73)『山口県社会時報』第一八九号（一九四〇年七月）六一頁〜六二頁。
(74)『山口県社会時報』第一九四号（一九四〇年一二月）三八頁〜三九頁。
(75)『山口県社会時報』第一九〇号（一九四〇年八月）七九頁〜八二頁。
(76) 吉浦峰助「国民健康保険組合代行の問題に付いて」『産業組合中央会山口県支会報』第二七二号（一九三八年一一月）。
(77) 西本儀人「農村と保健国民健康保険組合代行に就て」『総力』第三〇一号（一九四一年二月）。
(78) 赤川次郎「佐々並村に於ける乳児死亡調査概要」『山口県社会時報』第一七九号（一九三九年九月）。
(79) 赤川次郎「佐々並村に於ける乳幼児の診査に就て」『山口県社会時報』第一八一号（一九三九年一一月）。
(80)『山口県社会時報』第一八七号（一九四〇年五月）六二頁〜六六頁。
(81) 山口県社会課「国民健康保険組合事業成績に表れた好実例」『山口県社会時報』第一八二号（一九三九年一二月）。
(82)『旭村史』（旭村役場、一九七八年）四五三頁。
(83)『山口県社会時報』第一八七号（一九四〇年五月）七四頁〜七五頁。
(84) 山口県社会課「国民健康保険組合事業成績に表れた好実例」。
(85)『山口県社会時報』第二〇一号（一九四一年一〇月）。
(86) 保健婦の歴史として、大国美智子『保健婦の歴史』（医学書院、一九七三年）と、厚生省健康政策局計画課監修『踏みしめて五十年―保健婦活動の歴史―』（日本公衆衛生協会、一九九三年）。
(87) 山口県の保健婦の歴史として『山口県市町村保健婦保健活動のあゆみ―二〇周年を記念して―』（山口県市町村保健婦研究協議会、一九九九年）があるが、戦前の記述は断片的である。
(88)『保健婦のすゝめ』（産業組合中央会、一九四一年）では、産業組合にて保健婦を設置する意義を説いて奨励している。
(89)『山口県社会時報』第一八六号（一九四〇年四月）四三頁〜四八頁。
(90)『山口県社会時報』第一九七号（一九四一年四月）八四頁。
(91)『山口県社会時報』第一九七号（一九四一年四月）七五頁〜七六頁。
(92)「保健婦養成講習会記録」『総力』第三一〇号（一九四一年一一月）。

(93)『山口県の保健婦　保健婦叢書　第壱編』(財団法人結核予防会、一九四四年) 一〇七頁〜一〇九頁に会則が掲載されている。
(94)『山口県社会時報』第一九六号（一九四一年二・三月)。
(95) 長嶺シナノ「佐々並村こども展覧会紀行」『山口県社会時報』第一九三号（一九四〇年一一月)。
(96) 山根きく江「保健婦の報告」『済生』第一九年第一〇号（一九四二年一〇月)。
(97)「保健婦日誌」『総力』第三一三号（一九四二年二月)。
(98)『田万川町史』(田万川町、一九九九年) 九四〇頁。
(99) 岡崎忠祐編『山口県の保健婦　保健婦叢書　第弐編』(山口県保健婦協会、一九四四年) 一一九頁〜一二三頁。

第五節　結核対策の動き

一、結核史研究の意義

戦前、慢性の感染症として恐れられ、差別や排斥の対象になったのはハンセン病と結核である。両者とも発病すると治癒は困難であり、また闘病が長期化し、進行とともに肉体的な苦痛が増してくるなどの共通点がある。しかし、両者とも戦後、特効薬が使われるとともに完全に治癒する病気となり（結核は現在でも治癒しにくい場合もあるが）、それとともに、関心も薄れていった。

ところが、二〇〇〇年以後の動きを見たとき、ハンセン病については国家賠償請求訴訟の動きのなか、隔離政策の不当性が厳しく問われ、歴史への関心が高まっている。だが、結核については、発病は先進国のなかで高い水準にあり、さらには死亡することもありながら、結核関係団体は盛んにＰＲしているものの、社会的には過去の病気という認識で、関心は乏しいといえよう。以前は、疾病の社会性を示す典型例として注目されていたが、そうした議論も少なくなった。公衆衛生対策として今日、どの程度結核に力を入れるべきかについては検討が必要だが、かつて結核が国民生活のうえで、大きな比重により生活を破壊する力をもっていたことは明らかである。また同時に、軍隊内での発病など日本の軍事化にとっての課題も有していた。

ハンセン病とは共通点ばかりでなく違いもあり、ハンセン病がその外見への嫌悪感から差別・排斥の対象でしかありえないのに対し、結核は文学のロマンチックな題材にさえ用いられることもあった。ハンセン病対策は特に一九三〇年代には、すべての患者の完全な隔離という徹底的な対策がとられたのに対し、結核は痰壷令と揶揄されるような、概してゆるやか、ないし不徹底な対策だった。ハンセン病史で大きな研究成果をあげてきた藤野豊はハンセン病対策をファシズムや軍事化との関連で論じているが[1]、ではなぜハンセン病よりもはるかに確実に軍事力を妨げていた結核が、ずさんな対策しかとられなかったのだろうか。藤野の見解の是非は結核との対比で改めて問われなければならない。

結核史の研究として、近年では小松良夫『結核』[2]や青木正和『結核の歴史』[3]がまとまった成果であるが、医師の立場からの研究であり、患者の生活の視点より、医学的な見地が強い。また文化史からの視点として福田眞人『結核の文化史』[4]『結核という文化』[5]がある。主に石川啄木などの著名人が対象ではあるが、患者の生活を明らかにしている。高三啓輔『サナトリウム残影』[6]は療養所を軸として、患者の状況を示した。

患者の側に焦点を当てた研究として、川上武の『現代日本病人史』[7]や小坂富美子『病人哀史』[8]での結核患者についての記述などがあった。最近では、青木純一『結核の社会史』において、患者向けの療養雑誌などを駆使し、新たな視点で結核をとらえている[9]。

社会的な注目度が高くないなかでも、こうして単なる医学史ではない結核へのアプローチが盛んになってはいる。ただ、それらは全国的なマクロな視点からの研究である。湘南や清瀬という特定の地域に着目されてはいるが、それは地域史としての着目ではなく、療養所の集積地という観点であり、結核の全国的シンボルとしての湘南・清瀬である。

しかし、湘南や清瀬に来ることのない、大多数の患者が存在した。自宅か、せいぜい自宅近くの病院で、闘病生活を送ったのである。それは、同時にその人々に対する対策を各地で実施しなければならないことでもあった。そうした各地の結核対策を把握することは、結核が国民にとって何であったかを明らかにすることにもなるであろう。もちろん、その際、患者やその家族らの生活実態に焦点をあて、患者の立場から問題を明らかにする作業も求められる。本節では、山口県で結核にどう対処したのかを示し、その特徴と限界を検討するが、患者の実態等には史料の限界もあり、触れていない。

二、結核対策の展開

山口県において、近代初期にはコレラなどが繰り返し流行し、多数の死者を出すなか、当初は急性感染症への対応が急務であった[10]。結核もその状況がある程度把握されてはいたが、対策の柱ではなかった。急性感染症の広がりが落ち着きをみせるなか、次の対象として結核があげられてくる。

一九〇四年には県令第一九号として病室において肺結核患者について遵守すべきことが規定され、第二〇号では公共の場での唾壷の配置などが定められ、また告諭第一号として、結核対策が説かれた。告諭では、結核対策の緊急性を強調するとともに、唾壷の設置と消毒、結核患者の衣服・寝具等の消毒、体質虚弱者や小児の患者への接近の禁止、学校・工場・その他人の多く集まる場所での掃除の徹底を求めている。これらは、結核予防ニ関スル件の制定を受けてのものであり、「痰壷令」と揶揄される同法の域を出るものではなく、実効性が高いとはいえないものであった。

それでも、結核への関心が高まったことは、一九一三年に民間の虹ヶ浜病院が設立されたことにもあらわれていよう。国も結核予防ニ関スル件を改め、一九一九年に結核予防法を制定する。結核予防法制定という国の動向のもと、山口県では一九一九年に結核対策を全県的に推進する組織として、山口県結核予防会が設置される。一九一九年一二月一三日の山口県医師会開催時同日に発起人会を開いて発足した。一九二〇年五月二四日に宇部村の新川小学校で第一回の総会と発会式が行われて本格的にスタートした[11]。

活動内容として、結核の知識の普及、早期診断の依頼に応じる、消毒の実地指導の依頼に応じる、予防撲滅の施設計画をなす、こととなっている[12]。県庁内におかれ、県知事が会長になるなど、官製の色が濃い。会員の醵出金、寄付金、県の補助金などが財源である。会報も不定期に発行したが、『防長医薬評論』の特別号という形になっている。『防長医薬評論』は医師らを読者対象として、医学界の情報を掲載した発行物である。

創立の趣旨について常務理事の弘中護三は次のように述べている。[13] 日本は世界の強国になったので、国民は国家や社会に貢献しなければならない。しかし保健状態が先進国より劣っており、結核、トラホーム、花柳病といった慢性病が蔓延している。特に結核は青年に伝染しやすい。山口県でも多数の結核が生じている。先進国では衛生思想の普及と予防施設により結核を減少させている。活動写真会の開催や早期診断所の設置など費用もかかるので入会を求めたい。

弘中は『防長医薬評論』の編集者であり、また県会議員となるなど、影響力の大きい人物である。『防長医薬評論』には結核関係の啓蒙記事などが繰り返し掲載されており、医師ら関係者に関心を喚起するうえで一定の効果はあったといっていいだろう。また、結核予防会の会長でもある県知事の中川望は会報発刊に寄せて山口県での結核の多さを指摘したうえ、撲滅へ向けての努力を求めている。

活動内容からいって、もともと本格的な対策をする組織ではなかった。主に宣伝活動をし、そのほか早期診断の取り組みも見られる。活動写真会や講演会などユニークな活動も行っているが、それ以外の取り組みはわずかであった。結核予防会の設置は山口県でも結核が課題となったことを示すものではあったが、対策というにはほど遠かった。また、弘中の死後、会報の発行も無くなることは、多分に弘中個人の熱意に支えられた面もあったのであろう。

山口県結核予防会は、全国組織の全国結核予防連合会に加入した。全国結核予防連合会の全国大会で、山口県結核予防会から次のような提案事項を提出している。[14]「市町村に対し補助金下附の其筋に建議の件」（一九二五年）「結核予防デー期日変更の件」（一九二五年）「結核患者住家及物件並びに商品に対して消毒実行方其筋建議の件」（一九二五年）「国立結核療養所設置を内務大臣に建議するの件」（一九二八年）「鉄道列車三等客室、散水掃除の励行を其筋に建議するの件」（一九二八年）「結核免疫研究機関設置を内務大臣に建議するの件」（一九二八年）「結核予防法第四条第一項第二号に依り従業禁止を命じたる結核患者に対しては其の禁止の効力を全国に及ぼすべき規定を同法中に設けられむことを其の筋に建議する件」（一九二九年）「結核患者収容所に対し助成促進に関する建議」（一九三二年）「国立結核研究所設置に関する件」（一九三二年）「結核予防上人口二万以上の都市に消毒機関の設置を命じ国庫は之に対して相当の補助を支給さるゝ様其筋に建議するの件」(一九三三年)「巡回相談所開設普及に関する件」(一九三四年)「結核予防法改正に関する件」(一九三五年)「本会より建議せる事項促進に関する件」(一九三五年)「結核予防委員設置に関し其筋へ建議の件」(一九三六年)「結核予防デーに関する件」(一九三七年)「結核予防上工場衛生施設に関し其筋へ建議の件」(一九三七年)「中等学校並に専門学校に於ける結核予防上の衛生指導を徹底するの件(一九三八年)「学校教員に対する健康診断励行に関する件」(一九三九年)「結核病床増加の対策として日本放送協会納付金利用に関する件」(一九三九年)。

毎年のように提案しており、また結核に関するさまざまな領域にわたっており、大会にそれなりの責任を負って参加していたと、この限りではいえよう。しかし、日々の活動を背景とした参加ではなかった。

一方、結核対策を活動の柱のひとつとして活動するのは、日本赤十字社山口支部であった。赤十字社とは、国際的にはアンリ・デュポンによって設立されたが、日本では西南戦争時に佐野常民らによって設立された博愛社を前身として設立され、ジュネーブ条約にも加盟して国際赤十字運動の一員となっていた。[15] 本来は戦争での負傷者保護を目的としていたが、活動は平時の保健衛生活動にも向けられる。山口県では、一八八七年に山口県赤十字社として発足し、一八八八年に日本赤十字社山口支部となっている。[16] 日本赤十字社として結核対策に関心を向けるようになり、機関誌の『博愛』にも結核関係の記事がしばしば掲載されている。山口県でも本社の方針を受けて、結核対策に乗り出していく。

「日本赤十字社ハ大正三年ヨリ結核予防撲滅事業ニ着手スル為其ノ準則ヲ定メ支部ヲシテ実施ノ衝ニ当ラシムルコト、セリ依リテ山口支部ハ直ニ規則ヲ制定シ結核ニ関スル知識ノ開発ヲ図ル目的ヲ以テ汎ク印刷物ヲ配布シ患者ヲシテ早期ニ発病ノコトヲ知リ治療ヲ行ハシムル為各郡市ニ診断所ヲ置キ又外来患者ノ救療ヲ山口支部内一般ノ医師薬剤師ニ委嘱シ入院救療ハ公私立病院ノ中ニ就キテ嘱託セリ五年ヨリ結核模型又ハ活動写真ニ依リ巡回講演ヲ行ヒ事業ノ徹底ト予防及治療上ノ注意ヲ喚起スルコトニ努メ九年ヨリ巡回診療班ヲ組織シ支部管内ヲ巡回シテ結核早期診断ヲ行ヘリ」とされている。[17] 早期診断、救療、結核講演、巡回診療を行った。

しかし、早期診断は年に二〇〇人から四〇〇人弱、救療も年に外来、入院とも五〇人以下の年が大半であり、結核の大きな広がりからすれば、わずかな実績にすぎず、これで結核の広がりを防げるはずもなかった。巡回診療は、交通便利な場所に受診者を集めて医師・看護婦・事務員を派遣して診察を行い、結核と診断された場合に処方箋を出したり貧困者には救療を行ったものであるが、一九二一年に一〇七四人、一九二二年に一九三六人を診療したものの、一九二三年には二六七人、一九二四年には七七二人というようにこれもまた、ごく一部の人々を対象にしたにすぎない。ある程度活発であったのは結核講演であり、聴講人員は一九二一年には八万人に及ぶなど、三〜六万人程度になっている。この数字を信用する限り、講演はかなり広く行われ、結核の知識を普及させることに一定の役割を果たしたことが推測される。もっとも、当時の医学における結核への認識からすれば、そこで語られる内容は伝染への注意を喚起する点では一定の意味があったにしても、それ以上適切なアドバイスはできず、また山口県には療養のための資源も乏しかった。

日本赤十字社の性格も、本来は国際的な人道運動でありながら、国際性への関心は高くなく、皇室の温情を鼓舞する役割を果たしつつ、相次ぐ戦争のなかで、中立の立場での救護をするというより、日本の軍事行動の一翼を担う側面が強かった。太平洋戦争下でそれが頂点に達する。(18) つまり、赤十字社の結核活動も多分にそうした、国家的関心からの取り組みであることを否定はできない。

医師は、日々結核患者を診察する機会があるはずであり、その団体としての医師会はどのような態度であったのだろうか。(19) 結核への関心はあり、一八九九年の県医会では三田尻医会より議事として「結核病ヲ予防スルノ法」が出ている。一九〇一年には「結核予防ニ関スル附託委員ノ報告」がなされている。一九一二年の医師会総会では学校での対策についての議案が下関医師会より提案されている。「学校殊ニ寄宿舎ニ在テハ肺結核其他慢性伝染病患者ヲ見ル事屢々之アリ是等ハ成長期ノ同舎輩ニ伝染ノ好機会ヲ得セシメ而シテ一旦之ニ感染スルヤ病機速ニ増進シテ概ネ救療スベカラザル結果ヲ来セバ之ヲ未然ニ防グノ策ヲ講セザルベカラザル」として、生徒や教員への健康診断の必要を説いている。また、山口県結核予防会や結核予防デーに関する議案もしばしばある。医師会として、結核を課題の一つとして、取り組む意思があるものの、予防会や予防デーへの協力などが中心で、自ら新たな結核対策を提起していくほどの積極性までは感じられない。

一九三〇年頃の結核対策を示す史料として衛生課による文書綴「結核予防ニ関スル件」があり、接客業者に対する健康診断や従業禁止の状況が把握できる。[20]「山口連隊区除隊者連名表」には除隊者のうち有病者が記されており「肺結核」などがある。県内各警察署からの「結核患者従業禁止者表」「結核患者表」「自衛的健康診断成績表」「唾壷表」といったものがあり、警察署の管轄単位での結核をめぐる状況が集められている。消毒事業に関する文書などもあり、消毒事業がある程度すすめられていたことがわかる。

また「肺喉頭結核患者ニ対スル指示要項」なる文書がある。患者に直接渡すものであり、患者への消毒等の指示が書かれている。末尾に指示を守らない場合に「法律で科料に処せられます」との警告が書かれている。受け取った患者は左側の「結核病ニ関シ御指示相成候予防消毒方法ハ必ス実行可仕候」と書かれた部分を切り取って書名捺印して県に提出するようになっており、単なる啓発のチラシではない。

こうしたことから、この頃結核についての情報収集をある程度活発に行い、患者への働き掛けをしていたようだが、患者に対して個人的な禁止や指示をするだけで、抜本的な対応にはほど遠い。

一方、農村の結核が問題になってくる。一九一九年六月から九月にかけて内務省衛生局によって吉敷郡平川村で行われた農村保健衛生実態調査の報告書では「本村ニ於ケル重要ナル疾病ニ就キテ」では冒頭で「結核性疾患」をあげている。[21]「本村ニ於ケル結核性疾患ハ調査人員二千六百四十八人中三十八名ニシテ、一・四四％に当り、人口千ニ対シ十四・四人ニ相当シ比較的少数」と評価している。「比較的少数」としているが、その三八人を詳細に分析し、女子が多いことや三〇歳台前半が多いこと、農業者やその家族が多数であることなどを示し、「本村ノ如キ生活程度ノ優良ナル農村ニアリテモ斯ク多数ノ結核性疾患アル」と述べて、結論としては結核が農村に浸透しつつあることを示唆している。また、家同士の行き来の多いことが感染につながっているとし、さらに食生活も調べて、動物性蛋白質が不足しており、優良な生活状態の平川村でさえ不足しているのであるから、他の村ではもっと不足しているはずだと警告している。不適切な飲料水が用いられていることや患者の飲酒量が少なくないことなども指摘している。

一九三二年に『山口県社会時報』に掲載された南崎雄七「農村衛生の実情と医療普及」は、全国誌『社会事業』からの転載ではあるが、農村の結核が漸増する傾向であることを指摘している。[22]医療利用組合の設置を訴えるなど農村の医療問題に取り組んだ屋祢本正雄は、一九三六年の『山口県社会時報』と『産業組合中央会山口県支会報』掲載の論考で農村の結核に言及している。[23]山口県において農業者の結核の増加の事実を統計によって示し、また青年期に死亡することが多く、これが農村にとって脅威であると指摘し、結核の治療にとって必要な栄養、休養、安静が農村では奪われていると述べる。また、都市の工場に働きに出た女工が結核になって村に戻るケースが多く「筆者の知つてゐる村にも、十四人の娘の内、三人の資産家の娘を除いては、全部が結核患者であるのを知つてゐる」という。屋祢本の議論は、特に目新しいわけではないものの、信頼性の高い統計を用いて、農村の結核が深刻な事態になっていることに警鐘を鳴らしている。県衛生課の河村一も、「農村の疲弊と結核病毒の蔓延とは、我国繊維工業の発達の犠牲として見るには、余りに惨酷なる負担であり呪うべき現前の事実」と述べている。[24]

一方、工場も結核感染の場であった。小野田セメントでは調査を行っている。[25]しかし、山口県では炭鉱も多く、きめ細かく対策をとったとも考えられず、都市もまた結核感染の地であり、都市、農村相互で結核が広がる状況であった。篠崎篤三は「多数職工を使役する工場等に於ては結核予防に意を致すべき」として、フランスの工場での結核対策を紹介している。[26]

山口県での結核対策は、それぞれの立場で推進され、その立場において、ある程度の取り組みをした。県会で「予防ノ徹底、撲滅ノ徹底ヲ期セラレマスル如ク留意セラレナケレバナラナイ」という発言があるように、[27]対策の必要性に認識も共有されるようになってきた。しかし、その立場でできることに限られてもいるわけで、全県的に活発に取り組んだとはいえない。ただ、現実に結核患者が県民にとって近隣に存在する以上、関心をより高める作用をもち、それがやがて、後述の療養所設置などの具体策につながった面はあるだろう。

三、結核予防活動

対策に決め手を欠くなかでは、結核を県民の関心の喚起によって、対応しようとする活動に重きがおかれることになる。社会事業の場においても、生江孝之が講演において青年に結核が多いことを指摘したり[28]、富士川游が女子の思春期に結核が多いことに注意を喚起するなど[29]、繰り返し説かれている。結核は一部の貧困者の問題にとどまるものではないので、社会事業とか医療の枠を越えて全県的な関心の喚起が図られる。

結核予防デーが全国的に実施されるが、山口県内でも山口県結核予防会を中心に、医師会、歯科医師会、薬剤師会、赤十字社、愛国婦人会山口県支部により行われる。講演会開催、小学校や中等学校での講演や訓話、自動車隊による宣伝、日光消毒、寺院や工場での宣伝、煙火打ち揚げ、ポスター配布、小学校児童への栞の配布や各戸への注意書の配布などを行っている。一九二五年三月の下関市での取り組みを見ると「午後一時から屢報の如く市役所前に自動車十二台集合山崎市局筒井署長以下係員三十余名乗組み楽隊を先登に繰出し全市内を乗廻し山口県から送付の正彩の宣伝ビラを車上から撒布し各要所にて五分間宛結核予防に関する演説をなし午後四時市役所に帰り散会したが午後六時から東部は商業会議所三階で西部は豊前田町光明寺で医師会歯科医師会の会員連で衛生講話を行った」という状況である[30]。

一九二七年から市町村や各種団体、学校等の任意に委ねる方法をとった。結核についての「メンタルテスト」なることを行ったり、その成績優秀者を表彰するといったこともなされている[31]。活動写真会、宿直室や寄宿舎の清掃、痰壷の消毒や設置、遠足、登山、運動等による健康増進、消毒器の配置と無料貸し出しなどが行われた。これらの活動は、行政機関や学校が関与するなかで、広い範囲でなされ、娯楽等の乏しい当時の状況のなかでは、目立つ活動であったことは確かであろうし、結核についての知識や関心を高めるうえで一定の効果があったことは認められる。しかし、なかには結核予防というより、行事に近いような内容もあり、また学校が中心であり、それは長い目で見たとき意義はあるものの、成人への働き掛けには弱いものがある。いずれにせよ、結核が深刻になるなか、活動自体は活発化した。

しかし、予防デーのような年中行事的企画には、他県においても当時から批判があった。延島秀子は結核予防デーを批判する茨城県医師会総会の決議を引用しつつ、具体策なき予防デーは結核への恐怖を高めるだけで、「之れ以上多大の経費を投じつゝ大名行列的御祭り騒ぎの結核予防宣伝の必要を認めぬと思ひます。もつと施料乃至実費で収容出来る結核ベッドが完備してから初めて大々的宣伝の必要を痛感到します」と述べている。[32] 山口県を指しているわけではないが、公立療養所のなかった山口県にこそ、そのままあてはまる批判といえよう。

県内においても、一九二八年の通常県会にて弘中国香が、予防宣伝の時期は過ぎており、療養所の建設が必要であると指摘した。[33]

社会事業主事の原田士驥雄が一九三六年に、全国方面委員大会で結核対策が取り上げられたことと絡めて「都市農村を通じ結核患者の取扱ひに関して悩みを経験しない方面委員は恐らくないであらふ。結核による死亡数が年々十二万の多きに上り、然かもそれに十倍する罹病者を擁するにも拘らず、療養所のベット数が僅々一万を算するに過ぎないといふ事実は洵に寒心に堪へないところである。患者自からの苦悩、それを取りまく家族の不幸は言ふまでもない。国民の若き生命を蝕み、国民活動力を減殺すること最も甚しきこの社会的疾患をこのまゝ放置することによつて蒙る国家としての損失に至つて恐るべきものがある。結核予防週間の宣伝的効果を疑ふものではないが、生活問題と結び付いてゐるこの問題が単なる宣伝や啓蒙によつて解決される筈はない。直接患者を如何に取扱ふべきか、そして之が予防を如何にして徹底するかの具体的方策に就いて方策を講ずることは我国現下の焦眉の問題である」と述べて、やはり具体策なき運動に疑問を示し、緊急の課題は苦悩する患者を救済する直接の対策であることを説いている。[34]

そもそも、肝心の医師が必ずしも結核予防に関心が高くなかった面がある。一九二六年六月の『防長医薬評論』に「此の無理解！　此の不誠実を何と観る　本県結核患者一斉調査と開業医の態度」と告発調の見出しのついた「寄書」が掲載された。[35] 執筆者は「山口県衛生課員某投」となっている。そこでは、結核撲滅のためには、一般民衆の理解を正しくするのはもちろんだが、社会各階級の人士の連携が必要である。結核対策として県下結核患者の調査が行われたが、開業医からの調査の回答が半数以下と少なく、期待されたような調査結果が得られなかったとする。「無頓着、不親切、不誠実、無責任」とあらゆる言葉を用いて罵っている。執筆者の不明なこの文書の信憑性の判断には慎重にならざるをえないが、主に開業医が読んでいる『防長医薬評論』に開業医批判が掲載されるのであるから、根拠のない一方的攻撃とは考えられない。つまり、一般人への啓蒙の前に医師自身の関心の低さがあり、それがこの文書の執筆や掲載につながったのであろう。

しかし、結核予防デーは、結核予防週間へと拡大され、さらに結核予防国民運動振興週間としてますます強固な運動がなされる。(36) 一九三七年の場合、一月一六日に山口市公会堂において開催式が開かれ、一六日には宇部市で講演会、また映画会が県下一一ヶ所でなされた。山口、宇部にて衛生展覧会や健康相談がなされ、また県下一二ヶ所で臨時の健康相談所が開設された。栄養献立表を学校、工場、家庭に配布、身体検査をした。標語を募集し「絶やせ結核明るい郷土」等が入選している。

年中行事化したとはいえ、少なくとも医師や行政関係者の意識を高める効果はあったであろう。ただ、具体策のない行事が予防に有益でないばかりか、患者にとって何の利益もなかったことも明らかであろう。

四、療養所の設置

一九一三年に民間の虹ヶ浜病院が設立されたものの、二〇名程度が入院する小規模なものであり、ほかには県内に結核専門の医療機関が存在しない状態であった。こういう状態が肯定されていたわけではなく、篠崎篤三は児童に限定されてはいるが、肺結核療養学校、外科結核療養学校を紹介している。(37) 前述のように、県会でも療養所の設置を求める意見が出されていた。

赤十字社では一九二八年に、御大典記念事業として、臨海結核療養院の設置を決めた。しかし、その設置は順調ではなかった。最初は虹ヶ浜病院にも近い熊毛郡三井村が候補地としてあがったが、反対が多く頓挫。「建設地が県下の何れであるかに至つては、秘中の秘に属し、何人も未だ曾て知らざる所である」とされる状態に陥る。(38) 一九三〇年三月の段階でもまだ「新設すべき建物については位置の関係上なほ行悩みの状態」と報じられている。(39) ようやく小野田町の周防灘に面する場所に決まった。海に面する一方山を背景とし、冬は温暖で風も遮られ、夏は涼しいという療養には適地である。しかし、ここも反対運動があり、姫井伊介が反対論に反論するなど、推進側と反対側が対立する場面もあったが、ようやく一九三二年に開設され、一月一五日の落成式に本社から徳川副社長ほか、県、町村、医師会関係者らが出席した。(40) 対象は軽症で治癒の見込みのある者とし、有料と無料各二〇名とした。無料となるのは軍人と貧困者である。(41) 公共性の高い団体による療養所が設置されたのは前進ではあったが、重症の者がはずされ、また定員も少なく、大多数の患者にとってはなお無関係なものであった。

一九三二年には日本放送協会納付金による無料健康相談所が開設され、一九三四年にはその規定が定められた。常設の相談所は山口市と下関市におかれ、相談所には相談医と看護婦がおかれることとされているが、「山口健康相談所ニハ当分ノ内専任者ヲ置カズ下関健康相談所ノ相談医ヲシテ兼務セシム」という体制であり、常設といいながら、医師は常駐していない簡便なものでしかなかった。(42)

その際に、県警察部長より、市町村長及び方面委員宛の文書が出されている。(43) そこでは、結核について「社会一般に病毒の蔓延を来たし従つて国家の産業上に莫大の損害」との認識のもと「結核の予防撲滅は実に社会共同の一大事業として個人衛生は言ふまでもなく公衆衛生道徳の向上を計り各人共に共同一致の精神を以て当らざれば到底其の目的を達することは全く不可能」として、相談所の積極的な活用を求めている。この文書は結核対策を「社会共同の一大事業」としてその対策が社会全体の取り組みであることを強調する一方で、結局は個々人の衛生への努力を求めるにとどまっており、厳しい現状認識に比して尻すぼみの内容になっているのは、当時の結核対策の矛盾がそのままあらわれているといえよう。

常設の相談所のほか、開業医等に委託しての相談も行われた。

相談所の効果にも疑問がもたれており、一九三四年の通常県会において田熊文助は「金ノ使途ガ殆ンド人件費ニ使ハレテ居リマス、約八千円位ヲ人件費ニ使ハレテ居リマシテ実際直接ニ結核患者ノ療養費トシテハホンノ僅シカ支出サレテ居ナイト云フコトヲ聞クノデアリマスルガ、之ヲモウ少シ此ノ実際ニ結核患者ノ予防ニ充テラレルオ考ヘハナイカ」と放送協会納付金が効果的に使われていないのではないかとの疑念を示している。これに対し県は納付金自体が少ない実情を訴え「現在ヤツテ居ル範囲デ満足ヲシナケレバナラヌト云フ実情」と述べている。田熊は健康相談所自体についても「健康相談所ノ現況ガ此ノ都会ニ於キマシテハ色々ト人口ガ稠密シテ居リマスル関係上健康相談所ガ非常ニ有効ニ行ツテ居ルデゴザイマスルガ、本県ノ健康相談所ハ余リニ此ノ相談ニ参ル人ガ少ナイカト云フヤウナ評判ヲ承ハルノデゴザイマスル」と、効果を疑問視している。これに対し県は、相談所の実績のデータを述べるにとどまって、具体的な反論ができていない(44)。

一九三六年九月に『山口県社会時報』の巻頭言で社会事業主事の原田が、山積している問題の一つとして「療養の方法もつかぬ結核患者」を挙げているのは、療養所の設置がすすまないことへの批判であろう(45)。

公立の療養所は設立されず、当然、内務省衛生局による『公立結核療養所状況』等には山口県の記述はない。『昭和七年二月現在　結核患者収容機関以外ノ結核予防施設調』でも、山口県関係の記述として「結核早期診療所」として多数載っているかに見える(46)。しかしそれは、山口県結核予防会による各市町村での喀痰検査を列挙しているに過ぎない。診断人数も全県を通じて一九三〇年三六名、三一年六六名と、結核の広がりに比して、わずかな数にすぎない。

一九三〇年の通常県会で丸山静夫より、結核で青年が死亡するケースが多く、何とか療養所を設置できないかとの質問がでているのも、そうした乏しい状況への危機意識であろう。しかし県は、赤十字社の療養所計画があることを示すだけで、県としての設置は「考ヘテ居ラヌ」と明確に否定している(47)。一九三一年にも「検診ヲ為サレマシテソコニ結核病者ト決定シタ場合ニ、之ヲ隔離乃至治療ヲ為サレル点ニ付テノ御方針ハ如何デアリマスカ」との野村正一による質問が出ている。県は「入院治療デアリマストカ、或ハ資力ノアル者ナラバ或ハ隔離的ノ治療」ということをあげている。[48] しかし、そういう入院や隔離の場自体が山口県は不足しており、空論である。県自身もさすがに非現実的と思ったのか、自ら「此処デ申上ゲマスヤウナ具合ニ結論ハウマク行カナイカモ知レマセヌ」と述べており、事実上治療体制の不備を認めている。

一九三三年の一〇月の第九回山口県社会事業大会の協議題に萩市の方面委員より「結核患者隔離療養所設置の件」が出されている。結核療養所の乏しい状況の反映でもあろう。[49] もっとも、社会事業大会で扱うには管轄違いの感もあってか、特に議論にはならなかったようである。

内務省衛生局による『結核患者収容機関調』[50] の一九三一年五月末日現在に掲載されているのは、虹ヶ浜病院と日本赤十字社山口支部療養院のみであり、一九三五年五月一日現在で、厚南村（現・宇部市の一部）の梅本病院が加わりようやく三ヶ所となった。[51]

もちろん、結核専門ではないが結核を主要な診療対象として扱う病院はあった。一九三一年頃、赤十字社が依託する結核施設として、自身の病院と虹ヶ浜病院のほか、下関病院（下関市）同仁病院・国重病院（宇部市）岩国病院・藤本病院（岩国町）徳山病院（徳山町）弘中病院（防府町）小野田病院（小野田町）がある。[52] 山陽側の主要都市は一応網羅されているが、山陰側には全くない。

一九三六年の通常県会において、姫井伊介が結核療養所の設置の具体化を促す質問をしたり、[53] 一九三六年八月に民政党と中立派の県会議員が県立結核療養所設置の要望書を出すなど、[54] 新たな療養所設置への声は大きくなってきた。

ようやく一九三七年に県立結核療養所設立の動きが出てくる。虹ヶ浜病院の県営移管の動きもあったが、県が自ら開設する施設について一九三七年六月一四日に設置命令が出され、一九三八年三月三一日までの設置が期限とされた。[55] これも、設置は容易ではなかった。最初は由宇町とされ、既定のことのように報じられたが、由宇町商工会が反対活動をするなど反対が多くて頓挫。ようやく豊浦郡小串町への建設が実現した。県衛生課は「県民多年の要望を実現化したもので之によつて療養施設に一層の効果をもたらす」と自賛しているが、[56] 逆にいえば「多年の要望」は長く実現してこなかったのであった[57]。また、一九四一年から増築工事が行われるが、その工事も順調ではなかった[58]。戦時下のため、資材の入手難と労力供給の困難に直面した。県衛生課長から営繕課長に「結核予防対策如何ハ人口ノ増強国民体力ノ向上ニ至大ノ影響有ルヲ以テ一日モ速ニ之レガ機能ノ発揮ニ努メザルベカラザル状況ニ在ルヲ以テ工事請負人ヲ督励相成急速ニ竣工可致様特別ノ御配慮相煩度」という要請が出されている。その後、軍事保護院によって、国立療養所山陽荘が設置されるが、軍人対象の施設である[59]。

結局山口県では、結核の施設は少ないままにとどまった。湘南や清瀬のような特異な場所以外はどこもそうではあるが、公立療養所の設置も遅く、ハンセン病で徹底した対策をすすめたのとは違っている。また、結核対策や結核予防デーなどの活動が療養所などの設置につながった反面、療養所設置にはいつも反対運動がつきまとい、結核の感染への危険の認識は深まっても、患者への理解にはつながっていない。この点では、患者は常に嫌悪にさらされていたといえる。

五、結核対策の性格

日本の結核対策自体が遅れがちであったが、山口県はそれに追随するだけで、特記すべきことは少ない。しかも農村の医療体制なども未整備であった。危機意識は高まっていくが、一般の社会事業のように個人の善意で対応できることには限りがあった。費用のかかることは先送りされた。その分、結核予防デーのような行事は活発に展開されたといえる。しかし、それは結核への恐怖心を高めることにはなったかもしれないが、患者にとって何らかの救いになるものではなかった。それゆえ、一九三七年に県立療養所を設置しようとしたとき反対にみまわれることになる。

一部の医師や県会議員にかなりの危機意識があったことは確かである。彼らのなかには危機を打開すべく動く者もいた。しかし、危機意識の内容は病気で苦しむ人への共感や、苦痛からの解放への願いではなく、えてして青年層での発病があることの国家への損失についての関心であった。国家の損失への対応は国家がすべきであり、しかし国家が明確な手を打たないからには、なすすべもなかった。治癒の可能性の乏しい時期においては、費用をかけて対策をすすめても効果は乏しく、したがって、費用のかからない宣伝活動にのみ力が注がれるのが必然であった。

注

(1) 藤野豊『日本ファシズムと医療』(岩波書店、一九九三年)。藤野『「いのち」の近代史』(かもがわ出版、二〇〇一年)。
(2) 小松良夫『結核　日本近代史の裏側』(清風堂書店、二〇〇〇年)。
(3) 青木正和『結核の歴史』(講談社、二〇〇三年)。青木には医師・看護師を対象に簡潔にまとめた『結核対策史』(結核予防会、二〇〇四年)もある。
(4) 福田眞人『結核の文化史』(名古屋大学出版会、一九九五年)。
(5) 福田眞人『結核という文化』(中公新書、二〇〇一年)。
(6) 高三啓輔『サナトリウム残影』(日本評論社、二〇〇四年)。
(7) 川上武『現代日本病人史』(勁草書房、一九八二年)の第五章にて、女工、農民、兵士、都市の結核患者の状況を描いている。ほかにも、立川昭二『病気の社会史』(日本放送出版協会、一九七一年)、鹿野政直『健康観にみる近代』(朝日新聞社、二〇〇一年)などが、結核を主要な課題として論じている。
(8) 小坂富美子『病人哀史』(勁草書房、一九八四年)。
(9) 青木純一『結核の社会史』(御茶の水書房、二〇〇四年)。
(10) コレラが近代初期の社会形成に大きな影響を与えたことは、京都を中心にしてまとめた、小林丈広『近代日本と公衆衛生』(雄山閣出版、二〇〇一年)で示されている。
(11)『防長医薬評論』第一八五号(一九二一年一〇月一五日)『山口県結核予防会々報』第一号。
(12)『山口県社会事業紀要』(山口県内務部社会課、一九二四年)七五頁〜七六頁。
(13)『防長医薬評論』第一八五号。
(14) 眞野準『財団法人日本結核予防協会沿革略史』(一九四一年)。青木『結核の社会史』では、同書をもとにして、項目別に整理して掲載されている。

(15)北野進『赤十字のふるさと』(雄山閣、二〇〇三年)。
(16)赤十字社の山口県での動きについては『百年のあゆみ』(日本赤十字社山口県支部、一九九一年)。
(17)『日本赤十字社山口支部沿革概要』(日本赤十字社山口支部、一九二六年)。
(18)日本赤十字社と皇室との関連や日本の一連の戦争で果たした役割についてはオリーヴチェックランド　工藤教和訳『天皇と赤十字』(法政大学出版部、二〇〇二年)、赤十字共同研究プロジェクト『日本赤十字の素顔』(あけび書房、二〇〇三年)で論じられている。
(19)『山口県医師会史』(山口県医師会、一九六四年)。
(20)「結核予防ニ関スル件」山口県文書館所蔵戦前県庁文書。
(21)『農村保健衛生調査報告』(内務省衛生局、一九二一年)。
(22)南崎雄七「農村衛生の実情と医療普及」『山口県社会時報』第八八号(一九三二年一月)一一頁。
(23)屋祢本正雄「医療問題素描(一)」『産業組合中央会山口県支会報』第二四八号(一九三六年一一月)。『山口県社会時報』第一四六号(一九三六年一二月)。
(24)河村一「農村哀話」『山口県社会時報』第一四〇号(一九三六年六月)三〇頁。
(25)『小野田セメント株式会社労働事情調査報告書』一九二一年一〇月。
(26)篠崎篤三「工場内に於ける社会施設」『山口県社会時報』第八五号(一九三一年一〇月)。
(27)『昭和四年山口県通常県会議事速記録』七二一頁。
(28)生江孝之「児童保護事業に就いて」『山口県社会時報』第三六号(一九二七年七月)二一頁。
(29)富士川游「児童保護に就て」『山口県社会時報』第七二号(一九三〇年五月)五頁。
(30)『人生の幸福』第二八巻(一九二五年四月)五八頁。
(31)『人生の幸福』第三七巻(一九二七年七月)三〇頁～三一頁。
(32)延島秀子「結核予防デー改善の叫び」『療養春秋』第八巻第六号(一九三六年六月)二〇頁～二一頁。
(33)『昭和三年通常県会議事速記録』二二九頁～二三〇頁。
(34)「巻頭言」『山口県社会時報』第一三九号(一九三六年五月)一頁。

(35)『防長医薬評論』第二五八号(一九二六年六月)。
(36)『結核予防国民運動振興記録』(内務省衛生局、一九三七年)。
(37)篠崎篤三「学童救病設備(二)」『山口県社会時報』第二報(一九二四年一月)。
(38)『防長医薬評論』第三二〇号(一九二九年二月)一頁。
(39)『防長医薬評論』第三三一号(一九三〇年三月)一頁。
(40)『百年のあゆみ』一九九頁。
(41)『山口県社会時報』第八九号(一九三二年二月)三六頁~三七頁。
(42)その実績については各年の『結核予防事業概要』日本結核予防協会に掲載されている。
(43)「方面委員　田辺朝介」。
(44)『昭和九年山口県通常県会議事速記録』三三五頁~三三六頁。
(45)「巻頭言」『山口県社会時報』第一四三号(一九三六年九月)一頁。
(46)『昭和七年二月現在　結核患者収容機関以外ノ結核予防施設調』(内務省衛生局)二三頁~二四頁。『昭和十三年版　日本結核予防事業総覧』(社団法人白十字社、一九三八年)の「全国結核予防健康相談所施設調」では道府県ごとの該当施設を紹介しているが、山口県では早期診断所が四〇ヶ所近く並んでいて、他県に比してあたかも多数の施設があるかに見える。
(47)『昭和五年山口県通常県会議事速記録』四二二頁~四二三頁。
(48)『昭和六年山口県通常県会議事速記録』五九六頁~五九八頁。
(49)『山口県社会時報』第一〇九号(一九三三年一一月)三一頁。
(50)『昭和六年五月末日現在　結核患者収容機関調』(内務省衛生局)。
(51)『昭和十年五月一日現在　結核患者収容機関調』(内務省衛生局)。
(52)『山口県社会時報』第八一号(一九三一年六月)二四頁。
(53)『昭和十一年山口県通常県会議事速記録』三三二頁。
(54)『防長医薬評論』第四七〇号(一九三六年八月)。
(55)『昭和十三年十二月　公立結核療養所状況』(厚生省予防局)四頁。

（56）『防長医薬評論』第四八〇号、三頁。
（57）工事の内容について「昭和十三年度結核療養所建設工事一件」山口県総務部営繕課、山口県文書館所蔵戦前県庁文書。
（58）「昭和十六年度県立小串結核療養所増築工事一件」山口県総務部営繕課、山口県文書館所蔵戦前県庁文書。
（59）工事に関する文書として、山口県文書館所蔵戦前県庁文書に「昭和十五年度国立西部療養所建設一件」「昭和十七年度国立結核療養所建設一件」等がある。

第二章　方面委員制度の創設と展開

第一節　方面委員制度の創設

一、方面委員制度の創始

方面委員制度は一九一八年に大阪府で林市蔵知事のもとで始まった。その後他府県に類似の制度が生まれていくが、山口県での動きは迅速ではないようにも見える。しかし、山口県の方面委員制度は、すでに一九二〇年頃には地方課内で木村尭らによって検討されていた。しかし木村の証言によれば、地方課長の「手許で握り潰しになつてしまつた」とのことである。(1)木村の証言だけでは実施しなかった理由は不明である。木村は、自分たちの案の不十分さのゆえと述べてはいるが、こうした裏話を社会事業関係者に広く目に触れる場で語るのは、実は課内ではそれなりの案が整い、実施されないのは木村らにとって不本意だったとも考えられえる。

一九二二年に山口県社会事業調査会が開催され、調査会による答申が出るが、そこに「県下一般ニ対シテ委員制度ノ実施」が含まれ、方面委員制度の実施が促された。(2)しかし、答申通りに実施されることはなかった。ようやく、一九二四年になると実施の機運が高まり、具体化してくる。山口県社会事業協会が発行する『山口県社会時報』には方面委員についての論考が掲載され、方面委員制度について注意を喚起している。(3)一九二四年発行の『山口県社会事業紀要』では「方面委員制度公設市場実費宿泊所実費診療所ノ如キモ、現下ノ情勢ニ鑑ミ其ノ施設極メテ緊切ナルモノアリ」として、方面委員制度の早期実施の必要性を唱えている。(4)

県より先に一九二四年四月に宇部市独自の制度がスタートするなか、やや遅れて同年五月に社会事業協会によって「財団法人山口県社会事業協会方面委員規定」が定められて、形式的には制度が発足する。そこでは第一条で「方面委員ハ本会規則第十二条ニ依リ受持区域（以下受持方面ト称ス）ニ於ケル其ノ職務ヲ行フ」として、会合などの実務、職務として生活状態の調査・改善向上、教護を要する者への救済指導などが定められている。「財団法人山口県社会事業協会方面委員事務取扱心得」も定められ、そこではより詳細に対象として、窮民救護、行旅病人死亡人ノ救護又ハ取扱、精神病者取扱、軍人救護、罹災者救護、医療的救護、経済的保護、人事相談、矯風教化、妊産婦保護、児童保護、戸籍ノ整理、社会状態ノ調査が掲げられている。

しかし、この時点では委員がまだ存在せず、委員の選考などの困難な課題を処理しなければならなかった。委員選任の手続きを大島郡久賀町の例でみると、[5]社会事業協会の大島郡支部長（実際は大島郡長）より、久賀町分区長（実際は久賀町長）へ一九二四年八月三一日付で「方面委員其ノ他推薦方ノ件」が出されている。「本会事業ノ一トシテ方面委員設置致度趣ヲ以テ照会ノ次第有之候ニ付別記設置方針ニ基キ適当ノ人物三名別表方面委員適任者調書添付九月十日迄ニ御推薦相成度尚方面委員選定ノ当否ハ本会事業ノ成否ニ至大ノ関係ヲ有スル儀ニ付人選ニ当リテハ特ニ此ノ点ニ御注意相成度」として、委員の推薦を求めている。方面委員適任者調書には、職業、生年月日、履歴概要、地方ニ於ケル信望程度、受持区域、住所、氏名を記入するようになっている。添付されている「方面委員設置方針」では「職務ニ趣味ト理解ト熱心ト時間ヲ有スルモノナルコトハ勿論相当ノ素養並人格アル者タルコトヲ要望ス」とあって、少なくとも文面からは、名誉職的ではない実質的に活動できる人物を社会事業協会側としては求めていた。

一九二五年二月二八日に大津郡東部各町村で打合会が開催されたのを皮切りに、県下全域で委員の選任の終わった郡より順次開始されていくことで、スタートする。[6]三月には早速一五件の取扱いが報告されている。ただし、郡によっては委員の選任がすすまないなど、遅れるところもでてきて、最終的に県下全域で実施されるのは一二月になる。

なぜ、県ではなく、社会事業協会経営としたのか。方面委員制度は大阪府で府知事の尽力で設置されたように、一般には府県によって設置される。しかし、鹿児島県や栃木県のように、社会事業協会によって設置された場合もあり、山口県が特殊とは必ずしもいえない。内務官僚の藤野恵は、経営主体には県市町村の公共団体と社会事業協会などの私的団体があるとし、私的経営は「事務上の複雑なる手続に依ることなく比較的簡単に運用の実を挙ぐることは確かに私的経営を以て優れり」として、私営の形態の長所を認めている(7)。

しかし、社会事業協会は形式的には財団法人で民間団体であるが、実際には会長は県知事、場所は県の社会課内、実務は社会事業主事ら社会課の者が中心で、県そのものといっても過言ではない存在である。県の名ですすめるほうが郡や市町村を動かすには有利なはずである。なぜ他県と違うやり方にしたのか。後に社会課の木村尭は「大体方面制度の如き隣保共助の性質を有するものは市町村自体のやるべきものである。事業の本質から考へても、又事業の形式的源流をなすヱルバーフェルト制度や、実質的源泉だと考へられてゐる五人組制度から考へて見てもさうである。そこへ、偶々社会事業調査会の答申に基いて、県社会事業協会が設けられた。従って県がこれをやるよりも、社会事業協会の如き私団体が過渡期的に暫くこれを行ひ、其の間に於て、出来得るだけ市町村に移管せしむべきであつて、協会としても成るべくなれば方面制度より手を引きたい」としている(8)。県営でないのは、市町村に実施を促すための積極策だというのである。しかし、すべての市町村が方面委員制度を実施するだけの意欲や能力をもっているとは思えないし、仮にできたとしたら、それを全県的に統括する実務面の困難も考えられる。非現実的な課題の設定である。

計画を立てたのは田村浅一、創設事務を主宰したのは社会課長の熊野隆治、事務の実際を処理したのは社会事業主事の篠崎篤三だという(9)。特に熊野、篠崎とも、社会事業への認識は深く、熊野は草創期の社会事業行政を基礎づけ、篠崎は最新の社会事業の動向を山口県に導入した人物である。したがって、方面委員制度の創設においても、単に先行府県の模倣をするのではなく、新しいシステムを試みようとしたと考えるべきであろう。

ことに腐心したのは農村であり、都市中心ではなく農村に対応できる制度を志向している。そこには山口県でも小作争議が発生し農民組合の動きがみられるなどの、農民運動の活発化も無視できない要因ではあるが、隣保相扶を軸にした制度として農村にこそより適合すると思われたことや、山口県で社会事業を発展させるには農村で社会事業への関心を高めるのが得策と考えたこともある。

その点、一九二五年に社会事業協会の副会長であり、県内務部長である坪井勧吉が「方面委員に望む本県方面委員の使命」と題する論考で方面委員制度の役割について「主として郷閭郷党の相助同栄にあります」と述べて、相互扶助の延長に位置づけていることからも、方向が見えてくる。[10] 新たな社会制度を積極的に創設するというより、既存の地域の秩序やシステムを、活用・促進することで、社会事業の基盤を創ろうとしたのである。それには、県営という公的性格があり、県令など法的な整備が求められる方法ではなく、民間団体の制度という体裁のほうが望ましかった。

開始にあたって、社会事業協会から職員（実態は県の職員）が出向いて打ち合わせ会を開くなど準備を整え、また、内務・警察両部長より、県立各学校長、郡市長、警察署長宛の通牒が出されている。

開始直後に第一回山口県社会事業大会が開催されているが、方面委員制度発足への関心を高めるような内容はない。協議題として「方面委員として思想を善導する方法」があるが、「毎朝宮城遥拝」「祖先及神仏の礼拝」など、方面委員本来の役割とは異なる住民教化の手段が並んでいる。[11] これは、一九二三年一二月に皇太子（後の昭和天皇）が襲撃された虎ノ門事件の犯人が山口県出身者であったことから、山口県内で「思想善導」が推進されるなかで社会事業も動員され、『山口県社会時報』に熊野隆治が「不敬事件対策の點睛と思想善導の根本策」を述べるという状況が生じていたことと無関係ではなかろう。[12] 第二回大会では「方面委員活動の徹底を期する為委員の増員又は之を補佐する準委員の如きものを設くるの可否如何」が方面委員・藤峯貫道より出されているが「考慮中」ということでかわされているように、[13] 必ずしも方面委員制度に関する議論が当初から活発とはいえなかった。それでも大会に出席することで大会を成り立たせているのは方面委員が中心であっただろうし、大会でも年を追うごとに方面委員関連の協議題、あるいは、方面委員の提案による協議題なども目立つようになってくる。

二、方面委員制度への批判

県全体を対象とする制度ができたものの、委員数は約四〇〇世帯に一人が基準であり、これは当時の町村の規模においては、一つの町村に二〜三人しかいない場合も少なくなく、地域の状況や方面委員に期待される職務からからすれば不十分であった。また委員の選任についても、県会で「此ノ委員ヲ良ク注意シテ見マスルト又各郡ニ於ケル委員デ適当ナモノハ居ラナイ、所謂総テ社会事業ハ指導者ガ主デアリマスルガ甚ダ我々カラ見マスルト云フト此ノ委員ノ詮衡ニ当リ得テ居ナイ、是ガアリマス、只ダ他ノ情議ニ依ツテ其ノ人選ヲスル傾キガアル」との質問が出されているように、そのあり方について、疑問や批判が生じていた(14)。質問に対して、県側は委員の選定が情実に流れているとの非難に対しては明確に否定するものの、委員選定のあり方について、納得できる答弁ができておらず、制度のネックであることを示している。方面委員自身も「委員の人選も町村名誉職として、或は敬遠主義的に花を持たせるために呈上さる辞令にすぎない感もあつて、実際的でなかつた時代もあつた」と後に回顧している(15)。また、一九二六年に会長名で各委員に「方面委員事務取扱注意」を出しているのも、不適切な対応がみられたことを示唆している(16)。

もっとも、委員については木村尭が「方面委員の人選も当初のものは実はいゝ加減なものであつたかもしれない」(17)として、ずさんな決め方であったことを認めつつ、方面委員制度への理解の乏しい時期においてはやむを得ないとしている。社会事業協会の姿勢として情実などによる選任を否定する姿勢を公式には持ちつつも、実態がそうでないことは受容せざるをえない状況であった。

それでも一定の活動は見られ、『山口県社会時報』に方面委員による熱意ある行動がたびたび掲載されている。しかし、委員に義務づけられている活動報告について「報告を遠慮して居らるゝ向も相当多い」「報告せらるゝ方は殆どいつも定まつて居る」(18)と指摘されている。報告といっても、所定の用紙に簡単に書き込むだけであり(19)、それほど負担になる職務ではない。その程度の報告すらなされないのは、活動しても報告を怠っているのではなく、活動している委員自体が偏っていたと思われる。

こうしたなか、県社会課長が先頭になって、方面委員の批判をする。一九二八年に社会課長足立文男は方面委員の「献身的犠牲的精神」に期待を表明していたのが[20]、一九二九年には「尚未だ予期の成績を収め得ず日暮れて路尚遠しの感を深うするものがあるは誠に遺憾に堪へぬ。その原因は勿論種々あるべしと信ずるも、方面委員の自覚と熱が足らざると、一般県民の本事業に対する無理解が最大の原因であると察せられる。又その数の少なきこと及委員の選定がその人の地位名望に重きを置き、活動能力如何を軽んして居るのではないかと思はるゝ点もある」と述べて、不十分さを指摘している[21]。この論考が掲載された『山口県社会時報』は、初めて方面委員制度の特集を組んだ号である。儀礼的に職務を称えるのが常識的であろう。ここまで述べるほど、方面委員の不活発さは看過できなかった。

足立は一九二九年にも改めて、「従来の成績は遺憾ながら十分とは云ひ得ない」「方面委員その人に無自覚無理解の者が多く積極的に活動する者が少ない。要するに方面委員と云ふ名誉に甘んじて其の職責を全うせぬ者が少しとせない」と酷評している[22]。

もっとも、それには委員の質とは別にやむをえない面もあった。社会事業協会ははじめから「本部に於いても出来る限りの御助けはする積りであるが、何しろ救護費用が特別協会にあるのでないことは打合会に於て申上げた通りであるから其の事は御含みの上何らか其の地方地方に於て何とか救済の道を講ぜられたい」として、具体的な支援策がないことを明言していた[23]。社会事業についての知識に乏しい委員にしてみれば、「何とか」といわれても、何ともしがたいのが現実であろう。

こうしたこともあって、一九二九年に改善がはかられる。委員を一人平均四〇〇世帯から二〇〇世帯へと倍増するとともに、市町村ごとに一人の婦人方面委員を任命する[24]。婦人方面委員については、とにかく適性にかかわりなく婦人を任命するという力の入れようであった。婦人方面委員の必要性は全国的にも以前から指摘されていたが[25]、実際にはきわめて例外的な存在であった。それを先駆的に導入したのである。この結果、婦人方面委員についての内務省の調査では、全国で群をぬいて、山口県が多くなっている。[26]

また、一九二八年に学務部長より各市町村長に「市町村窮民救助規則制定ニ関スル件」が出されて、市町村ごとの窮民救済を促している。直接方面委員を支援するのではないとしても、規則が制定されれば、救済の手段に乏しかった方面委員にとっては貧困者への対応の手段をもつことになる。

しかし、一九三〇年にも「一人の仕事が一事件にも満たぬ」とされ[27]、「全国の方面委員の取扱成績に徴するも本会の方面委員の取扱数字は委員数に比較して殆ど最下」とされていて[28]、抜本的な改善につながりきれていない。「委員数全体八百余に対して報告を寄せられる委員は七九であることは考へなければならぬ事実」と指摘され、動かない委員の多いことが嘆かれている。委員の問題は、後述の県移管後の県会でも「此ノ方面委員モ人ガ常ニ停頓シテ一定シテ居ルト云フト或ハ茲ニ弊害ヲ生ジハシナイカト云フコトヲ憂フルノデアリマス」等と批判的な質問がなされている。[29] 県移管後の質問ではあるが、内容としては、社会事業協会経営時からの委員の適任性を問うている。

社会事業協会として、制度の充実のための対応には努めていた。方面委員集会などを開催、社会叢書として『本邦方面委員制度要論』を発行した。方面委員による県外社会事業団体の視察を行い、一般向けに「方面委員制度宣伝活動写真会」を開催し、宣伝ポスターを配布した。しかし、集会は、社会事業協会側が一方的に説明するだけの低調なものになることが多く、他の対策も、意識の高い者には有益であるとしても、全体のレベルアップには必ずしもつながっていない。[30]

方面委員を助成する後援団体の設置が市町村ごとにすすんでいく。一見すると、方面委員を支援する態勢が整備されたようでもあるが、準則を社会事業協会側が作成して示すなど、社会事業協会からの働きかけによる面が強い。[31] 市町村独自の制度が設置できないのなら、せめて後援してもらうことで、市町村の意識を高めてもらう必要もあった。しかし、どこまで効果的な後援がなされたかは疑問である。

一九二七年の第一回全国方面委員会議には、社会課長、社会事業主事のほか方面委員三名が出席している。[32] しかし、第二回には出席者を出すことができなかった[33]。日程などの都合で出来なかったと説明されている。しかし「県よりは出席者の推薦方を市町村に対して依頼」していることからして[34]、この説明には納得しがたい。全国の活動に参加するだけの力量が備わっていなかったと考えるほうが自然であろう。一九三〇年頃に展開されたはずの救護法実施促進運動への山口県からの積極的な参加の形跡もほとんどみられない[35]。

こうして、期待にこたえきれていない面が強いものの、方面委員が方面委員としての活動にとどまらず、各種の社会事業団体を自ら設立するケースが出ている[36]。佐波郡右田村での福谷堅光による佐野小児保護協会などはその例である。方面委員制度による刺激なしには、これら地域の自主的な活動は生まれにくかったであろう。社会事業協会による方面委員制度は不十分さが目立つものの、社会事業全体を刺激する効果はあった。

三、市町村独自の制度

こうしたなか、市町村によっては独自に方面委員制度を設置していく。先んじて設置した宇部市に続き、藤山村（一九二七年）、八代村（一九二八年）、下関市、徳山町、小野田町、大島町、小松町（以上すべて一九二九年）で設置される。設置の経緯を小野田町でみると、姫井伊介町議より「社会事業委員制定の発議」がなされ、「方面委員制町営ノ件」を求めている。理由として「本町ニ於テハ現制ノマヽニ放置センカ所謂有名無実ニ終ラントスルノ憂虞ナキ能ハズ」と述べるとともに「経費ハ年額僅々三百円余ニテ事足ルニ於テオヤ」として費用の少なさにも触れている[37]。姫井は山口県を代表する社会事業家でもあり、方面委員制度に精通していたはずである。その姫井が「有名無実」を心配するのは、社会事業協会の方面委員制度が機能しきれていなかったことを示している。工業都市として社会問題が激化するなか、方面委員制度の強化は急務であった。結局小野田町では「本町住民ノ生活状態ニ留意シ其ノ改善向上ヲ図ル」ことを目的として定員三〇名、任期二年の方面委員制度を独自に設置する。

藤山村の場合、「全村九百戸に対する二名はチト少いと思ふのみならず、直接其実際に触れ体験せしむるもの丶範囲を広くするといふことが、現代の時相を幾分にても緩和する上に必要」という立場で、[38]やはり社会事業協会の方面委員制度の不十分さを根拠としている。藤山村は「村」とはいっても宇部市に隣接して、農村の課題と都市の問題とが生じて、生活課題は深刻であった。藤山村窮民救助規則を制定するなど、制度面でも支援したが、[39]宇部市との合併によって、宇部市による方面委員制度に吸収される。

下関市は、山口県最大の都市であるとともに、九州あるいは朝鮮とをむすぶ港をかかえていることから、山口県のなかでは突出して都市型の社会問題をかかえており、農村志向の社会事業協会の制度で対応しきれないことは明らかであった。町を単位に各町に若干名をおく制度を市としてもつことになる。[40]このことはきめこまかい反面、「我が下関における実情を観るに、従来各町に割当てられたる委員の顔触れは所謂、名誉職分配人選にあらざれば、情実か?申訳的の人選に過ぎず、この軽率なる人選の結果、事業の遂行上支障なきを保しがたく」と方面委員自身が評する状況を生んだ。[41]

やや変わったケースとして、八代村では、すでに方面委員であった田村満吉らにより、八代村社会事業協会を設立し、児童健康相談事業等を行うこととし、その事業の一つとして、方面委員制度を実施している。[42]他の市町村では当然公費を用いているが、「方面委員の献身的努力により維持す」とされていて、[43]個人の慈善事業的な性格をもっている。

独自の方面委員制度が実施された場合には、社会事業協会の方面委員は廃止される。また独自の制度の情報は、『山口県社会時報』に掲載されている。藤山村での設置にあたって、「協会の幹部にも諮つて」とされているうえ、会議には県から社会事業主事補が派遣されている。[44]小野田町方面委員規定では附則で「本委員制ハ財団法人山口県社会事業協会ノ方面委員制ト連携ヲ保持スルモノトス」と明記している。これらの点から、社会事業協会と市町村独自の制度とは対立関係ではなく、前者を補完するものであったことがわかる。社会事業協会の形をとった目的が、市町村独自の制度を求めていたことからすれば、実際に設置がすすむのは望まれることであった。とはいえ、どの市町村も社会事業協会の制度に比べて委員数を増やすなど、より充実した内容になっており、客観的には、社会事業協会の制度の弱点をあぶり出して、批判的役割を果たしたことも否定はできない。

四、県への移管

社会事業協会による方面委員制度の不十分さは、設置形態への疑問につながっていく。一九二九年の山口県社会事業大会で姫井伊介より「方面委員制県移管ノ適否如何」との協議題が提案されているように[45]、県への移管が課題となる。この議題に対して大会の結論は「県に移管を適当と認むるも県に於ても中央制定の方面委員令の発布を見る迄能く之が得失を調査すること」とされている。

一九三一年に県への移管が実施されるが、理由として県社会課長は「近時農漁村住民の生活の不安に苦しむ状態といひ失業者の逓増といひ、種々の社会的施設の実現要求の声といひ、各般の情勢は方面委員事業の振作を希望して己まざるものがあるのみならず、一面又、多年の懸案であった彼の救護法も愈々実施の運びにつかうといふ今日では本事業の徹底を期するの極めて緊切なることは多言を要すまい。かゝる秋に当って本事業の経営を従来の如く一私事業団体に委せて置くことは、時勢の推移に伴ふ本事業の重要性に鑑み、遂行上に遺憾の点多きを認め」と述べ、社会事業協会に経営させた方法の破綻を表明している[46]。

確かに農村の不況の深刻化は東北ほどではないにしろ、山口県も襲い、生活困難が進行し具体的な対策が乏しいなか方面委員制度は数少ない農村の社会資源であった。教護法の実施が決まり、法では救護委員が市町村長の補助機関になることが定められ、救護委員には実際には方面委員が就くという状況のなか、補助機関という強い法的位置付けをもつ救護委員に、形式的な民間団体とはいえ、民間団体に依拠するのは好ましくないといえる。

また、失業の深刻化のなか、失業対策が方面委員に期待される。一九三〇年五月八日付で内務・学務両部長名での通牒「失業の防止並救済に関する件」では「方面委員にして受持区域内に於ける失業者の就業斡旋に努めしむる」とされ[47]、五月一〇日付で県学務部長より方面委員宛に失業対策への要請がなされている[48]。失業者への業務斡旋、失業者に対して職業紹介所、町村役場内人事相談所の利用の指導、失業者の家庭への内職や副業の斡旋・紹介、信用組合や公益質屋での小資の融通、現住地から移動する者への考慮、工事起業に注意して失業者が利用の機会を逸しないよう配慮することを求めている。しかし、方面委員の手に余る要請であり、そもそも社会事業協会のままで方面委員に県が要請しても、力としては弱い。県の直営により、機能を高めることが求められた。

さらに、全国の府県の制度が出揃い、社会事業協会による県はきわめて少数であることや、一九三二年の全日本方面委員連盟結成へ向けての動きなど、方面委員の組織化や統制化がすすむなか、脆弱な体制はよくないと判断された面もあるのではないだろうか。『方面事業二十年史』での山口県の記述では「社会情勢は愈々方面委員の統制ある活動を必要としてきた」として、統制を強化する方向に当時流れていたことを示している[49]。

一九三一年五月一日付けで山口県方面委員設置規定が定められ、県に移管される[50]。ただし、その第一条で「但シ市町村其他団体ニ於テ方面委員ヲ設置スルモノハ之ヲ除ク」とされて、市町村独自の制度は継続されたので、二本立ての体制は継続する。ただし、徐々に県に移管されていく。それでも、宇部市と下関市は方面委員令の施行まで続く。

五、方面委員制度の成否

方面委員制度の創設者とされる、林市蔵は大阪府知事の前は山口県知事であったし、中央志向が強いと言われる山口県の体質からして、あえて、特殊な制度をつくろうとしたとも思えない。それにもかかわらず、山口県の方面委員制度にみられる特質がある。

第一に市町村を志向したために社会事業協会と市町村との複雑な仕組みとなってしまった。このことは、宇部市など一部の市町村で、活発な活動を実現した反面、停滞した地域を鮮明にすることにもなった、第二に、農村地域を重視して県全域に一気に実施しようとした。このことは、一九三〇年代の農村社会事業へとつながった面や方面委員による社会事業を可能にした。しかし、全体としていえば、十分成功したとはいえず、やはり、宇部市、下関市など、都市部での活動にこそ成功例は多い。第三に、批判が多いとはいえ、とにかく多数の委員を選任し、特に婦人方面委員を推進したことであって、方面委員、ひいては社会事業全体への住民の意識の醸成につながった。

こうした特質を持ちつつ、しかし、県への移管という形で、当初のもくろみが成功しなかったのは、まず、方面委員が対象とする問題への認識の甘さであり、昭和恐慌下にその甘さが露呈した。また隣保相扶に依拠することが社会性を失わせるとともに、行政レベルでの取り組みにつながらなかった。矛盾が昭和恐慌や救護法のもとで、明らかとなり、当初とは逆方向の県への移管につながった。行政担当者や委員の一部による個人的熱意により、ボランティアとしての発展の萌芽は見られたものの、それが主流にはならなかった。

注

（1）木村尭「方面委員制度回顧慢録」『山口県社会時報』第一四七号（一九三七年一月）五六頁。
（2）『山口県社会事業紀要』（山口県内務部社会課、一九二四年）一四頁。
（3）田村生「方面委員制度に就て」『山口県社会時報』第三号・第四号（一九二四年三月・五月）。
（4）『山口県社会事業紀要』二頁。
（5）「山口県社会事業協会一件」久賀町分区、久賀町役場所蔵。これは、社会事業協会より久賀町にあてた文書が綴じられており、方面委員制度をはじめ、社会事業協会の活動を把握できる。
（6）『山口県社会時報』第九号（一九二五年四月）七頁。
（7）藤野恵「本邦方面委員制度要論」『社会事業』第一〇巻第一号（一九二六年四月）一八頁。なお、同稿では後述の婦人方面委員について、その必要性をすでに力説している。
（8）木村尭「本県に於ける方面制度の回顧」『山口県社会時報』第一四七号、一五頁。

（9）木村「方面委員制度漫録」五七頁。
（10）『山口県社会時報』第一七号（一九二五年一二月）三頁。
（11）『山口県社会時報』第九号、一三頁。
（12）『山口県社会時報』第三号（一九二四年九月）三頁。
（13）『山口県社会時報』第二三号（一九二六年四月）二〇頁。
（14）『大正十三年通常県会議事速記録』三四頁。
（15）『山口県社会時報』第一四七号（一九三七年一月）三一頁。
（16）『山口県社会時報』第二四号、（一九二六年六月）二六頁～二八頁。
（17）木村「方面委員制度漫録」五六頁。
（18）『山口県社会時報』第四八号（一九二八年八月）三四頁。
（19）（5）の史料に報告書の用紙が綴じられている。
（20）足立文男「差当り努力を要する県下社会事業の考察」『山口県社会時報』第四二号（一九二八年一月）。
（21）足立文男「方面委員と其の使命」『山口県社会時報』第五六号（一九二九年四月）一〇頁。
（22）足立文男「奨励を要する県下社会事業の五方面」『山口県社会時報』第五八号（一九二九年六月）一六頁。
（23）『山口県社会時報』第一一号（一九二五年六月）一二頁。
（24）『山口県社会時報』第五九号（一九二九年七月）三三頁。
（25）海野幸徳「婦人方面委員の研究」『社会事業』第一二巻第七号～第九号（一九二八年一〇月～一九二九年一月）。
（26）『昭和五年七月調　婦人方面委員に関する調査』内務省社会局社会部、三頁。
（27）『山口県社会時報』第七二号（一九三〇年九月）二五頁。
（28）『山口県社会時報』第七四号（一九三〇年一一月）三一頁。
（29）『昭和五年山口県通常県会議事速記録』五二一頁。
（30）『山口県社会時報』第八五号（一九三一年一〇月）三二頁に「方面委員助成会一覧表」が掲載されている。
（31）『山口県社会時報』第四七号（一九二八年七月）三五頁～三六頁。

(32)『山口県社会時報』第四〇号（一九二七年一一月）。
(33)『山口県社会時報』第六三号（一九二九年一二月）三一頁。
(34)『山口県社会時報』第六二号（一九二九年一一月）三七頁。
(35)救護法制定時の首相・田中義一は山口県出身なのだが、救護法実施促進運動に関する記事は『山口県社会時報』には全くない。(5)の史料に救護法実施期成同盟会による全国大会の案内が綴じられているのが、筆者が見た山口県内に存在する救護法実施促進運動についての唯一の史料である。柴田敬次郎『救護法実施促進運動史』（厳松堂書店、一九四〇年）での山口県関係の記述は、第二回全国児童保護事業会議での救護法実施促進陳情委員に山口県の者も含まれていること、上奏決定の新聞記事の引用での全国から関係者が集まったという記載に府県名が列挙してあって「山口」も書いてあること、全国方面委員代表者大会に山口県社会事業協会からの電報があったこと（逆にいえば、この大会に山口県からの参加がないこと）ぐらいである。
(36)『山口県社会時報』第八八号（一九三二年一月）四八頁には「県下方面委員施設一覧」が掲載されている。
(37)『小野田市史　史料下』（小野田市、一九八八年）八四八頁～八五一頁。『山口県社会時報』第六一号（一九二九年九月）にも、小野田町方面委員制度設置の記事がある。
(38)松谷辰蔵「藤山村設方面委員に就いて」『山口県社会時報』第五六号（一九二九年四月）一四頁。
(39)『藤山村報』第三三号（一九三〇年二月）三頁。『藤山村報』には、他にも方面委員はじめ、社会事業関係の記事が見られる。
(40)『山口県社会時報』第五六号、二四頁。
(41)『山口県社会時報』第一四七号、三四頁。
(42)『山口県社会時報』第五三号（一九二九年一月）三一頁～三三頁。『熊毛町史』（熊毛町史編纂委員会、一九九二年）五〇六頁にも若干の記述がある。
(43)『山口県社会事業紀要』（山口県社会課、一九三〇年三月）二八頁。
(44)『山口県社会時報』第四七号（一九二八年七月）二六頁。
(45)『山口県社会時報』第六三号（一九二九年一二月）一五頁～一六頁。
(46)足立文男「方面委員事業の県営について」『山口県社会時報』第八〇号（一九三一年五月）一六頁。
(47)『山口県社会時報』第六九号（一九三〇年六月）二八頁。

(48)「方面委員書類」嘉川村・田辺朝介。同書類は、山口県史編さん室による史料収集作業の過程で発見され、複写が編さん室に保管されている。
(49)『方面事業二十年史』三二五頁。
(50)『山口県社会時報』第八〇号、二九頁。

第二節　救護法制定後の方面委員制度

一、救護法の制定と方面委員制度

一九二九年に制定された救護法は、全国の方面委員らによる救護法実施促進運動の成果もあって、ようやく一九三二年一月より実施された。救護法では第四条で「市町村ニ救護事務ノ為委員ヲ設置スルコトヲ得」として救護委員を設置し、補助機関とした。救護法において、民間人である救護委員を補助機関としたことは救護法の問題点のひとつであった。戦後の生活保護法でも当初は民生委員を補助機関としていたことが疑問視され、一九五〇年の新生活保護法で協力機関となる経緯があるが、ここではそれは議論しない。議論したいのは、その救護委員との関連のなか、山口県の方面委員制度がどう展開していくかである。社会福祉の通史などでよく、「救護法制定により方面委員が救護法の委員となった」という説明がなされる。しかし、少なくとも山口県ではそう単純ではなく、そこに混乱や試行錯誤がみられた。方面委員と救護委員との関連は慎重に判断すべきであろう。

前節で述べたように、県社会事業協会経営の方面委員制度は県営に移管された。しかしなお、市町村設置の制度も存在し、さらに救護法の制定があって、制度はなお流動的、過渡的な要素をもっていた。反面、方面委員制度が定着、発展し安定した時期という面もある。方面委員制度が一九三〇年代にどう動いたかが本節の課題である。

二、救護委員の選任

救護法制定にともない、山口県でも救護法上の委員を「救護委員」として設置した。しかし、このことは、救護委員と方面委員との関係を混乱させることとなった。救護法実施に先立ち、足立社会課長は「現在の方面委員必ずしも救護委員として適任者なりとは断定することは出来ぬので、本県としては方面委員を主体としそれに社会事業従事者及篤志者の内より適任者を選任することになるであらふ」と述べて、方面委員と救護委員とは別になる可能性を強く示していた(1)。また、足立は「救護委員の適否は直に本法施行上に重大な関係を有するものであるから、全然情実を排除し、真に理解ある適任者を選衡する事が最も肝要である、殊に本県の方面委員制度に鑑み婦人を加ふる等其の選任は之を慎重に取扱ひ　委嘱後に於て彼是世人の批難の起らない様留意を要する」とも述べており(2)、単なる形式的実務的存在ではなく、実質的に機能する重要な役割であると見ていた。

それでも、救護法実施にあたっての事務打合せ会には市町村吏員とともに方面委員が出席することとされているので(3)、とりあえず方面委員が救護法実施への役割を担うことが期待されていた。救護法実施を前に救護法施行細則が定められ、第三条で「救護法第四条ノ委員ハ救護委員ト称ス」とし第四条で「市町村長ニ於テ救護委員ノ設置ハ定数変更ノ必要ヲ認メタルトキハ其ノ意見ヲ知事ニ具申スヘシ」とした。

具体的な救護委員選任の動きはけっして簡単なものではなかった。救護法の実施が決まるなか、県では市町村に救護委員を何人設置したいか意思を問うている(4)。ところが、救護委員の設置を不要と回等する市町村が少なくなかった。不要とする理由としては第一は既存の方面委員で足りるということである。大津郡菱海町、阿武郡大井村、豊浦郡豊西村、都濃郡久保村等がそうした回答である。方面委員に加え、区長の活用を掲げる町村もこの類型に入るであろう。玖珂郡広瀬村、都濃郡向道村、阿武郡萩町などが、方面委員と並んで区長を挙げている。吉城郡小郡町では区長が平素より地域の状態に精通しているので区長を用いる計画であるとしている。

第二は村役場や既存の他の組織で足りるということである。「救護ヲ要スヘキ事項発生ノ場合村長直接救護ヲ為スニ依リ委員設置ノ必要ヲ認メズ」（佐波郡華城町）、「本村ハ共済会ナルモノヲ組織シ村民共済ノ機関アルカ故ニ救護法ニ基キ委員設置ノ必要ヲ認メズ」（熊毛郡周防村）、「村長ニ於テ容易ニ之レヲ為ス」（佐波郡富海村）、「戸数三百余ノ小村ニ於テ委員ノ設置ヲ必要トセス村役場ニ於テ適当ナル対策ヲ講スルヲ以テ適切ナリ」といった町村である。

第三は、そもそも救護法の対象者がいないという理由である。「本村ニハ失業者皆無且ツ要救護者皆無ニシテ委員設置ノ必要ヲ認メズ」（豊浦郡田耕村）、「目下ノ状態上救護ヲ要スト認ムル者無」（豊浦郡川棚村）という町村である。

第一の理由は、方面委員と救護委員の機能の違いを理解していないために起きたことであろう。第二は、確かにそうした理由をあげる町村は人口も少なく面積は狭く、役場の吏員が全住民を知っているような町村ではある。しかし、法によって定められていることへの理解は足りないといわざるをえない。第三の理由は、要救護者がいないのではなく、救護をする意思がもともと乏しいのであろう。救護法実施後も適用のない町村が多かった。いずれにせよ、法に定められた制度を実施しないなどという法治国家にあるまじき主張が県に堂々と回答されることは、社会事業についての町村レベルでの消極性を示している。それでも、最終的には大半の町村で救護委員が推薦されるのだが、もともと方面委員が空席で救護委員の推薦もなされなかったのは、都濃郡米川村、熊毛郡周防村、都濃郡太華村、吉城郡秋穂二島村である。全体としては、町村の消極さを説得して、委員の選任までこぎつけることはできた。しかし、方面委員の定数と救護委員の定数は必ずしも一致しておらず、方面委員のほうが多い場合、救護委員のほうが多い場合があった。たとえば、大島郡油田村では方面委員定数一一名に対し救護委員は九名、逆に安下庄村では方面委員が五名、救護委員は七名である。こうした不一致は必然的に、方面委員であって救護委員でない、あるいはその逆を生むことになる。また、方面委員をつとめていた者を救護委員に選任することが一般的であったが、全節で述べたように、山口県では多数の婦人方面委員を選任していた。その際婦人方面委員を救護委員にすることへの躊躇も一部の町村ではあった。それでも、婦人方面委員が選任されている市町村も少なくない。

確かに方面委員は従来どおり方面委員とされつつ、救護委員と実際には同一人物であることが多かった。しかし、任期が救護委員は三年、方面委員は四年という違いがあった。また、一部の町村では、事務手続き上の手違いから、救護委員であって方面委員でない、救護委員ではないが方面委員という現象を生じさせた。実態が同一人物であっても、制度上別の存在であるため、手続きは別にしなければならないのに、そのことへの無理解、あるいは手続きを怠ることからきた現象である。

こうした混乱の解消を目指して、一九三四年に救護法施行細則を改正し、救護委員を方面委員と改称した。[5] この改正により救護法上の委員と県の方面委員とが同一人物であることが規定上明確となった。救護法が優先されているため、救護委員であって方面委員でなかった者はそのまま方面委員となるが、逆のケースでは委員の資格を失うこととされた。市町村長宛の通牒において「従来ノ方面委員ハ辞令ヲ用ヒズシテ其ノ儘方面委員トナリ同時ニ県方面委員設置規定ニ依ル方面委員トナルコト」「従来方面委員設置規定ニ依ル方面委員ニシテ救護委員ニ非サリシモノハ方面委員ノ資格ヲ喪失スルモノ」としている。

そのため、婦人方面委員のなかに、資格を失う者が多く、県では委員の定数を増やすことを求めている。婦人方面委員重視の方針には変わりなく、婦人方面委員による県外社会事業団体視察も行われているし、以後も全国最大の婦人方面委員をもつ県であった。

こうして、曲折をへて、救護委員たる方面委員が救護法の補助機関として活動する体制が明確になっていくのである。救護委員に対して、すでに一九三一年一二月二六日、つまり救護法実施直前に県学務部長から救護委員宛に「救護法施行ニ関スル件」が出されている。[6] そこでは、怠惰者を救護すべきでないことや濫給への注意などネガティブな内容も含まれてはいるが、全体としては、救護法を積極的に適用すべく、実務上の注意なども含めて細かく指示したものである。

しかし、指示通りに動いたとは限らず、肝心の救護法の活用に、方面委員が不熱心であることも批判されている。社会課の木村は「救護の不徹底の一原因として方面委員（救護委員）の救済に対する理解と努力の足らないこと」をあげ、「悲惨な貧困者の生活の実情を見ることをしないで、漫然たる自己の主観から農村方面には救済を要する者はない等と言ふ独断を下してゐる向さへ少からずある様である」として、方面委員を批判している。(7) 救護法が実施されたものの、救護を受ける者が皆無の町村が少なくなかった。その原因は国費救助を共同体全体の恥辱とする意識など、いくつかの理由があるが、方面委員の怠慢も理由のひとつである。動かない方面委員のいることは、創設時からの課題であったが、救護法という具体的な活動目標ができたことにより、動きの鈍さが明瞭に示されるようになったのである。

三、方面委員制度の展開と批判

しかし、救護法下の方面委員が実績を積んでいくことも事実である。その実績を誇示するものとして、一九三四年に宇部市の方面委員制度が一〇周年をむかえて、記念式が行われた。(8) 宇部市教念寺説教所で物故方面委員の追悼会がまずなされた。教念寺の住職・兼安英哲は社会事業家であり方面委員でもあったことから、教念寺が会場になったのであろう。続いて新川講堂にて二〇〇人が参加し、記念講演の後、宣言と決議がなされた。このことは、むしろ二本立てとなっている矛盾を示すものであった。なお、市町村単独の制度は廃止が続いてはいる。県移管後さっそく一九三二年三月に大島郡小松町が廃止した。(9)

一九三五年三月九日には山口県方面委員制度創設十周年記念方面委員大会が開催された。(10) 式では、物故方面委員の慰霊祭の後に、知事告示や祝辞など型通りの式のあと「現下の状勢に鑑み方面事業の充実発展を図る具体的方法如何」「方面事業の進展を期する為方面事業助成団体の普及を図る具体的方策如何」の協議が行われた。そして宣言と決議がなされた。大会そのものは記念のためのものであり、形式的な感が否めない。また、毎年の社会事業大会の主要な参加者も方面委員であり、方面委員が全県的に集まることもなかったわけではない。ただ、すでに全国レベルでは全日本方面委員連盟が結成されていたなか、山口県では遅れていただけに、組織化の機運を高める意味があった。また、この大会には山口県とは別の制度となっていた下関市や宇部市の委員も参加しており、制度を超えた全県的な集まりが実施できたことは、その後の方面委員令の施行による統一への準備という面も結果としてはもったかもしれない。

一九三六年から方面事業週間が実施された。それまで社会事業週間として実施されていたが、実際には方面委員を中心に行われたこと、また方面委員令が公布され三七年より実施されることとなっていたので、方面委員の体制をより強化する必要にもせまられた。(11) 一二月一〇日より一六日までの一週間、リーフレットとポスターの配布、社会奉仕袋の配布、活動写真班の派遣などが主な内容である。実施に際して学務部長より「方面事業週間実施ニ際シテ」との談話が出された。そこでは「地方ニ於ケル社会事業ノ振興ハ一ニ懸ツテ方面事業ノ徹底ニアリ」との立場から、方面委員令を紹介して、資金の造成と隣保相扶を高めることを説いている。

こうして、定着したかに見える方面委員制度であるが、社会事業関係者からの批判は絶えなかった。社会事業主事の原田士驥雄は山口県の制度が規模の面では他府県に比して見劣りしないことを指摘しつつ「この壮大なる大伽藍にも比す可き外観に相応しき内容を具備してゐるか何うか。私は何の躊躇する処もなく然りと答へ得ない」として、規模の割りに内容が伴っていないとする。そして人選の重要性を強調するとともに、制度の無理解、運営の不手際、一部町村の消極的態度を指摘している。(12)

姫井伊介も「従来既設委員の働きに可なり期待に反するものがないでもない」と述べている。(13) 一九三五年に方面委員の働きぶりが乏しい現実を、取り扱い件数のデータを示して指摘し、人選も不適切であると指摘している。「適良なる委員の選嘱、只此の一事で答は尽きる」として、特に人選の重要性を強調している。(14) このことは、実際の方面委員のなかに適格性を欠く者がいることの反映であろう。

木村尭は「余程進展の跡が認められる」として、一定の評価とさらなる発展、あるいは婦人方面委員の奮起への期待を表明してはいる。しかし、「もつと其の機能や特色が発揮せられて、委員事業の華々しい業績が展開せられてもいゝ筈である」と述べている。[15] さらに木村は「各種の状態が殆んど同様であるにも拘らず、町村に依つては一、二人の委員のみの処もあれば又十人の委員のゐる処もある。又婦人方面委員にしても、設けて居ない処も沢山あるし、五、六人も設けてゐる処もある。委員事業は何も制度の画一を必要とするものではないが、何等特別の事由もないのに、其の間非常な相違のあることも妥当を欠いでゐるものと見なければなるまい又委員の人選に就ても適正を欠いでゐると認めなければならない様なものもあるらしい」として、より明確に批判している。[16] 木村はさらに、「方面委員の改選が行はれつゝあるが、人選に就ての考慮の足らない町村が少くない」と人選のあり方をまたも批判したうえで、「優良な方面委員が除かれてゐたり、一向活動しない委員が又出たりしてゐる」事実を指摘する。そのうえで活性化のための月例委員会の開催を提案している。[17]

第一〇回山口県社会事業大会では、社会事業協会により「方面委員事業ノ充実徹底ヲ図ル具体的方法如何」を議題として提案している。[18] 提案の趣旨はこれ以上不明だが、「充実徹底」していれば、こういう提案は無用であり、「充実徹底」していない現実があって、放置できなかったと考えられたのであろう。県に近い立場の社会事業協会より、県の制度に問題があることを示すこうした議案が出るのは異例といえよう。実質的に社会事業協会の実務を担う県社会課内に、方面委員の動きへの不満があることを示している。

原田、姫井、木村とも県内の社会事業の事情を熟知しており、その批判は単なる印象論ではなく、具体例をいくつも知ったうえでの批判である。その意味で、せっかく救護法という法的根拠を得ながら、生かされず、また県に移管した効果が思うようにあがらない現実もあった。ただ、その批判は結局のところ人選の問題に尽きている。人選は社会事業協会経営の時期から終始つきまとっていた。県に移管したからといって、改善されるものでもない。方面委員制度が一〇年経過したとはいえ、なお社会事業そのものへの理解も乏しい時期に、優れた人物ばかりを確保することはそもそも困難である。姫井や木村は理想像を設定して、そこに達していないことで批判するという論法をとる傾向があり、そこを差し引くべきでもある。

人選については、一九三六年一月の市町村社会事業事務主任集会提出事項でも「方面委員ノ人選ハ事業ノ死命ヲ制スルモノニシテ委員ノ人選ニシテ正鵠ヲ失スルコトアランカ方面事業ノ完全ナル遂行ハ到底期シ得サルノミナラス或ハ却テ悪弊ヲ生スルノ虞ナキヲ保シ難シ今回方面委員大多数改選ノ時期ニ際シテハ特ニ其ノ人選ノ重大ナル意義ヲ考慮シ之カ推薦ニ当リテハ慎重ヲ期シ苟モ情実ニ流レ因縁ニ拘ルカ如キハ厳ニ之ヲ戒メ専ラ適格者ヲ得ルニ努メラレ度」としたうえ、「人格正シク近隣ノ信望厚キコト」など、六項目を示している。[19] これは、人選への批判が強く、かつその批判に正当性があって、「情実ニ流レ因縁ニ拘ルカ如キ」傾向も否定できなかったことのあらわれであろう。しかし、この改選をめぐって前述の木村の批判が出ているのである。

四、方面委員の実践

混乱がありながらも、方面委員の活動がすすめられた。昭和恐慌下での県民の困窮は方面委員への期待を高めた。一九三二年七月一五日に学務部長より市町村長宛の通牒「救護事業ノ普及徹底ニ関スル件」では「救護ニ関シ方面委員救護委員ヲ督励」することとし、特に「時局ニ鑑ミ此ノ際方面委員救護委員ヲ督励シテ方面カードニ依リ精細ナル細民調査ヲ行フコト」とされた。[20]

個々のケースとして「隠れたる奉仕N委員の奉仕」として紹介されている。[21] 夫が酒に溺れ、長男と長女が障害者という女性が離婚を迫られ生活不能にまで陥ったが、自宅に引取り、夫を朝鮮に出稼ぎさせて家族の再生を目指した。また、家も身寄りもない女性の高齢者を引取って身辺の世話を続けている。人知れず犠牲的に活動しているケースとして評価されているが、方面委員の側に経済力などの条件があってはじめて可能になる温情的活動ではあるが、委員によってはかなり犠牲的に活動していた例といえよう。

長府町方面委員たちは結集して授産場をつくり、困窮する女性九名に廃品利用の「長府織」の職を与える活動をしている。[22] この場合は、方面委員たち全体での取り組みだが、第四節で述べる小河内行衛はじめ、個人レベルで農繁期託児所等の社会事業の関与するケースは少なくない。

負債整理への援助は当時の状況に即したものであろう。[23] 坂上村方面委員の野坂東洋男は、負債整理を活動の柱として尽力しているが、田畑等を売却しようにも買い手がなく、負債整理が困難な状況であることを指摘している。そのうえで、問題の緩和にために、利下げや支払い能力のない者への支払い延期等の策を提案するとともに、農村での負債の原因ともなっている頼母子講の当面の措置も提案している。

制度の不備もあって、思うように救済できない事例も報告されている。[24] 貧しい小作人の一家が困窮して借金を重ね行方不明になった。朝鮮にいることがわかり、知人らが旅費として送金したが、その金を盗まれて再び消息不明となった。夫婦子ども八人の家族と夫婦子ども七人の家族は漁民であるが、悪天候が重なって収入がなく困窮しているにもかかわらず、救護法の対象ではなく救助できない。こうした報告からは、方面委員の熱意を超えた困窮実態のなかで、委員自身が苦悩する様子がうかがえる。

全国方面委員大会にも参加しているが、必ずしも積極的ではない。一九三三年の場合、山口県社会事業大会・融和事業大会と時期が近かったこともあって出席は八名にとどまり、協議題の提出もできなかった。[25] 一九三四年一〇月の第五回大会では、救療普及、母子心中防止、委員一人あたりの要保護世帯数についての詳細な意見を提出し、ようやく本格的に参加している。[26] 一九三六年五月の第七回では『山口県社会時報』においてもその内容や決議について詳細に掲載している。[27]

全日本方面委員連盟が結成されたが、山口県では各委員が任意で個人的に加盟することとされた。会長より団体単位の加入を促されたが、[28] 県全体の組織化は戦時下になる。全日本方面委員連盟の地方委員会の参加の通知があっても欠席するという状況であった。組織化の動きへの呼応には鈍かったといえる。

五、課題を残した方面委員制度

救護法実施は、方面委員制度の発展を強く要請する一方、制度のもつ課題を露呈させることになった。救護委員選任にみられる一部町村の消極姿勢は、そもそも方面委員制度自体の理念に賛成ではない考えがなお根強かったことのあらわれであり、何とか救護委員の選任にはこぎつけても、救護法の適用のない町村がみられた。

ただ、農村を中心とした経済的困難は方面委員の働きを求めていた。それにこたえて献身的に奉仕した方面委員が存在する。しかし、なお創設時以来指摘され続けた、動きの著しく鈍い委員は相変わらず多く、委員への批判が引き続きみられた。また、県内の組織化も、方面委員大会の開催によって、その動きははじまったものの、なお県内の組織すら結成できず、全日本方面委員連盟とのつながりも弱かった。そうなった原因のひとつが市独自の制度がなお存在していたことである。独自の制度をもつ市が制度を手放さなかったのは、県の制度に社会問題対策としての弱点をみたのではないだろうか。本来なら、制度が本格的に展開すべきだったのに、それができないまま、戦時体制をむかえることに結果的にはなってしまった。

注

(1)足立文夫「救護法の実施に就て（一）」『山口県社会時報』第八四号（一九三一年九月）一〇頁。
(2)足立文夫「救護法の実施に就て（其の2）」『山口県社会時報』第八六号（一九三一年一一月）一五頁。
(3)『山口県社会時報』第八七号（一九三一年一二月）
(4)「昭和六年救護委員一件」山口県文書館所蔵戦前県庁文書
(5)「救護法施行細則並に方面委員設置規定の改正に就て」『山口県社会時報』第一一六号（一九三四年六月）。
(6)『山口県社会時報』第八八号（一九三二年一月）三七頁〜三八頁。

(7) 木村尭「農村地方に於ける救済法規の運用」『山口県社会時報』第一一二号（一九三四年二月）。
(8)『山口県社会時報』第一二〇号（一九三四年一〇月）二六頁。
(9)『山口県社会時報』第九一号（一九三二年四月）二二頁。
(10)「山口県方面委員制度創設十周年記念方面委員大会記事」『山口県社会時報』第一二五号（一九三五年三月）一八頁〜二一頁。
(11)『山口県社会時報』第一四六号（一九三六年一二月）三三頁〜三四頁。
(12) 原田士驥雄「方面事業雑感」『山口県社会時報』第一二八号（一九三五年六月）三頁。
(13) 労「無軌道」『山口県社会時報』第一一五号（一九三四年五月）二四頁。「労」は姫井のペンネーム。
(14) 姫井伊介「本県の社会事業に望む」『山口県社会時報』第一二九号（一九三五年七月）。
(15) 木村尭「新春雑感」『山口県社会時報』第一一一号（一九三四年一月）。
(16) 木村尭「本県社会事業の進展方策に関する考察―昭和十一年の本県社会事業への待望―」『山口県社会時報』第一三五号（一九三六年一月）一八頁。
(17) 木村生「随感随想」『山口県社会時報』第一三七号（一九三六年三月）二四頁〜二五頁。
(18)「第十回社会事業大会記事」『山口県社会時報』第一二〇号（一九三四年一〇月）一九頁。
(19)『山口県社会時報』第一三五号、三一頁。
(20)『山口県社会時報』第九三号（一九三二年七月）三三頁。
(21) 稗田生「隠れたる奉仕N委員の努力」『山口県社会時報』第一〇八号（一九三三年一〇月）二一頁〜二三頁。
(22)『山口県社会時報』第一一八号（一九三四年八月）四八頁。
(23) 野坂東洋雄「目下の負債整理問題について」『山口県社会時報』第九五号（一九三二年九月）三一頁〜三三頁。
(24) 熊谷厳城「不況が産んだ農漁村の哀話」『山口県社会時報』第九七号（一〇三二年一一月）、二五頁〜二六頁。
(25)『山口県社会時報』第一〇二号（一九三三年四月）一六頁。
(26)『山口県社会時報』第一一九号（一九三四年九月）二三頁〜二四頁。
(27)『山口県社会時報』第一四〇号（一九三六年六月）二二頁〜二八頁。
(28)『山口県社会時報』第九八号（一九三二年一二月）一九頁。

第三節　方面委員令後の方面委員制度―戦時体制下を中心に―

一、方面委員令の制定と方面委員制度の改正

一九三六年に方面委員令が制定され、一九三七年一月より実施された。これにより、道府県ごとにばらばらだった制度が法的根拠を得て全国統一の制度となった。山口県でも県営と市独自のものが並存する不自然な形は改正され、宇部市と下関市の制度は山口県に統合される。方面委員令は方面委員に法的な根拠を与えるという点で、方面委員制度の大きな前進であるのだが、反面で地方の独自性の強かった制度が、国家の統制下に入る面をもっていた。

本来なら、これによって、方面委員制度の発展が期待されたところだが一九三七年七月より日中戦争が本格化し、戦時体制に突入していく。結果的には、戦時体制のために方面委員制度を準備したかのような形になってしまった。

戦時下の方面委員制度については、全国レベルでみると、すでに遠藤興一の論文があるが、(1)これは全体の動きを鳥瞰したものである。各種の通史的文献では触れているが事実は記すものの、その評価や分析が不十分なのはやむをえないところであろう。大阪府の状況として、上野谷加代子らの研究がある。(2)『復刻・戦時下大阪府方面常務委員会議事速記録』は一次資料の復刻として興味深い。(3)しかし、全体としてはなお、研究は不十分である。山口県でも『山口県民生委員五十年の歩み』での戦時下の記述はわずかである。これは基礎資料としての『山口県社会時報』が戦時下に廃刊になってしまうなど、史料の少なさが影響している。後は筆者の宇部市の方面委員制度の研究にて宇部市との関連で少し触れているだけである。(4)

重要な時期でありながら、研究は空白になっている。これは山口県に限らず、全国的に言えることだろう。むしろ、「戦時体制と国民生活」を考察する歴史研究のなかで、方面委員に言及されることがある。(5)こうした研究に対して社会福祉の側から貢献することができていないのが現状である。また、この種の研究は方面委員の戦時体制の役割を否定的に叙述することに終始することになりやすく、方面委員とは隣組や大日本婦人会などと同様、銃後を支えた地域での軍事資源との印象を与えよう。しかし、方面委員は戦時下だからといって、戦争協力ばかりやっていたわけでもない。具体的な事実から方面委員の姿を描くことが求められる。

早速、方面委員令が施行される一九三七年一月一五日の新聞に戸塚県知事による談話が掲載され、そこで「統制ある活動により周済の実を挙ぐるに努めなければならぬは勿論、県民一般の協力により本制度本来の使命を達する様切望に堪へない」と述べている。(6)

『山口県社会時報』は一九三七年の一月号を方面委員制度の特集号とし、そこでは社会課の木村尭による山口県の方面委員制度の回顧など、これまでの方面委員制度を総括するとともに、方面委員による「方面委員令施行に際して吾人の覚悟」を掲載した。(7)県下各地の主要な方面委員が自分の経験を振り返るなどしたうえ、今後の抱負を語っている。また、全日本方面委員連盟による絵物語「花吹雪情けの光」が絵とともに掲載されている。

方面委員令によって組織が整備された。最高諮問機関としての山口県方面事業委員会、方面委員の人選のための方面委員銓衡委員会、方面委員の連絡調整などのための方面委員会、方面ごとの方面常務委員、という組織が整備がされた。従来から存在したものもあるが、山口県の方面委員の全体像が明確になった。婦人方面委員も引き続き選任が求められている。杉田三朗社会課長は、方面事業委員会による統制的機能を重視しつつ、都市、農村それぞれにおいて方面委員が役割を果たすことを求めている。(8)

宇部市と下関市が独自の制度をもっていたが、全県的に統一されることになる。このことは制度の複雑さが解消されたことではあるが、そもそも宇部市は先駆的に取り組んだ分、県の制度よりも優れた活動を展開していた。それが統合されることは、そのよき実績が失われることでもあった。

方面委員令を踏まえて一九三七年五月八日に宇部市において山口県方面委員大会が開催された(9)。岸田到「方面事業の将来」熊野隆治「先づ教護精神を」との講演、協議がなされ、宣言と決議がなされた。大会の内容自体は儀式の域を出るものではないが、この大会には二つの意義がある。一つは宇部市で開催されたことの意味である。宇部市は山口県の主要都市とはいえ、市の中心部が国鉄山陽本線からはずれているなど、交通至便な場所ではなく、現在でも新幹線は宇部市の北部を素通りするだけである。にもかかわらず宇部市で開催されたのは、方面委員令によって、宇部市独自の制度と県の制度とが統一されたことを方面委員自身や社会全体に広くアピールし、また決して吸収合併ではないということで宇部市に配慮したこともあろう。その後の統制をスムーズに進める意図である。

もう一つは、結果論であるが、この大会の二ヶ月後に日中戦争に入ることになり、戦時体制と関係なく地域の貧困問題などに対処する最後の時期の大会ということである。いいかえると、戦前の山口県の方面委員制度の到達点は、この大会にあるといってもいいだろう。すでに宣言のなかで「思想の混迷」を指摘したり、「国民精神ノ振作更張」を強調したりしているものの、協議事項は「本県方面事業ノ現状ニ鑑ミ一層之カ振興ヲ図ル為最モ有効適切ナル方策如何」「方面事業ノ振興上方面事業後援団体ノ普及徹底ヲ図ルノ要アリト認ム之カ具体的方法如何」は、一日の大会で深められはしなかったにせよ、方面委員令下において、方面委員制度を発展させる意欲はうかがえる。

日中戦争直前に書かれた、社会事業主事補牧栄之進による「方面事業の振興と之が方策」は、戦時体制を前提とせずに方面委員制度の方向や課題を示している(10)。牧は方面事業の目標は「国民生活の安定向上と、社会の福祉の増進」であるとする。そのうえで、課題として「方面委員に中心人物を得ること」「方面委員の活動を精査監督すること」「農村方面事業施設の樹立を期すること」「方面事業後援機関の完璧を期すること」を挙げて、こうした課題に取り組む意義を語った。また、方面委員に対して、社会調査の徹底、委員の職務執行、要扶掖者の保護指導、事務取扱の刷新、常務委員の自覚、方面委員会の開催励行、研究的態度保持を掲げ、何をなすべきか、きわめて具体的に明示している。さらに、市町村に対して、「法の精神に鑑み運用の適正を期せ」「社会施設の完璧を期せよ」「方面委員の指導監督」「関係方面と連絡調整せよ」「後援団体の設置と内容改善」を示した。方面委員制度の発展にとって必要な方策として「方面委員取扱実例集の刊行」「方面連絡会の設置」「郡、市方面委員連盟の結成」「方面常務委員会（連盟）の組織」を列挙した。

いずれも、方面委員制度の展開のうえで必要な点であり、きわめて妥当な指摘である。なかには今日の民生委員制度においても求められる課題も含まれているほど、具体的、網羅的で、方面委員令を励行して方面委員の活動を活性化しようとする熱意さえ感じる。

一九三七年九月の『山口県社会時報』の原田士驥雄による巻頭言は、戦時色を感じさせない最後の記事である。そこで原田は、「方面委員の使命の重要」さを強調するがその中身は「隣保相扶の精神による指導誘掖」といった、それまで繰り返し説かれていた理念である。(11)

二、戦時体制と方面委員

しかし、牧や原田の論考が発表されたときには日本は戦時体制に向かいつつあり、牧のいう「「国民生活の安定向上と、社会の福祉の増進」は、方面委員の主な目標ではなくなっていく。方面委員令施行の約半年後の一九三七年七月に日中戦争に突入し、戦時体制に入る。

『山口県社会事業』が戦時体制のもとでの内容になるのは一九三七年一〇月号からである。そこでは巻頭言で原田が前月とは打って変わった「皇国の聖なる目的の達成に寄与すべく努むる所がなければならぬ。正に国民精神総動員の秋である」との巻頭言があり、「銃後の護の完璧を期せむ」という県知事の謹話が掲載された。(12)さっそく方面委員河村契善による「この非常時こそ方面事業強化の秋」との論考が掲載されている。もっとも、内容は「銃後の責務重大」と述べてはいるが、一般論に終始している。河村としても、戦時体制への協力の必要を総論としては痛感しても、具体的にこれまでと何が違うのか理解できていなかったのかもしれない。

一九三七年一一月の『山口県社会時報』には牧による「今次の支那事変と方面委員の活動を観る」が掲載された[13]。牧は今度は、戦時体制での方面委員の役割を示すことになったのである。この論考は数ヶ月前とは同一人物のものとは思えないぐらい、戦時色にそまっている。「国家総動員の精神を体して一致団結、非常時局の克服」を強調する。方面委員の具体的な役割として、軍事扶助をとりあげ、軍事扶助法の適切な実施や出征軍人家族への慰籍を説いている。

一方、一九三七年一〇月二五日に山口県方面事業委員会が開催され、知事からの諮問「現下ノ社会情勢ニ鑑ミ一層方面事業ノ振興ヲ図ルノ要アリト認ム仍テ之カ振興方策ニ関スル其ノ会ノ意見ヲ諮フ」への答申が検討され、二八日に答申がなされている[14]。その内容は、人選や活動促進など従来からの課題が列挙されているだけで、まだ戦時色はなく、意外に感じられる。

方面委員の活動にもこの動きが具体的に反映する。一九三八年八月一七日方面常務委員打合会打合事項は「軍事扶助法施行ニ関スル件」「軍事扶助法ニ該当セザルモノノ援護ニ関スル件」「召集解除者ノ生業援助ニ関スル件」「軍人軍属ニ関スル件」「傷痍軍人援護対策ニ関スル件」「軍事援護相談所ニ関スル件」「大日本傷痍軍人会山口県支部ニ関スル件」と、軍事援護の遂行を目的とした会合であった[15]。

一九三八年一〇月五日に山口県方面委員大会が開かれるとともに、あわせて山口県方面委員連盟が結成されるのであるが、大会は前年とは様相はまるで異なっていた[16]。大会自体が銃後後援強化週間に開かれ、県知事の祝辞、厚生大臣の告示、全日本方面委員連盟・全日本私設社会事業連盟・宇部市長・山口県町村会長の祝辞、いずれも、時局のなかでの方面委員の軍事的役割を鼓舞するものとなっている。

大会では宣言をするが「銃後援護事業の強化万全を図」ることを強調し、決議として「我等は時局の推移に鑑み方面委員令の趣旨に則り一層斯業の強化徹底を図り以て各般軍事援護事業の完璧を期す」「我等は軍事援護と相俟つて各種社会法制の円滑なる運営に努め以て銃後国民生活の安定を図り銃後不動の備を堅くせんことを期す」とする。いずれも、銃後への方面委員の役割を確認したものである。

大会での協議事項も「軍事援護の適正なる施行を期し之が拡充強化を図るは事変長期の将来に鑑み喫緊の要事たるべし之が良策如何」「軍人の遺族家族をして永く其の武門の誉を完ふせしめ益々其の名誉を発揚せしむるは剛健なる国民風潮振作上に於て殊に重要の事たるべし之が精神的指導上の良策如何」である。また、大会の代表である知事の名で、関東軍司令官、支那方面艦隊司令長官、上海派遣軍司令官、北支派遣軍司令官への皇軍感謝電報がうたれた。

ただ、大会のすべてが軍事一色だったともいいきれない。知事の諮問への答申は地方駐在員の設置、方面委員会の定期的な開催、各種団体との連絡提携、山口県方面委員連盟への指導奨励、市町村への方面事業後援団体の設置と、いずれも方面委員の活動を維持するうえで必要な実務的事項である。総論として軍事体制を叫んでも、実際に動くとなれば、方面委員令後、必ずしも整備されていない体制を組まなければ、軍事援護もままならなくなってしまう。

大会のなかで山口県方面委員連盟が結成される。「長期戦下一層方面委員の活動の促進を要しますこと切なるものあり、且は銃後後援強化週間の実施と云ふことになりましたので今こそ連盟結成の好機と考へた」というのである。全国レベルではすでに全日本方面委員連盟が結成されており、遅すぎた組織化である。その意味では当然の組織化ではあるのだが、この段階では、単なる方面委員制度の発展のための組織化ではないことは明らかであろう。

一九三八年一二月二〇日から二六日には全国方面強調週間にあわせて、山口県方面強調週間が行われる。[17]その目的は「事変下長期建設途上ニ於ケル国民ノ重大使命ニ鑑ミ国民精神総動員運動ノ趣旨ヲ体シ愈々方面精神ヲ昂揚徹底シ隣保相扶ノ醇風ヲ培養シ以テ銃後ニ於ケル軍事援護ノ完璧ヲ期スルト共ニ国民生活ノ安定ニ資セントス」とする。ポスターやパンフレット等の配布や「隣保袋」を配っての寄付金の募集などを行った。翌年にも、同様の趣旨で実施している。

一九三九年の第三回山口県方面委員大会も、前年同様、銃後後援強化週間の一環として開催された。[18]一〇月七日に下関市で開催されている。内容も、前年同様戦時色が前面にでていた。ただ、この年深刻な旱魃があり、協議事項にも「非常旱魃ニ対処スル方面委員ノ活動促進ニ関スル件」があり、実務的な課題にも追われていた。知事の諮問への答申も、山口県方面委員連盟の拡充強化と、結核施設の拡充である。後者の動機は人的資源育成策の延長ではあろうがもともと必要な施策ではある。

個々の方面委員にも、軍事体制を支える一員としての自覚を高め、語る者が現れてくる。辻田玄粲は、「日支事変がいよいよ重大となり方面委員や社会事業家が奮起せねばならぬ秋が来た」と、軍事援護の強化を煽っている。[19] 河村契善は銃後方面委員としての活動のあり方を説いている。[20] また自分が取り扱った事例を紹介している。生活に困窮している家庭の長男が召集され、留守の生活を方面委員である河村が支援して軍事扶助を利用し、長男は安心して大陸で戦えるという事例である。あるいは井川藤吉は「戦没軍人の実父が堕落のドン底より再生する迄」という「銃後の美談」を語っている。[21]

方面委員の軍事的役割が繰り返し説かれる。大日本傷痍軍人会山口県支部の小野田時雄は「隣保扶助の情誼に基き奉仕の精神に依り興亜聖業達成に銃後強化の護りの固き策を講ずるのが最善の途である方面委員は滅私奉公一意銃後の完璧を期すべくまつしぐらに驀進すべきである」としている。[22]

朝鮮人対策も期待される。戦時下、労働力不足を補うために多数の朝鮮人が県内に流入したが、その対策として協和会が設置され、各警察署に支会がおかれる。協和事業の一翼を担うことが方面委員に期待された。一九四〇年三月の方面委員協議会の指示事項に「協和事業の整備拡充に関する件」があり、朝鮮人への「国民精神の作興」と「生活改善」への方面委員の協力が求められている。[23]

一九四〇年九月の方面委員会県提出事項として、「協和事業促進ニ関スル件」があり、朝鮮人の増加に対応するため「方面委員ハ市町村、警察署、山口県協和会及其ノ支会等ト密接ナル連絡ヲ図リ半島同胞ノ教化指導ニ努ムルコト」「方面委員ハ半島同胞ニ対スル誤レル一般ノ偏見打破ニ努メ協和ノ実ヲ挙グル様力ヲ到スコト」とされている。[24] 一九四〇年一一月の方面委員協議会での指示事項でも「協和精神ノ普及徹底ニ関スル件」があり「内鮮一体ノ強化ヲ図ルハ最モ緊切ナル」として、朝鮮人の「内地同化」をすすめるとともに朝鮮人への軽蔑の風潮を一掃すること、朝鮮人の風俗習慣を日本風に「改善」すること、朝鮮人に軍事援護思想を普及させることを求めている。[25] 一九四一年一〇月から一一月にかけて八ヶ所で行われた方面事業研究協議会では「協和事業の徹底に関する件」として「半島同胞の皇民臣民化練成」「協和思想普及徹底」「町内会部落会貯蓄組合に加入又は出席」「半島子弟の進学口語普及婦人誘導生活改善等の指導」「内鮮美談の報告」を求めている。[26] 一九四一年一一月に県学務部長より市町村長宛に出された「協和事業促進ニ関スル件」では「方面委員、神職、宗教家婦人会員等ヲシテ常時精神指導並ニ生活様式ノ内地化指導ニ留意セシムルコト」とあって、方面委員が朝鮮人の同化において役割を期待されている者たちの最初に挙げられている。[27]

一九四〇年の方面事業強調週間では『山口県社会時報』の巻頭言で「方面事業強調週間は隣保の総力を結集して実施せよ」との見出しのもと、「国民最低生活の確保」「大政翼賛の臣道実践」が方面委員によって実践されなければならないとし、町内会等の隣保組織と方面委員の結びつきを説いている。[28] また山口県方面委員連盟より武井会長談として「我国体の精華たる君民一体、同胞相愛の国風を振作し、隣保相扶の美俗を一層強固にし以て　聖業の達成を翼賛し奉らんことを期せねばならぬ」とした。

資金を得るために方面委員連盟として「資金造成」を行おうとする。設立趣意書では、方面委員が奉仕に尽力していることを強調しているだけで、具体的になぜ資金が必要なのか、不明確である。[29] 戦時下に財政が厳しくなったことに加え、財団法人化への資金が必要であった。後述の全国方面委員大会の山口県での開催の費用が必要だったのかもしれない。

戦時下の山口県の方面委員の最高の場となったのは、一九四一年五月一八日から二〇日にかけて開催された第一二回全国方面委員大会である。[30] 全国方面委員大会はそれまで大都市部で行われていたが、山口県それも宇部市で開かれた。組織化のやや遅れた山口県としては、方面委員の力が認められた場であったともいえよう。渡辺翁記念館を会場とし、主催は全日本方面委員連盟、山口県、宇部市、後援が厚生省、大政翼賛会、軍人援護会、中央社会事業協会、協賛が山口県方面委員連盟、山口県社会事業協会、軍人援護会山口県支部などである。一日目には宣言、厚生大臣告示、大会会長清浦奎吾による慰霊の辞などがなされ、ことごとく軍事色一色となった。

二日目には部会に分かれて研究協議が行われたが、その部会も軍事的なものであった。ただ、三日目の終了後、県内各地への観光も企画されており、その程度の余裕はまだあったようである。しかし、この大会を最後に、山口県では他の社会事業関係も含め、大きな集会は開かれなくなり、結果的には社会事業全体が下り坂になっていく転換点となってしまった。

荻野憲祐「時局と方面委員」はこの大会のすぐ後のものであるが、「銃後国民生活安定、健康保持の問題は時局が切迫すればする程益々緊切」との立場で、特に濫給と漏給を戒めている。[31] ただ、論考の冒頭でこそ「銃後鉄壁の陣」と見出しをつけて、戦時体制の危機をあおっているものの、論旨の大半は、方面委員の業務のあり方について事例も交えて従来からの課題を論じているだけであり、全体としては実務的な内容である。戦時下において、ことばのうえでは軍事色にはなっても、実際には日常的な貧困を扱う、そのギャップが、論考にも反映している。

一九四一年には岡村好甫による「時局下に於ける方面委員の活動に就て」が掲載された。[32] ほとんど欠号なく発行され続けた『山口県社会時報』がついに合併号として発行されはじめた時期である。「庶民生活の確保」と「職域奉公」を説いているが、内容はほとんどなく、努力を求めているだけである。また、岩国市方面常務委員三谷忍暉が作成したという紙芝居なるものが紹介されている。[33] ただ、文章が載っているだけなので、絵のほうは不明である。そこでは、二〇枚あったようで、最初の六枚は古代から明治天皇のもとでの済生会設立までの、天皇による救済を紹介している。次に、方面委員制度の設立から展開が述べられている。

三、方面委員の活動の実際

政策的に、軍事体制への組み込みがすすめられたとはいえ、実際に日々、方面委員たちが戦争貢献ばかり考えて行動していたわけではない。現場では、日々の生活を支えることが基本である。一九三九年の旱魃への救済策の遂行に方面委員がかかわることが期待されたように、戦争と関係なくさまざまな生活課題が発生するのであり、それに対し方面委員が動くのは当然であった。

『山口県社会時報』に「非常時局下に目醒ましき三田尻方面委員会の活躍振り」という記事がある。(34) この種の記事は美化して報じる傾向があるので、内容を鵜呑みにできないが、記事から考察すると、戦時体制が方面委員の活動の動機付けとなり、第一節で述べたような怠慢は許されず、活発な活動が要請された。方面委員たちは積極的に動くようになったが、その動機として軍事援護遂行の必要性があった。しかし、それは方面委員が単なる軍事援護機関になることを意味しなかった。救護法や母子保護法への関心も高めることとなり、救護法・母子保護法を考慮した活動もなされるようになる。すなわち、本来の方面委員の活動も活発化したというのである。

「知事を中心とする方面委員座談会」が一九四〇年一月一五日に行われた。その内容は、『山口県社会時報』に連載されるとともに、冊子として発行された。(35) 県側から知事のほか、総務部長、社会課長、それに社会事業主事ら五名、方面委員一八人が出席しており、座談会と称しているが実態は会議である。方面委員として、桂哲雄の名もあるなど各地で指導的に動いている方面委員が集った。会の進行は県側が中心であるため、軍事援護の話題が中心ではあるが、内容は威勢のいい話ではなく、苦労話や現実の課題である。

一九四〇年一二月二五日にも、知事も参加した方面委員座談会が行われている。(36) この座談会は議事の一部しか残っておらず、その部分は軍事援護が中心になっている。全体がどうだったのか詳細は不明である。

個別の事例として、「未亡人を取扱ふて思ふ」と題する山口県の方面委員による体験記が全日本方面委員連盟の冊子に掲載されている。(37) 夫を戦争で失った女性が再婚したところ、再婚相手が召集されたというケースである。「軍事援護」に含まれるケースではあるが、銃後の支援というより、戦争によってかき回された一般の人たちの生活に、方面委員が親身に対応していったものである。「軍事援護」は戦争を鼓舞するものとは限らず、戦争が生活課題をより深刻にさせ、それを「軍事援護」という戦時下には誰も反対できない名目で、方面委員が対処したのである。

社会的認知が高いとはいえず、委員自身すら積極的に動くとは限らない方面委員が、戦時体制の一翼を担うことで、

「脚光」を浴びることになる。軍事援護が表に出ることになるが、軍事援護にしても、生活に困窮する人の救済であることに違いはなく、方面委員の活動に以前とそれほど大きな違いがあったとはいえない。方面委員側からすれば、軍事援護と関係づけることで、活動の意義をきわだたせることができたが、活動の基本、あるいは方面委員の意識自体に変化があったとはいえない。

四、戦時体制下の方面委員活動の評価

戦時体制の深まりのなかで、方面委員が軍事援護を中心とした銃後を担う役割を期待されたことは明らかである。また、それにこたえようとする方面委員も存在していた。県は方面委員に向けて、軍事援護についての指示を次々と出していくことになる。「内鮮融和」への取り組みも県が求めた急務であった。方面委員令によって、方面委員の組織が整備され、市による別制度があるなどの複雑な形が解消されていたことも好都合であった。

こうした「期待」が方面委員にその職務の重要性を自覚させ、制度全体のレベルを高めた側面もある。山口県方面委員連盟が結成され、かつて、熱心に出席していたわけでもない全国方面委員大会を県内で実施することもできたのもそのあらわれである。

戦時体制に具体的にどう「貢献」できたのかは、残された史料では十分に把握しがたい。ただ、統制的な性格が深まったことは、もともと戦時体制を意図したのではなかったとはいえ、方面委員令がもたらす必然であろう。それなりにみられた自発的自主的な委員の活動は、軍事体制と異なる方向を作り出す可能性がいくらかあったにせよ、実際には強固な体制を前にして、国策への寄与に収斂されていった。隣保相扶の重視が繰り返し強調されたことで、姫井伊介が社会事業のあり方として説いたような協同組合的視点は後退することにもなった。こうした、性格を有しつつ、戦後をむかえることになる。(38)

注

(1) 遠藤興一「戦時下方面委員活動の性格と特徴」『社会事業史研究』第四号（一九七六年一〇月）。
(2) 上野谷加代子・松端克文「戦時下大阪府方面委員の活動分析－その活動内容と援助内容」『日本の地域福祉』第八巻（一九九五年三月）。
(3)『復刻・戦時下大阪府方面常務委員会議事速記録』（近畿地域福祉学会方面委員活動史料研究会、一九九九年）。
(4) 拙稿「宇部の方面委員の展開」『宇部地方史研究』第二二号（一九九四年二月）。拙著『山口県社会福祉史研究』葦書房、一九九七年所収。
(5) 早川紀代編『軍国の女たち』（吉川弘文館、二〇〇五年）。
(6)『山口県社会時報』第一四七号（一九三七年一月）二頁〜四頁。
(7)『山口県社会時報』第一四七号、三〇頁〜五五頁。
(8) 杉田三朗「本県方面委員制度と其の振興方策の基調」『山口県社会時報』第一五二号（一九三七年六月）二頁〜七頁。
(9)「山口県方面委員大会概況」『山口県社会時報』第一五一号（一九三七年五月）一七頁〜一九頁。
(10) 牧栄之進「方面事業の振興と之が方策」『山口県社会時報』第一五三号（一九三七年七月）二七頁〜三四頁、第一五四号（一九三七年八月）九頁〜一五頁。
(11) 原田士驥雄「巻頭言」『山口県社会時報』第一五五号（一九三七年九月）一頁。
(12) 原田士驥雄「巻頭言」『山口県社会時報』第一五六号（一九三七年一〇月）一頁。
(13) 牧栄之進「今次の支那事変と方面委員活動を視る」『山口県社会時報』第一五七号（一九三七年一一月）八頁〜一一頁。
(14)『山口県社会時報』第一五七号（一九三七年一一月）二九頁〜三一頁。
(15)『山口県社会時報』第一六七号（一九三八年九月）二九頁〜三一頁。
(16)「銃後後援強化週間山口県方面委員大会」『山口県社会時報』第一六八号（一九三八年一〇月）一七頁〜三三頁。
(17)「山口県方面事業強調週間実施要綱」『山口県社会時報』第一七〇号（一九三八年一二月）三一頁〜三三頁。
(18) 山口県社会課「第三回山口県方面委員大会記」『山口県社会時報』第一八一号（一九三九年一一月）一〇頁〜二三頁。
(19) 楠仏（辻田のペンネーム）「ひとり言」『山口県社会時報』第一五五号（一九三七年九月）一〇頁。

(20) 河村契善「方面委員取扱実例」『山口県社会時報』第一七五号（一九三九年五月）四九頁〜五四頁。河村は他に「この非常時こそ方面事業強化の秋」『山口県社会時報』第一五六号（一九三七年一〇月）、「銃後方面委員の職責について」『山口県社会時報』第一六八号（一九三八年一〇月）、「銃後方面委員の活動状況」『山口県社会時報』第一六九号（一九三八年一一月）を書き、戦時下に最も活発に発言する方面委員となっている

(21) 井川藤吉「銃後の美談」『山口県社会時報』第一七八号（一九三九年八月）三〇頁〜三三頁。

(22) 小野田時雄「方面事業に就て」『山口県社会時報』第一八〇号（一九三九年一〇月）二六頁。

(23)『山口県社会時報』第一八六号（一九四〇年四月）三一頁〜三三頁。

(24)『山口県社会時報』第一九〇号（一九四〇年八月）五六頁。

(25)『山口県社会時報』第一九四号（一九四〇年一二月）二八頁。

(26)『山口県社会時報』第二〇二号（一九四一年一二月）五五頁。

(27)『山口県社会時報』第二〇三号（一九四二年二月）四一頁。

(28)『山口県社会時報』第一九四号（一九四〇年一二月）一頁〜四頁。

(29)『山口県社会時報』第一九二号（一九四〇年一〇月）二四頁〜二五頁。

(30)『第十二回全国方面委員大会要綱』（財団法人全日本方面委員連盟・山口県・宇部市、一九四一年）。「方面報国を誓ふ第十二回全国方面委員大会開催状況」『山口県社会時報』第一八一五号（一九四一年六月）四二頁〜四八頁。

(31) 荻野憲祐「時局と方面委員」『山口県社会時報』第二〇〇号（一九四一年九月）二頁〜九頁。

(32) 岡村好甫「時局下に於ける方面委員の活動に就て」『山口県社会時報』第二〇二号（一九四一年一二月）二頁〜四頁。

(33)「紙芝居方面事業」『山口県社会時報』第二〇二号（一九四一年一二月）五頁〜一五頁。

(34) 中村闘劉『山口県社会時報』第一八四号（一九四〇年二月）二八頁〜三五頁。

(35)「知事を中心とする方面委員座談会」『山口県社会時報』第一八四号〜一八八号（一九四〇年二月〜六月）。『知事を中心とする方面委員座談会』（山口県方面委員連盟、一九四〇年）。

(36)「方面事業座談会」『山口県社会時報』第一九五号（一九四一年一月）一二頁〜二一頁。末尾に「以下次号」とあるが、実際には掲載されなかった。そのため、座談会の全体の状況は把握できない。

（37）原田耕作「未亡人を取扱ひて思ふ」『方面叢書第十九集　方面委員取扱実例集まごころの記録』（全日本方面委員連盟、一九四二年）二九頁〜三五頁。
（38）「方面委員　田辺朝介」には一九四五年一一月の文書が綴じられてる。

第四節　方面委員による社会事業実践―小河内行衛の場合―

一、吉見村隣保館の概要

方面委員に選任された者のなかには方面委員の活動に満足せず、さらに新たに社会事業活動へと手を広げていくケースがあった。方面委員制度を評価するにあたってはそうした方面委員制度から広がっていく社会事業の動きを把握することが必要であろう。本節では、吉見村隣保館を設立した小河内行衛を事例として検討したい。小河内を選んだのは、小河内が方面委員活動自体に熱意があったうえ、社会事業活動の幅も広く、事業の一部が現在に継承されていること、論考がいくつか残っていて思想を探る手がかりがあること、社会事業史はおろか郷土史にさえ小河内の実践が残されておらず、発掘して歴史的評価を与えるべきであることなどの理由による。

吉見村隣保館とは豊浦郡吉見村（一九三九年に下関市に合併）に存在した隣保事業施設である。一九三三年一〇月に寺院を借り受けて託児所を試験的に設けたのち、冬季のために託児児童が減少したことや建物が寒いことなどからいったん閉鎖した。建物を建設したうえ一九三四年九月に開館式が行われ、一〇月より事業が開始された。建物の土地は地域の共有地を譲り受け、資金は村の富裕者からの寄付や県の補助によってまかなわれた。戦後は、下関市立吉見保育園に移管された。現在、国道沿いに下関警察署吉見交番があるが、そこにかつて吉見村隣保館が建っていた。

吉見村隣保館は、吉見地区の歴史についてのもっともまとまった文献である『よしみ史話』（一九八五年）に記載がなく、『下関市史市制施行・終戦』（一九八三年）も他の市町村史に比べて社会事業や保育についての記述は多いものの、吉見村隣保館には触れていない。山口県保育協会による『三十周年記念誌』（一九九一年）では県内のすべての保育所の沿革が簡単に紹介されているが、吉見保育園については一九四八年の設立としていて、前身が吉見村隣保館であることに触れていない。山口県健康福祉部より毎年発行されている『保健福祉施設等名簿』でも、吉見保育園の設立は一九四八年四月となっている。そのため、いわば幻の施設となって、文献から消失してしまっている。吉見村隣保館はことさらにユニークであるとか、先駆的であるとかというわけではない。しかし、漁村の生活実態の反映として生まれ、近代の漁村社会の状況を考える材料として注目しておくべきであると考えられる。

なお、隣保館の書類等は市立保育所に移管された際にそのまま保育所に渡したものの、すでに破棄されていて残っていない。そのため、吉見村隣保館の活動を知るには、二次的な史料などの断片を集めることしかできない。

二、吉見村隣保館の事業

吉見村隣保館設立の背景として、当時の漁村に広くみられた疲弊した状況がある。もともと吉見村は農地に乏しく漁業中心の地域であるが、響灘に面して荒れやすい海であることから、漁に出ることのできる日は限られていて、生活に困窮しやすい厳しい条件にあった。そこへ一九三〇年代の深刻な経済困難が襲いかかっていた。漁村と社会事業との関連については、吉見村隣保館設立とほぼ同じ一九三四年六月に『社会事業研究』にて、当時京大助教授であった蜷川虎三が「漁村と社会事業」と題して論じている。蜷川は「漁村は周知の如く全く恵まれぬ存在である。殊にその生業とする漁業そのものゝ性質と、漁村の位置とから、現在の文化から取り残されてゐる観がある。而も漁村民も現在の経済機構の中に生きるものである限り、経済の嵐に吹かれることに変りはない。漁村が貧困化し疲弊するのは寧ろ当然である」との認識を示したうえで、婦女への授産、公益質屋、衛生施設等の事業の必要を説いている(1)。事業内容はやや異なるが、蜷川の主張に近い形で吉見村隣保館が設立されるのは、当時の社会状況の必然であったことを示している。

吉見村隣保館は設立にあたって、「吉見村隣保館規定」を定めた。そこでは事業として次のように定めている。[2]

一、教育部
　講習会　講演会　簡易図書館　復習会　読書会　母の会　子供会　演説会　討論会等
二、教化部
　各種講演会　懇談会　人事相談　法律相談等
三、幼児保育部
　託児
四、授産部
　機織ミシン
五、慰安娯楽部
　演劇　活動写真　音楽会　舞踏等
六、庶務部
　本館ノ各種会合ニ貸与其他前各部ニ属セザル諸務

想定できるあらゆる事業を列挙している感があり、隣保館への意欲がうかがわれる。しかし、実際には託児が中心であった。建物も託児室や託児関係の部屋が大半であり、わずかに一室が授産室とされているにすぎない。[3]規定されている事業がすべて実施されていたわけではないが、地域の集会や娯楽などには用いられていたようである。実質的に隣保館を運営していた小河内行衛は漁村における副業の必要性を認識しており、その点では授産も重要な位置を占めるはずであるが、どの程度の成果があったかは不明である。

吉見村隣保館は一九三五年に結成された山口県私設社会事業連盟に加盟し、[4]また社会事業法施行にあたっては山口隣保館や労道社などの他の主要な隣保館と同様、隣保事業としての届け出を行っている。[5]

三、吉見村隣保館と小河内行衛

吉見村隣保館は形のうえでは吉見村社会事業助成会の経営であるが、実質的には小河内行衛（一八七九～一九五二）による個人的事業といってよい。小河内は最終的には陸軍一等主計正（大佐）にまで昇進しているように、軍人としてかなりの出世をしたことから、すでに『現代防長人物史』(6)や一九三四年発行の『山口県史』(7)に記載がある。また母校である下関商業高校（小河内の在学時は赤間関商業学校）の同窓会報でも詳しく紹介されている。(8)だが、『現代防長人物史』と『山口県史』は吉見村隣保館設立以前に出版または編集されているから、もちろん社会事業とのつながりは書いていないし、下関商業同窓会報も、軍人としての小河内を紹介しているだけである。わずかに「現役を退かれてからは、主に郷里の吉見にあって在郷軍人会の御世話などされ、戦後は民生委員として活躍されていた」とあるが、小河内は戦前から、民生委員の前身である方面委員をつとめているので、この記述は誤りではないが、正確さに欠ける。したがって、軍人としての小河内はすでにある程度伝えられているのだが、社会事業家としての小河内はその存在を知られていないといえよう。

小河内は陸軍に入隊し、約三〇年にわたって軍人として活動した後、一九二七年の退役にともなって郷里にもどった。安穏とした生活を潔しとせず、社会貢献を考え、一九二九年五月一八日に岡枝村で開催された農繁期託児所講習会に夫妻で参加して、社会事業への関心を高めた。その講習会の内容は社会事業主事篠崎篤三による「託児事業及農繁期託児所」と山口県学校衛生主事渡辺道義による「託児事業者が要する衛生上の智識」であった。(9)講習を受けてさっそく夫人の主唱により、農繁期託児所が開設される。(10)また、一九三三年には小河内を会長とする吉見村児童愛護協会が設立され、乳幼児健康相談、産婆巡回、産具消毒、分娩具貸与等を行うこととなっていたが、実際にどの程度機能したのかは、よくわからない。(11)

軍人と社会事業とはつながりにくい感じもするが、小河内は軍人とはいっても、経理部や被服廠の勤務が長く、最後は陸軍経理学校教官であった。そのため、軍人でありながら、社会問題に触れる機会も多かった。また個人的には軍隊というものが必ずしも好きではなく、むしろ教育などに関心があったようである。

小河内は吉見村隣保館の運営だけではなく、方面委員、少年教護委員、金銭債務調停委員などの公職、あるいは神社の総代、仏教青年会の指導など地域のあらゆる役職について活躍した。また、町内会長や町内会連合会長をつとめている。[12]すなわち、社会事業家を目指したというより、地域への奉仕を考え、そのひとつとして社会事業にも関心をもったといえよう。

しかし、小河内の熱意だけで隣保館が実現したわけではない。山口県では一九三三年に社会事業指導町村として五つの村を指定して、県から吏員を派遣して指導にあたることとしたが、その一つが吉見村であった。[13]県の立場から見ても、吉見村の生活実態は放任できない状況であったのである。賀川豊彦による講演会がこの五つの村で開催されているが、小河内もこの講演会を聴講した可能性が大きい。[14]行政の方針と小河内の方向とが一致するなかで隣保館が生まれたのである。

では小河内はどのような影響や思想のもとで社会事業に取り組んだのであろうか。隣保館を小河内の名をあえて出さずに運営していることや、今さら手間のかかる社会事業などしなくても、すでに地域の名士となっていたことからすれば、事業欲や名誉欲で社会事業に着手したわけではないことは明らかであろう。小河内の社会事業への考えを知る手がかりとして、『山口県社会時報』に掲載された小河内による下記の論考がある。

①「吉見村保育事業の回顧」第一三〇号、一九三五年八月
②「方面委員令施行に際して吾人の覚悟」　第一四七号、一九三七年一月
③「兵庫滋賀両県方面事業団体視察に関する書簡」第一五〇号、一九三七年四月
④「社会事業振興に関する短見」第一五三号、一九三七年七月
⑤「吉見村軍人援護相談所の催しに就て」第一七八号、一九三九年八月
⑥「三田氏の社会事業と方面事業の異同に就ての御高説を拝読して」第一七九号、一九三九年九月

⑦「結核予防の為め先ず酒席に於ける盃の献酬を止めよ」第一八七号、一九四〇年五月

実務的な内容が多いのでこれらから思想を探るのは難しい面もあるが、方面委員についての考えがあらわれているのは②である。これは、方面委員令施行を記念した特集号で、各地で活躍する委員の発言を集めたものである。小河内はそこで「方面精神を発揮すること」「善き隣人として弱者の相談相手となること」「自己の品性を陶冶し世人の敬愛と信頼を受くること」「担任区域の社会不良は己れの責任なりと自任すること」「思想善導に留意すること」の五点を箇条書きにして強調している。精神主義に流れている感はあるが、方面委員の重い職責を自覚した発言である。具体的な展開の方法として、④にて方面事業を支えるために後援団体を増やすべきであり、それには理解者を中心に小規模な形で始めるべきで、また方面事業や社会事業を支えるために婦人会の力を使うべきだと説いている。

小河内の社会事業一般への理解として⑥では「同氏は我国社会事業の特色は隣保相扶以て上皇室の洪大無辺の御仁慈を感銘して奮起せねばならぬ云々と申されて有るは誠に至言であります、元来慈善事業でも社会事業でも、将又方面事業でも其の救助を受くる人々を物質的に救助するのみではいけぬ之を精神的道徳的に救ふことが肝要である、物質的の救助は一時的其の人々を満足せしむるのみで一円の金は一円の功をなすに過ぎずして、遂には之を受くる人々を益々堕落せしめ勤倹心を失はしむるに至る時には託児所に子供を預けて其の親達夫婦は室内に寝て居るといふ有様を見ないにも限らん」というように、素朴な精神主義を基調としていた。

小河内にとって、社会事業の情報としては『山口県社会時報』とさまざまな講習会や集会である。小河内は各種の集会等に積極的に参加していた。隣保館開設前の一九三三年一〇月二一日から二三日まで山口市で開催された社会事業指導者講習会に参加しており、そこでは社会事業界の全国的なリーダー生江孝之が講師となっている。引き続いて二五日に社会事業指導に於ける懇談会が吉見村で行われているが、これにも参加した可能性が大きい(15)。

一九三四年八月三日には隣保事業経営者懇談会で大阪市の北市民館館長としてセツルメントの理論的指導者である志賀志那人を囲んで懇談している(16)。一九三八年一〇月八日の銃後後援強化週間軍事援護普及座談会(17)、一九三九年七月五日の山

口県私設社会事業連盟総会、[18] 一九三九年一〇月二三日〜二四日の中国・四国社会事業連絡協議会への出席が確認できる。[19] 一九三九年八月二日には吉見村隣保館を会場にして、下関方面常務委員会と社会事業懇談会が開かれている。[20]
したがって、社会事業の情報を常に受け入れ、最新の動きも把握していたものと思われる。だがその情報は社会事業が行政主導のもとでファシズムの色を濃くしていく情報でもあった。小河内がそれと異質な発想をもつことは困難であり、基本的にはそうした情報に依拠して思考したと考えられる。

四、地域実践としての意義と限界

吉見村隣保館の事業ははじめから困難をかかえていた。前述のように吉見村社会事業助成会の経営とし、助成会の財源は主として地域からの寄付である。しかし、県への補助申請にて「農漁村ノ疲弊ハ助成金ノ徴収及ビ吉見浦部落ノ補助金納付共ニ意ノ如クナラサルモノアリテ経営困難ノ状況ニ在リ」と記されている。[21] そもそも地域が疲弊しているからはじめた事業であり、その財源を疲弊している地域に求めるのは大きな矛盾であった。

この矛盾を承知であえて隣保館を設立・運営したところに、地域の実情があらわれている。それでも、戦時下に銃後の体制を構築するなかで隣保事業が重視される状況になっていくが、戦後の新しい社会ではその必要性もなくなり、公立保育所として形を変えて存続することになった。しかし、小河内のリーダーシップがなければ、こうした施設が戦前の段階でこの地に生まれることはなかった。吉見村隣保館は、方面委員制度の産物の一つであるという点で、方面委員制度の成果ではあるが、しかし個人の郷土愛による奉仕を土台としたものであって、方面委員の体質である隣保相扶による裁量的な活動の枠内にとどまるものでもあった。

（本節作成にあたり、小河内行衛の三女の小河内敏子氏・明氏ご夫妻の協力をいただいた。なお、小河内の他の子どもたちは、調査

の際にすでに亡くなっていた）

注

（1）蜷川虎三「漁村と社会事業」『社会事業研究』第二二巻第六号（一九三四年六月）九一頁～九四頁。
（2）『山口県社会時報』第一二三号（一九三五年一月）。
（3）「昭和十年一般社会事業」社会課、山口県文書館所蔵戦前県庁文書。
（4）『山口県社会時報』第一三二号（一九三五年一〇月）一七頁。
（5）『山口県社会時報』第一七六号（一九三九年六月）五四頁。
（6）井関九郎撰『現代防長人物史　天』（発展社、一九一七年）三三二頁～三三三頁。
（7）『山口県史　下巻』（山口県史編纂所、一九三四年）二一九頁～二二〇頁。
（8）「『九州修学旅行日誌』を書かれた小河内行衛氏のこと」『昭和五三年度　飛翔　創立九九周年同窓会報』社団法人下商同窓会、五五頁～五六頁。
（9）『山口県社会時報』第五八号（一九二九年六月）二六頁～二七頁。
（10）ただし、吉見村の農繁期託児所は婦人会や社会事業助成会が主体となっており、小河内夫人の名は直接には記されていない。
（11）『山口県社会事業便覧』（山口県社会課、一九三五年）一八頁。
（12）『下関（下関市報）』第九八号（一九四三年六月一八日）。
（13）『山口県社会時報』第一〇四号（一九三三年六月）二四頁。
（14）『山口県社会時報』第一〇五号（一九三三年七月）三六頁～三七頁。
（15）『山口県社会時報』第一〇九号（一九三三年一一月）三七頁～三八頁。
（16）『山口県社会時報』第一一八号（一九三四年八月）三五頁。
（17）『山口県社会時報』第一六八号（一九三八年一〇月）四八頁～四九頁。
（18）『山口県社会時報』第一七七号（一九三九年七月）七〇頁。
（19）『山口県社会時報』第一八一号（一九三九年一一月）五四頁～六五頁。

(20)『山口県社会時報』第一七九号（一九三九年一一月）三四頁。
(21)「昭和十一年一般社会事業」社会課、山口県文書館所蔵戦前県庁文書。

第三章　児童への社会事業

第一節　育児事業の創設と慈善思想

一、育児施設の創設

全国的に近代初期の社会変動によって生じた棄児や孤児に対応して、育児施設が創設される。浦上養育院や福田会育児院などはきわめて早い時期のものだが、やがて岡山孤児院を生み出すことになる。

岡山孤児院が多大な業績を残し、今日の福祉に多大な影響があったのは確かであるが、それゆえに岡山孤児院の研究は盛んであり、あらゆる場で紹介され、著名な人気俳優を多数起用した映画が作成されているほどである。だが、そのためか、岡山孤児院が最初の児童養護施設だという誤解が蔓延しているようである。高校向けの文部省検定済教科書に岡山孤児院が最初の児童養護施設と明記されているのである(1)。社会福祉学界を代表する著名な研究者によって執筆・監修され、かつ文部科学省の検定を経た教科書にそうした誤りが記載される。これは、執筆者・監修者・検定官の無知や不勉強がまず批判されるべきではあるが、問題はそれだけにとどまらない。こうなってしまったのは他の施設の研究が乏しく岡山孤児院が突出して見えてしまうためでもあるだろう。岡山孤児院ほど先駆的で注目すべき実践ではなかったとしても、各地域で重ねられた実践は地味で小さなものであっても、それによって救われた子どもがいるのであり、またその小さな実践が慈善事業を認識させ、社会事業へとつながってくるのではないだろうか。

山口県でも、岡山孤児院よりは遅いものの、育児施設が次々と創設される。一八九九年には熊毛郡に無垢品真巌らにより普済院が創設され、吹田小作に引き継がれる。同年、防長婦人相愛会育児所が開設された。一九〇〇年に防長孤児院、一九〇四年に荒川道隆による山口育児院、一九〇六年には玖珂郡川下村に岩国孤児院がそれぞれ設立された。また長府においてバプテスト派の宣教師によって孤児救済が行われたという。

また、岡山孤児院に山口県からの入所が見られる。(2) このことは一方では岡山孤児院について後援をなす者が山口県にいたし、あるいは資金集めの会が山口県内で開催されることにもなった。

このうち、普済院、岩国孤児院、長府の活動については史料がわずかしか存在せず、現在ではその全容を把握することは困難であるうえ、もともとその規模も小さかった。また、山口育児院については『山口育児院八〇年史』が刊行されている。(3) この種の年史はえてして記念誌的編纂に流れて、歴史把握にはあまり役立たないことがあるが、同書は社会福祉史研究者である田代国次郎が編纂にあたり、歴史叙述の方法によって編纂されている。しかも、史料集も付され、その歴史的展開が把握できる。また、慈善事業として設置された育児施設として山口県で唯一現存しており、その歴史的意義について、院自身が語ることも可能である。

その点、防長婦人相愛会育児所と防長孤児院は廃止された反面、山口県での役割は大きかった。その役割は思想、宗教、教育など幅広い面に及んでいる。しかし、先行研究が若干あるものの、社会福祉史への位置づけは不十分と思われる。この二施設の実践と思想を取り上げたい。

二、防長婦人相愛会育児所

(一) 防長婦人相愛会育児所と赤松照幢・安子

防長婦人相愛会育児所は、徳山町（徳山市となり、周辺市町との合併により現在では周南市となっているが、ここでは以下「徳山」と称することとする）に、赤松照幢・安子夫妻により一八九九年に設立された。その事績については、すでに戦前、篠崎篤三が、『山口県社会時報』(4) や『社会事業研究』(5) に紹介記事を書いている。そのため、事績自体はそれなりに知られていた時期がある。しかし、篠崎の紹介はもはや、先行研究というより、それ自体史料となりつつある。

しかし、脇英夫による一連の研究によって、一九八〇年代において赤松夫妻の人物像や活動が明らかにされてきた。脇による赤松研究として「赤松照幢の部落改善セツルメント運動」[6]「防長婦人相愛会の携帯乳児育児について」[7]「赤松照幢研究Ⅰ－青年時代－」がある。[8]脇は、自身がかつて社会福祉に関わってきた者であるが、赤松夫妻に関連する史料を精力的に収集し、人物研究、実践研究双方から、思想や歴史的意義の解明をすすめた。

しかし、研究途上で逝去し、中断してしまった。忘れられていた赤松夫妻を掘り起こし、篠崎の紹介から実に半世紀後に社会福祉の先駆者として再評価した脇の研究は、山口県社会事業史研究の基礎となるものである。ただ、脇の関心に、山口県の社会事業全体の動きや、まして日本の社会事業の動きとの関連で位置づける視点は不明確であり、「郷土の人物」としての扱いにとどまっている。論文のいくつかは地方史研究誌に掲載されていて、社会福祉関係者に赤松夫妻を伝えきれていない。また脇は赤松夫妻という人物に傾倒している分、児童福祉や慈善思想全体への関心が高いとはいえない。

また、布引敏雄が『融和運動の史的分析』で赤松を紹介している。[9]布引はその後も、赤松夫妻に関心をよせて研究をすすめているようである。しかし、布引の関心は照幢の部落改善事業にあって、児童への活動は部落改善で示された赤松の思想や人権感覚の証左として用いられることはあっても、児童自体が研究対象ではない。

ほかに、照幢が住職をしていた徳応寺による『寺史』が発刊され、[10]また安子の記念誌が発刊されている。[11]また、周辺的な文献として、娘の赤松常子に関する文献でも、常子との関係で触れられている。[12]それらは顕彰的な視点で整理されているため、そのまま依拠することはできない。脇の関心を引き継ぎ、かつ脇が残してしまった課題を解く責任が脇の後に続く研究者の責務でもあろう。

赤松照幢・安子の近親者には著名人が多い。照幢は、歌人として、また与謝野晶子の夫として著名な与謝野鉄幹の兄である。したがって、与謝野姓であったが、赤松連城にとって安子は一人娘であったため、養子として照幢をむかえる。安子は浄土真宗の赤松連城の娘である。連城は、浄土真宗本願寺派において慈善について議論し、仏教慈善のあり方につい

て仏教界に影響を与えた人物でもある。(13)

赤松夫妻の子には、宗教学者として著名な赤松智城、無産政党から国家社会主義に転じた赤松克麿、労働運動に参加し日本社会党、後に民社党の参議院議員をつとめた赤松常子がいる。著名人の多い、いわば華麗なる一族のようにも見えるが、連城は慈善に関心を持ち、克麿や常子もそれぞれ何らかの意味で、社会の改善や弱い立場の者の救済に努力した者たちであって、一般の有名人とはやや異なる。とりわけ、照幢・安子夫妻は、自身は徳山にとどまり、全国的には無名なまま、社会事業に生きる人生であった。

また、社会事業行政を主導することになる内務官僚田子一民は山口県に勤務し、一時都濃郡長として、徳山にいた。融和運動家で社会事業家でもある河野諦円とも関係があって相互に影響しあったようであるが、赤松夫妻とも関係が深かったことが、田子による安子への追悼記からうかがえる。(14)

赤松夫妻により、防長婦人相愛会と防長積善会が結成され、相愛会には育児所が設けられて、慈善事業に本格的に取り組む。また安子は徳山女学校を開設し、女子教育にも尽力することになる。

(二) 防長婦人相愛会育児所の実践

防長婦人相愛会育児所の始まりは、乳児をかかえたまま収監される女性の子を引取る、いわゆる携帯乳児育児である。その場合、ときとして、乳児をかかえて収監される女性、あるいは妊娠した状態で収監され刑期中に出産する女性がいる。その場合、三歳までは子を共にすることができていたが、それが一歳に引き下げられる。いずれにせよ、該当年齢に達した子は、母親が養育できなくなる。その場合に、夫がいない、親族が犯罪者の子であることを理由に引取らないといった事情で、適切な引取り先がない場合もあった。また母親が出獄間近であるとしても、母親に育児能力に欠ける、あるいは常習犯であるため引取らせた場合に子が健全に養育されるか危惧されるといったケースもあった。

そうした子を引取って養育することの必要性を考え、山口監獄所から女児をひきとることからスタートした。したがって、孤児救済から始まることの多い一般の育児施設とは、当初の動機は異なるものがある。しかし、その後一般の孤児なども引受けるようになって、他の育児施設と大差なくなっていく。ただ、設立時は三歳まで監獄に共に生活できたものが一歳に引き下げられたため、一歳の子を引取ることになるため、育児に手間のかかる低年齢の子を引取る可能性が高まる。育児所といっても、一人からスタートし、一〇名にもならない小さな生活の場であった。したがってそこでは処遇が専門化するようなことはなく、家庭の育児の延長で養育がなされていた。

子どもの世話は常子の回想によれば「育児の世話は、母もしましたが、主に檀家の人で、藤井きくという年輩の親子の人が引受けてくれて、それに、やはり父母が設立しました私立徳山女学校の女生徒が、日に数名交替で、家事の実習ということで、赤坊の世話や、学習を見ていたようです」という。(15) 女学校の生徒が担うというのは、今日の感覚からすれば違和感もあるが、女学校自体が家族主義的に運営されており、その延長ということもあって、自然になされていたのであろう。

財政面でも、自給自足を目指し、女学校でつくった裁縫製品を売るなどしていた。子ども自身が野菜や草花の行商をするということもあったが、それは将来商業者となるための素地をつくったり経済思想を養うためで、募金目的ではないと安子は述べている。(16)

一九一一年に徳山女学校を訪問した留岡幸助は下記のように記している。(17)

慈恵部　元ハ携帯乳児を世話したことによれり。明治二十三（三十二の誤記）年ヨリ始めたり。普通の貧孤児を世話せり。十名乃至十五名を限士《ママ》とせり。

年一回「バザー」を開らきて、本校の出身者、同情者の寄贈を受けて売り捌く也。月約寄付、校内の一団体毎月銘々節約して月に十四、五円あり。

創立以後入院者　三十二名。乳児四人。貧孤児二十八名。出獄者二人。女子に慈善思想を知らしめんか為也。

基金　壱千円。公債証書となせり。

慈恵部年費　四百五十一円九十八（支費）。五百三十六円九十一銭三厘（収入）之ハ明治四十三年の収支決算也。

留岡は一日訪問しただけであるので、過信はできないが、内務省の立場で訪問した留岡に、赤松夫妻が不正確な説明をするはずもない。ここでわかるのは、育児院が女学校の一部門とらえられていること、女学校の教育の一環としても理解されていたこと、寄付金を集めるうえでも女学校の役割が大きかったことである。慈善活動と教育活動が一体化して展開されるようになっていた。また、小規模に展開していたことが裏付けられる。

（三）赤松照幢・安子の思想

照幢と安子はむろんそれぞれに思考し行動したのであり、セットにして考察するのは危険である。ウェッブ夫妻がセットで論じられてきたのに対し疑問が呈されているのと、[18]同じことがいえよう。しかし、夫婦として相互に影響し合い、理解し合って行動したことも事実である。全く別々に取り扱うのもまた不自然であり、理解を妨げるだろう。別人格としての節度を明確にしつつ共通の傾向を検討するのは不適切ではない。

防長積善会の趣意書は思想の基本を示す文書であろう。無署名のものであるが、設立の中心である照幢と無関係に作成されるはずはなく、基本的に照幢・安子の姿勢を反映したものである。ただ、さまざまな当時の思想や言論の影響があったはずであり、オリジナルなのかは不明ではある。しかし、慈善事業への熱意が明瞭に、しかも具体的にあらわれている。それに加え、夫妻とも積極的に言論活動を展開したため、思想をさぐることは容易である。

第一に、明瞭な社会改革的志向である。安子は「相愛会を設け育児所を開きましたのも、畢竟社会の欠陥を補うて、健全にしたいとゆう希望に外ならぬのであります。救済の目的は、社会を清らかにするにあるので、直接収容児一個人の上にはないのであります」と述べて、[19]個人の救済より社会の改良を上位に置いている。ではなぜ、育児所が社会改良になるのであろうか。安子は、感化院や免囚保護会といったものは事後的に対応するものであり、「原因に溯りて之を根治する」ことの必要性を強調した。その際、困窮した子どもが犯罪に走るほかない現実を指摘し「近来孤児院育児院等の設置漸く其数を増し、無告の窮児をして悪魔の誘惑を免れしめ、教育あり職業を知る立派なる良民たらしむるもの多しと云へども、猶全国到る所、貧児孤児の暗黒界裡に彷徨し、邪路に迷はんとするもの其数を知らず。益々育児事業の発達進歩を感ずるや深し。我相愛育児所にある彼等可憐の乳児等も、境遇の感化よりして、必ずや将来社会を汚濁ならしむるの一原素となるべきものなりしならん」と述べて、放置すると犯罪に走る可能性の高い孤児らを救済することで、社会の汚濁を防いでいるとした。[20] 仏教者は、教戒師としてあるいは免囚保護事業として犯罪防止活動に取り組んだが、より積極的な事業として育児事業が社会改良との関係でとらえられた。それゆえ、そこでいう社会の改良とは、社会変革的な意味合いではなく、むしろ秩序ある社会づくりであり、その社会を支えうる人物の養成である、だから、安子は教育にも取り組むことになる。感化院の子どもは家庭教育の誤りの結果であり、家庭教育のためには女子教育を充実させなければならないとする。照幢もまた、やがて部落差別によって劣悪な生活を強いられた人々の救済を願い、地域を改善すべく活動することにもなるが、それも社会改良への志向があって可能になったことである。

第二に、人間を全体として長期的に見る視点である。育児事業は目前の孤児をとりあえず救済するという緊急避難的性格をもつが、そこにとどまってはいなかった。安子は慈善には「竪に長く続くものと、横に広く及ぶもの」の二種類あるという。前者は孤児院や養老院であり、後者は災害救助などである。後者のほうが比較的容易だという。前者の運営は困難ではあるが、その利益は長期に及ぶ。養老院は将来への利益は大きくないが、過去に社会に貢献した者の生活を守ることは若い者や資産家の義務だとした。「人生れて幼きに孤児となる不幸の大なるものなり。老いて飢餓に苦しむ、実に薄命の極といふべきなり。之をして其始に於て教育宜しきを得て、自活独立の人ならしめ、終りには慰撫宜しきを得て、悠々安静にして此世を去らしむ」と述べている。[21] 今日でも、児童福祉、高齢者福祉等、年齢によって、区分され、また資格も保育士、介護福祉士と分かれ、それにはもちろん合理的な面もあるのだが、とかく、児童福祉分野の人は児童期にのみ焦点をあて、高齢者福祉の人は高齢期のみ考えるという傾向がある。高齢者の問題がそう深刻でもなかった時期にすでに、全生涯を考慮した慈善の体系を考慮していたのである。

第三に、自立への志向である。「如何に貧しくとも、働かるゝ人は救ふには及びません」「乞食者への施与。壮年の者には与ふるには及びません」と無分別な施与は否定した。[22] それだけ、感化院のような自立支援志向の事業には関心が高い。田子一民によると安子は「山口県に女子の感化院の無いのは痛恨事」と述べている。[23]「吾人は働くべき手足を持ち居るに、之を使はずして、遊手徒食するは、実に天職に背くと云ふべく、大に恥ずべき事」とし、[24] 女性の労働についても「中等」以下の生活をする者のみが働くというのではなく、階層にかかわりなく何らかの社会貢献をすべきことを説いている。

こうした思想の背景として、石井十次との交流に注目すべきであろう。「石井十次日誌」によると一九〇五年八月一日に石井は徳山を訪れ、赤松照幢と女学校で面会した。[25] 翌二日にも午前九時から午後四時まで談話した。一九〇七年には照幢が来訪し、夕食を共にした石井は「本日の赤松師の来訪は決して偶然にあらざることを感ぜり」と記している。[26] 常子は「岡山の石井先生のしていられる有名な孤児院の話を、よく父や母がしてくれました」と述べており、[27] 夫妻にとって岡山孤児院は大きい存在であった。ただ、岡山孤児院を理想視していたわけではない。「岡山孤児院は全国で最も大きく最も成功したものといはれて居りますか僅かに八百人か千人の孤貧児の為に、必死の力を以て、運動を為し、数組の音楽隊を常に全国に放ち、時には遠く朝鮮支那迄も遠征に及び、口を酸くし、声を嗄らして、人心を鼓舞し、人の同情心慈善心を激励して居るけれども、中々思ふ様に世の同情を得ることが六か敷いではありませんか。これは、私は、其やり方が不自然であるからだろうと思ひます。即ち、或る特種の人が、他の大勢の人の子を一処に集めて、そしてそれを教養しようよいふ計画其物が、頗る不自然であり、そこに多少の無理がある」として、[28] 岡山孤児院の大規模化、専門施設化を批判している。「少し財産がある家では、我が相愛会の様に、五人十人二十人以下の人を世話するのは何でもない」というように、日常の延長での孤児の世話を構想している。したがって相愛会の規模を拡大するようなことは想定されていない。安子も「数十人百人相集りて起居すれば自ら一種の孤児院風を生じ、精神及挙動に付ても、通常の家庭に異る点あるは、勢免るべからざることとなるべし。故に多数を収容せる孤児院に於ては、種々方法によりて、成るべく普通の家庭的生活風に近づかしむるやうの注意を怠らざるなり」として、[29] 大規模施設の弊害を指摘している。

娘の常子は「基督教の牧師もよく出入りして居られました」と述べており[30]、成長して上京した常子は賀川豊彦のもとで活動したこともある。常子の言動からみても、夫妻がキリスト教に対して、否定的ではなかったことが読み取れる。

こうした思想は、照幢による被差別部落での活動によって、より具体的に展開されることになる。徳山西部の被差別部落に入り、保育所の設置などを行った。育児院はなくなっても、社会問題の根本的解決を目指す地域への実践に活動を広げていったのである。

三、防長孤児院

（一）防長孤児院の先行研究

防長孤児院は一九〇〇年に進藤端道によって長府町の覚苑寺内に設立された。覚苑寺は黄檗宗の寺院であり、進藤は黄檗宗の主要人物でもある。黄檗宗は仏教諸派のなかでは規模が小さい。全国的に見ても、防長孤児院は黄檗宗関係の唯一の慈善事業であった。浄土宗、浄土真宗、日蓮宗といった主要な宗派は自派系の大学に社会福祉学科があり、自派の社会事業を掘り起こすことができるし、たとえば『仏教福祉に生きる』[31]『近代浄土宗の社会事業』[32]といった成果も出ている。しかし、進藤はそうした形で扱われることはなく、防長孤児院も、重視されてはいない。

防長孤児院の先行研究については、松本れい子による「山口県社会福祉史の発掘・形成プロセス」が特筆されよう[33]。松本は院報『同情』を発見して、『同情』を基礎史料として、防長孤児院の実践の概要を研究し、財政、設備、行事などを明らかにしている。当時、施設史の研究蓄積は乏しく、特に山口県での社会事業史研究が皆無に近い状況であったことからして、画期的な研究であったといえよう。しかし、それ以外の史料についてはあまり集められておらず、進藤の人物研究もなされていない、また、山口県ないし全国の動きのなかでの防長孤児院の位置づけもなされておらず、完成した研究というより、研究の出発点となる水準である。だが、松本がその後研究を中断してしまって、深められないままである。

また、藤井正樹「防長孤児院と老志士」[34]や岩田昴「進藤端堂略伝」[35]がある。岩田にはほかにも、進藤に随想風に触れたものがある[36]。いずれも、人物研究であり、進藤の宗教者としての姿を描いていて興味深く、護教的関心にとどまらず、進藤の姿を近代の動きのなかで捉えようとしている。しかし、両者とも社会福祉研究とは無関係であるため、肝心の防長孤児院については史料の紹介にとどまっていて、実践の意義に踏みこむことはできていない。基礎文献として有用ではあるが、福祉実践との関係では、先行研究と位置づけられるものではない。したがって、松本が集め切れていない史料を使い、松本が触れられなかった点を中心にして、防長孤児院を分析する必要性はなお強く残されている。

長府では明治期にバプテスト派の婦人宣教師による孤児救済が行われたことがある。そこから影響を受けた可能性を藤井は指摘している。そうだとすれば、進藤はキリスト教慈善から一定の影響を受けたことになる。

進藤は一九二四年の社会事業功労者として表彰されており、山口県社会事業協会の創設初期からの評議員であり、山口県を代表する社会事業家と目されていた。第二回山口県社会事業大会の決議の起草委員もしている[37]。長府町は、町営の隣保施設の設立、公益質屋など、社会事業への取り組みが目立つが、進藤がその基礎を築いたといっていいだろう。

(二) 防長孤児院の創設と実践

進藤は一八六二年に生まれ、幼少時に父を失ったため、寺院に預けられて僧侶の道を歩み、黄檗宗総本山万福寺で修行した。一八九三年に静岡県の寺院の住職となったが、一八九八年に覚苑寺の住職に任命された[38]。防長孤児院設立の経緯について『防長教育』の記事に詳細な記事が掲載されている[39]。それによれば次のような事情であった。進藤は仏教振興策を考えていたが、覚苑寺住職を任じられた際に、理想の孤児院を創設することを考えた。頼母子と慈善市を開いて得た資金で孤児院を設立した。慈善市を開く前からさっそく孤児の養育を余儀なくされるようになった。次々と申込者があり、たちまち一五名に達した、というのである。第三者の記述でありそのまま受け取れないが、仏教実践の具体化としての孤児院であった。

方針として、院示四則を定めた。一、仏祖の遺訓に則り四恩に報答せよ、二、玉の如く其の徳を修め鏡の如く其の智を磨け、三、年長に従順にして朋友に従順なれ、四、身を健にして国家有用の人となれ、である。[40]そこでは、仏教を土台とした人格形成を志向しつつも、立身出世的発想も見て取れる。

学齢に達した子どもは、町立小学校に通わせた。ただ、進藤は孤児を対象にした「博愛小学校」の設置を構想していた。山口県内の高等小学校の全生徒から一年一回一銭を集めれば五年で二〇〇〇円集まるのでそれで小学校が設置できるというのである。[41]趣意書を作成して高等小学校に配布したというが、机上の空論の感は否めず、実現することはなかった。また、必ずしも院内で養育するのではなく、里親への委託をしていた。これが積極的な意図か、あるいは現実に孤児院では養育しきれないためか判断できない。

義務教育を終了した場合、他家に委託、就業独立、父母親族に引渡し、のいずれかとした。しかし、基本的には実業による自立を目指しており、その手段として陶器工場を設置した。「実業的ニ経営方針ヲ執ルベク」とされ、運営の経費をまかなうとともに、自立も目指した。[42]しかし、一九二一年五月の豪雨によって崩壊し、中止を余儀なくされた。退院者については連絡を常時保ち、所用がなくても手紙などのやりとりをすることとなっていた。

院報として『同情』を発行していたように、地域や関係者との連携を考慮した。それには、経営的な問題があった。覚苑寺は長府毛利家によって創設された名刹とはいっても、進藤が住職になったときには住職がおらず、寺も荒れていたといわれているほどで、檀家は決して多くはなく、孤児院を人的にも財政的にもバックアップできる状態ではない。孤児院の経営には厳しいものがあった。そこで下関市内に賛助会員を集め、慈善米を集めた。[43]会員集めのため、豊浦郡内を巡回する試みも行った。特別会員正会員一〇〇名、賛助会員七〇〇名とされ、なかにはかなり多額の寄付をする者もいた。

山口県文書館所蔵戦前県庁文書に「棄児養育米下渡願ノ件」が残っている。[44]孤児院側は長府町役場から委託されて棄児を引取ったものの、救助米が中止され、米価高騰によって困難になっている実情が綴られている。京都の百貨店で書画の陳列即売をしているがその際「斯道経営は世間の観るが如く単純ならず一方に孤児の教養を計ると共に一方には事業費の造出を企てざるべからず即ち外交と内務に於て其宜しきを得ざれば遂に功を奏せず」と述べていたという。経費を確保しなければ子どもたちを思うように養育できない苦労があらわれている。

資金を集めるための慈善演芸会を開催している。一九〇八年三月の設立趣意書が残っているが、[45]「漸く其発展を見るに至りましたのは、偏へに諸士の篤き同情に頼るものと信じます、向後一層奮起以て各位の与望に副はんことを期する覚悟であります」とし、多数の発起者をそろえて、二日にわたって開催を予定した。そのほか、托鉢をするなど、さまざま方法を利用して資金を確保していく。

公的な資金としては内務大臣の選奨によって助成金を下付された。天皇からの内帑金を得た。県からも補助を得て、不十分ながら、一定の資金を得るようにはなる。しかし、こうした資金を得られるようになってきた頃には子どもの数も少なくなり、結局、一九二二年に廃止する。

松本は、廃止の理由として、入所児の成長、山口県に二つの孤児院は必要ないとの考え、棄児の減少、陶器工場の崩壊とそれによる経済的行き詰まりの四点を挙げている。筆者も基本的にこれらが理由のかなりの部分を占めていると考える。[46]

「院児ノ成長スルニ従ヒ、或ハ独立自営ノ途ニ就キ、漸次退院シ現今ハ僅ニ四五名ヲ収容スルニ過キス。院務極メテ閑散ナルヲ以テ、毎年下付ヲ受ケタル奨励助成金ノ如キモ、進ンテ院自ラ之ヲ辞退セリ」と報告されている。[47] 一九二一年一〇月の『黄檗宗報』の記事では、一一人在籍になっているが、年齢別に見ると、一八歳以上が七人であり、それ以下は四人である。うち一四歳未満が二人にすぎない。[48] 当時の義務教育年限からいって、保護が必要なのはこの二人であり、もはや施設の体をなしていない。かつて苦労して集めた財源も、自分から放棄するほどであるから、開店休業になりつつあったのは明らかである。

ただ、皇室ほかさまざまな支援を受けたこと、また社会事業の成立期にあたって行政の支援がある程度期待できる状況であったことなどを考えると、消極的理由だけで廃止の決断をしたとも考えにくい。進藤は社会事業から手を引いたわけではなく、釈放者保護事業に着手していく。つまり、社会変動のなかで救済の主要な対象が変化していくなかで、形式的には孤児院の廃止と釈放者保護事業の本格化という変化があったものの、その時代の最底辺の人を救済するという点では一貫した姿勢であり、つまり発展的解消とでもいうべきものであったのではないだろうか。釈放者保護事業では建物を建てて保護するなど活発に活動するし、社会事業界での活動も続く。孤児院の廃止はマイナスのものではなかったのである。

豊浦郡連合仏教団による釈放者保護事業は形式的には郡内仏教団の連合組織であるが、実質は進藤が推進した。また、人事相談所を行うと同時に、共同宿泊所を構想した。人事相談のなかで、解決の困難な、あるいは当面宿泊させて保護するしか方法のないケースのあることを具体的な事例を出しつつ説いている。宿泊所といっても、単なる泊まる場所ということではなく、娯楽設備をもち、特に精神教化の場としての面を強調している。積極的な社会事業を構想していた。

(三) 進藤端道の思想

進藤はまとまった著作を出版したわけではないので、赤松夫妻に比べ、その思想を捉えることは簡単ではないが、それでも断片的には社会事業誌や黄檗宗の発行物に執筆したものがある。

キリスト教への姿勢には複雑なものがある。前述のように、孤児院自体がキリスト教の活動の影響の可能性がある。里親に支払う費用が岡山孤児院と同じ金額であり、それが偶然とは思えず、岡山孤児院の情報を得ていたと考えられる。また、当時、長府や下関では岡山孤児院による慈善会や音楽幻燈隊の巡回公演が何度も行われており、進藤がそれについて知らなかったはずはない(49)。

寺の芳名録に原胤昭、石井十次、生江孝之の名があり、キリスト教社会事業家を招きいれている。もっとも、原と生江は内務省嘱託であることからの訪問かもしれないが、少なくとも石井と面会したことは、キリスト教慈善から学ぶ姿勢を持っていたと考えられる。また、感化救済事業講習会に参加しており(50)、そこで、キリスト教慈善事業家による講習を聞いたはずである。また、留岡幸助も一九一三年四月一日に訪問している(51)。これは内務省嘱託としての訪問ではある。しかし、留岡の日記は事実を記しているだけではあるが、記述内容は多く、関心をもって接したと考えられ、留岡と進藤がかなり突っ込んだ意見交換をしたことが推察される。

しかし、一方で進藤はキリスト教に厳しい見方をもっていたことが『山口県社会時報』掲載の論考から伺われる。[52] この論考は直接には仏教の奮起を促すものだが、その理由としてキリスト教への批判をしている。進藤によれば、末吉という者が山室軍平や宮川経輝に不当に扱われた結果として、罪を犯したというのである。根拠は新聞報道であるが、末吉にのみ依拠した一方的な話であり公の場で非難する材料としては根拠が不十分である。山室が社会事業で活躍していたことは、社会事業に関心の深い進藤は当然熟知していたであろう。また宮川は熊本バンド出身の著名な牧師であり、その意味で日本のキリスト教を体現する人物として理解されていても不思議ではない。それでいて、その両者を引き合いに出すのは、キリスト教への強い敵意を感じざるをえない。

進藤は乃木希典に愛着をもっており、戦時下には乃木についてのラジオ放送をする機会もあった。[53] 乃木はいうまでもなく陸軍大将として知られ、ことに日露戦争の旅順攻防戦の指揮を執り、その軍事的評価をめぐっては今なお論争がある。また明治天皇の死去に際して自決し「殉死」した。乃木は、出生は江戸であるが、長府藩士の子であり、長府が出身地といってよい。乃木神社や旧家など乃木関係の旧跡は現在でも長府の観光名所である。国民的英雄であった乃木を出身地の者がことさら愛着をもつのは当然であろう。しかし、乃木と進藤との関係は単なる郷土の偉人への尊敬を超えたものであった。寺院内に乃木の銅像を建て、現存している、修学旅行生が、長府に乃木の銅像がないと話しているのを聞いて思い立ったというが、進藤ないし覚苑寺には決して簡単ではない事業であった。しかし、やりとげていくところに、並々ならぬ思いが読み取れる。

乃木との関係は、施設運営での直接のメリットもあった。乃木は孤児院を訪問したこともある。オルガンを寄贈し、孤児院ではそれに「奉天」という名をつけ、大切に扱っていた。山口県内務部庶務係の文書には「防長孤児院へ寄付ノ件」というものがある。[54] そこでは「北米合衆国ワシントン州シャトル市日本人基督教婦人矯風会長発議により故乃木夫人の淑徳を慕い夫人の記念のため」とのことで寄付がなされている。

進藤にとって、乃木は国家を体現する存在であった。乃木と自己とを同一化し、児童の自立も国家への貢献として考えられたのである。院則における「国家有用」の人物を目指す姿勢にも共通するものがある。

しかし、大物だけを志向していたわけではない。芳名録には、地元の教育、行政関係者など幅広い人物の名が書かれている。また、大西良慶といった仏教関係者との交流が確認できる。覚苑寺は、長府のなかでも奥まった場所にあり、決して交通の便がいいわけではない。それにもかかわらず、多数の幅広い訪問があるのは交友関係の広さと人望を示すものであろう。そうした幅広い交友からの影響もあったと思われるので、乃木との関係も過大評価はすべきでない。

一方、進藤は「朝鮮三事業」を構想するようになる。(55)「三事業」とは「朝鮮仏教徒の啓発的指導及鮮人指導」「黄檗宗寺院の建立」「防長孤児院附属農園の経営」である。先の二つは宗教的な問題なので深くは触れないが、韓国併合というなかで、それを前提とした仏教による朝鮮人教化の試みである。「防長孤児院附属農園」は、類似の構想が他の施設にも見られることから、非常にオリジナルな構想とはいえないかもしれない。岡山孤児院が宮崎に自立の場をつくろうとしたことに影響されたことも考えられる。いずれにせよ、進藤の場合、単なる構想ではなく、「農園は此法輪山を去ること約二十丁にして慶和洞と云ふ鮮人町《ママ》の山手造川里にありて鞠岡農園と称し約二十町歩の土地を有す、目下開墾中に属するも大正四年の秋よりは多少の収穫ある筈にて法輪山大悲閣に在住する院生は他日此農園に移す考」とされ、場所も確定して、かなり具体的に動きだしていた。ただ同時に、困難のあることは隠さず、「大徳と篤志家の出るのを期待するの外はない」として、経営上の問題のあることを示唆している。事実、本格的に展開されることなく終わってしまった。

批判的にとれば、朝鮮侵略に孤児を利用しようとした、ということになろう。確かに、他の二事業にみられるように、日本の朝鮮支配を疑わず、そこに乗っていく姿勢がなければ、不可能な構想である。ただ、進藤にはそういう政治的な意図は大きいものではなく、基本的には子どもの自立を目指していくものであった。農園を確保する場が国内にはせいぜい北海道くらいしかなく、山口県と北海道の地理的な距離や気候の違いを考えれば現実的でない。地理的に近い朝鮮を構想したのは、やむをえない面がある。

「三事業」は孤児の生活環境を劇的に変えることで、孤児を取り巻く社会的排除や生活困難を一挙に解決する構想であった。孤児院を緊急的な救済施設とするのではなく、永続的な人材養成機関として整備しようとする意欲がうかがえる。しかし、肝心の防長孤児院が閉鎖に向かうなか、立ち消えになっていく。

四、防長相愛会育児所と防長孤児院の共通点

両施設には、共通の性格が目立ち、それは両施設の偶然の一致ではなく、山口県の慈善事業の特質であり、社会事業発展への影響があったといえよう。第一に、いずれも仏教主義であった。一般に、慈善事業期の育児事業としては、キリスト教の多さが指摘され、生江孝之の『日本基督教社会事業史』では統計まで出して、強調している。[56] しかし、山口県では、両施設だけでなく、他の施設も仏教との関係が深い。県社会課長の熊野隆治は仏教関係者が社会事業の着手することを求めている。地域の課題としての孤児の問題に対処しうるのは仏教であった。以後、社会事業の発展のために常に仏教者の奮起が求められていく。

しかし、それはキリスト教を排除することではなく、むしろ多大な影響を受けていた。両施設とも石井十次と接点があるなど、キリスト教の先行実践を摂取する姿勢だったといえよう。吉田久一の記述をはじめ、先行したキリスト教慈善への仏教の対抗という観点がみられる。筆者は広く全国の仏教慈善を知っているわけではないので、吉田の理解を否定することはできないが、少なくとも防長相愛会育児所と防長孤児院は、キリスト教への対抗という発想はそう強いものではなく、むしろ吸収していく対象であった。

第二に、両施設とも育児事業は廃止することになるが、後ろ向きの行為ではなく、次の新たな課題へ挑戦する意図があった。赤松は被差別部落での隣保活動であり、進藤は釈放者保護である。いずれも当時激しい差別を受けた人々への支援である。孤児が生み出された時期には児童へ対処しつつそれが一段落したら、深刻化した課題へと転じていく。常にその

時代に求められたことを追い続けたのである。

第三に、国家への貢献の姿勢である。社会問題解決の目的は国家の課題の解決であり、国家への貢献を志向した。進藤においては乃木を媒介にして深められるばかりであり、赤松も乃木ほどでないにしても国家が意識されている。赤松克麿が無産運動から結局国家社会主義に転じていくなかに、赤松の影響はなかったであろうか。

両施設は、先駆的実践によって、山口県社会事業の形成を準備した。施設自体はなくなったとはいえ、一九二〇年代以降に県内に展開した諸活動の基盤としての機能を持ち続けたといえよう。

（本節作成にあたり、覚苑寺の浜田光明氏より、聞き取りや資料提供などの協力をいただいた）

注

（1）『社会福祉基礎』（実教出版、二〇〇四年）八七頁。

（2）『石井十次日誌』の巻末に「岡山孤児院収容児一覧表」が掲載されており、道府県別の人員がわかる。

（3）『山口育児院八〇年史』（山口育児院、一九八四年）。

（4）竹頭生「社会事業僧赤松照幢」『山口県社会時報』第四報（一九二四年五月）七頁。

（5）篠崎篤三「布施及布施行の近代化者赤松照幢師及夫人安子を伝ふ」『社会事業研究』第二二巻（第一一号～第一二号、一九三四年一一月～一二月）。

（6）脇英夫「赤松照幢の部落改善セツルメント運動」『山口県地方史研究』第五二号（一九八四年一一月）。

（7）脇英夫「防長婦人相愛会の携帯乳児育児について」『福祉の広場』第一三号（一九八五年九月）。

（8）脇英夫「赤松照幢研究Ｉ－青年時代－」『徳山地方史研究』第七号（一九八六年三月）。

（9）布引敏雄『融和運動の史的分析』（明石書店、一九八九年）。布引は、二〇〇四年五月一日に徳応寺で「赤松照幢の社会事業とその評価」と題する講演を行い、詳細なレジュメを作成している。

（10）『寺史』（徳応寺、一九九二年）。

(11)『白梅』(元徳山女学校同窓会、一九六三年)。
(12)『雑草のようにたくましく』赤松常子顕彰会、一九七七年。
(13)高石史人「赤松連城の慈善観」『龍谷大学論集』第四三〇号(一九八七年四月)。
(14)田子一民「故赤松夫人を憶ふ」『清淑院全集』(金蘭会出版部、一九一五年)。
(15)赤松常子「みなし児らとともに育ちて」『白梅』一七頁。
(16)『清淑院全集』一八七頁。
(17)『留岡幸助日記　第三巻』(矯正協会、一九七九年)三三二頁。
(18)金子光一『ビアトリス・ウェッブの福祉思想』ドメス出版、一九九七年、八頁〜九頁。
(19)赤松安子「育児所のこと」『白梅』二頁。
(20)『清淑院全集』一四五頁。
(21)『清淑院全集』一六〇頁〜一六二頁。
(22)『清淑院全集』一六三頁。
(23)田子一民「故赤松夫人を憶ふ」『清淑院全集』一八頁。
(24)『清淑院全集』一三九頁。
(25)『石井十次日誌(明治三十八年)』(石井記念友愛社、一九七一年)九七頁。
(26)『石井十次日誌(明治四十年)』(石井記念友愛社、一九七七年)一五七頁。
(27)赤松常子、前掲稿『白梅』一九頁。
(28)赤松照幢『土曜講話　第壱集』二二頁。
(29)『清淑院全集』一八四頁。
(30)赤松常子、「育児所のこと」『白梅』一八頁。
(31)大正大学文学部社会福祉学科編『仏教福祉に生きる』(大正大学出版部、一九八四年)。
(32)長谷川匡俊編著『近代浄土宗の社会事業』(相川書房、一九九四年)。
(33)松本れい子「山口県社会事業の発掘・形成プロセス－防長孤児院成長プロセス－」『福祉の広場』第八号(一九八〇年)。

(34)藤井正樹「防長孤児院と老志士」『山口県地方史研究』第七四号（一九九五年一〇月）。
(35)岩田昴「進藤端堂略伝」『黄檗文化』第一二三号（二〇〇四年）。
(36)岩田昴「蝶介の『生活日誌の一面』」『吾妹』第八一三号（一九九八年一二月）。岩田「進藤端堂のこと」『吾妹』第八四九号（二〇〇四年三月）。
(37)「第二回山口県社会事業大会記事」『山口県社会時報』第二二号（一九二六年四月）一八頁。
(38)進藤の略歴については進藤の子によってまとめられた覚苑寺所蔵「自慢したい父の思い出」という手書きの文書による。
(39)「防長孤児院現況一班（一）」『防長教育』第二〇号（一九〇四年一月）八頁。
(40)『仏教徒社会事業大観』（仏教徒社会事業研究会、一九二〇年）一六一頁〜一六二頁。
(41)「防長孤児院と教育施設」『防長教育』第二八号（一九〇四年五月）七頁。
(42)『黄檗宗報』第六号（一九二一年一〇月）三頁
(43)「防長孤児院現況一般（四）」『防長教育』第二三号（一九〇四年三月）八頁。柳井市金屋の小田家文書（山口県文書館所蔵）のなかに、防長孤児院の特別会員としての「表彰」と題する証書が残されており、県内の遠方にも会員を獲得していたことがうかがえる。
(44)「明治四十四年至大正二年十二月窮民救助付棄児」山口県文書館所蔵戦前県庁文書。
(45)「坂本家文書」下関文書館所蔵。
(46)松本れい子「山口県社会事業の発掘・形成プロセス–防長孤児院成長プロセス–」『福祉の広場』五一頁。
(47)『山口県社会事業紀要』（山口県内務部社会課、一九二四年）八九頁。
(48)『黄檗宗報』第六号、三頁〜四頁。
(49)安東邦昭「明治期の関門北九州地域における岡山孤児院による慈善活動」『北九州市立大学大学院紀要』第一八号（二〇〇四年三月）。
(50)家族によって書かれた「父上の履歴書」と題した年譜の「明治四十二年」に「内務省主催感化救済事業講習会へ出席五月一日付を以て内務大臣より講習証書を受く」と記載されている。
(51)『留岡幸助日記　第二巻』四八九頁〜四九〇頁。

(52) 進藤端堂「波部末吉の犯罪始末を伝え仏徒の自発的奮起を要望す」『山口県社会時報』第一一号（一九二五年六月）。
(53)「昭和十八年九月十三日午前六時半小倉放送局に於て乃木将軍を偲ぶ」と題した覚苑寺所蔵の原稿。
(54)「大正二年雑件」山口県内務部庶務係、山口県文書館所蔵戦前県庁文書。
(55) 進藤端堂「朝鮮に於ける三事業」『瞎驢眼』第四三号（一九一四年七月）。
(56) 生江孝之『日本基督教社会事業史』（教文館、一九三一年）一四四頁。池田敬正は『日本社会福祉史』（法律文化社、一九八六年）三四三頁で、これを表にしている。

第二節　児童保護事業

一、児童愛護運動の発展

児童の大半は、一般の家庭で生活をしているのであり、その一般家庭で児童に対して適切な対応をしなければ、児童保護は実現しない。一般家庭にて児童への関心を高め、適切な知識を普及させるため、比較的早くから取り組まれ、しかも長期的に継続・発展したのが、児童愛護運動であり、それは児童愛護デーという形で具体的に展開する。

山口県での児童愛護デーは一九二三年五月五日に山口町で各種団体によって「山口町児童愛護デー」として実施されたのを嚆矢とし、本格的に全県的な規模で実施されるのは一九二四年である。(1) 主催は山口県児童愛護連盟（以下、児童愛護連盟と記す）である。児童愛護連盟は山口県医師会、山口県歯科医師会、山口県教育会、山口県神職会、山口県連合仏教団、日本赤十字社山口支部、愛国婦人会山口支部、山口県社会事業協会という、山口県での医療、教育、社会事業の団体を広く集めて結成された。一九二七年には山口県薬剤師会も加わった。(2) もっとも、同連盟は「児童保護ノ必要ヲ高調シ児童愛護観念ノ普及徹底ニ努ムルト共ニ之ニ伴フ施設ノ促進ヲ以テ目的トス」と目的を高らかにうたっているが、実態としては、児童愛護デーの開催が事実上唯一の活動であり、児童愛護デーを催すためだけの、にわかづくりの組織である。実務は、社会事業協会ないしそれと実質的には一体である県社会課が担っていた。

この児童愛護連盟の主催のもとで、児童愛護デーが開催されていく。趣旨として社会課の熊野隆治は、乳児死亡のほか、「労働児」「盲唖児」「不良少年」の問題などを指摘し「現在の社会は事実に於《ママ》と真に児童を愛護して居ると言へぬ。愛護デーは確に其の社会的自覚を促さうとする一大運動」としている。[3] 標的として、児童死亡率の減少、特殊児童救済、児童尊重観念促進、家庭教養知識普及、児童愛護設備整斎を掲げている。この段階では、乳幼児死亡も強く意識はされていたものの、それにとどまらず、広い視点での児童愛護が構想されていたといえよう。

本来は五月五日からの三日間であるが、一九二四年に限って衆議院選挙のために延期され、五月二五日からの三日間とされた。『山口県社会時報』の第四報は、銘打っているわけではないが、児童愛護関係の論考が大半で事実上児童愛護特集となっている。

同趣旨の「乳幼児愛護デー」が中央社会事業協会主唱のもとで全国的に取り組まれるのは一九二七年からであるから、先駆的な活動だったといえる。なぜ、山口県では、より早く取り組むことになったのか。その一つの手がかりとなるのが、この時期『山口県社会事業紀要』の付録として『児童保護に関する調査』と題して発行された冊子である。[4]『調査』といっても、自ら調査を実施したのではなく、『山口県統計書』や『日本帝国統計年鑑』などの既存のデータを編集し直しただけなので、掲載されている個々の統計自体は既知のものにすぎない。しかし、妊産婦死亡、産婆、死産、私生児、乳児死亡など、児童に関する幅広いデータを収集し、また県内の郡市別の細かいデータの一方で、全国のデータ、さらには海外のデータまで掲載され、しかもカラー刷りのグラフが豊富に使用されるなど、工夫がこらされている。山口県の児童の実態が、全国あるいは国際的にも比較できるという内容になっている。統計の出典がはっきりしないなど、文献の水準としてはお粗末な面もあるが、児童の実態把握とそれの普及への意欲が感じとれる。すなわち、そこでは山口県にとって決して名誉ではない情報をあえて明確に示すことによって、問題への対処の重要性や緊急性を訴えているのである。当時の社会課やその周辺に熊野隆治、篠崎篤三、姫井伊介といった、社会事業の発展に高い熱意をもつ人材がいたこともあって、児童保護を必要とする山口県の現実への問題意識が急速に高まっていたといえよう。

また児童愛護連盟では児童愛護の標語を募集し、「体まるまる、心もまるう」「小児、子宝、大御宝」「家の光はよい子供、国の光もよい子供」といった標語が入選している。[5] また作文の懸賞も募集され、「恐るべき子供の病気」「坊ちゃん教育」と題したものが入選した[6]。それなりの意欲的な姿勢をもって、運動に着手したのである。

児童愛護デーを実施するためのマニュアルを記載した冊子が一九二五年に社会事業協会より発行されている。これによって、創設期に児童愛護デーをどう構想していたか把握できる[7]。そこでは児童愛護運動について「親達をして、真に其の愛育の精神を知らしめ、知識を得せしめ、一方、識者要路者をして、児童愛護に関する社会的、文化的施設の時代的要求に応ぜしめん」とし、その運動の中心として児童愛護デーを位置づけている。「標的」として、児童愛護観念の涵養、児童教養知識の普及、児童死亡率の減少、虚弱児童又は不遇不具《ママ》児童の保護救済、児童福利施設の整備、母性尊重観念の扶植、母体保護事業の奨励を挙げている。すなわち、幅広く児童に関連する諸問題に取り組もうというわけである。

主催者はなるべく市町村とし、そこに各種団体が参加することが好都合とされている。関係者として、師範学校、女学校、小学校、幼稚園、託児所、教育会など、児童関連の機関はもちろん、報徳会、婦人会、処女会などの地域団体、医師、看護婦らの医療関係者、図書館、博物館、新聞社など、広く設定されている。ただ、山口県が発行した冊子『本県婦人団体の発達』では婦人団体への期待が強く示されている。「爾来婦人の自覚と、婦人団体との活動に依りて、益々優良の成果を収むる」と述べたうえ、県内の児童愛護デーの実績等を掲げており、組織力と時間的余裕をもつ婦人団体への期待は相対的に大きかった面もあろう[8]。

開催単位は市町村である。開催日は五月五、六、七日を定日としたいとしている。ただし、三日間やるとは限らず、そのうちの任意の一日を選んだり、小学校通学区域等を単位にして一日ずつ巡回する方法もある。

行うべきことは、ビラ撒きやポスター掲出などの宣伝と行事である。行事として、児童愛護講演会、乳幼児選奨、児童健康診察、口腔診察、児童相談、婦人相談、飲料品試験、児童愛護展覧会、児童図書館、児童博物館、児童談話会、活動写真会、児童慰楽施設などが掲げられている。健康や医療に関することと児童を直接対象とした取り組みが主なものである。家庭でも祝福の行事として餅をつくったり、神社などに参拝することを求めている。経費は主に市町村の支出を求めている。

実際に行われた初期の児童愛護デーのうち、長府町について、若干の史料が残っている。(9) 長府町では一九二四年には七月に実施している。この年は長府町以外でも所定の時期以外に実施した市町村がある。長府町での案内では下記のように記されている

「子宝」と申しますが、実にその通りで、子供は「家の宝」「国の宝」であります。之を大切に育て之を善良に教へて行かねばなりません。それは親の義務であります。他人の子供に対してさへ、誰もがそれを尊重し保護しなければならぬ義務を有ちます。児童愛護デーは、子供をもつと尊重し、強く育て賢い良い子供にするための大人の反省日であり決心日であります。本県では五才までの乳幼児の死亡が一年平均殆ど六千に達するといふことです。その中でも豊浦郡は殊に多いといふ話です。長府だけでも昨年の調べによれば六十九人の多数に上って居ります。これを聞いた丈でも児童の育て方に一層の注意を加へる必要があります、児童愛護デー開催の必要があります。

データらしき数字を出す一方で、情緒的に大人の責任を強調している。また手書きの形態で文面もさらにくだけた案内も用意されており、そこでは、児童個々の実態に応じた愛護デーの意義も説いており、積極的に勧誘する姿勢がうかがえる。

長府町の史料には児童愛護連盟による「選奨審査票」もあり、そこでは出生の順位、分娩時・産褥時、母体の健否、生存兄弟数、安産度、父母の年齢、父母からの遺伝、父母の飲酒、父母の結婚関係が血族か他人か、保育の場所が生家か養家か里子か、乳児期の栄養が母乳・人口栄養・乳母乳・混合栄養のいずれか、既往症、体重、身長など身体的データを書き込むようになっており、愛護デーで目指した児童像が類推できる。

児童愛護デーはこうして、山口県で毎年の行事として開催されていく。一九二七年の市町村長集会で指示事項として「児童愛護運動ニ関スル件」があり「児童愛護ニ関スル思想ノ普及徹底ヲ図ル為近時各地ニ於テ児童愛護デー等ノ開催ヲ見ルニ至レルハ次代国民ノ健全ナル発達ヲ期スル為極メテ機宜ヲ得タルノ措置タリ今後益々其ノ普及ヲ図リ児童ノ福祉ヲ増進スル為挙県一致之カ挙催ヲ見ルニ至ル様配意セラレムコトヲ望ム」との指示がなされており、児童愛護デーの普及は

全県的な課題とみなされていた。[10]

一九二六年には八二ヶ所で開催された。[11] 一九二七年からは、全国的に「乳幼児愛護デー」が設定されたことから、一層力を注ぐこととなって、約九〇ヶ所で開催された。[12] 一九二八年には一一二ヶ所とさらに増えている。[13] 一九二八年の総括として、社会課に勤務する県嘱託の藤河安太郎は「尊い児童愛護の運動が、只遠足か登山位に止まるのは情ない心地もする。父母たり教育者たるものは、平素愛護デー挙催の目的及其存在の理由をわきまへて、児童保護児童愛護の精神を高調し、乳幼児死亡率の減少にも努力したいものである」と述べて、乳幼児死亡の減少に力を傾けるべきことを説いている。そもそも、乳幼児死亡の減少は愛護デーのいくつか掲げられた「標的」の一つでしかなかったはずである。一九二七年の「本県児童愛護デー成績」という『山口県社会時報』の記事では、雛祭、学芸会、お伽噺会といった、娯楽の機能しかない催しについても特に批判することなく紹介していた。[14] ところが、もっぱら乳幼児死亡対策が、主要目的として明確に位置づけられたのである。もっとも、もともとの狙いがそこに注がれていたのは、すでに紹介した長府町の例などからもわかる。全国的な取り組みとしての「乳幼児愛護デー」も「乳幼児の死亡率を減退せしむることが、その主たる目的」とされている。[15]

児童愛護デーの目的として乳幼児死亡を明確にする立場は、次第により明確になっていく。藤河は一九二九年の総括でも乳幼児死亡について「民族衛生、社会衛生の上から見ても由々しき一大事」としたうえでその対応策としての児童愛護デーを説いている。[16] 一九三〇年の要綱では冒頭で「我が国乳幼児死亡率の高いことは、実に戦慄すべき現象である。斯くの如く死亡率の高い蔭には、誠に数へ切れぬ悲惨事が含まれてゐるのみならず、国家将来の上から見ても由々しき一大事である」とうたっている。[17]「標的」も「児童愛護観念の涵養」「乳幼児死亡率の低下」「児童保護施設の促進」に絞られていて、「児童保護施設」とは主に児童健康相談所の類であり、児童愛護デーは、児童一般の企画ではなく、乳幼児死亡率を減らす取り組みとなってきた。この年の開催市町村は一七〇に増えている。

一九三一年の県下小学校補習学校長集会で「児童愛護デー挙催奨励ニ関スル件」でも「我ガ国乳幼児死亡率ノ高キハ実

ニ憂フヘキ現象ナリ」との文言からはじまっている。[18] 一九三一年の要綱では「育児、児童保護、或は母性保護、是等の声は決してたゞ遊戯的の叫びでなく真剣の叫びであり、優秀なる民族への企図である。然るに我が国乳幼児死亡率の高いことは実に憂慮すべき現象である。斯くの如く死亡率の高いことは我が民族発展の上から見ても由々しき一大事である」と一段と危機を煽る文面となっている。[19] こうした動きの原因として、深刻な経済不況のもとで乳幼児死亡率の高まりが危惧されたこと、社会事業の発展のなかで具体的な成果が求められるようになったこと、また満州事変よりやや前の時期とはいえ、大正デモクラシーの自由な空気から、共産党弾圧はじめ国家体制の維持と軍事体制整備に社会の軸足が移ってきたことも影響しているかもしれない。

特異な動きとして、下関市では一九三二年に下関市児童愛護連盟が設立され、愛護週間中の乳幼児の健康診察、嬰児選奨、妊産婦婦人相談等を行った。[20] 民間での独自の取り組みとして梅光女学院では、梅光嬰児健康増進運動を行い、相談事業や展覧会、小冊子の配布等を試みた。[21] 院長の広津藤吉は社会事業への関心が深く、人事相談所を設置したり、社会事業協会の評議員にもなっており、その流れで、女子教育との関係で取り組みやすい活動である。

一方、一九三一年より、全国児童栄養週間が中央社会事業協会の主催で行われることとなり、山口県でも実施している。[22] 一九三四年には宇部市の渡辺剛二からの寄付二〇〇〇円を用いて、貧困家庭の乳幼児に栄養補給をするという具体的な取り組みもみられた。[23] 一九三五年からは児童愛護週間に統合された。[24]

一九三二年からは全国的に「児童愛護週間」と名称が変更され、期間が約一週間となった。[25] 一日ないし数日だけの取り組みでは住民への周知や参加者の確保に不十分であり、児童保護問題のオピニオンリーダーである生江孝之も以前から週間化を主張していた。[26] 挙催市町村数は二〇〇に達し規模は大きくなった。しかし内容については県の側から見てなお不満の残るものであった。一九三三年には開催のない町村は四のみとなり、ほぼ県下全域に普及した。[27] しかし、乳幼児死亡の減少に結びつかないような行事のみ行っている例もあると指摘されている。いまだ年中行事にすぎなかったり、義務的に開催しているだけの市町村も少なくなかったのである。

当時、児童愛護運動はどう評価されたのであろうか。社会事業主事補の稗田実言は、遊戯的に過ぎないものの多さを指摘して、それは「児童愛護の精神に対する自覚の不足」とまで酷評した。[28]「乳幼児愛護デー」とすべきと述べ、また特に乳幼児選奨審査について、弊害を指摘した。足立文男は意義を強調しつつ「本運動の精神を理解せざるか未だ一回も児童愛護デーに参加せざる町村が十一もあるのは如何なる所に源因するのか、其の真意の推断に苦しむ」と述べて、趣旨が徹底しきれない現実に苦慮している。[29] つまり、社会課内でも、運動を鼓舞しつつも、内容が伴わない現実に対して、問題意識をかかえていた。

社会課職員に比べ自由な立場にいる姫井伊介は、児童愛護週間の活発化について「誠に結構至極ではあるが、求むるところの成果はどうであらう、療法宣伝に伴ふて、手当施設が至らねば病気は癒らぬ」と述べて、年中行事化を揶揄している。[30] そして、医師の短時間の協力で可能な児童健康相談所や婦人健康相談所の設置を説いている。[30] もっとも姫井は児童保護のあり方を議論して、その実現のための運動を説いたこともあるし、[31]「少々肩身広く思はれるのは児童保護事業である。其の内、児童愛護宣伝運動は、県区域の関係団体十一を以て連盟を組織し、大正十三年から開始したもので、当時全国で第三次だつたと思ふ。現在其の年中行事が各市町村に普及せることに於ては、全国第一であらう」とも述べていて、愛護週間が早くから広く行われていることを評価している。[32] 姫井は、愛護週間そのものを冷ややかに見ているわけではなく、愛護週間が順調であればこそ、そこに付随すべき相談事業等の不振にいらだっていたのであろう。

児童愛護デーないし愛護週間の成果を客観的なデータで証明することは出来ないが、医師の乏しい町村も少なくなく、医学知識も不足していた時代、一定の意義をもったことは想像に難くない。社会事業というあまりなじみのない存在を知らせる効果や、地域によっては児童保護という共通の目標による住民の連帯感を高めることができたかも知れない。お祭り的な催しについて、社会課の職員らは好ましく感じていなかったが、児童をふくめた住民にとっては娯楽として機能した面もあろう。しかし、そもそも、愛護デーでなされる講演や診察に積極的に参加する親は、すでに育児について一定の知識や意欲をもっていると考えられる。そうでない家庭を掘り起こし、愛護デーが主眼としていく保健や育児支援とつなげていく試みが求められたはずであるが、そうした地域活動を引き起こすほどのインパクトを持つ力はなかった。

二、児童保護事業の奨励と限界

いかに全県的な取り組んだところで、数日の行事で乳幼児死亡の減少などが実現することは望めないし、啓蒙に効果が乏しいとなると、個々の生活の場に近いところで児童保護、ひいては乳幼児死亡の減少を実現していく事業が求められることになる。一九二二年一一月に開かれた山口県社会事業調査会では、県下全体で実施すべき社会事業の一つとして「児童保護事業」を掲げている。[33] また、姫井伊介は一九二三年にすでに、小学校に児童相談所を設置することを提唱し、[34] 一九二四年にも改めて同様の主張をしている。[35] 児童保護事業は社会事業の草創期より、主要な社会事業として認識されていた。そして、健康相談、検診、妊産婦保護などを軸にした児童保護事業の取り組みが県下各地で展開されることになる。

なお、一九二〇年に藤井正一により下関少年相談所なるものが設置されているが、「一般少年ノ個性、能力等、精神検査ノ依託ヲ無料ニテ行フ又向上寮ト称スル寄宿舎ヲ創設シ青少年ノ指導薫陶ヲナス」ことを目的としており、以下で述べる、乳幼児らへの相談や保健の活動とは全く異なる。[36]

本来の児童保護事業の嚆矢として一九二四年に宇部市児童愛護連盟が設立されてはいる。しかし、市の規模と比較してさほど本格的なものではない。農漁村地域では、向津具村児童協会が一九二六年に設立されている。「宗教家、教育家其他の有志者相謀つて郷土児童の徳教上に寄与する処あるべき」ことを目的とした。会長は方面委員の岡崎房雄である。[37] もっとも、これはその後少なくとも社会事業として活動している形跡は消えており、長続きしなかったものと思われる。ただし、向津具村では一九三二年より、向津具村婦人会児童保護部が設置されている。[38]

一九二五年の第一回山口県社会事業大会では「児童保護施設上最も力を用ふべき方面」が議題のひとつになり「『児童死亡率』の減少を標的とし先づ之に適する諸種の施設を行ふべく」としているが、その内容として、一般児童愛護精神の喚起並びに保健的知識の普及、家庭に於ける保育改善の奨励、児童保護委員制度、託児所児童遊園児童保養所及児童健康相談所等の施設、産院、巡回産婆、母親相談等の母体保護施設、諸種保護機関の連絡が掲げられている。(39) それぞれ求められる施設・制度ではあるが、実現性などと無関係に列挙してみただけという感は否めない。第二回大会では「県下児童保護上最も適切なる施設如何」が第一の協議題となった。社会事業主事の篠崎篤三より七点の策が示されたが、その大半は学校での成績の低い児童や障害児など、特定のニーズを有する児童の問題であるが、「農村及漁村に於ける児童保護思想及施設の普及」も含まれている。(40)

一九二七年には社会事業協会で、児童保護施設設立の設立を奨励助成する計画をたてた。(41) 協会では先進施設である岡山県鳥取上村の小児保護協会を視察して情報収集に努めるとともに、創設費に対して補助を与えることとした。

一九二七年五月一七日には社会事業協会長より各町村分区会長宛に「児童保護施設設立ノ件」が出されている。そこでは「児童保護施設計画概要」が示され、「町村内ニ住居スル妊産婦乳幼児ヲ首メトシ一般児童心身ノ完全ナル発育ヲ図リ当該児童及家庭ノ幸福ノ増進ノ期スル」としたうえで、「事業ノ大綱」として妊産婦ノ保護及手当、分娩時及産褥時ノ手当、乳児及学齢未満ノ幼児ニ対スル保護及一般児童ノ取扱ニ関スル母性ノ心得、学齢児童ニ対スル保護、少年職業指導をあげている。(42)

県でも一九二八年六月一八日に学務部長より市町村長宛の通牒「児童健康相談所設置奨励ニ関スル件」を出した。(43) そこでは、「児童ハ家庭ノ至宝ニシテ且ツ其ノ健否ハ国家ノ隆替ニ重大ナル関係ヲ有スルコトハ今更言ヲ要セサル所ニ有之従テ乳幼児死亡率ノ減少ニ努メ児童ヲシテ健全ナル発育ヲ遂ケシメ児童ノ福祉ヲ増進セシムルコトハ最モ緊要適切ナル施設」と述べて、児童健康相談所の概要を示している。社会課長足立文男は、児童健康相談所は経費を要せず、効果の大きい施設として、医師や婦人会などが、積極的に設置することを奨励している。(44) 一九二九年三月一九日に児童健康相談所の設置奨励の通牒、(45) さらには四月一九日にも町村を単位とする児童保護機関の設置を奨励する通牒を出している。(46) 足立も改めて一九二九年に県下の乳幼児死亡率の高さを指摘しつつ児童保護会設置を求めている。(47)

県の意図を受けてさっそく一九二七年に設立されたのは、方面委員福谷堅光を中心にした佐波郡の右田村佐野小児保護協会である。(48) 福谷は本職は住職であるが、一八七四年に生まれ、修行後一時徴兵され、一八九九年に下松町の妙法寺住職となり、日露戦争に従軍した。一九〇六年三月より、右田村の興禅院の住職となっている。早くから社会事業に関心を寄せ、方面委員のほか、融和団体の一心会の分区委員もつとめている。(49) 寺の鐘を定時に打ち鳴らす行動で村民に時間尊重の念を起こしたとの功績で「時の功労者」としての表彰もされており、(50) 社会事業に限らず、村民の生活向上への使命感に富む人物であったようである。福谷は、社会事業協会による県外社会事業団体視察に加わり、すでに同種の施設の見学などをしていた。産具消毒、分娩具貸与、乳児審査、小児糞便検査、助産を行うほか、母の会、乳児選奨会を開催、また講演会を開催するなど、地域の啓発にも取り組んでいる。活動内容の豊富さや継続性など、県が期待している以上の活動であり、この地域の児童をめぐる状況の改善に寄与したものと思われる。以後設置されていく児童保護事業の先駆ないしモデルとなっている。

一九二七年にはさらに大嶺奥分小児保護協会、貴船町乳幼児健康相談会、防府婦人会児童健康相談所が設立された。(51) 一九二八年には、田布施町共済会児童保護部、伊佐町児童保護協会、船木町幼児保護会、由宇町小児保護協会、また八代村社会事業協会は同村での方面委員制度の経営などを行うために設立されていたが、付設の児童健康相談所を設置した。一九二九年には伊保庄村児童健康相談所、玖珂町妊産婦乳児保護会、一九三〇年に由西児童保護会、藤山児童保護協会、亀山児童愛護婦人連盟小児保護部、黒井村主婦会涌田支部児童保護会、角島児童保護会、屋代勝友妊産婦幼児保護会と、設置が続いた。一九三〇年三月には、県内の関係者を集めて、児童保護事業懇談会が開催できるまでになった。(52) 同懇談会では右田村小児保護協会の福谷堅光ら関係者の出席のもと、「本県の実情に鑑み児童保護事業の普及発達を図るべき方策如何」との協議題のもとで懇談を行った。もっとも結論は「町村を範囲とする児童保護施設を奨励とし、其の経営主体は町村自体若しくは主婦会婦人会を以てするを適当とすること」という、県の方向を追認しただけのものにすぎない。

さらに、一九三一年に万倉村婦人会育児協会、清末村婦人会児童保護会、一九三二年に日積村児童保護協会、向津具村婦人会児童保護部、祖生村児童保護協会、一九三三年に吉見村児童愛護協会、一九三四年に伊陸村主婦会児童保護部、真長田村児童保護協会、島地村社会事業協会と設置されている。

こうした動きのなか、足立文男が「児童保護の方面に著しき発展を見た[53]」「一般妊産婦及児童保護事業に著しき進展を見つゝある」（ただし、ここでいう「児童保護事業」には農繁期託児所も含まれているのだが）と評するまでになる[54]。社会課の木村尭は「農村社会事業施設としての児童保護施設」で、児童保護施設の必要性を説明している[55]。木村は農村の窮乏の状況を指摘し、特に農村の乳児死亡率の高さを問題視する。その打開として、農村にて児童保護が緊要であると説いた。そのうえで、鳥取上村小児保護協会を事例にして児童保護事業の内容を概説し、費用のかからない事業として推奨している。

藤河安太郎は一九三一年に、日本は子どもをかわいがる『子供の天国』であるのに乳児死亡率が高いのは「母親が子供を育てる知識が欠けてゐたり、注意が足らない」ことに原因があるとし、児童健康相談所をはじめとした児童保護施設の重要性を説き、実施主体としては婦人団体に期待している[56]。木村は「農村に於ける乳幼児の死亡率は都市に於けるものよりも寧ろ高率である。これは決して軽々に看過され得べきことではない。これが農村に於ては大に妊産婦児童保護施設の普及発達を図らなければならない。そして勿論家庭に対しては妊娠、出産、育児に関する知識を充分普及させなければならないし、又産婆の普及巡回産婆の設置等も必要」との問題意識のもと、農村において、「妊産婦から学童に至るまでの綜合的児童保護施設」の設置を求めている[57]。木村はさらに「組織経営が簡単であるから本県に於ける特色ある農村保健施設として各町村に普及することを望んで己まない[58]」「社会事業的施設としては児童健康相談所も考へられる、がこれも篤志の医師の協助に依つて行はれるといゝ」と繰り返し述べている[59]。あるいは自ら関与した佐波郡島地村の社会事業計画で児童保護部を設けて、妊産婦の保護、乳幼児保護、少年保護（ここでいう「少年」とは非行児童も含まれるが、貧困児や虚弱児など、むしろ児童全体を指している）を実施するものとしている[60]。

一九三〇年一一月には社会事業協会主催による児童保護事業講習会がなされた。演題と講師は足立文男「本県に於ける児童保護事業の趨勢」小沢一「児童保護事業概論」杉田直樹「児童精神衛生の諸問題」蓑田貢「育児と児童衛生」久保良英「児童性能問題」である。受講者は約一五〇名であったが、特徴としては村からの参加が多く、それも特定の村から多数参加している、また女性の参加者が非常に多いことである。会場の山口市周辺からの出席が多いのではあるが、一つの村から一〇人以上参加しているケースもいくつかあり、この問題への関心の高さがうかがわれる。(61)

一九三三年三月二二・二三日には三田谷啓らを講師に、社会事業協会主催による児童保護事業講習会を開催しているが、参加資格は特になく、申し込みも当日会場でも可能にするなど、参加しやすい形にしている。両日を通して二〇〇名の参加があり、うち一六〇名が婦人であったという。(62)

一九二九年の第五回山口県社会事業大会の決議には「町村ヲ範囲トスル妊産婦及児童保護事業の普及」が含まれている。(63)姫井伊介は一九三一年の第六回大会にて「児童保護事業の実施に関し地方医師の協力を促す方法如何」を協議題として提出しているが、大会ではさほど議論にならなかったようである。(64)この大会では不況対策に関心が傾いていたことも影響している。しかし、第七回大会では決議のなかに「児童保護事業ノ完成ニ努メ乳幼児死亡率ノ低下ヲ実現スルコト」が含まれた。(65)大会それ自体も、またそこでの決議もやや形骸化しつつある時期ではあるが、むしろそれゆえに、これまで注目されなかった児童保護事業が含まれたことに、児童保護事業を重視する動きがうかがえる。第九回大会と第一〇回大会でも「児童保護事業の普及徹底を期すること」が含まれている。

こうした努力にもかかわらず、児童保護事業は必ずしも増えず、一九三一年一〇月五日には学務部長よりの通牒「児童保護機関設置ノ件」が出され、そこでは「県下ニ於テハ十数ヶ所ヲ算スルニ過ギザルハ洵ニ遺憾」としたうえで、「乳幼児死亡率ノ高キ農漁村方面ニ於テ保護機関ノ乏シキハ最モ考慮ヲ要ス」と特に農漁村での必要を説いたうえ「医師、産婆、方面委員、小学校長、婦人団体、産業組合等と御協議の上」施設を実現するよう促している。(66)

そもそも、児童健康相談所の推進を強く訴え、山口県で講演したこともある広瀬興が一九二八年に「我国に於ては、誠にこの事業程必要欠くべからざるものなきに拘らず、上下共に本来の性質に対して無理解極まるものがある」と嘆いているように、事業自体への理解が全国的に見ても不足していた。(67)農村部では「社会事業」への忌避の感情もあったであろう。

そこに加え、篠崎篤三も「一旦之をやり初めても其の経営が六つかしい」と評しているように、[68] 経済的にも人的にも運営は容易ではなかった。最も活発だった佐野小児保護協会でさえ、県への助成の申請書類のなかで「会員組織ナルモ事実上会費の徴収困難ナルト一般篤志家ノ寄附金ヲ唯一の収入トセルモ是亦経常費ヲ充足スル額ノ収納極メテ困難」と社会事業への奨励助成の申請にあたって述べている。[69] 他にも「資源之ナク事業遂行上各種ノ奨励金ノ公布ヲ受ケザレバ経営困難ナリ」（屋代勝友妊産婦乳幼児保護会）「経常費不足ヲ告グル」（万倉村婦人会育児協会）と記している。助成を求める書類である以上、経営難を強調する必要があったとはいえ、こうした記述は決して誇張ではない。由宇町児童保護会は中心となっていた方面委員島谷達個人の支出に依存していたという。[70] 常勤職員を置くような事業ではないので、ボランティア的にかかわる中心的な人物が欠かせないし、医師の協力が必要であるが、農村部で医師の常時の協力を確保するのは容易ではない。また、農作業と家事育児で疲労している農村の母親が、そう気軽に足を運んで利用したのかも疑問である。

船木町幼児保護協会が一九三二年に解散したように、長続きしないこともあった。『山口県社会時報』に設立の記事が載っているのに、社会課の発行する『社会事業一覧』等に掲載のない会も少なくなく、立ち上げてはみたものの、その後活動が先細りになって、解散もしくは、自然消滅したものと思われる。一九三五年設立の山口県私設社会事業連盟に加盟したのは、佐野小児保護協会、屋代勝友妊産婦乳幼児保護会、万倉村婦人会育児協会、祖生村児童保護協会にすぎない。[71]

一九三六年の市町村社会事業事務主任集会提出事項でも「乳幼児死亡率ノ高率ナルニ鑑ミ是レカ対策ノ一トシテ児童保護協会ヲ設置シ児童健康相談、妊産婦保護等の諸施設ヲナスハ単ニ乳幼児死亡率ノ低下ヲ図ルノミナラス地方福祉ノ増進上適切ナルモノニシテ既ニ県下ニ於テ設置セル十七団体ハ何レモ良績ヲ挙ケツヽアルニ鑑ミ未設置ノ地方ニ在リテハ医師産婆其他各種団体ト協議ノ上之カ施設ノ実現ニ努メラレタシ」との内容が含まれている。[72]

一九三三年の通常県会にて妊産婦保護の実態を問われた県は、実態をデータ等で示すのではなく、「現在綜合的ノ妊産婦保護、児童保護機関デル児童協会ノ設立ヲ奨励シテ居ル」との答弁で追求をかわしている。[73] 一九三五年の通常県会で農村での乳幼児死亡率の高さを指摘しつつ「児童の保護養護等ニ付テノ御意見ヲ承ハリタイ」との質問に対して、県は児童の栄養対策の重要性を力説するなど、取り組むべき課題を述べるだけで、県内の実績を提示することはできていない。[74] 県としては、児童保護事業を奨励する意思は明確なのだが、実績が伴わなかった。

医師への依頼などに一定の費用がかかる反面、市町村の支援は少なく、特に農村部は困窮し、町村の財政悪化と住民の生活苦が広がって、ますますこの種の自主的な事業は困難となっていく。一九三六年の児童愛護週間を前にして「常設の託児所、児童健康相談所、児童保護協会、妊産婦保護施設等、常設的施設は漸次発達したけれども近時その増加率が停頓の状態にあるのは遺憾である」と指摘されている。[75] これまで、児童保護事業の重要性を力説してきた木村尭は一九三六年に「児童保護事業の振興を図らねばならないことはこれ又言う迄もないことである。農村方面の乳幼児の死亡率の高いことから考へても、児童保護事業は是非共普及徹底を期せられなければならぬ。而して、乳幼児の死亡率の低下を図ると共に児童の健全なる発達を期する為に、児童保護観念の徹底、育児知識の普及は勿論のこと、各種の児童保護施設が各地に於て設けられなければならない。殊に綜合的児童保護事業とも言ふべき児童保護協会の施設は——独立の児童保護協会として、又は婦人団体の一事業部門として——各町村に其の設置を見る様にしたい」と改めて述べている。[76]

しかし木村はそのすぐ後に「児童保護協会の設置奨励の為に、県社会事業協会は十年この方躍起になつてゐるのだが、如何したものか、笛吹けども躍らず。新に計画する向が甚だ尠い。頼りないこと夥しいではないか。方面委員や婦人会の幹部等はもう少しこの問題に就て考へて貰ひたい」と、思うように増えないことにいらだっている。[77]

一九三四年一月二〇日、妊産婦及乳幼児保護事業経営者懇談会が厚狭郡万倉村役場で開催された。[78] しかし出席は一二団体二九名で、うち六名は開催地の万倉村からであり、それ以外の関係者は九団体一〇名にすぎず盛会とまではいえない。また「共通的の欠陥として事業に対する一般の理解不足別して婦人の無理解及資金難」が明らかになるなど、むしろ児童保護事業の困難さが示されたといえる。

こうした地域ごとの小規模な児童保護事業とは別に、県全体の児童を対象に設定して事業を実施したのは、愛国婦人会山口支部と日本赤十字社山口支部の二団体である。[79] 両団体は合同または単独で夏季児童保養所を設置し、虚弱児童を対象にして、山間または海浜で児童を生活させて、その健康の増進を試みた。また愛国婦人会についてはすでに詳細を紹介したことがあるので多くを述べないが、児童健康相談所の設置、「子供の家」と称する児童保護を中心とした隣保施設の設置、赤ちゃん発育選奨会の実施などを行っている。赤十字社は小学校への学校衛生看護婦の派遣などを行い、それぞれの立場で児童へのアプローチを試みている。両団体は資金的にもマンパワーの点でも、あるいは実施のノウハウの点でも、町村部の児童保護団体とは比較にならない大きな力があった。その面では効果もそれなりに得られたものと考えられる。ただ、規模が大きいゆえに、農村を中心に潜在する、死の危険さえ秘めた児童を一人一人救い上げるきめ細かさをもつことは困難であった。また、社会事業協会によって一九三三年に設立され、三八年に建物を新築して拡張する山口隣保館では児童保護関係の事業を行っており、乳幼児健康相談事業を実施している。注目できるものではあるが、効用は山口市など一部地域にとどまらざるをえない。(80)

農村を中心として、育児についての知識や衛生観念は正確さを欠いており、そのことが乳幼児死亡を促進していた面がある。そこを個々に改善し対応する児童保護事業には存在意義があり、児童をかかえる家庭生活に寄与する可能性もあった。しかし、農民や労働者の生活困難の一局面に限って安価に対処しようとした側面は否めない。佐野小児保護協会のようにかなりの実績があったと思われるケースもあるが、それは地域から信頼されている人物が社会事業について熱意と知識を有した例外的な事象にとどまった。全体としては、ごく一部の町村に設置されたにすぎず、その多くも消えていくかせいぜい隣保相扶の延長の活動にすぎず、抜本的な対策にはほど遠いものであった。

三、戦時下での変質

こうして課題が目立ちながらも一定の先進をみた児童愛護週間や児童保護事業であるが、戦時下にその役割や位置付けが変化していく。戦時下では児童への対処の理念が、国全体の方向として「児童保護」から「児童愛護」に変化し、児童問題が重視されるが、それは戦争遂行のための人的資源育成策にすぎなかった。

その一例として、一九三九年の全国児童保護大会は、山口県からも六名が出席して開催されているが、「現下我国児童保護の強化徹底に関する方策を建て以て国本の培養に資せんとす」を趣旨とした。後援には、陸軍省、海軍省、拓務省、対満事務局、協賛に軍人援護会が入り、人的資源拡充を問題意識として明確にして議論が進められている。(81) 山口県からの参加者の一人である三田峻策は大会後の感想として「新東亜が建設さるゝ聖業に果して幾何の人的資源を要するか」「国家興隆の進軍に適応せしむるために児童問題はは今日只今の問題」と述べている。(82) 児童愛護週間も、全国誌の『社会事業』に一九三九年に掲載されている「全国児童週間に就て」という論考で、「児童愛護は長期建設の礎」とされ、戦没軍人遺族、出征軍人家族の児童の保護が特に強調されている。(83) 一九四一年の論考「全国児童愛護運動の目標」では「全国児童愛護運動は、東亜共栄圏確立に伴ふ我国各般の状勢に立脚して、運動の効果を狙うべき」と主張されている。(84)

山口県でも一九三八年の児童愛護週間の実施要綱では「刻下非常時局に関連しては、国民精神総動員の趣旨を体し、次代の皇国民たる児童の心身の健全なる育成につき、遺漏なきを期し、以て我帝国百年の大計を固める為」との「特記」があり、「満洲事変乃至今次支那事変等に依る応召軍人遺家族の児童保護」に特に注意が払われることとされた。(85) さらに一九三九年には、主催の児童愛護連盟に、軍人援護会山口県支部、済生会山口県支部、大日本国防婦人会山口地方本部、山口県方面委員連盟、山口県女子青年団が新たに加入した。(86) 社会事業主事補の児玉知明による「児童愛護週間に当りて」なる論考が『山口県社会時報』に掲載されている。(87) 児童愛護週間の経過や概要を説明しつつ、「興亜の聖業が今将に全面的発展の時期に到達し、帝国の荷ふ使命が未曾有の大展開を見んとして居る」「人的資源の確保を期するは銃後国民の急務」「戦線で一死報国の念に燃ゆる勇士を偲ぶ時、その児童を愛護し、之が保育に努め以て後顧の憂なき様にするのは銃後にある我等に課せられた重責である」と、目的が人的資源の育成と銃後の体制の整備におきかえられた。一九三〇年代の児童愛護週間は、乳幼児死亡の減少という目的が鮮明になっていくのではあるが、ほのぼのとした年中行事という側面ももってはいた。しかし、もはや戦争遂行のための国家的取り組みとしての性格が明白になった。

さらに一九四〇年には「紀元二千六百年記念山口県児童愛護運動」が提唱される。[88]「光輝アル二千六百年ニ当リ普ク児童愛護精神ノ昂揚徹底並児童保護施設ノ拡充ヲ図ルト共ニ児童ニ対シ肇国ノ大精神ヲ深ク感受セシメ以テ国本ノ培養ニ資シ興亜ノ大業ヲ翼賛セントス」という目的が掲げられる。実施機関は一週間とは限定されず、五月全体とされ、それだけ、従来以上に本格的に実施することが想定されていた。「興亜日本と児童愛護」なる講演も山口市と宇部市で開催された。[89]

以前から、愛国婦人会や日本赤十字社で行われていた夏季児童保養所は、戦時下には「時局認識と時局下に於ける子供としての自覚の深化」が強調され児童に対して「皆さんがやがて大きくなつて御国の為につくされる為には、何よりも身体が丈夫でなければなりません。戦場に立つて手柄を樹てるにも銃後の守りを果たすにも先づ健康が一番大切であります」と説かれている。[90]

社会課長の杉田三郎は「国家の発展は優秀なる民族の幾世代に連る努力の結実である。此の意味よりして興亜百年の大計を固むべき、現下の如き重大時局の下に於て、日本民族の聖業を継承すべき、児童の保護に満全を期すべきことは、単に社会事業関係の視野のみよりでなく、実に国家的重大問題」と述べたうえ「人的資源の増強の意味よりして重要にして現下最も力点を置くべき事項は、乳幼児並に母性の保健、教養、医療等の福祉増進」と指摘して、国家的な立場からより一層児童対策に力を入れるよう主張した。[91]

ただし、奨励されてきた児童保護事業はほとんど語られなくなる。もともと基盤の弱かった事業がますます困難になったこと、婦人会などの地域組織は銃後の地域活動が中心になり方面委員もそこに組み込まれたこと、国民健康保険制度の実施や保健婦の活動など、もっと本格的な保健対策がとられたことなどが原因であろう。あるいは母子愛育会による愛育村の指定、県社会事業協会による母子愛護村の設置のように大きな枠組みでの取り組みもすすめられた。[92]戦時下の「前進」はそれまでの児童保護の弱さをあぶり出すことにもなっている。

四、社会事業としての役割

児童保護は社会事業の主要な課題として、また人道的な観点からも重視された。個々には熱心な活動を生むこともあり、社会事業が生活に有益なものであることを具体的な活動によって示した面もある。しかし、児童を次世代の国民、ひいては将来の軍事力としてとらえる国家的な視点や、乳幼児死亡率の高さという厳しい現実の前のなかでは、児童をもつ家庭の生活条件の整備など、児童を介した生活水準の向上につながることはなく、乳幼児死亡率の減少という目標に特化せざるを得なかった。

しかし、それすらも、資金もないまま篤志的な個人的な努力と、地域や親の自助努力に頼らざるをえなかった。児童を取り巻く生活困難の原因は、農村においては地主小作関係のもとでの農民の慢性的かつ深刻な生活力の低さであり、都市においては労働者の過酷な労働条件であった。そこへの対応は、社会事業の範疇をはるかに越えた国家的な生活課題であるが、国家はまともに対応するどころか、農民運動や労働運動に弾圧を加えることに熱心であった。そうしたなかで、山口県の社会事業関係者たちは、与えられた条件のなかで、児童のいのちを守るべく大きな努力をしたのではあるが、取り組む課題は彼らの想定をはるかにこえたものであり、浸水した船からコップで水を掻きだすような、糊塗にもならない活動にとどまってしまった。乳幼児死亡の減少が国家の課題となったとき、そうした糊塗的手法は効果の乏しさが明確になって、戦時体制のなかに消失していくほかなかったのである。ただ、農繁期託児所など他の活動ともあわせ、県下で広く蒔かれた社会事業の種子が、戦後の社会福祉の発展と土壌を密かに形成した側面も無視してはならない。

注

（1）熊野隆治「児童愛護デー挙行の趣旨と其標的」『山口県社会時報』第四報（一九二四年五月）。

(2)『山口県社会時報』第三四号(一九二七年五月)二五頁。
(3)熊野隆治「児童愛護デー挙行の趣旨と其標的」『山口県社会時報』第四報(一九二四年五月)。
(4)『児童保護に関する調査』(山口県内務部社会課、一九二四年)。
(5)『山口県社会時報』第二号(一九二四年八月)三頁。
(6)『山口県社会時報』第一九号(一九二六年一月)〜第二二号(一九二六年三月)にかけて当選文が付録のような形で掲載されている。
(7)『児童愛護デー』(山口県社会事業協会、一九二五年)。
(8)『本県婦人団体の発達』(山口県、一九二九年)三〇頁。
(9)「椿惣一先生資料」(下関文書館所蔵)の児童愛護デー関係の史料。椿惣一は山口県内で教員を長年勤め、その過程で蓄積されたのが同資料である。椿は社会事業にも一定の関心を有していたらしく、同資料には社会事業に関するものが含まれている。
(10)『山口県社会時報』第三一号(一九二七年一月)一三頁。
(11)『山口県社会時報』第二三号(一九二六年五月)一四頁。
(12)『山口県社会時報』第三五号(一九二七年六月)三〇頁。
(13)『山口県社会時報』第四七号(一九二八年七月)一〇頁〜一二頁。
(14)『山口県社会時報』第三六号(一九二七年七月)一八頁。
(15)『社会事業』第一五巻第一号(一九三一年四月)一頁。
(16)『山口県社会時報』第五八号(一九二九年六月)一〇頁。
(17)『山口県社会時報』第六七号(一九三〇年四月)一五頁。
(18)『山口県社会時報』第七八号(一九三一年三月)三七頁。
(19)『山口県社会時報』第七九号(一九三一年四月)一頁。
(20)木村尭「社会事業と社会事業人(六)」『山口県社会時報』第一一四号(一九三四年四月)二六頁。
(21)『山口県社会時報』第一号(一九二四年一月)八頁。『梅光女学院史』下関梅光女学院、一九三四年、四五七頁。
(22)『山口県社会時報』第八七号(一九三一年一二月)四〇頁〜四一頁。

(23)『山口県社会時報』第一二三号（一九三五年一月）二四頁～二六頁。
(24)『山口県社会時報』第一二六号（一九三五年四月）二三頁～二四頁。
(25)『山口県社会時報』第九二号（一九三二年六月）二一頁～二四頁。
(26) 生江孝之「乳幼児保護の諸問題」『社会事業』第一二巻第一一号（一九二九年二月）。なお、『社会事業』同号の巻末に各県の愛護デーの実施状況が掲載され、山口県についても掲載されている。
(27)『山口県社会時報』第一〇五号（一九三三年七月）四八頁。
(28) 稗田生「『児童愛護デー』に就て」『山口県社会時報』第八一号（一九三一年六月）。
(29) 足立文男「児童愛護の精神を高調せよ」『山口県社会時報』第一〇二号（一九三三年四月）六頁。
(30)「無軌道」『山口県社会時報』第一一四号（一九三四年四月）三八頁。このコラムは無署名であるが、他の号の「無軌道」と題するコラムは「労」という姫井を示す署名があるので、この号も姫井のものと考えてよいであろう。
(31) 姫井労堂「児童愛護の精神と行路」『静岡県社会事業』第一六巻第四号（一九三三年五月）。
(32) 姫井労堂「本県の社会事業に望む」『山口県社会時報』第一二九号（一九三五年七月）三頁～四頁。
(33)『山口県社会事業紀要』（山口県内務部社会課、一九二四年）一四頁～一五頁。
(34) 姫井伊介「小学校に児童相談所が置きたい」『山口県教育』第二四五号（一九二三年一月）。
(35) 労堂「児童相談所」『山口県社会時報』第二報（一九二四年一月）三頁。
(36)「大正十三年一般救済」社会課、山口県文書館所蔵戦前県庁文書。
(37)『山口県社会時報』第二三号（一九二六年五月）一九頁～二〇頁。
(38)『山口県社会事業便覧』（山口県社会課、一九三五年）一八頁。
(39)『山口県社会時報』第九号（一九二五年四月）一三頁。
(40)『山口県社会時報』第二二号（一九二六年四月）一八頁。
(41)『山口県社会時報』第三五号（一九二七年六月）三一頁。
(42)「山口県社会事業協会一件　久賀町分区」久賀町役場所蔵。
(43)『山口県社会時報』第四九号（一九二八年九月）二一頁。

(44) 足立文男「児童健康相談所の必要及其設置の奨励」『山口県社会時報』第四九号。
(45)『山口県社会時報』第五七号（一九二九年五月）一八頁。
(46)『山口県社会時報』第五七号、一九頁。
(47) 足立文男「奨励を要する県下社会事業の五方面」『山口県社会時報』第五八号（一九二九年六月）一七頁。
(48)『山口県社会時報』第四三号（一九二八年二月）二二頁〜二三頁。以後、『山口県社会時報』には、同協会についての多数の記事が掲載されている。
(49)「昭和十年一般社会事業」社会課、山口県文書館所蔵戦前県庁文書。
(50)『山口県社会時報』第一〇四号（一九三三年六月）二〇頁。
(51)『山口県社会時報』関係記事、及び『山口県社会事業紀要』（山口県社会課、一九三〇年）、『山口県社会事業一覧』（山口県社会課、一九三三年）、『山口県社会事業便覧』（山口県社会課、一九三五年）。
(52)『山口県社会時報』第六六号（一九三〇年三月）四七頁〜四八頁。
(53) 足立文男「年頭所感」『山口県社会時報』第五三号（一九二九年一月）三四頁。
(54) 足立文男「山口県社会事業の趨勢」『山口県社会時報』第六四号（一九三〇年一月）一四頁。
(55) 木村尭「農村社会事業としての児童保護施設」『山口県社会時報』第六五号（一九三〇年二月）。
(56) 藤河生「児童保護運動と婦人団体」『山口県社会時報』第八二号（一九三一年六月）。
(57) 木村尭「農村社会事業振興に関する若干考察」『山口県社会時報』第一〇一号（一九三三年三月）。
(58) 木村尭「農村社会事業偶感」『山口県社会時報』第一〇六号（一九三三年八月）一五頁。
(59) 木村尭「農村社会施設としての隣保事業」『山口県社会時報』第一〇九号（一九三三年一一月）一八頁。
(60) 木村尭「指導村に於ける社会事業実行計画」『山口県社会時報』第一一一号（一九三四年一一月）一九頁〜二〇頁。
(61)『山口県社会時報』第七五号（一九三〇年一二月）一八頁〜二一頁。
(62)『山口県社会時報』第一〇一号、一九三三年三月（三六頁〜三七頁）。第一〇二号（一九三三年四月）二五頁。
(63)『山口県社会時報』第六三号（一九二九年一二月）一八頁。
(64)『山口県社会時報』第七九号（一九三一年四月）五九頁。

(65)『山口県社会時報』第九〇号（一九三二年四月）一七頁。
(66)『山口県社会時報』第八五号（一九三一年一〇月）四四頁〜四五頁。
(67)広瀬興「児童健康相談所に就いて」『社会事業』第一一巻第一〇号（一九二八年一月）五九頁。
(68)竹頭「県下社会事業の横顔」『山口県社会時報』第九七号（一九三二年一一月）二一頁。
(69)「昭和十年一般社会事業」社会課、山口県文書館所蔵戦前県庁文書。
(70)木村生「社会事業人とりどり」『山口県社会時報』第一〇九号（一九三三年一一月）二六頁。
(71)『山口県社会時報』第一三二号（一九三五年一〇月）一七頁。
(72)『山口県社会時報』第一三五号（一九三六年一月）三二頁。
(73)『昭和八年山口県通常県会議事速記録』三三四頁〜三三六頁。
(74)『昭和十年山口県通常県会議事速記録』六〇九頁〜六一一頁。
(75)『山口県社会時報』第一三八号（一九三六年四月）三四頁。
(76)木村尭「本県社会事業の進展方策に関する考察」『山口県社会時報』第一三五号（一九三六年一月）二〇頁。
(77)木村生「社会事業片々」『山口県社会時報』第一三九号（一九三六年五月）三三頁。
(78)『山口県社会時報』第一一一号（一九三四年二月）三八頁〜三九頁。
(79)愛国婦人会については『愛国婦人会山口県支部沿革誌』（愛国婦人会山口県支部清算事務所、一九四二年）、拙稿「愛国婦人会山口県支部の活動」『山口県史研究』（第三号、一九九五年三月）拙著『山口県社会福祉史研究』（葦書房、一九九七年）所収に、赤十字社については『日本赤十字社山口支部沿革史』（日本赤十字社山口支部、一九二九年）、『百年の歩み』（日本赤十字社山口県支部、一九九一年）に詳しい。『山口県社会時報』にも関連記事は散見される。
(80)『山口隣保館新築記念』（山口県社会事業協会、一九三八年）。
(81)『山口県社会時報』第一八一号（一九三九年一一月）六九頁〜七五頁。
(82)三田峻策「東京に於ける全国少年教護事業協議会と全国児童保護大会所見」『山口県社会時報』第一八二号（一九三九年一二月）二六頁。
(83)伊藤清「全国児童週間に就て」『社会事業』第二三巻第一号（一九三九年四月）。

(84)小宮山主計「全国児童愛護運動の目標」『社会事業』第二五巻第五号（一九四一年五月）四四頁。
(85)『山口県社会時報』第一六三号（一九三八年五月）四九頁〜五〇頁。
(86)『山口県社会時報』第一七四号（一九三九年四月）五〇頁。
(87)児玉知明「児童愛護週間に当りて」『山口県社会時報』第一七五号（一九三九年五月）。
(88)『山口県社会時報』第一八七号（一九四〇年五月）五六頁〜五八頁。
(89)西野陸夫「興亜日本と児童保護」『山口県社会時報』第一八七号〜一八九号（一九四〇年五月〜七月）。
(90)『夏季児童保養所概況』（日本赤十字社山口支部、一九四二年）三九頁〜四一頁。
(91)杉田三朗「社会事業に関する諸問題（一）」『山口県社会時報』第一八四号（一九四〇年二月）一六頁。
(92)愛育村の動向については『母子愛育会五十年史』（恩賜財団母子愛育会、一九八八年）に記載されているものの、都道府県ごとの動きは同書ではほとんど把握できない。

第三節　常設保育所における実践の展開

一、山口県での保育の普及と西覚寺幼稚遊園

日本の保育所は、一九〇〇年設立の二葉幼稚園などを先駆としてひろがっていく。山口県でもすでに日露戦争時に臨時の託児所が開設されていたが、一九二〇年代になると、姫井伊介による小野田町の長陽育児院や宇部市の兼安英哲による昭和保育園など、保育所が広がっていく。その概要については、筆者はすでに明らかにしている(1)。

ここでは、全体を改めて述べるのではなく、具体的な事例として、宇部市の西覚寺幼稚遊園を取り上げる。西覚寺幼稚遊園を選んだ理由として、第一に山口県内ではかなり早い時期にできた保育所であり、規模も大きく、また現存するなど、山口県を代表する典型施設といってよいこと、第二に炭鉱を背景として、炭鉱労働者の子を養育することに目的があり、地域の生活課題に対応する施設としての性格を強くもっていることであり、二葉幼稚園が下層社会への取り組みであったことに共通するものがある。

社会事業を分析するにあたって、保育所を避けることはできない。創設者は地域への関心を有しつつ開始し、また時としてその関心は保育以外にもひろがっていく。二葉幼稚園が、下層社会の生活への対応であったことはその典型だが、二葉幼稚園ほど明瞭でなくとも、保育は地域と無関係で行われるわけではない。それゆえ、保育所を語ることは地域全体の生活を語ることにもつながっていく。

しかし、保育所は個々の園はごく小規模であるうえ、歴史のある保育所も含めて今日では保育機能に特化されてしまっ

ている。児童福祉施設に区分されつつも、幼児教育機関としての性格も強く、社会福祉の固有の活動と認識されにくいこともあって、社会福祉史のなかでの研究がすすんでいるとはいえないし、かといって保育研究や幼児教育研究での保育史の研究は決して活発ではなく、保育士養成校で保育史の授業が組まれることは稀である。

山口県の保育史研究でも事情は変わらない。戦前の山口県の保育についての研究としては、農繁期託児所についての松本れい子の論文[2]や、布引敏雄による一連の姫井伊介研究のなかで保育にも触れているくらいで、全体的なものとしては、筆者による前述のものが唯一であろう。筆者は、一九九四年七月の宇部地方史研究会において「宇部市における地域福祉の源流」と題して、内容的には保育史についての講演をしたものの[3]、文章化されないままになっている。山口県保育協会による『三十周年記念誌』に個々の保育所の創設年などが掲載されているが、各保育所の自己申告を基本にしたもので、正確さにはやや欠けるものがあるし、断片的なものにすぎない[4]。

事例的に観るのは、保育所の地域性や社会事業へのかかわりを実証するには、個々の園を詳細に見る必要があると考えたからである。史料として、『保育日誌』『官庁報告参考書綴』という冊子が、西覚寺幼稚遊園を改称して現存する、るんびに保育園に残っており、そこから当時の保育所の様子が読み取れる。

二、理念と経営

西覚寺幼稚遊園は文字通り、宇部市の西覚寺内に一九二三年九月一日に設置された。一九二四年三月園舎を新築した[5]。宇部市ではすでに沖の山炭鉱と東見初炭鉱の託児所が創設されてはいたが、一般の保育所としては山口県の保育所では、一九二二年三月の長陽育児院、一九二三年四月の下関仏教同盟済世会幼児保育部に続くものであった。

宇部市は炭鉱によって著しく発展し、当時、市内に大小の多数の炭鉱をかかえ、賑わっていた。西覚寺は東見初炭鉱に近接する場にあり、周辺には炭鉱労働者が多数居住していた。そのため、飲食店、あるいは風俗営業のような店もあって、風紀は必ずしもよくなかった。また、夫婦で炭鉱で働いている場合もあり、その場合子どもが日中放置されているという実態もあった。炭鉱住宅は狭いので、この点でも養育環境としては好ましくなかった。

住職の小山定雄はこの地域の出身ではないが、西覚寺の住職として赴任して地域の状況を知るなかで、保育所の必要性を痛感し、開設のはこびとなった。一九二七年には東見初炭鉱が労働者のために設置していた託児所の事業を継承したため、園児が一段と増加するとともに、炭鉱を背景とした保育所としての性格をますます鮮明にした。園児は順調に増えたため、一九三一年一二月には園舎の拡張が行われた。

園周辺の状況や、園児の家庭の実態からいって、炭鉱労働者保護の性格は明らかであった。園自身も、目的を「下級労働者ノ家庭生活援助ノ為メ乳幼児ノ保育ヲ行フ」としている。

保育綱領として（一）幼児ノ心身ノ健全ナル発達ヲ図ルコトニ努ム（二）宗教的情操ノ涵養ニ努ム（三）父母ヲシテ安ジテ家業ニ就クノ便宜ヲ図ルコトニ努ム、と掲げている。寺院の施設として、宗教的側面を重視しつつ、しかし現実の父母の生活支援としての面も意識していた。

仏教が重視されていたので、保育の随所に仏教が反映された。登園・退園時には本堂前で頭を下げることとされ、礼拝、法話、焼香等の指導、讃仏歌などが日常の保育に組み込まれている。また、死亡園児追悼会、宗祖御降誕祭、宗祖報恩講、花祭といった仏教行事が取り入れられていた。その一方で神社参拝が繰り返されているのは、戦前の国家神道体制のもとでの仏教活動の一端を示している。

経費として、一日二銭月五〇銭（一九三五年頃）という保育料のほか、寄付金、県からの奨励金、宇部市からの補助金がある。東見初炭鉱からも補助金を受けているのが、他の保育所にない特徴である。こうした点では、経済的な基盤をある程度有していた。

『保育日誌』には「鳩舎寄付金」との一覧もあり、鳩を飼う小屋を設置するための寄付を集めたようであり、こうした個別の事業を目的とした寄付も集めていた。

保母四名のうち二名が有給、小使一名も有給とされる。ほかに無給の助手一名がいる。基本的には小山と家族による無報酬による活動がベースにある。保育時間は原則としては、午前六時から午後三時で、必要があれば午後六時まで預かることとしていた。夏季は午前五時半から開園した。午前六時という開始時間が異様に早い印象を与えるが、炭鉱労働者は交代制勤務であるため、一般の事業所と勤務のサイクルが異なっており、炭鉱労働者にあわせた保育時間となっている。炭鉱が操業している限り、年中無休とされた。

こうして、保育ニーズの強い地域の特性、社会事業への使命感をもつ僧侶、仏教をベースにした実践理念、一定の収入、寺院という安定した場所、といった社会事業の遂行に必要なハード、ソフト双方を有していたことが、山口県を代表する保育所をつくりあげていくことになる。

三、保育内容

現実の保育の状況を『保育日誌』から把握していく。入園案内を配って入園を呼びかけているが、「御行儀ガ、ヨリナ《ママ》リ、身体ガ丈夫ニナリマス」「父兄ノ方ニハ安心ニテ家業ヲスル事ガデキマス」「小学校ニ入学シテ先生ノ教ヘラルヽ事ヲ早ク良クノミコム事ガ出来マスノデ成績モ良クナリマス」と宣伝している。

「幼稚園のこのごろ」というチラシが作成されていて、園児数、担任名、行事予定のほか、子どもの様子を示した短文などが掲載されている。「お父様」「お子様」といった表記から、保護者に配布した文書と思われる。保護者向けにこうした文書を配布し、連絡をとっていた。

園児の数は、一九二八年度が約一〇〇名[6]、一九三五年度の年度末の人員が一一七名とされる[7]。一九三六年七月現在で一四二名となっている。これを五名の保母と二名の助手で担当している。一四二名中、東見初炭鉱の子どもが九六名、その他が四六名となっている。炭鉱の子どもが主体であることが明確である反面、それ以外の子どもも少なくはなく、二つの性格をもっていたともいえる。このとき朝鮮人の子どもが一三名いるとされており、宇部市で少なくなかった朝鮮人の炭鉱労働者の子どもも受け入れていたと思われる。

ただし、園児は月ごとの変動が激しく、同じ子どもが継続して通っていたとは限らず、出入りが激しかったようである。一九三六年の月ごとの推移をみると一月に一二二人だったのが三月には八七人になり、四月に一四四人になり、以後増減を繰り返している。したがって、五月や九月に「補欠募集」をするといったこともしている。

保育料の負担があるなか、炭鉱労働者が年間通して子どもを通わせることには経済的に限界があったこと、労働者自身が他地域に移動することが少なくなかったことなどの影響であろう。保護者向けのチラシに、子どもがいやがるために通園をやめることは子どもの将来のためによくないとの記載があり、子どもが通園をいやがることからの退園もみられたようである。

当時の衛生水準や、特に労働者の生活水準のもと、軽微な病気をもって通園する子どもも少なくなかったと思われる。そのための、保健衛生活動も欠かせなかった。耳垂れの治療、洗眼と点眼、セキの出る子への吸入器の使用、虫下しの投与を行い、三ヶ月に一度身長・体重を測って親に通知した。

子どもへの指導として、下駄を箱に入れる、かばんを朝直ちにかけさせる、便所に行くときは台の上に上がること、本堂の礼拝といったことを掲げている。

食事五則というものを掲げ、(一)有難ク頂キマセウ(二)静カニ頂キマセウ(三)良クカンデ頂キマセウ(四)残サズ頂キマセウ(五)コボサズ頂マセウとしている。

保護者向けのチラシに「小学校に入学する前に幼稚園で団体生活の訓練と小学校に入学直後に必要な色々な事を教へてをく事は非常に必用」とあり、前述のように園児募集のチラシでも卒園児が小学校入学後に適応力が高いことを強調しており、小学校入学後を考慮に入れた保育を考えていた。

こうしてみると、単に炭鉱労働者の子どもを預かるという労働者対策で満足していたわけではなく、子どもの健全な成長をめざしたさまざまな働きかけを試みていたことがわかる。

今日の保育所や幼稚園にみられる行事などが行われている。四月には入園式がある。入園式ではあらかじめ連絡の手紙に塗り絵の手本を入れて、式の日に持参させている。つまり、入園の段階から親への働きかけもしている。

春に遠足が行われ、一九三六年の場合、五月九日に電車で近隣の海岸に出かけている。子どもからは電車賃として二銭徴収している。六月初旬には宇部市児童愛護週間にあわせた、衛生活動、神社参拝、虫歯予防活動等を行っている。神社参拝は、鯉のぼりを持ち、楽隊を先頭にした行列を組んでの参拝であった。七月には全国安全週間にあわせた旗行列を行っている。

保護者会も開かれ、朝礼、遊戯、保育、昼食の参観をするとともに、懇談会を行った。

校区の岬小学校の運動会に「遊戯」で参加している。九月にも、四月とほぼ同じ内容の入園式を行っている。

一〇月には東見初仏教日曜学校との共催で、「秋の集い」と称する「お遊戯会」を行っている。午後六時から開始され、夜間の割には三〇近いプログラムとなっている。宇部では一一月に石炭祭というものが行われているが、祭の奉祝のために旗行列を組んで神社参拝をしている。一一月にはお遊戯会も行われ、同時に園児作品展覧会、記念写真撮影等を行っている。同窓会としても位置づけて、卒園者への参加も呼びかけている。

一月八日には始園式を行っているが、その際に園児にプレゼントを渡している。三月にも「作品手技展覧会童話劇」という催しが行われている。三月二四日の卒園式では、保育証書授与式だけでなく、園児作品展覧会、母の会、茶話会もあわせて行っている。ただし、その分、一五銭の会費を徴収している。また、一九三五年三月の卒園の場合、滑り台の寄贈を受けているが、一人五〇銭〜一円程度の寄付金を集めている。

こうしてみると、現在の保育所や幼稚園と比較してみても、行事が多数組まれている。また、地域の行事への参加にも熱心であった。同窓会も、園によってできたつながりを保持していくためであろう。保育所が子どもを介して、地域と家庭とを結ぶ役割を果たしていた。年中無休に近いのに、小学校の学期にあわせた入園式・始園式を行って、区切りをつけていた。

四、意義

西覚寺幼稚遊園について社会課の木村尭は「名称は幼稚園と紛らはしいが、施設の目的は何処迄も労働者階級の保護を目的とし、託児所として事業を遂行するもにであるとゆふ。昭和七年度受託延人員は二万八千余でこの点だけでは実に県下第一であり、園長の努力は充分認められて然るべきものである」と述べて、質量とも高いレベルにあることを認めている。(8) 比較的著名な保育所となり、一九三五年一一月頃に佐賀県からの「福岡、山口県下社会事業視察員」の訪問を受け入れている。六月一〇日には、恩賜財団愛育会からの二名の視察があった。

炭鉱の労働問題への対策として、宇部市では報徳会を全域に組織しつつ、方面委員制度を整備したり、労働者のなかの一勢力であった朝鮮人について特別な対策をとるなどした。しかし、包括的、あるいは部分的な対策で、労働者の問題を糊塗できるものではなかった。実際に、労働者の具体的な生活課題に対応したのは、西覚寺幼稚遊園のような保育事業であった。しかし、西覚寺幼稚遊園が、単なる労働者対策であったわけではない。創設者の小山の思想を示す著作はあまりみられないが、『保母として心すべき点』と題した講演録が残されている。一九四三年六月の県主催の保育研究会での発言であるが、そこで小山は、子どもを預かって遊ばせさえすればよいという発想を否定し、保母がきめこまかく子どもに配慮し、多様なプログラムを用意した保育のあり方を説いている。小山は、労働者の子どもだからといって、手抜きをするような姿勢を許さなかった。保育所に炭鉱労働を支援する性格がありつつも、あくまで、子どもの最適な生活の実現と教育を目指したのである。こうした保育実践の存在が、山口県の保育水準を高め、戦後の保育の発展の準備をすることになるのである。

（本節作成にあたり、るんびに保育園園長小山真昭氏より聞き取りや資料提供などの協力をいただいた。小山氏より提供された、宇部市るんびに保育園所蔵『保育日誌』『官庁報告参考書綴』『保母として心すべき点』に多くを依っているが、詳細な注記は避けた）

注

（1）拙稿「山口県における保育事業の創設と定着」『保育の研究』第九号（一九九〇年四月）。拙著『山口県社会福祉史研究』（葦書房、一九九七年）所収。

（2）松本れい子「山口県児童福祉史の発掘、成果―大正十三年から昭和七年までの農繁期託児所について―」『福祉の広場』第九号（一九八一年九月）。

（3）『宇部地方史研究』第二三号（一九九五年三月）五二頁。

（4）『三十周年記念誌』（山口県保育協会、一九九一年）。

（5）『山口県社会時報』第八七号（一九三二年一二月）四二頁〜四三頁。

（6）『山口県社会事業紀要』（山口県社会課、一九三〇年）四七頁。

（7）『宇部市社会事業要覧』（宇部市社会課、一九三六年）二一頁。

（8）木村尭「社会事業と社会事業人（七）」『山口県社会時報』第一一五号（一九三四年五月、一六頁）。

第四節　農繁期託児所の実践と思想―山中六彦をめぐって

一、農繁期託児所開拓者・山中六彦

戦前から戦後にかけて、山口県の保育・児童福祉・社会福祉のなかで、大きな役割を果たした人物に山中六彦がいる。山中は教育者として著名な人物であり、すでに『昭和山口県人物史』にて「教育者。明治二十一年一月三十一日生まれ。明治四十一年山口県師範学校卒業。大正十二年県立田部高女（現・田部高校）初代校長。昭和十七年まで校長を務め、戦後、同町教育長。昭和二十三年県山口中央児童相談所長。昭和五十年四月菊川名誉町民。県教育界に尽くすかたわら方言研究に取り組み随筆もよくした。厳格ななかにも温和でやさしい人柄であった。著書『山口県方言辞典』（四十二年）『千代女と菊舎尼』など多数。昭和五十四年五月二十七日心不全のため没。九一歳」と紹介されている。(1)この説明では、教育者として、あるいは文化人としての評価に力点がおかれており、保育や社会福祉への貢献についてはわずかに、中央児童相談所長として記述されているのみである。

山中自身は晩年に自分の生涯について「幼稚園長、小学校長、高等女学校長、商業学校長、高校、山口短大と終始一貫チョークの粉塵に教壇を護持したものの、或る時は世を憤って職を抛ち、或る時は郷土の自治行政を宰し、或は社会事業に挺身し、或は著述に講演に、晩年は郷土の教育行政、保護事業、老人施策に携わる等」とふりかえっており、(2)社会事業へのかかわりについても自負していた。

教育者としての山中については今でも記憶にとどめている人も多いであろうし、長く住んでいた菊川町の名誉町民として、下関市立菊川図書館（旧菊川町立図書館）には写真と簡単な経歴が掲げられている。これからも山中の名は残っていくとしても、保育や社会福祉の働きについては、その功績ほどの評価を得ていないように思われる。

山中は田部高等女学校時代、農繁期託児所を開設するとともに、保育のリーダーとして、県内外で著述や講演を通して活躍した。数々の役職についているが、保育や社会福祉に関するものも多い。山中についてはすでに松本れい子が「山口県における山中六彦の保育事業」と題して、一九八七年六月一三日の第一九回日本社会福祉学会中・四国部会にて発表しているものの、なお探求し紹介する余地は残っているものと思われる。

農繁期託児所のリーダー的存在として、社会福祉の先駆者として、また教育者であり社会事業家であったことから福祉教育の先駆として、多様な山中の姿をつかむことは山口県のみならず、草創期の児童保護を考えるうえで示唆を与えるものである。なお、山中の活動は戦後に及ぶが、本研究全体の枠組みからはずれるので、戦後については事実を簡単に触れるだけにした。

二、田部高等女学校農繁期託児所

山中は三五歳の若さで、一九二三年に豊東村立田部実科高等女学校に校長として赴任した。同校は山中の校長時代に、豊東村立田部高等女学校、組合立田部高等女学校、山口県立田部高等女学校と変遷し、一九四二年三月に離任する。山中は、田部高等女学校校長の前にも後にも、数々の役職に就いているが、その長さと、三〇代半ばから五〇代半ばという働き盛りの時期であったことから、人生の中で最も柱となる仕事となったといえよう。在職中には、廃校問題がもちあがったり、校舎を新築するなど、学校を支えるためにかなりの激務を強いられた。(3)

同校は戦後、山口県立田部女子高等学校となったのち山口県立西市農業高等学校と統合して山口県立豊浦東高等学校となり、その後西市高等学校と分離して、山口県立田部高等学校となるという、やや複雑な経緯を経て現在にいたっている。(4)

山中は田部高等女学校に一九二四年六月八日に農繁期託児所を開設するとともに、初期には育児に関する資料の展覧会や母親相談所を付設した。当初は「世間から或は危険視せられんことを恐れ（昔は社会といふ文字を使用するにも遠慮をしたのです）わざと託児所の名称を避けて」ということで、「児童愛護会」と称した。(5) 山中はこれを、日本初の農繁期託児所と考えていたようである。そのため晩年に山中を紹介した新聞記事では、おそらく記者が山中の発言を鵜呑みにしたためだろうが、「国内初の農繁期託児所を開設」と見出しを大きくつけて紹介している。(6) 晩年の随筆でも、写真を掲載したうえで、自ら「日本最初の農繁期託児所」との説明を付している。(7)

しかし、勅使千鶴は農繁期託児所について「この時期（杉山注―大正・昭和戦前期）になって初めてできたのではなく、たとえば、筧雄平（一八四二―一九一六）によってつくられた鳥取県気高郡美穂村の下味野子供預かり所は、一八九〇年に開所している」と述べている。(8) したがって、山中による託児所を、日本最初の農繁期託児所として位置づけることはできない。

もちろん、日本初でないとしても、当時として画期的な取り組みであったことに違いはないし、後述するような山中による社会的影響という点では、それ以前にもあったとされる託児所に比べ、重みのあるものであったといえるかもしれない。

山中は自らまとめた年譜では「私は大正一二年農繁期託児所を学校に設けて生徒に保母の役をなさしめ先生総係りで七日間開設した。これは日本農繁期託児所の第一号で忽ち新聞に紹介され、県農会から調査に来たり県社会課から突如各小学校へも奨励した。毎年継続して経営し更に各部落に出張経営をして翌年からは地元で開設するよう指導したから各部落でも出来た」として、日本初であることを強調するとともに、周辺地域や県にも影響をもたらして農繁期託児所発展の原動力になったとしている。託児所開設の動機として山中は「私は二人の愛児を失つたやるせなき寂しさに近所の幼児を集めて田植時に子守をした経験に発端し、其後農村の高等女学校長となつてからも終始息み難き児童愛の思念はいろいろの施設も講じたのでありますが、大正十三年の五月のことです農村児童の挿秧期の虐待を見るに忍びず」と回顧している。(9)

つまり、農繁期の子どもへの「虐待」を放置できず、かつての子守りの経験もあることから、着手したというのである。「虐待」とは穏便ではない話だが、「げにや人情に古今の別なく、子を恋ふる親、母を呼ぶ幼児、泣き疲れて眠る炎天、降りしきる雨の畔、右も左も戦の如く目まぐるしく働く田圃の中に愛児の泣聲を聞きつゝも、やるせなき愛着の情を殺して終日を余儀なくせらるゝ嫁、母性……まことにこれ農村半面の現実なる絵巻」という状況のことであり(10)、農繁期にやむなく子どもに手をかけてやることができない姿を見て、放置するにしのびなかったのである。

ただし、表向きの目的としては、そうしたいささか暗い話ではなく、児童愛護の思想普及、婦人運動としての児童愛護運動、女学生への体験、児童を楽します、という積極的意義を掲げている(11)。

もっとも、農繁期託児所の開設は山中ひとりの独創というわけではない。『山口県社会時報』では「今回挿秧期中主として母姉の作業能率を高めさせ、幼児の正しき教養を図り、併せて児童愛護の観念滴養に資する目的を以て本県社会課は農村に於ける臨時託児所の設置を慫し、其の実施例をも示すに至ったが、都濃郡富田町の富田小学校は早速此の挙に賛同し町其他の賛助の下に臨時託児所を開設することになった。因に記す豊浦郡田部実科高等女学校長山中六彦氏は本月六日より十二日に至るの間同地に於て児童愛護週を挙行し、其の間臨時託児所を開催した。疑もなく、児童愛護宣伝上の新しい試みである」と報じている(12)。ここから、農繁期託児所について、すでに県社会課にて構想があり、推奨していたことがわかるし、またすでに「実施例」もあったわけである。農繁期託児所は、山中ひとりが推進したのではなく、その必要性が認識されつつあるなか、もっとも早く山中が呼応することで、普及につながったと考えるべきであろう。

山中による農繁期託児所は、学校による地域貢献であるとともに、女学生が子どもたちと触れ合うことによる教育効果をねらっており、現在でいうボランティア教育に近い発想も含まれていた。山中の校長としての業務が決して平穏ではなかっただけに、託児所の意義について大きな認識があってのことである。また山中が単なる校長以上の働きをしていたことが、前例のない活動を可能にしたといえよう。

田部高等女学校での設立後、山口県では農繁期託児所が推奨され、補助金を出したり、『山口県社会時報』などでも盛んに奨励したりして、多数設置されていくが、その多くは寺院や婦人会によるものである。小学校などが会場となり、教員が保母としてかかわるところは数多いが、学校が深く関与し、生徒までがかかわっているのは、山口県ではこれだけである。卒業アルバムにも託児所の写真が掲載されるなど、学校行事としてなじんでいた。

山口県社会事業協会が農繁期託児所を普及させるために発行した冊子では「豊浦郡田部実科高等女学校に於いて、教員、生徒協力の上、毎日児童数十名を受託し、一週間を通じ、児童愛護デーの延長として行はれた児童愛護会も非常に良成績のものでありました」と紹介している(13)。

託児所の様子として、実際に託児所の保母をした生徒は次のように報告している。

出席する児童の類は平均一日に五十人位で多い時は八九十人の多数に上る事もございます。児童は普通六七歳位で小さい子供は子守に連れられて来る人もありました一番忙しいのは第一日の朝で集つて来る幼子に名札は背に徽章は胸に付ける時である。名札は書いてあつてもその子供がすぐ居なくなつてしまふ。其混雑も漸く静まると今度は自由勝手な遊び事が始まる。前日から用意してゐたスベリ台に辷る者もあればブランコに乗つて遊ぶ子供もあつた。そしてそれも大分疲れた頃はモールに飾り立てられた室内に入れて遊戯をさせる。その時が一番可愛くオルガンに合はせて行進しながら円をつくりギンギラギンギラなど歌ひ乍ら紅葉の様な手を挙げる様は真に純なる児童の心がよくあらはれて居ます。又可愛いのは午前と午後に一回づつ児童の為にお菓子やおしるこ等食べさす時である。皆の子供が一度に手を洗ひさうして正しく座して食べる様は真に可愛い。それが済むと又遊ぶ、その間にも蓄音機は歌ふけれども聞く者もなく子犬の様に室内を走り廻る(14)。

諸先生の指導の下に私達四年生は代る代る出席してこの責任重大なる任に全力を尽しました。第一日の朝児童はさも嬉しさうに弁当を持ちニコニコしながら友と手を引きあつて集つて来ます。先づ児童の名札をつけてあげ又可愛い旗や飛行機など渡す時の微笑真に純なる児童の心がよくあらはれて居ります。今度は自由勝手な遊び事が始まり前日より用意して来ましたスベリ台にすべる者もあればブランコに乗って遊ぶ子供もあります。そしてそれも大分疲れた頃は遊戯やお話や唱歌など教へて遊びます　その時が一ばん可愛いゝ、オルガンに合わせて行進し乍ら円を作りギンギラギラやポチの遊戯等本当に面白く可愛い、手をパチパチ打ち乍ら「そーとへ出る時尾を振って」と唱つて居る児童等の家には屹度ポチが尾を振って帰りを待つてゐるに違いありますまい。(15)

公的データで託児所の様子を探ると、山中の退職直前になるが一九四一年度の状況は、六月一八日から二四日までの七日間、午前六時から午後六時まで一二時間開設された。移動ブランコ、オルガン、紙芝居などの道具を用い、遊戯、談話、唱歌、手技などを行った。正午と午後五時の二回、握り飯などの給食を出した。間食も午前一〇時と午後三時にしている。保育料は一日白米二合で、収入として保育料として一一円五二銭あるが、同窓会より一八円二七銭の収入があり、保育料を上回っている。保母として同窓会員の参加も得ていたようであり、同窓会の支援のある託児所として比較的好条件にあったといえよう。利用した子どもは、三歳未満が実人員二名、延人員七名、三才以上が実人員二〇人、延人員一四七人、合計で実人員二二人、延人員一五四名となっている。(16)

何度か表彰されており、一九二九年と一九三六年に朝日新聞社会事業団から表彰され、一九四〇年には恩賜財団愛育会より優秀季節保育所選奨を受けている。こうした先駆的活動は全国的にも評価され、山中は全日本保育連盟理事など保育団体の役員なども行った。一九三七年一一月一三日から一五日までに大阪にて行われた、全日本保育連盟と大阪毎日新聞社会事業団体主催による全日本保育大会では農繁期託児所部会の議長をつとめ、大会中は多忙をきわめて、帰ってから体調を崩すということもあった。

山中によって開始された農繁期託児所は、山口県の農繁期託児所を活性化させただけでなく、社会事業全体の水準を引き上げる働きをも果たした。

三、農繁期託児所論の展開

山中は農繁期託児所を運営する一方で、保育理論を語り、あるいは著述した。山口県では農繁期託児所の普及のために、五月に農繁期託児所についての講習会を実施していく。その名称は農繁期託児所講習会、農繁期託児所実務講習会、季節託児所懇談会など、年によって微妙に変わっているが、いずれにせよ山中はその講師のひとりとして県内各地に出向き、保育を語っていく。

一九三〇年に県下各所を巡回したほか（具体的な場所は、講師陣が分担したことから不明）[17]、一九三一年には賀見畑村、河山村、屋代村、大野村、佐賀村、厚東村、夜市村[18]、一九三二年には灘村、三丘村、大華村、平川村、万倉村[19]、一九三三年には吉部村、宇賀村、川上村、大井村、高俣村[20]、一九三四年には徳山村、長穂村、曽根村、伊保庄村[21]、一九三五年には日良居村、小松町、岩国町、広瀬村、高森村[22]、一九三六年には厚南村、別府村、大田村、川上村、宇田郷村[23]、一九三七年には鋳銭司村、富田村、東荷村[24]、一九三八年の季節託児所講習会では桑根村を[25]、というように、県内の農村部をくまなくまわっている。一九三四年一一月には下松町と長府町での託児所保母講習会の講師にもなっている[26]。

県内だけでなく県外に出向くこともあり、島根県、福岡県、大分県などに出向いている。東京、名古屋、広島にてラジオによって農繁期託児所についての放送をすることもあった。

また、著書や論文によって保育を論じている。文化人として保育と無関係な随筆集を出しているが、そこでも若干保育や児童について語っている。たとえば、一九三九年刊行の『人力車』では、幼少期に父の慈愛を受けたことが、社会事業や児童保護に足を踏み入れた源泉になったと回顧しているほか、児童に関する記述がみられる[27]。

農繁期託児所についてはまとまったものとして大阪の朝日新聞社会事業団より『農繁期託児所の経営法』が、日本評論社より『保育事業と農繁託児所』が発行されている。また下関西部教育出版社より『農繁期託児所の経営に就いて』が出ているが、これは本文一一ページの小冊子である。

『農繁期託児所の経営法』は「山中六彦氏が多年自ら託児所を開設されたその資料を提供せられたのでこれを骨子として本書を刊行いたしました」とのことで、編集者の手が加わっている可能性があるが、『農繁期託児所の経営に就いて』の広告のなかでは著書として掲げており、少なくともすべて山中の意図にそった記述と考えてよいだろう(28)。

『農繁期託児所の経営法』では、はじめの部分では託児所の歴史をふまえたうえで、総論的な解説をなしている。山中が海外も含めて保育について広い知見をもっていたことを示している。あとは託児所を運営する上でのかなり細かいノウハウまで含めて述べている。会場の選定や宣伝用のビラの内容など開設へ向けての注意事項を述べ、設備、保育内容、予算など起こりうるあらゆる問題にそなえている。山中が観念的に託児所の指導をしているのではなく、山中自身が運営の具体的なところまで熟知する実践者であったことを示している。また、短期間預かればよいというのではなく、より高いレベルの保育を求める熱意もあらわれている。

『農繁期託児所の経営に就いて』(29)は前年に『山口県教育』に「農村社会事業としての農繁期託児所の経営に就いて」と題して掲載され、さらに同年に全国誌である『社会事業』に掲載された論考と、微妙な相違はあるものの、ほぼ同文である(30)。ラジオ放送したものの総合的記述ということで、山中の農繁期託児所論のエッセンスといってよいだろう。農村社会事業のうち、「農繁期託児所こそ最も適切にして効果的なる児童保護の専業であり一面生活保護の事業」としている。農繁期託児所が伸びていることについて「一般社会人が児童愛護の思念に燃え又高き道徳意識のもとに眺めて農家の子女達が避くべからざる季節的労働のために蒙る放任と虐待との受難を見るに忍びずこれを救ひ出さんとする道念の結晶であり、又一には農家の父母たちが顕著なる自覚によって我子ながらも大切なる国家の子供を立派に育て上げねばならぬという児童尊重の念慮」に求めている。ややおおげさであるが、託児所の設置と利用の双方に社会的意義を見出した。

「農村経済保護の施設として昨今の如く農村荒廃、農村疲弊の叫ばれて居る場合この事業によって物質的に農村を保護し、精神的に農耕労働者の幸福を招来せしむる」と当時の農村の疲弊した状態とも関連づける。さらに「子供が自然と悪癖や不良の習慣が矯められ、或は健康の増進、友愛の情操、規律、共同心、労働能率の増進小作争議の融和、農村共村親善の復活等異常の副次的効果をもたらす」と効用を強調している。一週間程度の託児で、これほどの効果があるとは思えないし、農繁期託児所の普及を目指すなかでの発言であるから、どうしてもメリットを強調することになってしまうのであろうが、農繁期託児所を高く位置づけようとする意欲も見せている。

山中は「神聖なる事業」とか「共存共栄の大精神」とか、オーバーとも思える表現で農繁期託児所を描く傾向がある。真剣にそう確信していたのか、普及するためにあえて美化したのかよくわからないが、農繁期託児所を単なる農民の手助け以上に考えていたことは確かであろう。

しかし現実感覚にもすぐれており、季節託児所座談会では「米を持って来させるのが良い方法だと思ひます。私共の方では袋に入れて二合づつ持ってきます、持って来ないのもあるがこれはかまわぬ」「それから保母の食事問題に困ったことがあります、子供が米を出したのに保母までそれを食ふのは怪しからんといふのですが、まさか保母に食はせる米がどうのとくつたくすることはないでせうが、デリケートな問題です」と発言しており、(31) 現実の運営のなかで苦慮しながらあるべき姿を求める様子がうかがえる。

託児所のみならず、広く社会事業にも関心を寄せていた「社会事業家とハンデイキヤップ」と題した論考により、社会事業観を披露している。そこでは、社会事業の対象について「恵まれざる現在の境遇に弱者たちは、何れも人伍に後れたり、重荷を負ふたりして居るが、然しその所謂弱者たちはハンデイキヤツプの自尊心を抱かすことによつて、彼は自分の使命を自覚することが出来る」として、貧困などの境遇にあるのは、スポーツで強い者に与えられるハンディなのだと説いた。つまり、社会事業の利用者について弱者ととらえるのではなく、逆に強者としてハンディを与えられた者と考えようとしたのである。(32)

この考えは当時の貧困の深刻さなどからすれば観念的な面のあることを免れないが、社会事業を一方的な同情の働きにとどめておかずに、人間を変革する活動に高めようとするものであり、地域の人々全体を対象とする事業からの発想であった。

しかし、こうして保育理論を牽引した山中も、戦時下には戦時体制に迎合する議論に傾いていく。当時の教育者として軍国主義から免れることはできなかった。一九三九年の「時局と保育事業」では、戦争による人口激減と幼児の虚弱化が保育事業家の関心事としたうえ、次のように述べている。(33)

今回の事変がまことに尊い「聖戦」であることは実に世界周知の事実である。政府何回の声明にもある如く、我が敵は支那そのものではなくて暴戻なる国民政府とそのグループであり、その大目標は「正しき世界平和」にあるから、大砲や爆弾の後続部隊は、所謂「宣撫班」であつて、民衆に向かつて、或は医療の手をさしのべ、或は生業を与へ、治安を保持し、交通々信を拓く等々……凡てこれ「生かす戦争」である。世界戦史の中で斯の如き神聖な戦争が果して世界のいづこにあつたであらうか。この生かす戦争は、即ち保育事業たる「生かす、育てる」ことゝ同一目標であつて、我々保育事業家は「剣なき戦士」である。もはや銃の固めではなくて、ピアノ弾く戦士、鋏もつ将兵」といふべきであらう。

このように、戦争目的と保育を直結させようとし、当時の保育や幼児教育関係者同様、「保育報国」をとなえた。教育者の典型として、戦争に逼進し、保育にもつなげてしまった。

この点については、戦後になっても「英霊をまつる、地方の護国神社、忠魂碑が訪う人もなく、草に埋るようでは、人間エチケットが許さず、人道にもとるのではあるまいか」と述べるなど、戦時下の空気を引きずっている面があり、戦前の教育者としての限界を示している。(34) しかし、農繁期託児所を単なる子どもを預かる場にとどまらず、合理的で子どもを大切にする場とするべく理論を普及させた功績は大きい。

四、山中の残したもの

山中は戦後、一九四七年七月に山口県厚生事業協会厚生事業研究所の部長になるとともに[35]、大殿保育園園長を兼任した[36]。また、『新保育』という雑誌が発刊され、主幹となる。雑誌の発行人と編集人は山中の名となっている。また、また毎号巻頭にて一ページ程度、保育についての発言をしている。『新保育』は一九五〇年六月より『山口県社会福祉』に改題され、それとともに山中は発行・編集人からはずれた。『山口県社会福祉』は山口県の社会福祉界への情報提供や議論の場となり、社会福祉発展期を理論の面から支えた。内容は縮小されたが、今日まで継続している。さらに一九四八年山口市の中央児童相談所の初代所長となり、社会福祉に本格的に関係する。さらに山口県保育連盟参与[37]、山口女子短大の講師として後進の指導も行う。また菊川町老人クラブ連合会会長、豊浦郡老人クラブ連合会会長、山口県老人クラブ連合会評議員など老人クラブを通して社会福祉との関係が続いた。

山中は、いわゆる社会事業家ではなく、教育者の延長線上としての活動が中心であった。しかも、農繁期託児所という、比較的目立たない事業からスタートしているので、社会事業史のなかでの働きが見えにくいところがあるが、農村の社会問題に立ち向かおうとしたことや、理論的な影響の点での功績は大きいものがある。山口県内初の農繁期託児所や、初代の児童相談所所長など、いつもその草創期に立ち会うことにもなった。保育や社会福祉の基盤づくりに、かかわり続けたのである。

個々の活動の多くは、請われて就任しており、開拓者というよりは、実務面で支えたのであるが、山中のような働きがなければ、戦前の社会事業の蓄積を戦後につなげて発展させるのは困難であっただろう。

（本節作成にあたり、山中のご子息である鉄三・寿子ご夫妻及び山口県立田部高等学校より、聞き取りや史料の提供などの協力をいただいた。なお、山中は自身で手書きの詳細な年譜と履歴書を作成しており、ご夫妻のご好意により、利用させていただいた。本節では、この年譜と履歴書について、その都度注記していない）

注

（1）中西輝磨『昭和山口県人物史』（マツノ書店、一九九〇年）二九三頁。中西輝磨『昭和・平成豊関人物史』（自家版、一九九六年）一二四頁〜一二五頁でも山中の項目があるが、『昭和山口県人物史』より簡略な記述である。

（2）山中六彦『随筆一杓水』（山口文化研究会、一九七二年）。

（3）『恩寵十二年』（山口県田部高等女学校、一九三四年）。『山口県立田部高女二十年史』（山口県立田部高等女学校、一九四二年）二四頁〜二五頁。『菊川町史（二）』（菊川町、一九八五年）二六六頁〜二七三頁など。

（4）「沿革概要」『多武が丘創立五十年史』（山口県立田部高等学校、一九五八年）。

（5）山中六彦「農村社会事業としての農繁期託児所の経営に就て」『社会事業』第一八巻第二号（一九三四年五月）六九頁。

（6）『毎日新聞』（中国版）一九七二年一〇月一八日。

（7）山中六彦「農繁期託児所に憶う」『随筆一杓水』二二八頁。

（8）勅使千鶴「大正・昭和戦前期の保育」浦辺他編『保育の歴史』（青木書店、一九八一年）五五頁。

（9）山中六彦「農村社会事業としての農繁期託児所の経営に就て」六八頁。

（10）山中六彦「農村社会事業としての農繁期託児所の経営に就て」七〇頁。

（11）『多武が丘創立五十年史』二六頁。

（12）「農村に於ける臨時託児所実施の奨励」『山口県社会時報』第五報（一九二四年六月）一三頁。

（13）『農繁期託児所』山口県社会事業協会、一七頁。

（14）古田常子「託児所」『交友会誌』第七号（田部高等女学校、一九三〇年七月）六六頁。

（15）原田シゲ「託児所」『交友会誌』第八号（一九三一年七月）八九頁。

（16）「昭和十六年度農繁期託児所補助申請社会課」山口県文書館所蔵戦前県庁文書。なお、『八十年のあゆみ』（山口県立田部高等学校、一九八六年）には、農繁期託児所の写真二校と、一九二九年に表彰を受けたときの写真と賞状が掲載されている。

(17)『山口県社会時報』第六八号（一九三〇年五月）一五頁。
(18)『山口県社会時報』第八〇号（一九三一年五月）三九頁。
(19)『山口県社会時報』第九二号（一九三二年五月）二四頁。
(20)『山口県社会時報』第一〇三号（一九三三年五月）三四頁。
(21)『山口県社会時報』第一一五号（一九三四年五月）二九頁。
(22)『山口県社会時報』第一二七号（一九三五年五月）四〇頁。
(23)『山口県社会時報』第一三九号（一九三六年五月）三六頁。
(24)『山口県社会時報』第一五一号（一九三七年五月）三八頁。
(25)『山口県社会時報』第一六四号（一九三八年六月）七二頁。
(26)『山口県社会時報』第一二二号（一九三四年一二月）二四頁。
(27)山中六彦『人力車』（人文書院、一九三九年）。
(28)山中六彦『農繁期託児所の経営法』（朝日新聞社会事業団、一九三二年）。
(29)山中六彦『農繁期託児所の経営に就いて』（西部教育出版社、一九三四年）。
(30)「農村社会事業としての農繁期託児所の経営に就いて」『山口県教育』第三九五号（一九三三年六月）八七頁～九一頁。「農村社会事業としての農繁期託児所の経営に就て」『社会事業』第一八巻第二号（一九三四年五月）六八頁～七三頁。西部教育出版社版と『社会事業』掲載とも、末尾に(九、四、二九)と同じ日付が記載されている。
(31)「託児所座談会」「山口県社会時報」第一五四号（一九三七年八月）二〇頁。
(32)山中六彦「社会事業家とハンディキャップ」『山口県社会時報』第一三三号（一九三五年一一月）一〇頁～一三頁。なお、第八回全国社会事業大会の山口県からの出席者名簿に山中の名は見当たらないが(『第八回全国社会事業大会報告書』中央社会事業協会、一九三六年)、この論考の冒頭で大会の様子を詳述しており、出席したように思われる。
(33)山中六彦「時局と保育事業」『山口県教育』第四六六号（一九三九年四月）九二頁～九六頁。
(34)山中六彦「お宮参り」『山口県社会福祉』第七巻第一号（一九五二年一月）三九頁。
(35)山口県社会事業協会が戦時下に山口県厚生事業協会に改称され、戦後しばらくして山口県社会福祉協会となる。山口県社会福祉協会は、山口県民生委員連盟や山口県同胞援護会などの他団体と協力して、山口県社会福祉協議会の結成に向かう。

(36) 戦前の子供の家が名称変更され、現在では山口市立東山保育園となっている（『三十周年記念誌』財団法人山口県保育協会、一九九二年、七一頁）。

(37) 戦後すぐ、姫井伊介らによって設立された民間保育所の団体であるが、県社協の結成にともなって合流し、一九五九年の山口県保育協会の設立によって、解消した。

第四章　少年感化・教護実践とその性格

第一節　山口県立育成学校の創設における理念

一、感化院史研究の意義

感化院史研究の意義については、すでに藤原正範・佐々木光郎による『戦前感化・教護実践史』によって明らかにされているが、[1]山口県の感化院であった山口県立育成学校についての研究は、山口県の社会福祉史や教育史のうえでも、また全国レベルでの感化院史のうえでも、空白となっているし、育成学校自身による年史・記念誌等も刊行されていない。しかし、戦前の山口県において、数少ない本格的な入所型の施設であり、また県立ということもあって、山口県での施設実践の中核的存在でもある。したがって、戦前の山口県の社会事業を実践の面から描くうえで、その実践内容や理念について明らかにしておくことが求められる。

本章では育成学校史研究としてまず、育成学校の理念として何が語られたのかを確認していきたい。語られた理念の多くは建前であったり、内務省や他の論者からの受け売りであったりして、必ずしもその理念通りに実践が目指されたとは限らない。しかし、そこで語られた以上、当時の社会事業論や感化教育論の水準の反映であるし、内容的にも変遷がみられ、そこに社会事業をとりまく状況の変化を見出すこともできる。少年教護法が感化法にとってかわった時点が、感化院史のおける戦前の大きな分岐点であることから、その前に限定して、育成学校について理念がどう語られたかをたどっていく。

二、育成学校の沿革

まず、育成学校とはどういう施設なのか、また本稿が対象とする時期に育成学校がどう展開したのかをみておきたい。

育成学校の前身は丘道徹によって設立された薫育寮である。僧侶でもある丘は下関保護院を設立して免囚保護事業を行っていたが、一九〇八年二月に少年のみを対象とする薫育寮を設立した[2]。一方、一九〇八年の感化法改正によって各道府県での感化院の義務設置が規定されたため、薫育寮が一九〇九年三月一二日に山口県の代用感化院に指定された。育成学校としてはこの年が創立年となっているが、山口県における感化事業の創始は一九〇八年と考えるべきであろう。薫育寮では生徒が一〇人で、寮の階上に丘夫妻が居間を構えて、親代わりとしての教育を行い、愛情をその理念とする、宗教色の強い家庭的実践が特質であったといえる。経費は山口県明治資金より一九一一年九月まで三分の二、その後全額が補助された。一九一二年一月一九日に薫育寮は廃止され、県立に移管されて山口県立育成学校となった。しばらくは場所も職員の過半もそのままであった。ただし、寮監であった丘はただちに退き、校長事務代行として小田切磐太郎が就く。しかし、三月には栗栖守衛が校長として就任しており、育成学校の初代校長として位置づけられているのは丘や小田切ではなく、栗栖である。

ところが、施設が狭隘であることと、場所が下関市の繁華街とあまり離れておらず、教育環境に適さないことから、一九一二年に大内村（現在は山口市の一部）御堀に移転することが決まり、建築費は明治天皇の九州行幸の際に山口県に立ち寄ったときの奉迎費の残りがあてられた。一九一四年に移転し、定員は男子二五人とした。その後作業場の新築や運動場の拡張などがあり、定員も一九二一年に三〇人に拡大される。少年教護法制定後にも、新築や女子の入所が行われ、現在も児童自立支援施設として存続している。

二代目の校長は山口県社会課長であった熊野隆治が一九二五年五月に就いている。熊野は一九二七年六月に大阪府立修徳館長に転じ、今日では修徳館長を勤めた人物として知られている。後任には今川利平が校長事務取扱を経て、一二月に正式に就任している。今川は一九三二年一月に在職のまま死去し、後任には末宗殷門がついた。

一方、後援組織として一九一五年に山口県育成学校報徳会が設置された。報徳会は「報恩感謝ノ精神ヲ涵養シ共同自治ノ良習ヲ養フ」ことを目的とした、教化のための性格が強い。しかし、一九一八年に山口県徳友会と改称され、校費では支出しにくい事業行うことを主な目的として、精神主義的な要素は後退した。報徳会の時期には抽象的に定められていたに過ぎない事業内容は、徳友会になると会則のうえでは、不遇青少年の保護教育、不遇青少年への理解の促進、生徒の慰安・修養、徳育相談所、機関誌発行などと明記された。実際には印刷事業、動物飼育、運動器具の設置、花壇の設置、機関紙の発行等を行った。一九三三年度の成績として「委託生退校生ノ保護救済」が八件、映画会二回、教育的見世物観覧二回、「運動具遊戯具娯楽具ノ購入」、修学旅行補助二回、祭典と法要の施行となっている。機関紙『徳友』の紙代と寄付金、労金収入が主な財源となっている。

三、県の立場から示された理念

設立当初の理念を示すものとしてまず、県やその関連機関によって公刊された、行政ないし社会事業関係等の発行物がある。これらは対外的に育成学校の必要性や成果を訴えると同時に、育成学校のあるべき姿を県の立場から示している。育成学校の当事者以外が執筆している場合も少なくないと思われ、ただちに実践につながっているとはいえないが、対外的な公式見解とでもいうべきものとして、山口県内の他の社会事業に影響を与えるとともに、内部に対しても一定の指針となっていたことであろう。

感化院についての最初の本格的記述として、一九一〇年、『山口県第一回地方改良事業講演集』に掲載されている県属伊藤隆祐「感化救済の要項」がある。(3) 感化救済全体に触れたもので、感化事業について海外での沿革、日本での事例など細かいデータなどを含めて詳細に述べている。さらに感化法の概要について説明している。ただし、まだ代用感化院の時代であり、薫育寮の説明をしているだけで感化院の理念については一般論にとどまっている。少年のうちに矯正することで犯罪を減らすことができるとして、犯罪の主たる原因を貧困と無教育に求め、感化院を家庭的学校、学校的家庭としてとらえた。伊藤は「感化救済」について感化事業と救済事業に分けて論じているのだが、先に感化事業に触れたうえ分量も「救済事業」より多く、感化事業重視の姿勢があらわれている。

一九一六年発行の『山口県治概要』には「感化及救済」の章がある。(4) 第一節が「感化」で、育成学校を説明しているが、代用感化院から育成学校の設置、移転までの経緯を淡々と簡潔に記しているにすぎず、感化院や育成学校の理念はおろか、それが何のための施設かすら述べておらず、事務的な扱いにとどまっている。

一九二〇年の『救済事業の概要』は山口県によって発行された社会事業に関する印刷物として、筆者が発見したもののなかでは、最も古いものである。そこでようやく、育成学校のあり方について具体的に触れている。育成学校について「本事業の本質を能く了解せざる者の中には感化院を以て監獄の一種なりと解する者少からず元来感化事業を以て児童に対する刑罰の執行若は懲治処分なりと解するは全然誤れるものなり最近児童に対する社会学及刑事学上の見解は児童は所罰すべきものにあらずして寧ろ之を教育すべく保護教化の目的物として之を取扱ふべきものとし従つて児童に対しては特別法を制定して一般刑法の範囲より除外せんとするの傾向を生ずるに至れり是等の点に鑑み我国の感化院は或は某学校某塾或は某学園と称して教育所たるの意味を了解せしめんとするに至れり依て本県に於ても感化法に基き大内村に県立育成学校を設立し不良習慣に染み若は不良に陥らんとする児童を収容し不良習慣を矯正すると同時に処世上必要なる教育を施しつゝあり」と説明している。(5) ここでは感化院に対する誤解を解くための説明や感化院の意義について、簡潔に整理されていて、感化院を社会に定着させようとする意図は明確になっているけれども、育成学校として何を目指すのかという理念は語られていない。

一九二四年の県社会課による『山口県社会事業紀要』では、社会事業草創期の状況が詳細に述べられていて、育成学校についても沿革や現状について比較的詳細な記事がある。[6] しかし、事実関係の説明に終始していて、理念は語られていない。ただ、分量としてはかなり多く、育成学校が山口県の社会事業のなかで、中核的な位置にあることを広く示す役割を果たしている。

一九二五年の『山口県教育史　下』では育成学校についても取り上げており、教育の要旨として次のように説明している。[7]

この校の教育の要旨は、「教育勅語の聖旨を体して院生を陶冶し、正直、勤勉、忍耐の特性を涵養し、家庭教育及小学教育に準したる普通教育並に職業教育を施し不良習癖を矯正すると同時に、積極的に良習慣を与へ、各個性を斟酌して其の長所によりて自立自営の途を得せしめむことを期せり。」といふに在る。本校の費用は明治資金より支出せられ、現校舎は明治天皇行幸記念と謂ふべく、此の校に学ぶ生徒の学修費はもとより衣食住すべて皇室の御恩恵を含まぬものはない。皇恩を感戴し教育勅語の聖旨を服膺して忠良なる臣民となる鴻恩の万一に報い奉らしむるはこの校の教育本旨で在るとし、（一）報徳心の養成、（二）敬慶心の養成、（三）良習慣の養成、（四）個性の善導矯正の四項に重きを置いて教養に努めてゐる。

このように、かなり鮮明に育成学校のあり方を示している。教育勅語を基にして良い性格と習慣を身につける場として打ち出している。これは後述の育成学校による冊子とほぼ同じ基調であるから、あるいはうつすなり参考にするなりしたと思われるが、育成学校とは何を目的とした存在か、かなり明確に認識されるようになってきたと考えられる。

一九二七年の通常県会では育成学校についての質疑があり、「不良児ノ感化」の「指導方針」が問われている。県から直接、育成学校について語ることのできる場であったはずだが、これに対し県書記官田中英は「不良児の感化方針」を答えようとしているものの、内容的には、育成学校への入所の要請が多くて対応しきれておらず、今後の検討課題であることを述べているにすぎない。[8] 県の答弁自体は現況を説明しているだけで物足りないものであるが、育成学校の存在が関係者の間で定着し、一定の評価を得るにいたっていることを示している。

四、育成学校によって語られた理念

育成学校自身が理念を語った文献として『山口県立育成学校紀要』と題して刊行された冊子をあげることができる。筆者が入手したのは一九一四年、一九二二年、一九二七年、一九二九年の四年分であるが、これ以外に発行されたかどうかは確認できない。この冊子のほか、育成学校の名で発表された論考もある。これらも、公式見解の域を出ないものではあるが、育成学校の当事者が執筆に参加したと考えられるので、より実践に近づいた形で語られていると思われる。

一九一四年の記要では「教育ノ要旨」として「感化教育ノ要ハ品性ヲ陶冶シテ善良ナル人物タラシムルト同時ニ自治ニ必要ナル生業ヲ授クルニ在リ本校ハ此ノ主旨ニ依リ至大至深ナル皇室ノ御恩恵ヲ感佩シ忠良ナル臣民トナリテ皇恩ニ報イ奉ランコトヲ期セシムルト共ニ教育勅語ノ趣旨ヲ体シ特ニ正直勤勉忍耐ノ良習ヲ養ハンコトヲ務メ普通学科ヲ授クルト同時ニ実技ヲ課ス」と述べている[9]。「皇恩」を軸にした「善良ナル人物」形成が軸となっており、勤勉な生活様式を臣民としての理想的な姿として描いて、そこに近づくための動機づけとして教育勅語などを持ち出している。

教育について「学科実技共ニ品性ノ陶冶ヲ主ナル目的トシ学科ハ小学校ノ教科ニ準シ実技ハ農業ヲ主トシ簡易ナル手工ヲ併セ学科ハ午前ニ実技ハ午後ニ之ヲ課ス実技ニ在リテハ特ニ勤勉労働ノ趣味ヲ養ハンコトヲ期シ勤労ニ依リテ得タル収益ハ生徒ノ所持トシ以テ之ヲ奨励ス」としている。この限りでは、教育自体は実務的にとらえているようであり、地道な勉学と農業などの実技の積み重ねが基本とされた。

一方、育成学校では一九一六年に「立身出世ノ歌」を選定している。そこでは歌の要旨として、本分、正義、人通、倹素、貯蓄、勤励、博愛、親切、正直、寛容、確志、規律、清潔、養生、用心、忍耐、謹慎、改善、立身、成功を掲げている[10]。人間として求められる理念を列挙しただけではあるが、当時育成学校が目指したある種の方向は感じとれる。

こうした精神性がより全面に出てくるのは一九二二年に発行されたものである。そこでは教育の「要旨」として次のように述べている(11)。

教育勅語　当校ノ費用ハ畏クモ明治天皇今上天皇陛下臣民ヲ愛撫シタマヘル大御心ヨリ慈恵救済ノ資トシテ御下賜アラセラレタル賜金ヲ本トシテ本県ニ於テ積立テラレタル明治資金ヨリ其ノ費用ヲ支出セラレ又現校舎ハ明治四十四年明治天皇ノ九州ニ行幸アラセラレタルトキ本県ニ御駐輦アラセラレタル際ニ於ケル奉送迎費ノ剰余金ヲ以テ建テラレタルモノナレハ畏多クモ明治天皇行幸紀念ノ建物トモ謂フヘシサレハ此ノ校ニ学ヘル生徒ノ学修費ハモトヨリ衣食住スヘテニワタリテ皇恩ノ御恩恵ヲ含マサルハナシ。凡ソ皇国ニ生レタルモノハ誰トテ皇恩ニ浴セサルハナケレトモ本校ハ又実ニ格別ナルモノナリ生徒ヲシテ常ニ上述ノ旨ヲ忘レス皇恩ヲ感戴シ教育勅語ノ聖旨ヲ服膺シテ忠良ナル臣民トナリ鴻恩ノ万一ニ報イ奉ラシムルヲ当校教育ノ本旨トス

学校と皇室との関係をことさらに詳細に述べたてて、非行児を見捨てるどころか手厚く援助するという天皇の恩恵を前面に出し、そこに教育の理念を置いている。しかし、皇国思想の観念をふりまわしているだけで、非行児がかかえる問題についての個別な対応のための指針としての内容は全くみられない。単に「皇恩」に報いるという日本人の一般的な姿勢を確認しているにすぎないという点では、何も言っていないのと同じである。そのうえで「報徳心ノ養成」「敬慶心ノ養成」「良習慣ノ養成」「個性ノ善導矯正」の四つをあげている。この四つは『山口県教育史』に書かれたものと同じであり、一九二〇年代半ばに、これが指針として一応は機能していたようである。

「報徳心ノ養成」とは「報恩ノ思想ヲ養ヒ恩ノ有難味ヲ感セシメムコト」であり、前述のように報徳会と称する組織が校内につくられているが、報徳会の性格は単なる後援会に変わっていく。「報徳」とは、一九〇〇年代に地方改良運動の推進のなかでしばしば語られた理念である。社会問題の激化を教化によって緩和しようと試みた思想であり、それをそのまま育成学校に持ち込んだのである。「敬慶心ノ養成」とは神仏への崇拝である。児童に精神的な支えを提供するというより、宗教的な観念で温和な人格形成を目指したものといえるだろう。「良習慣ノ養成」は文字通り規律ある生活習慣の養成であり、その限りでは首肯できるものであるが、「要旨」ともあわせれば、国家に有為な臣民としての規律の向上を

求めたものととらえられる。「個性ノ善導矯正」は入所児に「変質《ママ》者又ハ精神低格《ママ》者若クハ病的欠陥」の者が多いという前提のもと、適切な方法で矯正をはかるというもので、現代風に良くいえば個別処遇ということになろうが、むしろ非行行為を社会環境とのかかわりでとらえるのではなく、生まれつきの資質に根拠を求める発想である。こうしてみると、この四つも精神主義の延長でしかなく、非行児の援助の具体的なあり方を指し示したわけではないしすでに時代は、社会問題への対処を社会的に対応すべく、山口県でも社会事業行政の確立がすすめられつつあったことを考えると、時代の流れからワンテンポ遅れた考えといわざるをえない。

ところが一九二七年発行のものは、一九二二年版とは、わずか五年の違いなのにかなり論調が異なっている。[12]「方針」としては「国民教育ノ徹底」「体験教育」「道徳教育」「学科教育」「労働教育」「家庭教育」「変化的施設」を掲げている。「国民教育ノ徹底」とは、入所時が「普通児」に比べて「普通教育」が遅れているのでまずこれを徹底するということで、特殊性の強調ではなく、一般の教育の延長線上に位置づけようとしている。したがって、ここに限らず、「特殊」な教育論の構築ではなく、通常の教育論を深めることが重視されている。「体験教育」とは日常生活の様式を体験することで生活の基準を高めていくことであり、上からの押し付けではなく、入所児が自らの体験を通して理解を深めることが期待されている。

「道徳教育」についてはさらにそのなかで「訓育各主義ノ調和」「良心ノ啓培」「感情教育」「決心ト反省ノ教育」「事実ノ教育」「責任ノ教育」にわけられている。「訓育各主義ノ調和」とは道徳についてのさまざまな主義について適宜調和させていくことであり、特定の立場を絶対視して押し付けていく姿勢を排している。「良心ノ啓培」とは訓戒、懲罰、生活等において入所児の良心活動に注意を払い良心の発達を阻害しないようにすることである。「感情教育」とは暗くなりやすい施設での生活を動物の飼育や花壇の整理などによって豊かなものにしていくことである。「決心ト反省ノ教育」とは意思薄弱な入所児について道徳的決意を保持させようとすることである。「事実ノ教育」とは「べし」「べからず」をふりかざすのではなく、事実を示すことで自然に心情を回復させることである。「責任ノ教育」は常に責任を自覚させることである。「学科教育」は文字通りの意味ではあるが、学力に大きな差があるにもかかわらず、一人の教員が全体を指導する現状のなかでより個人に適した教育を探ろうとした。これらを総称して「道徳教育」と呼んでいるが、一九二二年版での「報徳」とは違って、入所児の環境の整備やさまざまな働きかけによって児童自らがその精神性を高めていくことを目指したものである。

「労働教育」は農業によって道徳教育を図ることであり、実際に農作業が重視されているなかでの位置付けである。「家庭教育」は食事、衣服、居室、入浴等をできる限り家庭でのものに近づけようとすることであり、特殊な施設であることを脱して、家庭的な環境のなかでの矯正を試みようとした。「変化的施設」は画一的形式的にならないように注意することである。児童の立場を配慮した教育的な内容になり、「皇恩」をふりかざした精神主義はすっかり後退していて、同じ施設の方針とは思えないほどである。内容も具体的であり、日々の実践の中で指針として用いるに足りるものである。また、入所児の詳細なデータがあって、入所児の状況の客観的な把握が目指されており、入所児の傾向がわかる。それはまた、非行の原因とその解決法をデータから見出していこうとする姿勢でもある。学校内での日常の様子なども記載されていて、日々の生活ぶりも知ることができる。

これは直接には校長が熊野隆治に代わり、後述するような児童の立場に寄り添って教育論を練り上げていく姿勢をもつ熊野の考えの反映されたことであろう。同時に大正デモクラシーなど社会全体の変化、社会事業行政の整備と公私とも急速に発展していく山口県での社会事業の広がりと、それにともなう社会事業の理念の浸透、全国的なレベルでの感化教育の発展の影響等の理由が考えられる。

一九二九年に発行されたものが『山口県立育成学校紀要』の確認できる最後のものである。[13] 一九二九年版には、理念に関する記述は全くなく、一九二七年版とは違って、年間行事等が記録されているに過ぎない。単に編集や経費の都合かもしれないが、直接には校長が熊野から今川利平にかわった影響であろう。理念を語る時期は過ぎて、具体的な実践の形を議論する段階に入ったともいえる。

育成学校自身による発行物以外では、山口県社会事業協会発行の『山口県社会時報』第六六号（一九三〇年三月号）が特筆できる。この号は「感化法発布三十年記念特輯」とされており、「彙報」以外のすべての論考を、育成学校関係にあてている。

巻頭の社会課長足立文男による「不遇なる少年少女を愛せ」に続いて、山口県立育成学校名による「感化教育に就き一般社会の理解を望む」が掲載されている。そこではまず、育成学校の沿革や感化教育の説明等をした後に、「要望の一二三」として社会の誤解を解こうとしている。小見出しには「一二三」とあるが、実際には六つ挙げている。

第一は消極的な懲戒所ではなく積極的な教育機関であるとして「彼等の前途社会的国家的生活に適応し独立自営し得る能力の作らしむるに必要な教育を加ふる所」であると述べて、非行の後始末ではなく、社会にとっての有為な人材の育成機関であることを強調している。第二は教師と児童が親子ないし師弟のごとくに生活をしている場であるとして、劣等処遇的なイメージを否定している。第三は入所した場合の親の支出する費用はさほどではないと説明して、費用の面から入所をためらう必要のないことを示している。第四は多数の要保護児童がいながら入所希望の少ない現状を憤慨している。現代風に述べるなら、深刻なニーズがありながら、社会の間での無理解の中でサービスと結びつかずに問題が放置され深刻化しているということである。つまり、適切な援助が提供できないいらだちと危機感の表明である。第五に「戸籍が汚れはせずや」との心配に対し、戸籍への記載などはないし、そもそもそういう処罰する趣旨の施設ではないとする。第六に罰として入所する施設ではなく、児童自身が納得し自ら進んで入校する必要性を述べる。ここでも、「皇恩」を根拠にして存在の正当性を論証するのではなく、実情を丁寧に説明することで、社会的意義を明らかにしようとしている。また、児童の自主性に基づく家庭的な教育の立場があらわれていて、社会事業的な理念が明確に打ち出されている。

ここから見る限り「皇恩」による「臣民」の育成という発想からスタートした育成学校は、一九二〇年代後半まではその立場を維持してきたが、一九二〇年代後半には個々の入所児に対して家庭的な愛情による教育を施す立場を鮮明にした上で、実践目標を明確にしていくことに力点がおかれるようになったと考えられる。社会の無理解を克服し、児童の立場を配慮した施設として発展しようと試みた。

五、教育論

理念を示すもうひとつの材料として、こうした公式の理念とは別に、育成学校関係者である個人の論考がある。組織の一員としての制約のもとにありつつも、個人名であるがゆえに、比較的自由に執筆され、その分現実の実践の場での実態や考えを直接反映したものとなっていると考えられる。

個人的な論考の発表の主な舞台となったのは、『徳友』と題する発行物である。『徳友』は育成学校の後援組織である徳友会の機関紙として発行された。徳友会は実態としては育成学校の一部であるから、『徳友』も育成学校の機関紙といって過言ではない。

一九二五年一〇月に月刊として創刊され、一九三〇年六月の第四七号まで育成学校に保管されている。もっとも、育成学校に保管されているものは育成学校自身で保存していたのではなく、大阪府立修徳館に保管されていたものを熊野隆治が持ち出して、育成学校で保管することとなったものである。欠号もあるうえ、保存されている最後の号は最終号ではなく、戦時下まで発行されていたようである。

『徳友』は機関紙的存在でありながら、内容の大半は校長の個人的論考である。海外の著名な教育家の紹介など、一般的な記事もみられるけれども、校内の生活の紹介などはほとんどみられない。校長が執筆している場合、本名の場合とペンネームの場合があるが、いずれにせよ、公的見解としての表面的な議論ではなく、個性が明確に表に出ている論考である。それだけ実践の立場での真剣な想いが綴られているといえるし、本音で語った部分も少なくない。

個人名での論考は『徳友』が唯一の場ではなく、『山口県社会時報』や全国誌の『感化教育』にも若干みられる。そこで語られた育成学校の理念を検討していきたい。

初代校長の栗栖守衛の処遇観は『山口県社会時報』掲載の「感化教育雑感」にあらわれている[14]。栗栖は、天賦の知能には差異があり、しばしば劣等の子が不良の習癖をもちやすいとした。また、情意の面で不良の習癖のある子ができることもあるとしている。つまり、先天的に犯罪に走りやすい傾向にあるので、普通児と同じ方法で教育したのでは効果があがらず、児童をみきわめて特性に対応した教育が必要だとしている。

栗栖は『感化教育』第一号にも「感化事業振興上の急務」を書いている[15]。ここでも「身体の強弱、精神能力の優劣、境遇の良否等は亦様々であつて間々到底一律に同一校舎に於て同一の教育をすることの出来ない事情のもの、存するは明かである」として境遇による教育の違いを主張する。それぞれへの特殊な教育が必要であり、感化事業もその特殊教育のひとつと位置づけられる。懲戒的あるいは監禁的な場ではないことを強調したうえで、制定後時間のたった感化法の改正を提起している。

この二つの論考からみて、栗栖は非行の原因として、精神能力の欠如をはじめとした個人の特殊性を重視している。その特殊性に対応するための「特殊教育」が感化教育の本質として理解されている。そうなると、教育内容も特別な性格を帯びざるをえないことになる。栗栖の思考は、非行児があたかも先天的なものであるかのようにとらえているうえ、非行の社会的性格への理解もない。非行における本人の悪意は否定されるので、刑罰的な発想にはつながってこない。その限りでは教育の意義が高く認められるのではあるが、「特殊教育」の具体策がはっきりしないために、教育の目標も不明確となる。それゆえに「特殊教育」といいながら、一般の教育の同じ立場を援用するしかなく、栗栖校長の下で、「皇恩」を軸とした精神主義にたどり着くことは当然の結果であろう。

個人的に活発に発言するのは熊野隆治である。熊野は山口県社会課長として、社会事業草創期の山口県の社会事業行政を担った人物であるが、育成学校の二代目の校長に就任する。『徳友』は熊野校長の時代に創刊されたのであるが、個人紙かと思われるほど、毎号多数の原稿を書いている。

創刊号で「発刊の辞」が掲載されていて、「不良児に非ず不遇児」「不遇児救済の機関」「理解未し」「恵まれぬ特種教育」

「熱誠の併る処」「吾が体験を透して」との見出しのなかに、事実上育成学校が目指そうとする立場が簡潔に表現されている。また、『徳友』発刊の趣旨として出ている別の論考では、「父母の徳育教養を高むること」「家庭なき児童に同情理解ある真の保護者を探索して之を与ふること」「不遇児童に出来るだけの精神的物質的の慰安を与へること」「家庭徳育妨害の諸事情芟除と援助諸事情の発達」「社会連帯思想の発達」「徳育の振興」「不遇少年教育研究」「憂慮すべき児童の教育相談」が挙げられている。(16) いずれも執筆はK生となっているが、熊野のことであろう。こうしたなかでは、非行児＝「不遇」な立場に置かれて支援を要する者としてとらえたうえで、できるだけ好条件下での生活の保障が必要であるとしている。そのうえで、入所児を支援するための社会的な環境整備を求めている。

「特殊的使命を果せ」と題する論考では、施設による教育力を重視し、感化院の効果は不良の境遇より隔離し自然環境のもとで労働させているところにあるのであって、感化院職員の使命が十分に果たされていないとした。(17) 感化院だからといって特別な教育をするものではないともいっている。ほかにも、「感化院と普遍化」「感化院と光明界」「感化事業家の教育研究」「陰惨性を去れ」といった題で感化教育論を展開している。

なかでも、教育論を簡潔に集大成したのは「感化教育家の取るべき態度三十條」である。(18) そこでは「対者に真に好かるゝ教師たれ」「常に対者の良心覚醒を忘れるな」「教師の訓諭懲罰になれしむるな」「常に其の動機を直視せよ」「先ず悪事と見ず何の要求に基くかを見よ」「悪事に陥る欲望に同情してかゝれ」とあるように、懲罰の発想を捨てて児童の立場に立って考えることを求め、また「児童を責める前に自己の教育法を反省せよ」「自己の教育力を過大視する勿れ」「如何なる場合も心の平静を乱るな」「教へんとする態度をすてゝ共に学ぶの態度に立て」など教師の高い力量と自己覚知を柱としている。こうした一連の論考では、感化院は特殊な施設ではなく、何らかの理由で必要になった児童が入所して自分の問題を改善するにすぎない場であることを強調する。それゆえ、十分な教育を行うことで高い効果が期待されるのであり、教育者の能力や熱意があるのかどうかを厳しく問いかけている。

熊野は『山口県社会時報』にも「育成学校に対する世間の誤解を弁ず」を寄稿し、保護で足れりとの誤解、県立であるに依頼して後援を怠る誤解、学校教育と没交渉との誤解、家庭社会と没交渉との誤解、成績に関する誤解を挙げ、育成学校が関係者との連携のもとで高い効果をあげていることを訴えている。[19]

熊野の人物像について、大阪に移るときに、社会事業主事・篠崎篤三による人物紹介が『山口県社会時報』に掲載されている。[20]「大なる改善を氏の勢力範囲に実現し、少くも感化事業といふものを育成学校の門外に押し出して之を普遍化した」と評しているが、儀礼的な文章であることもあって、具体的な業績評価までは踏み込んでいない。しかし、篠崎がいうように、熊野は感化院や社会事業をめぐる新しい動きを積極的に取り入れて、自ら教育論として咀嚼して、教育の場としての育成学校の理念を確立しようと尽力した。

今川利平校長の時代には、『徳友』は四ページから二ページに減る。編集・発行人は熊野校長時代には熊野であったが、今川校長になると今川ではなく、第二三号から第二五号は椋原孝一、第二六号からは松田武弌と、教諭が担当している。一般的な記事が少なくなった分、ますます校長による論考が目立っている。

今川は前述の『山口県社会時報』の特輯号に「感化教育主張」を寄稿している。感化教育の真生命として「徹底的の悪人はない」とし、「不良の行為ある児童にも一面かゝる良心を持つて居るといふ事を見のがしてはならない」として良心の部分を取り出して育てることが必要だとし、そのための家庭愛の大切さを説く。また「教養の工夫」として異常児童には「精神薄弱《ママ》」と「精神低格《ママ》」があり、「遺伝的不良の素質を有するものに至つては、如何に教養を施しても其の曲りたる木の真にあたる、所謂素質を、全然更ることは出来難い」としつつ、一定の教育的環境におくことで一人前の人間としての平準線まで行くことができるとする。これは熊野の主張とも、また前述の『山口県社会時報』に掲載された育成学校名による論考とも異なる立場である。熊野や育成学校名の論考では、感化院は特別なものではなく、普通の教育をする場として考えられ、またその効果も大きなものが期待されている。普通の状態からのプラスアルファが期待されているのに、今川は目標として「平準線」だというのである。

『徳友』でも毎号執筆しているが、そのいくつかは「感化教育主張」とほぼ同文である。しばしば「愛」を強調しており、「愛の道」と題した論考では「彼等の不良の行動は総て其の境遇の所産であつて、其の責任は、寧ろ彼等の家庭社会にあると言はなければならぬ」と、ここでは非行の原因を児童個人の性向ではなく「境遇の所産」だとし、責任を「家庭社会」に求めている。そして「教育者は彼等の性行を究め、其の境遇に通じ、如何なる場合にも人としての彼等に敬意を失ふことなく、深く彼等の境遇に同情して、共に励み倶に祈り、真を置き美を認め、彼等の最も敬慕する伴侶、最も信頼する師伝となりて指導感化に真率の功夫を凝らし、己を空しうして忍耐事に膺らなければならぬ。これが感化教育に於ける愛の要領である」とする。[21]

さらに「―愛―」では感化院の子どもに対して「彼等の一人一人に対して差別をつけてはならない。あくまで平等普遍で如何なる場合にも憎悪の念を交へてはならぬ」とし、「適当の食物と適当の娯楽、温かき寝床、優しい言葉等慈雨甘露の恵みが必要」とする。[22] 今川における「愛」というのは相手への主観的な同情や思い入れということではなく、入所児の気持ちをよく理解した教育者の姿勢を指しているようであり、その面では教育論としての展開を目指している。

全体に今川には精神論が強く、具体的な教育実践との関係が熊野に比べて弱いといわざるをえない。栗栖のように非行児の精神的な特殊性としてとらえる傾向もある。熊野のような独自な実践論はなく、情緒的な発想に走る面があるかと思えば、難解な理屈を振り回すところもある。また主張が首尾一貫していないなどの点もみられる。ただ、懲罰的な発想は明確に退けられているし、家庭的な環境を重視するなど、実践を高いレベルにもっていこうとする意欲は感じられる。国家主義的な方向を復活させたわけではない。ただし、教育論には弱く、職員に何を求め、何を目指していくのかは不明確である。

実際に入所児と接する職員による論考として、『感化教育』第一号に教諭藤永助作による「感化院の統計に関する所感」がある。[23] 藤永は薫育寮の時代から長く教諭として勤務した人物であるが、これは、感化院の統計の様式の統一化の提起であり、藤永自身の実践への考え方は明らかではない。松田武弌の「感化教育鎖談」は、前述の『山口県社会時報』特輯号に掲載されたものが、『感化教育』にも再び掲載されている。[24]

松田は「不良少年といへば何か他の児童と根本的絶対的な相違がある如く考へられてあるやうであるが、これは甚だしき謬見ではあるまいか。勿論不良児の中には先天的の機質的欠陥によって不良性を帯びて居るものもないではないが、その多くは後天的の原因によるものであって、世の所謂正常児と其の限界は頗る混沌たるものであると思ふ」として、基本的には社会環境を重視する。そのうえで「不良化したる原因をよく窮めて不良児を諒解し、彼等は悪むべからず寧ろ同情し教育すべきもの」としている。現場の職員としては、非行の原因を個人の性向に求めるのではなく、個別に把握したうえで、個々に対応しようと試みていた。

六、理念と実際

育成学校は、薫育寮での家族的で宗教的な実践を重視する立場を、県立移管によって失い、設立の経緯もあって一時期「皇恩」を強調することで精神主義に傾いた。設立当時の感化救済の発想をそのまま受けとり、さらには教育勅語による教育のなされていた時代としての必然であった。しかし、それに終始したわけではなく、熊野校長の時代に教育重視に転換していく。教化施設から社会事業施設への転換であったともいえよう。熊野の校長在職期間は約二年で決して長くはないが、感化院としての新しい形を理念のうえからもつくりあげていく。それは山口県の社会事業実践の水準を、権力的な統制ではなく、個人を尊重して支えていくものに引き上げることになる。熊野の転出後、熊野の理念はいくらか後退するものの、基本的な方向は変わらず、教育的姿勢が維持される。それは社会事業の思想を感化院の立場から指し示したものであるとともに、全国の感化院での成果を取り入れようとするものでもあった。こうして蓄積されたものが、少年教護法の時代に受け継がれていく。

注

（1）佐々木光郎・藤原正範『戦前感化・教護実践史』（春風社、二〇〇〇年）では司法福祉、社会福祉史、教育史、研究方法、現状への問題提起の五点から感化院史研究の視点を提示している。
（2）薫育寮の設立について原胤昭による『全国慈善事業視察報告書二』では一九〇八年二月とし、『山口県社会事業紀要』（山口県内務部社会課、一九二四年）一〇六頁でも設立を一九〇八年と記している。
（3）伊藤隆祐「感化救済の要項」『山口県第一回地方改良事業講演集』（山口県内務部、一九一〇年）。
（4）『山口県治概要』（山口県、一九一六年）四〇九頁～四一一頁。
（5）『救済事業の概要』（山口県、一九二〇年）一一頁～一二頁。
（6）『山口県社会事業紀要』（山口県内務部社会課、一九二四年）一五頁～二二頁。
（7）『山口県教育史　下』（山口県教育会、一九二五年）五九五頁。
（8）『昭和二年山口県通常県会議事速記録』三二三頁～三二四頁。
（9）『山口県立育成学校記要』（一九一四年）九頁～一〇頁。なお、これと一九二二年については表記が「記要」となっている。
（10）「自大正五年至昭和三年感化院経営管理ニ関スル件」地方課、山口県文書館所蔵戦前県庁文書。
（11）『山口県立育成学校記要』（一九二二年）一六頁～一八頁。
（12）『山口県立育成学校紀要』（一九二七年）五一～五六頁。
（13）『山口県立育成学校紀要』（一九二九年）。
（14）栗栖守衛「感化教育雑感」『山口県社会時報』第六号（一九二四年一二月）。
（15）栗栖守衛「感化事業振興上の急務」『感化教育』第一号。
（16）『徳友』第一号（一九二五年一〇月）一頁～二頁。
（17）熊野観風「特殊的使命を果たせ」『徳友』第五号（一九二六年三月）四頁。
（18）観風子「感化教育家の取るべき態度三十條」『徳友』第二一号（一九二七年六月）四頁。
（19）熊野隆治「育成学校に対する世間の誤解を弁ず」『山口県社会時報』第一九号（一九二六年一月）。
（20）篠崎生「熊野前育成学校長を送る」『山口県社会時報』第三六号（一九二七年七月）。

(21) 今川「愛の道」『徳友』第二五号（一九二七年一一月）一頁。
(22) 今川生「—愛—」『徳友』第四七号（一九三〇年六月）一頁。
(23) 藤永助作「感化院の統計に関する所感」『感化教育』第一号。
(24)『感化教育』第一八号（一九三〇年七月）。

第二節　山口県立育成学校の実践過程

一、感化実践史研究の視点

前節にて、山口県立育成学校の設立・運営の理念について、感化法の時期を対象にして検討した。しかし、育成学校を最終的にどう評価するのかは、その理念が理念で終わってしまったのか、それとも具体的に実践として展開してある程度実現されたのかを吟味しなければならない。前節でも述べたように、これまで育成学校を直接対象とした研究はほとんどみられない。しかし、山口県で数少ない入所型の施設であることから、山口県での社会事業実践の到達点を明らかにするうえで最も重視すべき施設である。同時に、当時の感化院のあり方を示すひとつの事例でもある。先駆的な感化院とはいえないかもしれないが、むしろそれゆえに日本での感化実践の水準を考えるうえで、こうした平凡に見える感化院の一つひとつの姿が明らかにされる必要がある。

そこで、本節では育成学校でどのような実践が展開されたか建物などのハード面、教職員らの態勢、日々の生活、入所児の実態、実践の成果の観点から検討していく。本節でも、育成学校設立から少年教護法が施行される前まで、つまり育成学校が感化院と呼ばれていた時期について取り上げていく。

二、体制

まず、建物や設備などのハード面、さらに職員態勢などは現実の実践のうえでは、基礎的条件として、実践の内容を左右していくことになるので、その概要を確認しておく必要があるだろう(1)。

一九一四年の時点で、建物は三棟あり、講堂兼教室、教室兼作業室、作業室土間、学校長室兼訓戒室、事務室、生徒居室、謹慎室、食堂、生徒昇降口、学校長住宅、族長及保母住宅、炊事場、洗濯場、浴場、物置、納屋、小使室、炊婦室、便所といった部屋がおかれている。感化院らしいのは、学校長室が訓戒室としても位置づけられていることと、二坪の広さの謹慎室が設けられていることである。ほかに六六四坪の耕地があった。一九二一年にはこれに肥料小屋と鶏舎がつけ加わり、耕地も一七七八坪へと広がり、さらに運動場もおかれる。一九二七年には絵葉書を販売した利益を用いて慰安館と称する建物を建築している(2)。その分、耕地が減少しているが新たに土地を購入し、一九二九年には校地二八二七坪、敷地一一一一坪、運動場三三〇坪、耕地一三八六坪とされている。

入所定員は当初二五名であったが、実際の入所児は一九一四年で一九名、二一年で二四名であった。一九二二年に定員は三〇名に増員され、一九二七年には実際にも三〇名が入所している。一九二九年でも三〇名の入所があり、定員割れの傾向にあったものが漸増していった。増加傾向にあるのは、当初から感化院への無理解に悩まされていたことからすれば、育成学校の存在への認識や教育内容への理解が深まったこと、社会問題の深刻化とともに少年非行も深まりをみせてしまったことが要因であろう。また、入所中の者以外に、学校に籍を置きつつ校外に委託中の者もおり、それも含め

表1　入所人員

	定員	入所	委託	計
1914年	25	19	7	26
1921年	25	24	15	39
1927年	30	30	33	63
1929年	30	30	18	48

各年の『山口県立育成学校紀要』より作成

表2　職員の変遷

	1914年	1921年	1927年	1929年
学校長	栗栖　守衛	栗栖　守衛	熊野　隆治	今川　利平
族長	藤永　助作			
教諭		藤永　助作 林　清蔵	楳原　孝一 古屋シゲオ	松田　武弌 古屋シゲオ
嘱託教諭	笹田　純一 田中　正一			
書記兼教諭		柳井　文蔵	柳井　文蔵	柳井　文蔵
書記	柳井　文蔵			
保母	藤永　鷹子	藤永　鷹子	内藤　タケ	内藤　タケ
学校医	宮崎　郷輔	渡辺　喜一	渡辺　喜一	渡辺　喜一

各年の『山口県立育成学校紀要』より作成

ると五〇名〜六〇名程度が管理下にあったことになる。

なお、定員の問題については一九三〇年の通常県会において中野治介より、県内の非行少年の実状から見て少なく、拡張すべきではないかとの質問が出ている。(3) すでに育成学校の規模が、部外者から見ても飽和状態になりつつあるとの認識があらわれている。しかし、この質問に対して県は特に答弁していない。こうした主張のもと、育成学校を本格的に拡張するのは、一九三八年の新築移転のときになる。

一九一四年には職員の定数としては、学校長一名、族長一名、教師若干名、書記一名、保母一名、学校医一名となっており、教師については実際には嘱託教師が二名いた。族長とは、現場の中心となる職員である。この時点で族長である藤永助作と保母の藤永鷹子は、ともに代用感化院の薫育寮の時代からの職員であり、育成学校を退職した日も同じことから、夫婦の可能性が高い。(4) 仮に夫婦であったとしても、その後は夫婦での職員と思われるケースはみられない。族長と保母は校内での生活を求められている。なお、職員の異動は入所児や退校生の保護のうえで好ましくないとされ、最小限にとどめることとなっている。

「族長」との名称は一九二〇年に改められ、族長は上席教諭または単に教諭と称されるようになるが、実際にはなお用いられている場合がある。一九二七年現在の職員体制は学校長、教諭二名、保母一名、書記兼教諭一名、院医嘱託一名となっている。これは一九二九年でも変わらない。この体制では、常時教育に携われるのは三名にすぎず、この人数で学科教育、実業教育のほか、日常生活の管理や繰り返される無断出校への対応などをこなすとなると、かなり過酷な勤務であったものと思われる。「職員ノ勤務時間ハ通常午前八時ヨリ午后四時マテトス但必要ノ場合ニ於テハ昼夜ヲ分タス職務ニ従事スヘキモノトス」として、「山口県立育成学校細則」のうえでも長時間勤務が予期されている。

職員の待遇について校長の栗栖守衛は「職員令の制定によりて公立学校職員と同様になつたのは至当の事と考へる。事業の困難にして人格知能の優秀なるを要する職員を得んとするには、単に事業に趣味を有し精神的に献身的に従事する人を得んことを務むるのみならず。物質的待遇をも相当に之を進むる必要がある。例へば中、小学校の教員等より斯業に志ある優良なる人を得んとする場合の如き、職員令の制定ありたる後と雖、一般職員の俸給等は中等学校に及ばざるは勿論、小学校に比しても尚劣るもの少からず。加之加俸又は恩給年数勤続等の法も定まらない。中等学校又は小学校の杯員より優良なる人を得んとするが如きは殆んど望むべからざることである」と述べて、待遇の不十分さのために、すぐれた人材確保が困難であることを指摘している。(5)

校長の熊野隆治が「本校は県立ではあるが、悲しい哉、内容は極めて不備である」「田舎の単級学校にも及ばぬ不備の点もある」と一九二六年に述べているのは、こうした点も含めて指摘しているのであろう。(6)つまり、県立であったとはいっても、民間の慈善事業施設のような日々の運営費にも事欠くような厳しさはないにしても、入所児について十分な生活と教育を保障するにはほど遠かったのである。

設備の不備を補う役割を果たしたのは、山口県徳友会と称して位置付けたシステムである。徳友会はもともと一九一五年に御大典記念として「報恩感謝ノ精神ヲ涵養シ共同自治ノ良習ヲ養フ」ことを目的として報徳会の名で設けられたもので、当初は精神修養をねらいとし、実利的な面よりは教育体制の補完をすることが目的であった。しかし、「校費ヲ以テ支弁シ難キ事業ヲ行フ必要ヲ感シ」て、一九一八年に基金の積み立てを始め、一九二五年に会名を山口県徳友会とした。

印刷事業の経営、禽舎を設置しての小鳥や兎の飼育、ピンポン、テニス等の運動器具の設置、学校敷地内での庭園や花壇の設置を行った。また、事実上学校の機関紙である『徳友』も、徳友会の発行となっている。ここには本来なら当然校費で負担すべき設備も含まれており、経済的な不足を補う役割をもっている。ほかに、「委託生退校生ノ保護救済」や映画や見世物の観覧なども行っている。経費は寄附金が最大であり、ほかに基金利子、徳友誌代、労金収入となっている。(7]

全体としていえば、当時としては一定の水準の設備を持ち、熱意をもった職員を有しつつも、十分なものではなく、職員の個人的な善意や民間からの寄付等で支えられていた。

三、日常生活・行事・日課

実践の姿を利用者の側からとらえれば、日常生活の積み重ねということになる。入所児の日々の生活、あるいは年間を通しての生活のあり方はどのようなものだろうか。

「山口県立感化院規則」によれば、通常の学校と同様の三学期制がとられ、祝日、大祭日、日曜のほか、開校記念日、歳末歳首三日間以内、学年末三日以内、所在地産土神社例祭日が休日となっている。遵守事項として、許可なくして金銭、信書、その他の物品を受けないこと、金銭を使用しないこと、支給品以外の物品を所持しない、教科書以外の図書や新聞を閲読しないこと、親族その他の外部の者と接しないこと、外出しないこととなっている。

「山口県立育成学校細則」でも厳守事項があって、相互に仲良くして年長者を愛すべきこと、講堂や教室に出席するときには袴を着て、実技のときには作業服を着て、外出時には帽子をかぶること、居室、器械、日用品を大切に取り扱い浪費をしないこと、清潔にし、秩序を重んじ、庶物を整頓すること、喧嘩や危険な行為をしないこととした。施設の性格上、道徳的な面での規律が厳しさに流れるのは当然の傾向であろう。

精神的な修養という点からすれば、毎朝、洗面の後に神仏と父母祖先を遥拝させ、また父母の忌日には精進して霊を遥拝するとともに、近隣に父母の墓がある場合には墓の参拝をさせた。訓育として、毎朝朝会を行い、職員生徒を講堂に集めて、天照皇太神宮と皇居への遥拝を行い、「学校ノ教ヲ守リ正直、勤勉、忍耐ニシテ、主旨ニ合ヒタル忠良ノ臣民タランコトヲ心掛ク」との誓詞を述べ、校長から訓戒指導が行われた。夜には日誌を書くことになっていた。日誌には当日の行為を反省して「善行過失自修作業其他ノコト」を記載し、それを族長に提出させ、校長にも回した。翌朝の朝会で返し、注意すべき点があるときには訓諭した。また、勤倹貯蓄の習慣をつけるために貯金が奨励され、勤労によって得た現金は原則としてすべて貯金することとなっていた。

一日の生活は以下のようになる。朝の五時にラッパの音によって起床する。続いて掃除をする。七時より朝食。八時より朝会があり、整列をして監督の号令によって講堂に入る。講堂の正面に皇居、伊勢神宮、明治神宮の写真が掲げてあり、生徒は教員への敬礼と写真への最敬礼をする。黙念しつつ、生徒総代が誓詞を述べる。学習、風紀、労働、舎外・舎内の整理整頓、保健について報告があり、校長がそれへの批評や訓諭をする。体操をし、曜日によっては唱歌を歌う。午前八時半より学科の授業がある。午前一一時半に学科が終了し掃除をする。正午に昼食。午後一時より労働であり、農作業などが行われる。簡単な手工がなされることもある。三時には間食がある。四時より入浴と自由時間、五時から夕食である。六時半から七時半が自習、午後八時から夕会がある。午後八時半に就寝となる。

なお、日曜には午前一一時頃まで洗濯や軽い作業を課し、後は自由とした。祝日や盆正月には終日休みとなり、また酷暑の時期には午前や夕方の涼しい時間帯に学科や作業を課すなど気候条件への配慮も行っている。毎週土曜日の晩に生徒自治会を行うこととなっている。

学科については小学校に準じつつも、年齢本来の学年に対応した学力がともなっていない場合が多いため、個別的な取扱をして、随時進級することとした。「入校当時の生徒を見るに、多くは不摂生なる生活を経来りたるものなれば、顔色蒼白、筋肉疲弊し神経過敏にして精神の不安に襲はれつゝあるものなれば、先づ彼等の営養に留意すると共に朝夕の作業午後の実科の外に冷水摩擦、運動、教練等の積極的鍛錬を施している」とのことで、精神修養より健康面での立ち直りが重視されている。むしろ午後の農業が生活の中心になる。「放縦自恣であり、且つ怠惰癖のある」ことが入所児の共通の傾向とされ、あるいは教師の前ではまじめなふりをしても、監督の目がなければたちまち怠けるものとされた。その悪癖の矯正には農場を通しての作業教育が有効と考えられた。農作業を入校当初は喜ばないものであるが、教師が先頭に立って作業に専念する様子を見せることでいつの間にか、興味を持ち、心も和らいで落着き、知らず知らずのうちに悪癖が無くなり、規律、服従、勤勉等が涵養されるというのである。教師と共に働き共に楽しむところから、教育上の効果が発揮されるという。実際に、そういつも都合よくすすんだわけではないだろうが、目的としてはそうした効果の期待のもとで行われた。

こうした規則正しい生活を繰り返すわけだが、行事等によって変化することも少なくない。毎月の行事として一日には、早暁神社参拝、祈念、善行表彰、前月の学業・労働整頓等の成績発表がなされた。学科の各科別の成績、作業や掃除等の勤務、また室内の清潔整頓、受持区域の掃除、室内での自修その他の態度といったことが評価の対象とされており、熱心に取り組む者への評価がなされた反面、競争のシステムが取り入れられているともいえる。また、一ヶ月間無過失の者や特別な善行をした者について善行表彰の対象となった。誕生会では生徒の誕生日を祝賀し会食した。毎月一五日には共同修理整理日として職員と生徒の全員の協力により、校地と校舎営繕をした。

登山または郊外教授、宗教講演、内外偉人の記念日、社会国家の記念日等の記念事業や講演、また、毎月一回以上、洗濯・理髪・清潔・整頓・運動具・遊戯具所持品・履物等の検査を行うこととされた。紀元節、春季皇霊祭、明治天皇祭、天長節、秋季皇霊祭といった天皇に関連する儀式が設けられているのは、公立施設として、また教育的機能をもつ施設として当然のことであるだけでなく、国家の秩序からはみ出した入所児を臣民として改めて統合していくために、不可欠なものであった。「三大節及学校創立記念日」には「君が代」の合唱や教育勅語の奉読がなされた。

さまざまな儀式の具体的な様子として、行啓記念式については「五月二十九日皇太子殿下（今上陛下）大正十四年本県へ行啓特に本日は我校へ侍従牧野貞亮閣下を差遣遊ばされし光栄の日一同往時を追懐しながら感激の裡に記念式を挙行す。

国家合唱遥拝黙禱校長の訓話あり。式後御堀神社に参拝して聖寿の万歳と国運の隆盛とをいのり奉る」。時の記念日では「六月十日此の日を意義づけるための前提としてはその前夜夕会の席上に於いて末宗校長よりすでに一石を投げかけて準備行為怠りなからんことを期さる。明くれば十日初鐘起床の合図より緊張裡に実現化されつゝ朝会に及ぶ。末宗校長より訓話あり終つて左の六項目を挙げて正確なる時の遵奉者を嘗て互選かせしめ置きし即ち起床食事学科自習作業夕会の集合に敏活なりと衆目の見る所一致せし二生徒に対しランニングシャツ一枚与へてこれを表彰す尚式後F教諭より時の重要性に対する認識を期するため種々なる例証を挙げて実践の指導あり」という状況である。(8)

精神修養的な日課や行事が、多く企画されていたことは否めない。ここに紹介した行事も、どちらかといえば堅苦しく、生活に変化をもたらしはしても、楽しみになるものではない。しかし一方では娯楽的な行事も設定されていた。育成学校では「臨機的施設」という名のもと、「一、教育上参考となり又は非教育的に渉らざる観覧物、興行物等は随時観覧せしめてゐる。二、暑中又は随時特殊なる生徒の外は墓参又は父母慰問として一泊乃至数泊の予定にて帰省せしめてゐる。三、内外偉人国家社会の記念日には記念講演をなす。四、時々名士を招聘して精神修養講話を聴かしてゐる。五、春秋二季には全生をして修学旅行をなさしめ、時々登山及郊外授業をもなす。六、記念日等には生徒自営の下に運動会小学芸会を開かしむ。七、春は桜狩、蕨狩、夏は蛍見、水泳、秋は観月、冬は雪合戦等をなさしむ。八、連隊の招魂祭、山口市内神社の祭礼等には参拝を許し、寺院にて開かるゝ仏教法話を聴聞せしむ。九、其の他庭球野球卓球の器具を備付け運動を指導奨励し、将棋歌留多蓄音機竹馬独楽紙凧等を備へて平素の娯楽に供し、又校内に生徒図書室を設け修養趣味に関する図書雑誌を備へ、尚県立図書館の巡回文庫の回附を乞ひ生徒に随意閲覧せしめてゐる」という多様で、校外での諸活動も用意されているとする。記念講演や仏教法話の聴聞などは相変わらず精神修養的な内容だが、他は娯楽的要素の強いものである。

修学旅行の具体的な様子として「五月七日長府乃木神社へ。その昔将軍の少年時代、こゝに遊戯し、こゝに精進されし所、過去を語る遺物の数々、一木一石、まことに感慨無量にして去り難きものがある。二十周年記念祭にかこつけて満蒙博覧会あり時節柄とて彼等の意気愈々高潮す帰途につくの前数時間を割きて、墨絵の如くすつきりと描き出させし千珠満珠を、まとも見ながら、潮干狩に時を忘れしむ」と描かれ、あるいは端午は「六月八日今日は陰暦五月五日、端午の節句、大小十数尾の鯉幟は初夏の薫風をはらんで中天高く翔り飛ぶ慰安館上には万国旗ひらひらと鐘馗の床絵武者人形、子供の手によりて作られた飾物も数点。柏餅を初として沢山の御馳走、この日県庁からは篠崎社会事業主事の臨席外にも数人の来賓あり、御馳走を頂きながら、子供等の学芸会、蓄音機篠崎主事のお伽噺等一同心行くまで歓を尽す」とされている(9)。あるいは年末年始については「幸に子供等は揃ひも揃って彌が上にも健やかで年末三日のお休は竹馬の製作に凧の絵にヒイリ蜻蛉に専売特許をかち得たもの幾たりなりし。暮の二十六日には朝まだきより家庭情緒溢れるお餅つき後鉢巻に掛声も面白く搗き興じ笑声の絶間なし」と紹介されている(10)。これらの記述は施設側から外部へ向けて一方的になされた面があるとはいえ、少なくとも訓練一辺倒ではない、いわばほのぼのとした時間も組み込まれていたことを示している。

野球部も設置されたようである。当初は指導者がおらずに不振の状態であったが、「中等学校野球部の主将Y氏をコーチに懇請したところ氏はこれを快諾せられ貴重なる時間を割愛して終始熱心指導の任に当りスポーツ精神の扶植と実技の練磨とに全力を注いで下さつた結果彼等の野球熱は最高潮に達しスポーツの合理化実技の上達は申す迄もなく不知不識の間に彼等の精神生活上にも一大転機を来して誠に良果を収め得た」とされている(11)。

こうしてみると、怠惰の矯正としての厳しさを志向しつつ、しかし過酷な処遇を目指すのではなかった。日々の生活は規則正しさと団体生活としての規律を重視しつつも、教育内容等については個別的にとらえる面を有していた。また、柔軟に娯楽的な要素も取り入れ、行事も活用した。行事によっては「臣民」の養成につながる内容を含んだものも少なくはないが、全体としては生活に変化をつけ、また社会性を高める目的をもっていた。こうしたさまざまな対応を通して、個々人の精神の向上をはかっていたといえよう。

四、入所児の実態

では、実践のなかで対応していたのは、どのような児童たちであったのだろうか。基本的データが『山口県立育成学校紀要』に掲載されているので、まずそこから入所児の状況を把握する。なお、『紀要』で用いられている表現をそのまま使用するが、今日では使用されない歴史的な用語が含まれている。

初期といえる一九一四年の統計では、一九名が在籍し、家族はうち父母共存が一名、父のみが四名、母のみが八名、父母とも無しが三名、実母継母が三名、保護者の資力として普通資力ある者が二名、やや資力ある者が一名、資力なき者が八名、赤貧の者が八名となっており、貧困者が多いことを反映して在校費の徴収に関しては徴収しない者が一六名に及んでいる。入校の原因となった不良行為としては窃盗九名、窃盗と詐欺三名、窃盗・詐欺・浮浪が三名、窃盗浮浪が七名、窃盗と粗暴が一名、窃盗と放火が一名となっている（この年の退校者と仮退校者を含んでいるため合計が二四名である）。窃盗を基本に他の行為が付け加わるというパターンが一般的である。

データが積み重なった一九二九年でみると、「入校時不良性弊ノ種別」として、過去の入所児も含めたデータとして、盗癖浮浪が六一名、盗癖詐欺が七名、盗癖詐欺浮浪が七名、盗癖怠惰が一〇名、盗癖粗暴が一〇名、盗癖放火が一名、盗癖放火粗暴が一名、放火弄火が二名、盗癖が六八名の計一六七名となっている。やはり盗癖を主として、他の行為が加わっている形である。「不良トナリタル主原因ノ類別」として先天的な原因として「低格《ママ》」が七名、「低能《ママ》」が七名、機質的欠陥が二名、後天的な原因として家庭の不自然が五〇名、監督不十分が六三名、貧困が二一名、過愛が七名、遺棄が四名、親の悪感化が三名、社会的影響が三名となっている。これは客観的データというより、学校がどう理解したかという数字であり、家庭環境、特に家庭での監督の不十分さに着目していたことがわかる。

「入校時ノ年齢」は八年未満が七名、八年以上が一六名、九年以上が二〇名、一〇年以上が二七名、一一年以上が三三名、一二年以上が二九名、一三年以上が二六名、一四年以上が七名、一五年以上が四名、一六年以上が二名、一七年以上が一名となっている。

データでは見えてこない一人ひとりの実情を把握するため、個々のケースを見てみると、あるケースは「家庭ニハ実父母アリテ母ハ比較的厳ナリシモ父ノ威不足セルヤノ観アリ即チ年老イテノ子ニシテ且後妻トノ間ニ設ケタル末子ナルヲ以テ彼ヲ過愛シ幼児ヨリ常ニ連レ歩キ要求スル儘ニ飲食物等ヲ買ヒ与ヘ漸次買喰及金銭浪費ノ悪癖ヲ醸成セシメタリ小学校ニ入学スルニ及ビ彼ノ癖ヲ知レル悪友等彼ヲ教唆シ家庭ヨリ金銭ヲ取リ出サレシテハ飲食物等ヲ買ハシメ共ニ食フ等益々彼ノ悪癖ヲ助長セリ。家庭ニ於彼ノ不良行為ヲ悟リ厳重ニ監視スルニ至リ窮余遂ニ飲食店不在ヲ窺ヒコレニ潜入シ盗食等ヲナスニ至レリ。要スルニ当人不良習慣ノ原因ハ父ノ過愛ト悪友ノ教唆トニアルモノヽ如ク先天的ノモノニハ非ルガ如シ」というもの、あるいは「本人ハ素行不ニシテ在学中大正拾四年頃ヨリ家庭ニ於テ金銭ノ窃取浪費或ハ貴重品ノ無断操出等数度ニ亘リ常習的ナル犯罪ヲ犯シ近々ニ至リテハ近隣ノ某菓子店ノ不在ヲ機会ニ家内潜入シ菓子類外数種ノ窃盗ヲナス平素虚言ニ巧シテ企画的ナル悪事ヲ行フ」といったものであり、こうした家庭による環境のなかでの窃盗などが典型的なケースといえよう(12)。このほか、教諭の松田武弌は特に不遇な環境で非行に走ったケースを五つ紹介している(13)。

校外への委託も盛んに行われ入校後一定期間を経て成績良好な者については、校外家庭への委託を積極的に行い、そこでは職業修得が意図されることが多かった。また、昼間のみ通勤する場合と、完全に校外で生活する場合とがある。委託する場合、条件としてあるケースでは次のように示されている。

一、本人ニ対シテハ家族同様ニ温情主義ヲ以テ教育スルコト
二、勤労ノ趣味ヲ覚得セシメ其ノ良習慣ヲ養成スルコト
三、本人ノ行状ニツイテハ常ニ注意ヲ払ヒ左ノ各項ニツイテハ特ニ注意ヲ怠ラザルコト
　禁酒禁煙ノコト
　夜間ハナルベク外出セシメザルコト

婦女トノ関係ニ注意スルコト
直接金銭ヲ所持セシメザルコト
芝居活動写真其ノ他諸興行物ハ可成見セザルコト
四、本人ノ成績ニツイテハ当校ニ報告スルコト但事重大ニ渉ル時ハ即時報告スルコト

委託先によって多少違っていて、「行状ニ注意シ良感化ヲ与フコト」「集金其他金銭帯ニ関スル用務ニハ可成使用セザルコト」「活動写真其ノ他興行物ハ成ルベク見セザコト慰安ノ目的ノ為観覧セシメントスル場合ニハ教育的ニ弊害ナキモノニ限リ保護付添ヒノ上コレヲナサシムルコト」といった項目が含まれている場合もあるし、比較的簡素なこともある。委託先の職業等によっても違ってくるようで、僧侶に委託したケースでは、比較的簡便な内容になっている。いずれにせよ、改善のみられる児童ついては積極的に校外に委託して早期の社会復帰を目指す体制がとられていた。

五、成果

こうしたさまざまな取り組みも、実際に非行の行為がなくなって、社会復帰して他者と同様の生活を獲得するところにまでたどり着くことが求められてくるわけだが、そうした成果を十分に挙げていたのであろうか。

育成学校自らの分析を一九二二年発行の「記要」で見ると「当校退校者ハ成績良好ニヨリテ退校トナリタルモノ四十二名家庭出願ニヨリテ退校トナリタルモノ五名及ヒ未ダ退校ニ至ラサルモ成績梢々良好ニシテ職業修習ノ為校外ノ家庭ニ委託出校セシメタルモノ十五名合計六十二名ナリ何レモ一定ノ職業ニヨリテ自活スルヲ常トス今其ノ成績ヲ調査スルニ其ノ総員六十二名中成績良好ナルモノ五十二名不明四名不良五名ニシテ成績良好ナルモノ、出校者全数ニ対スル百分比ハ八五、五ニ当レリ」として退校あるいは委託によって校外にいる者のうち八五・五パーセントが成績良好となっていて、高い成果をあげたと自己評価されている。それでも、いくらかは失敗例があることになるが、「不明」や「不良」については

「何レモ精神薄弱《ママ》者及遺伝的素質ヲ有スルモノ」とされ、さらに「父母祖先ノ遺伝ニ因リ或ハ精神低格《ママ》者若クハ変質《ママ》者等アリテ単ニ感化教養ノ力ノミヲ以テシテハ之カ改善ヲ期シ難キモノナキニアラス」と説明し、「遺憾ニ堪ヘサル所ナリト雖実際上亦己ヲ得サル所」と弁解している。全力で感化に取り組んだ自負が背景にあるとしても、失敗例を遺伝や「変質」と決めつける姿勢には疑問が残る。

もっとも、当時としては感化院の入所児の犯罪傾向について、本人の生まれつきの資質や知的障害と結びつける理解がかなりあったことからすれば[14]、育成学校でも一般的な理解にとどまっていたということであろう。

また、個々のケースを見ていくと、精神障害の発生による療養、結核療養所への入所といった、疾病による中途半端な形での退校にいたるケースもある。無断出校もたびたびあったものと思われ、無断出校して関西方面にまで長期間出て、一時働くなどして生活し、再び非行に走って、ついにその地での保護団体に保護されたケースもある。なかにはあまりに無断出校が多くて対応しきれず、知人によって運営される石材採掘に従事するために退校したケースもある。

最も対応困難であったケースとして、国立武蔵野学院に入所したものがある。このケースは、実父は障害をもっていて子を養育できる状態になく、救護法の適用を受けているほどである。家庭での養育が困難なことから山口育児院に入所していたが、育成学校への入所となった。おそらく山口育児院では対応できないほどの行為が繰り返されたのであろう。育成学校でも無断出校が頻繁になされた。一時期、畳屋への委託や鉄工所への通勤を試みたものの、盗みをして無断外出をしてしまうという状況であった。五年ほど育成学校に在籍していたものの、他の生徒に悪影響を与えるとの判断で、武蔵野学院に移ることとなった。ここまで極端でなくても、こうした入所児の行動への対応は困難をきわめていた。

もちろん、良好な経過をたどったことも多い。一九三〇年の『山口県社会時報』での感化法の特集記事のなかで自ら紹介している事例が三つあり、成功例のパターンと思われる。以下は、その要約である。

事例一

養子に行ったものの養父の失踪により、実父が引き取り、実母はすでに死亡していた。学業には関心が無く、小学三年で事実上退学し、造船所の鍛冶工をしたが一ヶ月ほどで家に逃げ帰った。盗癖と浮浪癖があって家出と窃盗を繰り返し、その回数は数十回とされる。実父は日稼ぎで生活していて監督の余裕もなく警察の説諭も効果なく、一三歳で入所した。入所当初は逃走を企てるなど悪癖は容易に改まらなかったが、一年ほどで落ち着きを見せ、改悛の情が著しく、校外委託による職業訓練にいたった。そこで熱心に業務に励み、技術も進歩し、成績も良好であったので、退所となる。退所後、鉄工所の職工になってまじめに働き、徴兵検査に合格して入隊。入隊中も成績優秀であった。除隊後も引き続き鉄工業に従事して後輩の指導もするようになり、やがて独立して自ら鉄工所を経営し、数名の職工を雇うまでになっている。

事例二

幼少時に実父と死別し、母親により養育されていた。七歳のときに巡業で来た大阪の俳優に見込まれて大阪に出向き子役となったものの、映画の火災の場面に関心をもったのか放火を繰り返すようになり、実家に追い返された。しかも窃盗もするようになり、実家に帰った後も悪癖は変わらず非行が頻発、近所からの苦情も多く、小学校も入学を拒むほどであり、八歳で入所することとなった。入所後、放火の罪を自覚するようになり、盗癖もおさまってきた。入所の四年半後、畳職に弟子入りし、周囲から危険視される状況がありながらこれに影響されることなく素行を慎み、職業に精励し周囲の警戒も解け、主人の信用も厚くなった。成績優良で退所し、引き続き徒弟で働いていたがその後独立し数人の弟子を養成し、繁盛するようになった。また兄に代わって実母を引き取り、近隣から賞賛されている。

事例三

三歳のときに実母が死亡。同時に里子に出された。七歳で実父に引き取られて幼稚園に入り、引き続いて小学校に入学したが、学業を嫌って欠席がちになり、市内をうろついては気心の知れた少年たちとともに万引きや金銭の窃取などをするようになった。警察に引致されて新聞記事になったことから自暴自棄になって学校に行かなくなり非行行為を繰り返すようになった。家賃を持っていく児童のもつ金を着服し、領収証を偽造するなどの詐欺的行為も行った。窃取した金を買い食い、玩具の購入、活動写真の見物等に用いて、家に帰らないこともたびたびであった。実父は理髪店をしていて本人の監督ができず、本人の行為は改まらず、入所にいたった。入所後しばらくは学科・作業ともいやがっていたが、入所後一年経過し、生活に慣れてくるとともに改悛の情が顕著になり、学科・作業とも励むようになってきた。実父のもとに帰って理髪業を修習したところ成績がよく正式に退所となった。その後理髪師の試験に合格し、理髪業者として弟子数人とともに理髪店を経営するようになった。また、報恩感謝の念も厚く、育成学校の後援組織である徳友会に寄付をしている。

これらの事例は、もっとも高い成果をあげたケースを紹介しているのであろうし、またこうした種類の報告は、入所以前の問題をより深刻に、入所後の経過をより良く描く傾向のあることも無視してはならないだろう。したがって、育成学校の典型的な経過であるかのように見てはならないが、育成学校の目指すモデルを示してはいるだろう。家庭環境等で非行を引き起こした児童について、長期的な生活のなかで矯正し、勤勉な生活を実現してしかもそれは本人が勤勉であるのみならず、周囲や仕事の関係者に対して良い影響を与えるほどまで貢献すべきであるということである。それが育成学校の実践の目指す方向であるといえよう。その方向にそれなりに沿った形で退校にいたることが多かったものの、しかし、成果無く終わる場合との繰り返しであったのだろうが、失敗を理由にして校内の生活が管理的要素を強めるといった形跡は見られず、粘り強くよい結果を信じて対応し続けたといってよい。

六、感化院と社会事業

以上のように、育成学校の実践の概略を提示したが、実際の動きを示しただけで、実践を成り立たせた背景や外部からの影響、また感化法の時代といっても、育成学校設立から少年教護法施行まで二〇年以上あり、その間の変化もあるはずで、そうした観点からの分析にはいたっていない。しかし、育成学校が生活を中心とした感化の形を、他からの借り物の面があったにせよ、成り立たせた。それは個別的な学科指導と、農作業を通しての教育、努力した者への正当な評価、規則正しさの一方での行事等の柔軟さもあわせもった生活、委託などによる一般社会との連携などである。また自らの実践の結果を数字に整理してある程度公開したことによって、それらの実践内容と成果が、少なくとも社会事業に関心を持つ者には示された。

こうした姿勢は山口県社会事業に影響を与えたことは容易に推測されることである。社会事業期において山口県でも各種の施設が増加してくる。入所施設は必ずしも多くはないが、それでも救護法による救護施設などが設置されていく。地域的な施設としての保育所、農繁期託児所等は大きく増えていく。こうした諸施設は、育成学校の実践の果実のもとで、それぞれの実践を重ねていくことになる。

注

(1) 本稿では下記の史料を主に使用している。随所に使用しているので、ここに掲載することで、その都度注記するのを避けた。なお、「記要」とあるのは誤記ではなく、原典の表記である。

・『山口県立育成学校記要』一九一四年。
・『山口県立育成学校記要』一九二二年。
・『山口県立育成学校紀要』一九二七年。
・『山口県立育成学校紀要』一九二九年。
・「自大正五年至昭和三年感化院経営管理ニ関スル件」地方課、山口県文書館所蔵戦前県庁文書。
・「自昭和三年至昭和五年感化院一件」社会課、山口県文書館所蔵戦前県庁文書。
・「自昭和四年至昭和七年感化院経営管理」社会課、山口県文書館所蔵戦前県庁文書

・「昭和六・七年感化院一件」社会課、山口県文書館所蔵戦前県庁文書。
・「昭和八年感化院一件」社会課、山口県文書館所蔵戦前県庁文書。
・山口県立育成学校「感化教育に就き一般社会の理解を望む」『山口県社会時報』第六六号、一九三〇年三月。
・『山口県統計書』各年。
（2）『少年教護時報』第三輯（一九三二年八月）九頁。なお、『少年教護時報』の閲覧に際して、藤原正範氏のご協力をいただいた。
（3）『昭和五年山口県通常県会議事速記録』五二〇頁〜五二二頁。
（4）藤永は一九一三年一一月の第二回感化院長協議会に出席し、「私の方は現在一棟でございますが、矢張り夫婦入り込んでおります」と発言している（『第二回感化院長協議会議事速記録』一九六頁）。この協議会で、藤永は頻繁に発言しており、当時の方針や院内の様子がうかがえる。ただし、一九一四年に育成学校が開校する前年であり、薫育寮による代用感化院の時期についての発言である。
（5）栗栖守衛「感化事業振興上の急務」『感化教育』第一号（一九二三年二月）五二頁。
（6）熊野隆治「育成学校に対する世間の誤解を弁ず」『山口県社会時報』第一九号（一九二六年一月）一一頁。
（7）「昭和十年度一般社会事業」社会課、山口県文書館所蔵戦前県庁文書。
（8）「育成学校時報」『少年教護時報』第七輯（一九三三年一一月）六頁。
（9）「山口県立育成学校状況」『少年教護時報』第三輯、一一頁。
（10）「山口県立育成学校」『少年教護時報』第二輯（一九三二年三月）一一頁。
（11）「県立育成学校運動だより」『少年教護時報』第一輯（一九三一年一一月）一三頁。
（12）感化院や少年教護院の入所ケースを取り上げた研究として、（1）のほか、加藤博史『福祉的人間観の社会誌』（晃洋書房、一九九六年）の第二部「非行への視座」がある。
（13）松田武弌「感化教育鎖談」『山口県社会時報』第六六号。
（14）寺本晃久は「犯罪／障害／社会の系譜」好井裕明・山田富明編『実践のフィールドワーク』（せりか書房、二〇〇二年）、「能力と危害」石川准・倉本智明編『障害学の主張』（明石書店、二〇〇二年）で、小河滋次郎や留岡幸助の議論、あるいは感化院についての調査を取り上げて、少年非行と障害とを結びつけて関心がもたれた時期について分析している。

第三節　少年教護法の実施過程

一、少年教護法の概要

一九三四年に感化法の改正による少年教護法が施行され、非行少年への対応が新しい段階に入る。少年教護法は関西の感化院長らによる感化法改正運動を経て実現したものであって(1)、その運動の中心のひとりは元山口県社会課長であり、山口県立育成学校長であった熊野隆治である。感化法からの改正点は、感化院から少年教護院へと名称の変更、対象児童の範囲の変更、少年鑑別機関の設置、少年教護委員制度の設置、一時保護の制度、院長に退院者の尋常小学教科修了の認定権を付与したこと、社会公表の取締り規定を設けたことなどであり、教育的側面を強め、少なくとも形としては科学的な観点から非行少年への個別的な指導と権利擁護の体制を整備した。理念としては進歩的であり、少年教護は、感化法とは全く異なる段階に入ったといえる。

しかし、法の理念や体制が必ずしもそのまま実施され効果を発したとはいえない。院外教護は実態がともなったとはいえず、少年教護委員も一部を除いて有名無実であったとされる(2)。法の意義と限界を明らかにするためには、実態がどうであったのかを検討していく必要がある。その際、道府県に少年教護院の設置義務があったことや道府県に少年教護委員をおくことが規定されるなど、基本的に道府県が一つの単位であることから、道府県ごとの状況の把握が有効であろう。ここでは少年教護法がどう運用されていたかを、山口県を事例にして検討していく。

二、少年教護法の実施

少年教護法の施行によって、山口県においても一九三四年一〇月九日付で山口県立少年教護院規則、少年教護法施行細則が定められた。また「少年教護法施行ニ関スル件」と題する通牒が、一〇月一五日付で学務部長より各市町村長、各警察署長、育成学校長宛てにそれぞれ出された。法が「感化制度上極メテ重要」としたうえで、問題の早期発見、関係者による緊密な連絡、一時保護の適切な運用、少年教護院に入院する際の手続き等について指示している(3)。

法の趣旨を浸透させるため、施行された一〇月にさっそく、法についての「一般の理解」を目的とした県の主催による少年教護事業講演会が、山口市、防府町、徳山町、柳井町、小野田町、厚狭町で開催された。講師は、現職としては大阪府立修徳学院長であるが、山口県出身であり元山口県社会課長、元山口県立育成学校長である熊野隆治である。講演は「得意の感激的講演に依り満堂の聴衆を泣かしめ異常な感銘を与へた」という(4)。三月にもやはり熊野による講演会が行われ婦人に多数の出席者があったなか「感銘を与ふる事大」であったとされる(5)。熊野が感化法改正運動の中心の一人であったことからすれば、少なくとも熊野の側が熱意をもって講演に取り組んだのは間違いないところであろう。

法の内容そのものの普及を目指す対応として、山口県社会課により『少年教護法解説』と題する七五ページの冊子が一九三五年に発行されている。『山口県社会時報』では一九三五年五月号で藤谷弥一「少年教護法の概要」(6)さらに一九三六年一二月より社会課長杉田三朗による「少年教護法に就て」を掲載している(7)。いずれも法の概要を説明しているだけで、私見の表明や少年非行の現状の分析等はみられない。なお杉田のものは講演録であるが、講演は社会課長の前任の内務省社会局在任中になされたものであるから、当然山口県の状況が反映されてはいない。杉田は山口県社会課長就任直前にこうした講演をしているにもかかわらず、就任早々に執筆したと思われる『山口県社会時報』掲載の当面の社会事業の課題についての論考では、少年教護法について特に触れていない(8)。

県による一定の対応にもかかわらず、県の内部から法が順調に施行されているのか疑問の声があがる。社会課の木村尭は「少年教護院に収容する程ではないが、不良性を帯びて困るといふ少年は少年教護委員の観察に付することになつてゐるが、本県ではまだ観察処分の事実がない。果して該当のもが《ママ》ゐないのであらうか。決してそうでなく、法の趣旨が徹底してゐないが為である。町村、学校、警察方面や少年教護委員の一考を煩はしたい」と述べて、法が実質的に機能しきれていない現状を明らかにしている。(9) もともと木村は、社会事業の現状への厳しい批判を繰り返しているのであるが、この件に関しては、単なる批判精神からの論評ではない。木村は法実施直後に「少年教護委員の活動に依つて従来殆んど省みられなかつた不良児童の院外教護が行はれることになるのであるが、これこそ確かに昭和十年に期待せらるべき新なる社会事業の一である」と述べて、期待をかけていた。(10) それだけに、期待はずれの状況へのいらだちも大きかったものと思われる。

一九三七年七月にも「児童保護の本旨を了得し要保護少年調査の完璧を期せよ」と題するコラムが二ページにわたって『山口県社会時報』に掲載されている。(11) そこでは市町村が少年教護委員、方面委員、学校教職員、警察官の協力で行った調査による要教護少年の数が一一〇名であったことについて、司法当局の発表する県下の少年犯罪者数一〇〇〇名に比して著しく少ない事実をあげて、調査が不正確であるとして厳しく批判している。そして少年教護法による対応は処分ではなく特別の保護教育であり、家の不名誉、学校の不名誉、気の毒といった考えを捨てて、正確な調査をするよう求めている。『山口県社会時報』では社会事業の現状への批判的なコメントはたびたびなされていて珍しくはない。しかし、方面委員らが関係した具体的な仕事について、ここまで痛烈に批判するのは異例である。しかも、これまでの辛口のコラムは比較的小さい扱いだったが、わざわざ囲みまでつけて目立つようにして二ページ全体を使っている。ここには、少年教護法が適切に運用されない実態に対して、もはや批判をこえて怒りにまでなっている姿がうかがえる。

一九三七年には少年保護機関に関する協議会が開かれた。(12) これは、一九三七年三月の第一二回山口県社会事業大会で「少年法を本県にも適用せられんことを要望するの件」が決議されて司法大臣に陳情するという動きのなか、(13) 社会課において少年保護事業のための機関の設置を検討して成案を得たことから開かれたものである。具体的には山口県社会事業協会に少年保護部を設置することとなって、さっそく八月一七日に設置された。同時に少年保護委員会が少年保護部の運営事項を審議するために設置され、山口刑務所長、県社会課長ほか関係者が委員となっている[14]。山口県社会事業協会少年保護部規定によれば、少年保護事業部では少年保護事業懇談会の開催、少年保護事業講演会の開催、不良性癖のある少年の調査、活動写真の利用による保護思想の普及、少年教護院退院生と刑務所出所少年の保護、パンフレットの発行を事業として計画している。少年保護部について、一九四〇年の社会事業協会の事業計画には含まれているが[15]、一九四一年の計画には欠落しており[16]、ここで何らかの変化があった可能性がある。

一九三七年一一月一一日から一三日まで、県と日本少年教護事業講習会の共同主催により中国地方少年教護事業講習会が開催され[17]、二三〇名の参加があったとされる[18]。『山口県社会時報』に参加者の集合写真が掲載されているが、二〇〇名程度の参加者があったのは確かなようである。講習は、徳永寅雄「少年教護法」、菊池俊諦「少年教護事業に就て」、高島巌「最近に於ける社会事業の趨勢」、杉田三朗「本県に於ける少年保護事業の現況と其の将来」、末宗殷門「要教護少年の取扱に就て」であり、また「不良児ノ早期発見ト其ノ処置ニ関スル具体的方法如何」「今次ノ事変ニ対シ少年教護上特ニ留意スベキ事項如何」の協議題のもと、武蔵野学院長菊池俊諦の議長によって意見交換された。ことに二つ目の議題は早くも日中戦争の展開と少年教護が結びつけられている。

戦時体制が構築されるなかで、少年教護の分野においても、戦時体制とどう関係づけるかという関心が強まっていく。一九三八年三月の少年保護事業委員会では懇談事項として「時局ト少年保護問題ニ関スル件」が取り上げられている[19]。一九三八年の少年保護記念日の講演会は「国民精神総動員」を前面に出して、戦時色が強まった[20]。すなわち、「国民精神総動員の趣旨を体し人的資源確保の国策に協力する為少年保護の現下的重要性を強調すること」「銃後の諸般の事情に鑑み少年不良化現象増大の危険に付き社会の注意を喚起し、少年保護事業拡充の要急性を認識せしむること」を掲げ、講演会は山口地裁検事正帯金悦之助により「時局と少年保護」また、検事正ほか県学務部長らによる座談会「時局と少年保護に就て語る」も設定されている。

一九四〇年七月に少年教護事業協議会が小野田町、徳山市、岩国市で開催されたが、そのねらいは「事変長期に亙るに従ひ市街地特に殷賑産業地帯に於ては少年不良化の傾向著しく、之が教《ママ》の徹底を図る」ことであった(21)。指示事項としてまず「事変下に於ける少年教護の強化徹底」が指示されており「事変下に於ける銃後人的資源の啓培」の見地からの不良化の防止が強調され、また「軍人の遺族家族には特別の注意を払はれたきこと」もあわせて述べられている。

もっとも、そのほかは少年教護各種機関の連絡提携や少年教護相談所の利用の件など実務的な内容も含まれている。すなわち、少年教護の具体的な実務自体は着実に遂行されつつも、そこが戦時体制に組み込まれた。

三、少年教護院の動向

感化院として設置されていた山口県立育成学校が、少年教護法施行後、引き続いて少年教護院となる。育成学校の実践そのものに大きな変化はない。校長もそのまま末宗殷門が継続している。その末宗は少年教護法について「幾多の難関を突破して遂に之を物にすることが出来たのは誠に大成功」と法の制定・実施を歓迎している(22)。西日本の感化院関係者が法制定の努力をしていたことからすれば、儀礼的な賛辞にとどまるものではなく、ある程度正直な気持ちであろう。そのうえで、「吾人は此の特異点を中心に将来の施設経営に最善を尽し少年の教護に万全を期すべく法の運用に全力を致す」という決意を述べている。

少年教護法に基づく山口県立育成学校細則が定められ、一日の生活としては、午前五時から六時に起床、五時から六時、六時から七時にかけて水浴と掃除、その後午前は朝食、学科、午後には昼食、実習・作業、自由時間があり、夕食の後、入浴と自習となっていて(23)、以前とあまり変わりない。

学校の日々の具体的な様子を伺える史料として、校長の末宗による「年末年始に於ける少年教護院の実生活」という報告がある。[24] そこでは育成学校が一般の学校と違って、教師と生徒が寝食をともにすることから生徒指導の機会が豊富であることを強調し、年末年始の行事の様子を紹介している。すなわち、一二月二三日の皇太子殿下御誕生満一週年奉祝式、二八日の終業式、三一日の正月の準備、正月三が日、四日の始業式等が紹介され、家庭的雰囲気の中で生活がいとなまれている様子を描いている。

実際の入所のケースを一つ見ると「本人ハ素質上若干ノ不良性ヲ享受セル者ノ如シ加フルニ父ノ受刑ト出奔後ノ所在不明及ビ母ノ離縁其後ノ病死等家庭的ニ極メテ悲惨ナル運命ニ遭遇セルノミナラス現在ノ扶養者タル祖母ハ老衰且貧困ニシテ十分ナル世話をナスコト能ハズ本人ハ漸次不良化シテ祖母ハ其ノ監督ニ苦シミタル結果遂ニA村ノ親族ニ依頼シテ寄留セシメ同村ノ小学校へ入学セシメタルモ寄留先ニテ厄介視シ冷遇セルヲ以テ本人ノ心益荒ミテ不良行為ノミ多ク屢〻注意ヲ受ケルニ及ビテ遂ニ登校セズ所在ヲ眩マシB地区方面ヲ彷徨シテ種々ノ不良ノ風ニ染ミ再ビ祖母ノ下ニ帰リタル後モ窃盗浮浪ノ悪癖増長シ以テ今日ニ至レルモノト考察セラル」（地名を匿名とした）という。[25] 家庭環境と貧困とが最終的に非行につながっているのである。

それに対し「改善ノ見込ノ有無及ビ収容ノ適否」として「本人ハ素質上盗癖浮浪等若干ノ不良性ヲ享受セルモノト認メ得ルモ家庭ノ欠陥ト環境ノ不良ニ基ケルモノ多分ニアリト考察セラル、ヲ以テ本校ニ収容シテ適切ナル教護ヲ施ストキハ或程度ノ改善ノ効顕ハルベキモノト認ム」と判断している。ただし、この表現はどのケースについても類似しており、個別ケースへの具体的結論というより、決まり文句と化している。

一般家庭に入所児を委託する試みも行われているが、生徒の委託の条件として

一、本人ニ対シテハ家族同様ニ温情主義ヲ以テ教育スルコト
二、勤労ノ趣味ヲ覚得セシメ勤倹力行ノ良習ヲ馴到スルコト
三、時々本人ノ所持品ニ注意シ不審ノモノアリタルトキハ其ノ出所ヲ糺スコト
四、当分ハ直接金銭ヲ取扱フ用務ニ使用セサルコト

五、本人ノ成績ニツイテハ時々本校ニ報告スルコト　但事重大ニ渉ル時ハ即時報告スルコト(26)

を掲げている。

仮退院も行われているが、条件として

一、常ニ保護者ノ命令ニ服従シ反抗的態度アルベカラザルコト

一、保護者ノ許可ナクシテ猥リニ外出スベカラザルコト特ニ夜間ハ保護者ヨリ命ゼラレタル場合ノ外ハ絶対ニ外出セザルコト

一、買食ハ勿論金銭ヲ濫リニ費消スベカラザルコト

一、飲酒喫煙ヲナサヾルコト

一、常ニ規律正シキ生活ヲナシ時々学校へ現況ヲ報告シ指導ヲ受クルコト

を挙げている。これは一定したものではなく、「正直忍耐ヲ旨トシ家業ニ勉励スヘキコト」「活動写真其ノ他興行物ヘハ保護者ト同伴ニハ観覧ニ行カザルコト」「勤労趣味ヲ覚得シ勤倹力行ノ良習慣ヲ作ルコト」といったことも挙げられていることもある。「正直忍耐ヲ旨トシ家業ニ勉励スヘキコト」が一九三四年から三五年頃には入っていたのが、三六年には見られなくなるように、入所児ごとの個別の対応による違いではなく、状況のなかでの変化と思われる(27)。

感化院時代同様、無断出校に悩まされていた。この時期にみられたのは同一人物が繰り返し出て行ったケースである。Aという生徒は六月一五日午後八時に他の生徒一名とともに出て、徒歩で小郡から宇部に行く。二一日に下関に行ったところ、二八日に委託生徒に出会って通報され、他の一名も宇部で発見された。八月二六日には墓参のため親戚宅に外出していたが、そこから家出し、徳山・山口・湯田と放浪し、すりを働いたところ警察につかまり、九月二九日より警察より通報があった。さらに翌年三月二六日昼食後出校し、山口市内を徘徊中、退校生に発見された。五月一三日午後、作業中に便所に行くふりをして出校し、警察官に発見された。一二月一四日にも他の二人とともに湯田、小郡、山口と徘徊し、発見されている。

また、Bは九月一一日に徒歩で山口、小郡、小野田、湯田と放浪し、一五日に発見され、さらに一七日に再び出校し、三田尻（現防府）から神代まで行き、実父より二一日に通報された。二二日午前二時にまた出校し、二三日に田布施の友人より通報された(28)。

こうしたケースについて事実関係しか記載されていないので、無断出校を繰り返す原因等は不明であるが、二人とも在校費用免除の申請がなされており、家庭の経済状態が低いことは共通している。

少年教護院に併設されることになっている少年鑑別所は一九三七年四月一日に山口県立少年鑑別所として設置され、所長は社会課長、鑑別委員は赤十字社山口県支部病院長、防府脳病院長、育成学校校医、社会事業主事、山口県師範学校教諭、それに育成学校長の末宗が教諭の肩書きで名を連ねている(29)。主事も末宗で、他に書記が三人おかれているが、書記は育成学校教諭の兼任である。仰々しいメンバーがそろっているが、実質は育成学校の業務が拡大したものといえよう。

「従来は素行不良の少年を育成学校に入学せしめて居ったが不良の原因には色々あって、疾患の為、或は先天的の低格《ママ》者もあり環境の不良の為悪化した者もある。此の先天的の低格《ママ》者は感化不能な者だから育成学校に入学させても教育の効果がない。即ち入学不適な者である。斯様な事を専問《ママ》家の鑑別委員が各方面から研究して入学の要否や入学後の教育保護の方法等を示し、之を知事に申出て県に於ては此の資料に依って入学許可や教護上必要なことを定める」ことを目的としている。同時に「特に一般家庭で両親を困らせてゐる不良性のある少年の鑑別にも応じ得ることゝなって居り、不良児童に悩める親達の良き相談所でもある」ともされて、一般性も示されているが、実際にはこちらの機能が働いたとは考えにくい。

一九三七年三月三〇日に山口県立少年鑑別所規定、山口県立少年鑑別所処務規定が制定され、四月には「山口県立少年鑑別所設置ニ関スル通牒」が県学務部長より市町村長、少年教護院長、小学校長、中等学校長、警察署長、少年教護委員宛てに出されている(30)。四月一二日には鑑別委員会議が開かれて活動していく。少年鑑別所のあり方についてはとまどいもあったようである。一九三六年一〇月の全国少年教護事業協議会に協議事項として山口県から「少年鑑別機関ノ規格並其ノ運営ニ関スル件」を提出している。[31] 説明として「現在少年鑑別機関ノ人的並物的設備ニ関シ其ノ據ルベキ規格標準並運営上ノ指針ナキヲ以テ之ガ設置経営ニ当リ相当困難ヲ生ズル実情ニアルヲ以テ此ノ際日本少年教護協会ニ於テ之ニ関シ調査考究セラレタシ」としている。協議の場で山口県社会事業主事補の淵上博は「斯業ニ於テハ少年鑑別機関ノ機能ヲ遺憾ナク発揮セサル事ガ何ヨリモ必要デアリマシテ、之ガ整備拡充ヲ図ル為メニ努力致シテ居ルモノデアリマスガ、之ヲ新設ニ当リマシテハ鑑別機関ノ人的物的設備ニ就イテ標準ガ無イ為メ、相当困難ヲ感ジテ居リマス。協会ニ於テ研究シテ居ラレルサウデスガ、ソノ結果ヲ成ル可ク早ク御示シ願ヒ度イト存ジマス」と、少年鑑別所の運営についてよくわからないことを率直に述べている。会場ではすでに設置している県などから発言があったが、山口県側が求める具体的なノウハウが明確にされたとはいいがたい。

なお、この協議会について、末宗は儀礼的に賞賛しつつも、「会期の延長を希ふものである。今回提出問題の質量の上から見ても二日間の会期では聊か多忙で落着いて審議ができない」「鑑別機関も今後逐年増設されることであるから此等の関係職員及至院医等も参加させたいやうな気持もする」「全員総会の外に適当の方法により教護職員、教護委員、府県関係吏員、後援団体主任者、鑑別当事者等各々の分科会を開くことも有効ではあるまいか」「打解けての懇談会、座談会等を設けることも一方法ではあるまいか」といった要望を述べている。[32] 執筆を依頼されての建設的提言ではあるものの、少年鑑別所の問題も含め、この協議会で期待しただけの情報が得られなかったことへの若干の失望も感じられる。

『山口県社会時報』には「少年鑑別所とはどんな所か」という記事が掲載されて、社会事業関係者への注意を喚起している。[33] 一九三九年一二月には名称を山口県立少年教護相談所に変更した。[34]

育成学校の目指す理念を具体化したものとして入所児による退所後の「美談」があり、『山口県社会時報』に掲載されている。本節の対象とする時期では二つあり、一つは社会的な成功と貢献が抽象的に書かれたものであるが、[35] あとひとつは職工としての成功談である。[36] 継続的な勤務、同僚との良好な人間関係、飲酒喫煙をしない、浪費せず貯蓄するといったことを述べて賞賛している。

少年教護法の戦時体制への適応の動きは当然、育成学校についてもそこに組み込むことを意味している。一九三八年二月には御真影が下賜され、二四日に県職員と校長が厚生省に出向いて拝戴したうえ、二五日に県庁奉安殿に奉納した後、二六日に県知事代理として社会課長ほか、県師範学校長、山口警察署長、山口刑務所長代理、旧職員ら関係者の出席による拝戴式を行っている。(37) 精神総動員やファシズムの体制強化に少年教護院が組み込まれた。

一方、建物の老朽化が問題となってくる。一九三六年の県会でも本間宰輔より、改築予算がどうなっているのか、収容人員はどうなるのか、女子の入所は可能になるのか、といった質問がなされている。

これに対し、県側はすでに移転改築の準備がなされていることとその際に増員が可能であることを述べる。しかし、女子については増員分も男子が想定されていて女子にあてることは困難であり、計画を検討する必要がある。緊急の場合には他県の施設への入所も可能であることを述べている。移転新築については場所の選定はしたものの、民家や墓地が含まれているために進行が遅れていることを明らかにしている。しかし、近々着工できる見通しであり、来年には新設できると述べている。(38)

実際に新築されたのは一九三八年であり、一一月七日に厚生省からの来賓や県の関係者らの出席のもと落成式が行われた。(39) 落成式と重ねて、七日から九日までの日程で愛知以西二府十六県朝鮮総督府少年教護院長協議会が開催されている。提出された協議題は「時局」とからめたものが多く、「少年教護院出身者中今回ノ支那事変ニ応召シタル者ノ数及活躍ノ状況ニ関スル件」「少年教護院在院者中現役志願者及大陸進出ノ状況ニ関スル件」という直接戦争への協力に関するものが兵庫県から出されている。なお山口県からは「少年教護機関ノ分科体系確立ト之ガ実現ニ関スル件」という実務的なものである。これと同じ協議事項を一九三九年一〇月の全国少年教護事業協議会に山口県社会事業協会の名で提出している。国立少年教護院、都道府県少年教護院と並び、「不良化の程度の低き者」を対象にした教護院を市町村に設置することと、現行の少年教護院で対応しきれない者に対応するための体系を確立することを求めている。(40)

懸案の女子部についてであるが、宇部市の実業家高良宗七より一万二千円の指定寄付の申し出があったために、その資金をあてて女子部を併設することになったという[41]。その結果、男子五〇人、女子一五人の定員となって、男女とも入所可能な施設へと拡張された。職員は校長のほか、教諭五人、校医一人、保母五人、書記一人とされている。なお、このときの建物や工事の詳細については「昭和十二年度県立育成学校建築工事一件」に設計図面、設計書、工事請負入札書、工程報告などが残されていて、詳細に把握することができる[42]。

落成行事に先立って山口県立少年教護院規則が一九三八年四月一日に改正されるとともに、「山口県立少年教護院規則改正ニ関スル件」が学務部長より各市町村長宛てに出され「要保護少年ノ早期教護ニ努ムルハ勿論、収容教護ノ要アル者ニ付テハ速ニ手続ヲトルコト」「従来ノ不備ヲ補ヒ女子ノ収容施設ヲ設ケラレタルニ付一般ニ周知ノ上充分之ガ活用ヲ図ルコト」「少年教護ニ関シテハ少年教護委員、市町村長、少年教護院長、警察官吏、学校教職員等相互ノ連絡ヲ密ニスルコト」を指示している[43]。

育成学校では実質的な機関紙として、長く『徳友』を発行してきたが、一九四一年五月に廃刊される。かわって『山口県社会時報』に「育成学校だより」が掲載されるが、『山口県社会時報』自体が、すぐに発刊されなくなったので短期間の試みに終わった。「育成学校だより」は日々の出来事を紹介している[44]。「海軍記念日訓話」「日支事変四週年記念日挙式、勅語奉読訓話、御堀神社に参拝して皇軍武運久長を祈る」「満洲事変第十回記念日に付講話」「勅語奉読式、訓話、御堀神社参拝境内大掃除帰途氷上部落の戦傷病者五柱の墓参」「本校隣組木本輝行氏名誉の戦死公報あり一同弔問す」といった記述が散見される点には戦時色の施設内の生活への影響を感じさせるが、反面で少年教護院として当然な日常的な動きや業務についての記述も多く、日々の運営自体は淡々とすすんでいる様子がうかがえる。

こうして、戦時体制のなかで戦時色を濃くしていく面はあるが、本節が対象とする時期全体で言えば、施設の新築というハード面の拡充、特に女子部の新設、少年鑑別所の設置、また実践の面でも委託や仮退所の積極的な取り組みなど、前向きな対応がなされている。感化法の時代の蓄積が展開した時期でもあり、山口県での戦前における施設処遇の到達点を示してもいる。戦時体制に巻き込まれていくとはいえ、日々の実践自体は地道にすすめられていた。

四、少年教護委員の選任

少年教護法の改正点の一つは少年教護委員の設置であり、山口県でも少年教護委員が一九三四年一二月一一日付を皮切りに選任されていく。

昭和九年現在調の「少年教護委員数調」によれば、山口県では委員定数が二五五人、方面委員二二人、教育家三九人、宗教家一九人、社会事業家五人、其の他七〇人で、一五五人が選任されている。二五五人という定数は鳥取の二一九人、徳島の三〇〇人、青森の一八五三人などと比べると、人口比を考えると見劣りするが、鳥取はすべて、青森と徳島は大半が方面委員であり、どれほど実態があったか疑わしい。広島の二〇人や福岡の九二人などと比べるとかなり多い。これらの点を考えれば、一応は全国平均を上回る質と量の選任が行われたといえよう。(45)

どんな人物が選任されたかの史料として「自昭和九年至十一年　少年教護委員選任解任」という文書があり、少年教護委員に選任された者の推薦調書などが綴じられている。(46)ところどころに「少年教護委員適任者トシテ推薦セル者」と題した委員の一覧表があり、委員の氏名のほか推薦理由、年齢、職業が掲載されている。一九三四年九～一一月頃に推薦を受けた者一〇一名の一覧、一一月～一二月頃に推薦を受けた者六一名の一覧がある。その後も随時推薦が行われていくが、このふたつを軸にみておく。

職業としては僧侶四一、小学校長四二名、小学校教員八人で他に「教育」とあって「小学校」と説明されている者が一、小学校教員で僧侶が一である。これだけ見ると、僧侶と小学校長がほぼ半々であるが、農業、無職、神職とされる中に経歴として小学校長や小学校教員がいる。それを加えると、むしろ小学校長が最大の委員の職業であり、教員も含め、三分の二が小学校関係者で、次に僧侶となる。それ以外の者は方面委員の経験者など、社会事業と何らかの関係があった者が多い。年齢は五〇～六〇代が多いものの、なかには二〇代、最年少は二三歳であり、これは「小学校教員後神職」という経歴である。なお、この数字が前述の調査と比べて、教育者の数が多いなど大きく異なるのは、方面委員でもある者は方面委員とされていることや兼職している者の数え方などによるのであろう。

これら委員の研修のため、少年教護委員講習会が開催されている。一九三五年三月一六日には県主催で山口市にて、社会局属三島利美「少年教護法」、熊野隆治「少年教護事業に就て」、社会課長井口正夫「少年教護法の運用」、育成学校長末宗殷門「少年教護法の実際」の内容で行った(47)。

一九三六年二月には久保良英、池田千年、山下太郎、末宗殷門を講師に開催している(48)。池田の肩書きは「兵庫県立農工学校長」となっているが、以前は兵庫県の感化院、土山学園長を勤めており、感化院長の立場で関西を中心とした感化法改正運動の中心となった人物である(49)。講習会の対象は委員のほか市町村吏員、学校教職員、その他の関係者を含めている。約一三〇名の参加だったという。引き続いて三月に徳山市、小郡町、田布施町、麻里布町、厚狭町、安岡町、萩市で同趣旨の会を山下と末宗を講師に開催している(50)。

また、日本少年教護協会による講習会にも派遣している。一九三六年六月に岡山で開かれた講習会には二木謙吾ら四名が出席し(51)一九三六年一〇月の全国少年教護事業協議会には末宗ら四名が参加するとともに、提出事項として「少年鑑別機関ノ規格並其ノ運営ニ関スル件」を提出している(52)。

委員二二〇名がそろったこともあり一九三六年一一月二五日から二六日にかけて、少年教護事業協議会が、委員のほか市町村主務吏員、育成学校職員の出席により開催された(53)。その際、「知事訓示」が出され、法の意義の強調と委員への儀礼的な励ましのほか「本法ガ実施サレテヨリ既ニ三年ヲ経過致シマシタガ其ノ運用ニ就テハ尚未ダ十分ナラザル点ノ少クナイコトハ洵ニ遺憾トスル所」と述べて、法の運用に問題があることを隠していない。この協議会では指示事項として「少年教護法ノ趣旨普及徹底ニ関スル件」「少年教護委員ト少年教護院、学校、家庭ノ連絡強化ニ関スル件」「要保護少年ノ早期発見並不良化防止ニ関スル件」「少年教護委員執務心得制定ニ関スル件」「退院者ノ保護ニ関スル件」聴取事項として「少年教護事業関係者ノ連絡機関設置ニ関スル件」「少年教護委員ノ活動状況ニ関スル件」が出ている。一般的な指示もあるが、「本法ノ精神ハ未ダ十分普及セルモノト認メ難シ」とあるように、ここでも法の趣旨が実現できていない実態を隠すことなく、そこからの脱却を目指して、個々の指示を出している。

少年教護委員の活動への具体的提起として、一九三七年一一月の少年教護事業講習会に下関市の少年教護委員の田門平八が意見書を提出している。[54]「不良児の早期発見と其後の処置に関する具体的方策」と「今次の事変に対し少年教護上特に留意すべき事項」であるが、前者は課題の羅列であって特に体験に根ざしたものではない。後者は戦時体制への流れの中での率直な提言ではあるし、出征者の家族の経済的影響に触れているのは注目できるが、少年教護を戦時体制に対応させることが主たる関心である。内容はともかくとして、少年教護委員のなかに、前向きに活動のあり方を問う者がいたことが示されている。

一九三八年に少年教護法施行細則が改正され、方面委員が少年教護委員を兼ねるケースが多かったこともあり、方面委員令の制定もふまえて、方面委員を少年教護委員にあてることになった。[55]少年教護委員ではない方面委員は少年教護委員に選任されることになった。当然人数が多くなることになり、少年教護委員のうちより少年教護常務委員三二〇名をおいた。数は増えたものの、方面委員の業務もあるうえ、方面委員だからといって少年非行に高い関心と使命感があるとは限らず、機能が高まったとは考えにくい。

『山口県社会時報』には菊池俊諦による「少年教護委員の任務に就きて」が『児童保護』より転載されており、[56]間接的に少年教護委員の活発化が鼓舞されている。一九三九年三月には方面常務委員少年教護常務委員会を開催し、後に少年教護の講演会を開催している。[57]

少年教護委員はそれなりに期待されたが、少年教護に理解がある委員も見られて個々には熱心な取り組みもあったのであろうが、全体としては不活発であり、方面委員が兼任するようになって、ますます個々の委員の熱意は部分的なものになったと思われる。そもそも方面委員制度すら、その崇高な理念と可能性にもかかわらず、各地域において確実に機能したとはいいきれない。より高い知識と専門性が求められる少年教護委員として活動するには土台が不足していたといえよう。

五、少年教護法の成果と限界

少年教護法を具体化する意図は、県社会課を中心にしてみられ、熊野隆治らを講師とした講習会など、具体的な取り組みがみられた。少年教護委員の選任についても選任した側には前向きの意図はみられた。社会事業行政の主要課題として認識され、児童への権利重視の方向を定着させる可能性をある程度有していた。また、山口県立育成学校の実践に活力を与える側面もあり、育成学校は戦前において最も成熟した時期をむかえて、成果をあげていくことになる。

しかし、少年教護委員にせよ、非行少年らの保護の体制づくりにせよ、効果は部分的であって、山口県の社会事業のあり方を大きく変えるには至らなかった。行政における社会事業の位置づけの弱さ、救護法が町村によっては全く実施されないなど所得保障すらままならない状況、農村の窮乏化等の社会事業を取り巻く厳しい条件のなかでは、先進性をもつ少年教護法は、その理念を実現するための基盤を欠いていて、上滑りにならざるをえない性質をもっていた。そこに加えて、戦時体制をむかえて、少年教護全体が変質していくなかで、本来の意義を失っていく。ただし、一部とはいえみられた少年教護委員の熱意や、育成学校での実践の積み上げは、戦後の児童福祉の体制を準備するものではあった。

注

(1) 藤原正範「感化教育実践と感化法改正運動序説」『日本における社会福祉施設の歴史的研究』(平成一一年度科学研究費補助金(基盤研究(B)(一))研究成果報告書)。
(2) 土井洋一「解題」『現代日本児童問題文献選集一三』(日本図書センター、一九八七年)。
(3) 『山口県社会時報』第一二〇号(一九三四年一〇月)三五頁～三九頁。
(4) 『山口県社会時報』第一二一号(一九三四年一一月)三三頁。

（5）『山口県社会時報』第一二五号（一九三五年三月）二七頁。
（6）藤谷弥一「少年教護法の概要」『山口県社会時報』第一二七号（一九三五年五月）。
（7）杉田三朗「少年教護法に就て」『山口県社会時報』第一四六号（一九三六年一二月）。
（8）杉田三朗「躍進防長に約束されねばならぬ社会施設の徹底」『山口県社会時報』第一四七号（一九三七年一月）。
（9）木村生「社会事業余滴」『山口県社会時報』第一三六号（一九三六年二月）二二頁。
（10）木村尭「昭和十年の本県社会事業への待望」『山口県社会時報』第一二三号（一九三五年一月）九頁。
（11）「児童保護の本旨を了得し要保護少年調査の完璧を期せよ」『山口県社会時報』第一五三号（一九三七年七月）。
（12）『山口県社会時報』第一五四号（一九三七年八月）三二頁。
（13）「第十二回山口県社会事業大会の概要」『山口県社会時報』第一四九号（一九三七年三月）一五頁。
（14）『山口県社会時報』第一五六号（一九三七年一〇月）二二頁。
（15）『山口県社会時報』第一八五号（一九四〇年三月）五六頁。
（16）『山口県社会時報』第一九七号（一九四一年四月）七五頁～八一頁。
（17）『山口県社会時報』第一五六号、二五頁。
（18）『山口県社会時報』第一五七号、二四頁。
（19）『山口県社会時報』第一六一号（一九三八年三月）四〇頁。
（20）『山口県社会時報』第一六三号（一九三八年五月）四八頁～四九頁。
（21）『山口県社会時報』第一八九号（一九四〇年七月）六三頁～六四頁。
（22）『児童保護』第四巻第一〇号、（一九三四年五月）七七頁。
（23）「自昭和十年少年教護院経営管理」社会課、山口県文書館所蔵戦前県庁文書。当時の育成学校の状況を示す史料として、こうした行政文書のほか、『山口県育成学校要覧　昭和十年三月十五日現在』（「立」が抜けている）と『山口県立育成学校要覧　昭和十三年十一月』という、横長の紙を折りたたんだ印刷物がある。また、『新築記念』という一九三八年発行の写真集があり、写真のほか、巻末に「山口県立育成学校要覧」が掲載されているが、『山口県立育成学校要覧　昭和十三年十一月』と同じものである。

(24) 末宗殷門「年末年始に於ける少年教護院の実生活」『山口県社会時報』第一二三号。
(25)「昭和十年少年教護院一件」社会課、山口県文書館所蔵戦前県庁文書。
(26)「昭和十二年少年教護一件」社会課、山口県文書館所蔵戦前県庁文書。
(27)「自昭和九年至昭和十年少年教護院一件」社会課、山口県文書館所蔵戦前県庁文書。
(28)「昭和十二年少年教護一件」。
(29)「不遇少年少女に福音　山口県立少年鑑別所設置さる」『山口県社会時報』第一五〇号（一九三七年四月）。
(30)『山口県社会時報』第一五〇号、三二頁〜三三頁。
(31)『児童保護』第六巻第一一号（一九三六年一一月）二〇頁〜三九頁。
(32) 末宗殷門「全国少年教護事業協議会に対する所感の一端」『児童保護』第六巻第一二号、（一九三六年一二月）。
(33)「少年鑑別所とはどんな所か」『山口県社会時報』第一五〇号。
(34)『山口県社会時報』第一八四号（一九四〇年二月）五四頁。
(35)『山口県社会時報』第一五一号（一九三七年五月）四一頁。
(36)『山口県社会時報』第一六〇号（一九三八年二月）六六頁。
(37)『山口県社会時報』第一六一号（一九三八年三月）五一頁。
(38)『昭和十一年山口県通常県会議事速記録』五六〇頁〜五六五頁。
(39)『山口県社会時報』第一六九号（一九三八年一一月）二六頁〜二七頁。
(40)『山口県社会時報』第一八一号（一九三九年一一月）六七頁。
(41)『山口県社会時報』第一四五号（一九三七年八月）三二頁。
(42)「昭和十二年度県立育成学校建築工事一件」山口県文書館所蔵行政文書。
(43)『山口県社会時報』第一六三号（一九三八年五月）三八頁〜三九頁。
(44)『山口県社会時報』第二〇一号〜第二〇三号（一九四一年一〇月、一二月）一九四二年二月。
(45)『児童保護』第五巻第一〇号（一九三五年一一月）一〇七頁〜一一〇頁。
(46)「自昭和九年至十一年少年教護委員選任解任」社会課、山口県文書館所蔵県庁文書。

(47)『山口県社会時報』第一二五号、二七頁。
(48)『山口県社会時報』第一三六号、二四頁。
(49)藤原正範「感化教育実践と感化法改正運動序説」『日本における社会福祉施設の歴史的研究』(平成一二年度科学研究費補助金(基盤研究(B)(一))研究成果報告書)。
(50)『山口県社会時報』第一三七号、二三頁〜二四頁。
(51)『山口県社会時報』第一四一号(一九三六年七月)二四頁。
(52)『山口県社会時報』第一四四号(一九三六年一〇月)三四頁。
(53)『山口県社会時報』第一四六号、二頁〜四頁、三一頁〜三三頁。
(54)田門平八「少年教護に関して」『山口県社会時報』第一六〇号(一九三八年二月)八頁。
(55)『山口県社会時報』第一六二号(一九三八年四月)三七頁。
(56)菊池俊諦「少年教護委員の任務に就きて」『山口県社会時報』第一七一号、第一七三号、第一七四号(一九三九年一月、三月、四月)。
(57)『山口県社会時報』第一七三号(一九三九年三月)七三頁。

第五章　人権・差別をめぐる諸問題

第一節　山口県におけるハンセン病対策の展開

―無癩県運動期を中心に―

一、ハンセン病で問われるもの

二〇〇一年五月のハンセン病国家賠償請求裁判の原告勝訴と政府の控訴断念を受けて、山口県においても、県知事が長島愛生園を訪問して過去の政策の誤りについて謝罪をし[1]、また県議会でも決議が行われた[2]。判決や患者の訴えを受けてのそれなりの迅速な対応は評価できるものではある。しかし、現状において、山口県におけるハンセン病政策の何が問題だったのか、明確になっているとはいいがたい。山口県とハンセン病との関連についてまとめた研究は、筆者による「山口県とハンセン病」が唯一といっていいと思うが[3]、行政関係者や県民がこの論文を競って読んでいるという話は聞かない。いつ、誰が、何を行い、それがどう問題なのかを多くの県民が認識しなければ、山口県において反省がなされたことにならないだろう。

あるいは、山口県内でも、ハンセン病問題を人権教育に取り入れたり教員の人権研修で扱ったりする動きがあるが、そのためには、教育者の自己批判が前提である。隔離政策が大きな誤りであるとしたなら、なぜこれまで看過してきたのか。らい予防法を見過ごしてきた教師たちが、法廃止後に成長した子どもたちに差別の誤りを教える資格があるのだろうか。一九九四年に『夢へのその一歩　光田健輔物語』なる[4]、隔離政策への批判などほとんど感じさせない本が防府市の教育現場に持ち込まれたとき、それに疑問を感じたり苦悩した教師はごく少数であった[5]。

本節はこうした問題意識により、山口県とハンセン病とがどうかかわったかを明らかにしようと試みている。ただし、筆者はすでに「山口県とハンセン病」で、山口県出身の山根正次と光田健輔の役割や大島療養所への山口県からの入所などについて述べている。ここでは、繰り返しはなるべく避けて、強制隔離への関与や責任を示すことに主たる関心をおいて、論述したい。時期としては、無癩県運動を中心とした戦前を対象とするので、裁判などで主に問われている、戦後のらい予防法制定や隔離政策の維持、断種手術等には触れていない。それらが重要な課題であることはいうまでもないが、戦後の動きは戦前を是認するところから始まるのであり、戦前に何がどう行われたのかを確認しておくことが前提であろう。なお、本節では戦前を主に対象としているため、「癩」を含んだ用語や引用文を使用している。また、「収容」という語も、患者の主体性を軽視した本来なら不適切な用語であるが、「収容」が当時の実態を示しているので、あえて「収容」を使用している。

二、光田健輔と山口県の医学界

ハンセン病の問題を論じる際に必ず出てくる人物は、光田健輔である。光田は隔離政策を医師の立場から医学的に正当化し、推進した。光田の生涯については、伝記が何度か書かれるなど、すでに周知となっているが、(6)「救癩の父」と呼ばれ、東京養育院に回春病室を設置し、全生病院が設立されると院長となる。患者の絶対隔離を唱え、離島への隔離を主張、具体的には西表島を考えた。それは財政上の問題もあって実現しなかったものの、隔離政策は実施され、その象徴でもある長島愛生園の園長になる。戦後、文化勲章を受章、また防府市の名誉市民となった。隔離の継続を主張する戦後の参議院での証言が、らい予防法制定の決め手になったといわれ、またそこでの「手錠でもはめてから捕まえて強制的に入れればいい」「逃走罪というような罰則が一つほしい」といった人権否定の発言は、当時から患者より批判され、現在でも論難されている。光田を評価する見解は今でも無いわけではないが、(7)昨今の隔離政策批判の流れのなかで、近代史研究や人権研究においては、否定的評価が定着したといえよう。

光田は一八七六年に中関（現・防府市の一部）で生まれた。光田が山口県出身だからといって、そのこと自体で山口県の責任が問われるべきものではない。ただ、光田が影響力を強めるうえで山口県内からの後押しがあり、一方で光田の思想が山口県に影響があったことは否定できない。また、光田ひとりが突出したというより、光田をハンセン病の権威者として押し出したのは何かという問題も検討すべきであろう。

光田は山口県の医学界との関係をもちつつ、医学研究をすすめていく。東京に一九〇一年八月に山口県医学会が設置され、会長は「癩予防ニ関スル件」制定に尽力することになる山根正次であるが、若手であった光田は幹事となっている。[8]山口県医学会雑誌『防長医事』にハンセン病関係だけではないが、「再び癩菌と結核菌との混合伝染を有する淋巴腺に就て」[9]等、光田の論文が掲載されており、光田が早くから山口県の医学関係者にとって注目される存在であったことを示している。また、「光田健輔氏養育院医員として癩病専攻の青年医士として令名ある同君は近業益々進み研鑽に余念なき有様に候[10]」「養育院医局内に十余の癩病患者を相親しめる同君は近日同院長渋沢男爵に諮り一の癩病院設立の計画に従事せらるべき趣きに候[11]」「小石川養育園医局にある同君は旧に依りて癩病組織の研究に余念なく従事致し居られ候[12]」と、東京養育院の一医師でしかなかった光田について、ハンセン病研究に取り組む様子を報じている。また、山口県医学会では「癩病予防法に就て」を「宿題」として研究するが、その担当者には光田と磯部検三が就いている。[13]

その成果を報告する一九〇三年一一月二九日の山口県医学会総会では、光田が登壇し「予防の方法としては癩病集落を形成し漸次隔離するの策を採り当初極貧者の浮浪者を収めて先づ一定の地に隔離するを要す而して漸次種々の予防計画を進むべし」といった発言をしている。[14]この時点では、早急な全患者への離島への完全隔離は主張していないが、隔離による解決という基本的な方向は明示されている。総会では、報告を受けて、結婚禁止や絶対隔離の議論がなされている。

さらに、光田と磯部により、次のような決議案が出される

一本会は癩病に関する特別法律及び老廃保険法の制定を会長（山根代議士）より帝国議会及び帝国政府に建議すること

二癩病処分問題に関する資料の蒐集に着手する件に就き人事法律学者、及び公衆衛生家、癩病に関する専門家、重なる医事衛生団体に交渉すること

右二条の特別委員選定の件を会長に委任すること

決議案は満場一致で可決され、委員には光田、磯部と、佐藤松介が選ばれた(15)。

『防長医事』三一号には、この総会での磯部による「癩病予防法に就て」との報告が掲載されている(16)。そこで磯部は、国民の衛生思想が高まり、患者も治療を怠らなければ強制的な処置は必要ないが、現実を考えると「一部強制処分の執行を希望する」とし、「箇人的処置」として三項、「公衆的処置」として一五項目掲げる。「国立隔離所」、「自由隔離所」、兵役免除、子女の養育の禁止などをあげている。ともに「癩病予防法」を研究した光田も、磯部のこうした主張に共通するものがあったといえよう。こうして、光田は、医学者として若手であった時期から、ハンセン病をめぐって山口県の土壌で活躍していたのである。

ただし、光田らのこうしたハンセン病観は、光田たちだけでつくられたわけではない。すでに一八八九年の『大日本私立衛生会山口支会雑誌』には「臨時会談話」というなかに三浦英一による発言が掲載されている(17)。三浦は「私は癩病の恐る可き事及其予防の一二をお話しすべし癩病は先づ不治の病にして近来之を直接伝染病の一に加へたり本病の増殖を防かんには血統を正し結婚するを要す且本病は病者の器物衣服より伝染するとあるを以て之を隔離せざる可らず故に結婚するには血族の正しきものを撰み已に此血族にして一旦発病したるときは之を一室に隔離し其器具衣服は家族之を使用せさる様なす可し此病は人の最も耻つ可きものにして一旦之に罹るときは農工商其他社会へ顔出しは出来さるを以て之に注意あらんとを《ママ》乞ふ」と述べている。三浦の個人的な発言にすぎないものではあるが、当時のハンセン病への感覚が典型的にあらわれている。ハンセン病の伝染性を誇張して描くとともに、強い伝染病であるならば無関係なはずの「血統」を重視するというものである。その意味ではこの発言は、日本全体を支配したハンセン病観と同様であり、それを医学界が主導していたことを示している。

三、一九二〇年代までの県会での議論

伝染病対策において、明治期に急務であったコレラ、赤痢などの急性伝染病は次第に落ち着きをみせ、かわって課題になるのは結核とハンセン病であり、ハンセン病への政策的な関心が高まっていく。

山根正次らの尽力もあって、一九〇七年に「癩予防ニ関スル件」が制定される。同法によって連合府県立による療養所が全国に設置される。この段階では収容の対象は浮浪している患者などが中心であった。山口県は、鳥取県を除く中国四国地方の県とともに香川県の大島療養所（現在は国立大島青松園）の設置に参加し、費用を支出するとともに患者を入所させていく。

その際、問題視されたのは、大島療養所への支出について、山口県の支出が相対的に多いのではないかとの疑問である。[18]一九二五年の県会での議員からの指摘に対し県側は県下に患者が三二四名おり、うち療養の資力の乏しい者が二二二名であり、この二二二名が入所すれば、一人当たりの負担額は減少するが、収容能力がないために入所できないでいる、との答弁をしている。

一九二八年にも問題にされており、負担金の疑問はつきなかった。[19]ただ、山口県の分担金は、広島県、岡山県より少なく、愛媛県とほぼ同じである。昭和五年度の場合、岡山県二二、二三八円（銭以下は切り捨て。以下同じ）、広島県二六、三二七円、山口県一七、八四八円、愛媛県一七、〇四七円である。愛媛県との比較では、おおむね愛媛県のほうが多い年が目立つが、山口県のほうが多い年もある。ただ、入所者は、分担金では山口県よりも少ない島根県や徳島県とさほど変わらない。特に療養所の所在地である香川県は、他県が二〇人～四〇人程度なのに、一〇〇人を越えている。入所者一人当たりで計算すれば、山口県が高めになっているのは確かである。[20]

しかし、客観的に考えた場合、県の人口や経済力に比例した負担をするのは適切な方法であろうし、また広島県は入所

者はさほど多くないので、入所者一人当たりの額でいえば、広島県が最も不利になっており、ことさらに山口県だけが不利になっているわけではない。また、四国からの入所者が多いのは、故郷を追われたハンセン病患者が遍路のために四国に来訪して、そのまま四国に定住するケースがあったことが背景にある。こうした患者について、たまたま患者を収容した四国の県がすべて負担するのが適切とはいえまい。つまり、山口県の負担が多いとの批判は決して正当な批判とはいえない。こうした批判は、緊急度が高いとも思われず、また何らかの形で還元されるわけでもない療養所の経費負担への不満である。

一九二八年には国立療養所長島愛生園が設置されることが決まっていたことから、県としても患者収容がすすむことへの期待を表明している。本音としては、国立療養所への収容によって、県の支出の多さが目立たなくなることへの予測であろう。

一九三〇年にもまた「国費支弁ニ移管セラレルヤウナ御意思ハナイデゴザイマセヌカ」との質問が出ている。これに対し県は山口県からの患者が男三〇人、女七人であることを示しつつ「今本県ガ加入シテ居リマス所ノ療養所ヲ国立ニ引直スト云フコトハ直グニハ考ヘ得ラレナイノデアリマスガ、当然将来ニ於キマシテハ国ニ於テモ相当ナ施設ヲ拡張ヲサレル時期ガアルモノト吾々ハ信ジテ居ル」と答弁している。(21)

このように、議員側は繰り返し、負担の多さを問題にし、県は問題をそらしたり先送りにして対応している。県からすれば国の方針で動くしかない現実があって議員の疑問を認めるわけにもいかず、似たようなやりとりを繰り返した。ただ、この段階では、徹底した隔離という発想は双方にない。隔離への支持がないから、議員は冗費と感じ、県側は確信をもった答弁ができなかった。なお、大島療養所が実際に国立に移管されるのは一九四一年である。

県自体ではないが、県社会課と実質的に一体の関係にある山口県社会事業協会の方面委員規定には「結核患者癩患者アルヲ認メタルトキ」の対応について書かれており、方面委員がハンセン病患者に対応することを想定していた。(22)山口県社会事業協会の雑誌『山口県社会時報』でも、方面委員が患者に接することへの注意を喚起している。全国的に見ると、方面委員が隔離に直接協力したケースなどがあって、厚生労働省が設置したハンセン病検証会議の最終報告書においても、福祉界の隔離加担の実例として批判されているが[23]、山口県では方面委員がハンセン病患者と積極的にかかわったことを示す資料は筆者は発見していない。『山口県社会時報』の発行されていた全期間を通じて、ハンセン病関係の本格的記事はひとつだけであり[24]、それも未知の人物による投稿と思われる。ほかには患者による短歌が紹介されている小さな記事がある程度である[25]。

こうして、「癩予防ニ関スル件」のもとで、ハンセン病への対策がすすめられていくが、この時点では、「癩予防ニ関スル件」の忠実な執行であって、特にハンセン病対策に力を入れたというわけではない。

四、一九三〇年代の県の立場

しかし、一九三〇年代になってくると、県の取り組みが変わってくる。一九三〇年代、癩予防法へと法改正がなされることによって、無癩県運動と称して、ハンセン病患者をことごとく療養所に収容して、在宅の患者を皆無にする政策が全国的にとられる。この運動の過程で、ハンセン病を危険視する宣伝が展開され、また強引な処置がとられたことが指摘されているが、山口県では、着実にその方向で政策がとられている。

一九三一年の通常県会において、山崎衛生課長は「癩患者ガ非常ニ多イ」と述べて、危機意識を表明している[26]。それは後述のデータにみられるように根拠のあることだった。その危機意識を背景にして、昭和七年度予算では予防費を八五七円増額した。そのうち、療養所費の分担金が一七九円、検診費が一九八円である。つまり、検診体制の強化を図りつつ、療養所での収容を推進した。「癩患者ガアル検診ヲシテ呉レロ、斯ウ云フコトデアツテモ往々県ノ方カラ出兼ネル場合ガアリマスノデ、其ノ地方ノ開業医ニ託シマシテ検診ヲシテ頂クト云フコトノ為」と説明して、いかにも患者の要請にこたえるための検診体制であるかのような説明であるが、患者に、自分の地域からの追放や遠方の療養所への収容に直結する検診への強い要望があるはずもなく、実態は従来は検診の手が伸びず、放置されやすかった農村部にも広く検診の体制を作ろうとしたものといえる。

事実、同じ日、患者の実態についての質問があり、衛生課長は「癩予防法ガ改正ニナリマシテ病毒伝播ノ虞アル者デアリマシタナラバ貧富貴賤ヲ問ハズ収容サレ得ル限リ大島療養所或ハ又国立療養所ノ方ヘ送致イタシタイト思ッテ居リマス」と、隔離の強化を述べている。これだけなら、癩予防法の精神を述べただけともいえるかもしれないが、続いて「隠レタル癩患者ハ私ハ相当アリハシナイカト思ッテ居リマス、此ノ点ニ付マシテモ極力県ノ方ニ於テ色々捜査ト云フト語弊ガアリマスガ、出来ル限リ発見イタシマシテ病毒伝播ノ虞アル者ハ相当処置ヲ致シタイ」とする。語弊があるとしつつも「捜査」という言葉さえ用い、強い姿勢で患者の発見、隔離をしようという、無癩県運動への決意表明となっている。この少し前の発言で、あたかも患者の要望にこたえたかのようなことを発言しておきながら、そうでないことを早くも暴露してしまっている。

この説明に対し、野村正一は「吾々ガ臨床上之ヲ診断スルノニモ初期ニ於テハ此ノ診断ハ余リニ容易ナモノデナイ、進行シタル者ニ於テハ宜シイノデアルガ、初期ノ患者ヲ発見スルコトハ容易デナイ」とし、現実の問題として患者の発見は困難として、県の方針に疑問を示した。野村は実務的な疑問を示しただけで、患者への対応自体を批判しているのではない。しかし、県の方針が患者の発見・隔離に傾いたものであることを問いかけている。

これに対し衛生課長は「各警察官ノ方ニ、何処カニ怪シイ者ガ居ルト云フヤウナコトデアリマシタナラバ其ノ附近ノオ医者ニ嘱託シテ検診シテ貰フノデアリマスルガ、ソレデ尚ホ診定ノ附カザル場合ハ国立癩療養所ノ光田氏或ハ林博士、斯ウ云フヤウナ方々ニ来テ頂イテサウ云フ方ニデモ診査ヲシテ頂カウカ斯ウ考ヘテ居ル」と述べているが、この答弁では、野村の質問に全く答えていない。野村の質問は、ハンセン病初期の診断の困難さを問うているのだから、それが可能であることを論証しなければならないはずである。衛生課長はそれをせず、光田や林文雄という権威によって、議論をそらしている。また、衛生課長はこの答弁の最後で、光田が山口県出身であることから協力をえられやすいとも述べている。

高木平治は「私ハ癩患者ヲ見ル度ニ非常ニ同情ニ堪ヘナイノデアリマスガ之ヲ取扱フノニハ非常ナル親切ト同情ヲ以テシテ頂キタイ」として、療養所への入所にあたって、患者の気持ちを考慮し、人目につかない配慮を求めている。高木の「同情」の内容は定かでないが、こういう質問が出ること自体、患者への配慮に欠いた対応が横行していたのであろう。高木の県は、夜行列車を選ぶなどの配慮をしているとする。患者の移送に際して、貨物列車に長時間乗せられた等、人権侵害が多かったといわれている。山口県でも移送をめぐって、問題が起きつつあったことがうかがわれる。

高木のような、それなりに患者の立場にたった質問の一方で、患者を危険視する質問もなされている。辻昌吉は、専門家が見なくとも明らかな患者が市中に横行しており、警官も十分に対応できていないと述べて、患者への嫌悪感を隠すことなく、現行法では患者への対応は不十分であることを批判する。さらに続けて、病気に罹った者は他人を恨むので、発見した場合の対処についても注意を喚起している。

これに対し、衛生課長は林文雄の名を持ち出した前言のニュアンスを変え、「本県内ニ於テ適当ナル方ニ診テ貰ヒタイ」として極力県内の医療体制で対応することを述べ、また患者を全部収容するという方針を確認する。そのうえで、大島療養所の拡張や国立療養所の設置により、収容能力が拡大したことを指摘して、患者を「徘徊サセナイヤウニサセタイ」としている。予防法改正、無癩県運動を踏まえた県会において、こうして隔離収容の確実な実施が県会の議論においても確認されたのである。(27)

隔離の徹底を求める声は一九三二年の通常県会でも続く。(28)小林収三は「癩病患者ノ予防ニ付テマダ足ラナイ所ガアル」として住民、行政、警察のいずれもが、ハンセン病に対して対応が不十分であると指摘している。これに対し、警察部長は、大島療養所に入所が着実に進んでいるとして、小林の指摘の一部を否定しつつ、宣伝については活動写真などを用いてすすめていくと答えた。また、警察の対応について、しっかり把握し、療養所への入所も奨めていると述べている。つまり、すでに警察サイドとしては、患者を監視し、療養所への入所につなげる体制をとっていたのである。

以上にように、県としては、改正癩予防法の精神に追随し、無癩県へ向けての取り組みを強固にし、県会側は検診体制などの技術的な点への疑問はあったものの、基本的には県と同じ方向に立つこととなる。

五、無癩県運動の実態

では、実際の無癩県運動はどう展開したのであろうか。一九三〇年代初頭の県内の患者は、三二八人であり、人口一万人あたりの患者は二、八九人であり、これは全国の二、二一人を上回るものであった。特に玖珂郡五八人と阿武郡四四人は「癩多キ市郡」として挙げられている。[29] また、「未収容患者」が一三八人いるとされている。山口県のハンセン病は、全国的にみて、目立つほどではないが、多数の患者をかかえている状態であった。また、「癩予防ニ関スル件」制定前の六四三人だったものが一九一九年には三九三人と半減したものの、一九二五年には三二四人、一九三〇年三二八人と横ばいになる。[30] そもそも患者の統計自体がそれほど正確ではないので、細かな増減を重視すべきではないが、改善の傾向がみられないという印象があったのは確かであろう。これを「無癩」にまでもっていこうという話であるから、そこではそれ相応の「努力」が要請されることになる。

一九三一年に隔離運動を官民あげて遂行するための全国組織として、癩予防協会が結成される。結成にあたって発起人がたてられており、県知事平井三男や山口市長白銀市太郎ら、民間人では渡辺祐策や柏木幸助らあわせて一六名があがっている。[31] 形式的に首長や名士を並べている面もあるが、岡山県が一〇人、広島県が一一人であることと比べると、多いともいえる。こうした全国組織ができたことで、県ごとの活動の共通基盤ができて、各県の取り組みの比較が可能になる。癩予防協会の発行する『事業成績報告書』や『癩患家の指導』といった冊子は県ごとの数字がでているために、各県の取り組みの「熱心さ」が把握できる。「道府県別癩患者現在数」なる表は棒グラフで各府県の患者数を表示するだけでなく、それを多い順に並べているので、患者の多い県、少ない県が一目瞭然であるうえ、多い道府県から数えて何位かも明記している。

ちなみに、『昭和十一年度事業成績報告書』での山口県は二四位であり[32]、目立たない位置ではあるが、よく見ると、広島県、東京府、京都府など山口県より人口が多いのに、患者数では少ない府県がある。山口県関係者がこうしたデータを見たとき、「無癩県運動」への使命感を高めたであろうことは容易に推測できる。

全国的に癩予防デーが実施される。一九三六年の山口県での実施状況として、予防思想の普及として「各中、小学校全部講演、講話等を行ひ　皇室の御仁慈と予防思想の普及徹底に努めたり」という。また、書籍の寄贈を求め、集まった書籍を全国の療養所に分配した。認定患者の検診及患家指導として二班に分け、一班は検診にもう一班は患家の指導と入所勧誘にあたった。その結果、ハンセン病の疑いのある者のうち三名がハンセン病と診断された。また、警察署において新患者の発見に努めた結果、「徘徊中の患者一名を発見し直に大島療養所に送致したり」という。また、五名の入所希望者を長島愛生園に入所させた[33]。

一九三七年には、予防協会より送付を受けた印刷物を関係方面に配布したが、その数は他府県に比して目立っている[34]。「御歌」（貞明皇后の短歌）は五五〇〇だが、他府県は二〇〇とか三〇〇といった程度で、せいぜい一〇〇〇か二〇〇〇で山口県を上回るのは富山の六〇〇〇と岡山の一〇〇〇〇だけである。また「療養のしるべ」は山口県は三〇〇〇であるが、これも一〇〇〇に満たない府県のほうが多い。映画会が玖珂郡河山村、大島郡安下庄町、厚狭郡二俣瀬村、下関市彦島町の四ヶ所で行われている。女学校を中心とした講演会を行い、講師として長島愛生園の医師、神宮良一と内田守を呼び、九つの女学校や小学校と萩警察署で講演会を実施した。なぜ、高等女学校が中心なのだろうか。会場が高等女学校であっても、参加者は周辺の他の学校もふくまれてはいるが、それでも参加者の多数が高等女学校の生徒である。小川正子『小島の春』が隔離政策の過酷さを隠蔽して温情にすりかえたように、母性や優しさといったものを出す意図があったのではないか。

二四人を検診し、八人を入所の必要ありと診断した。また、朝鮮から来た者のなかに患者がいる可能性があることから、朝鮮人居住地での調査も行い、朝鮮人の患者一人を発見している。また防長保健協会の機関誌『保健時報』の配布、中、小学校での予防思想の普及徹底、市町村での宣伝ビラの配布、療養所への慰問品の寄贈を行った。こうした行事のほか、小学校では一九三四年から一斉調査を行っている。

これらの取り組みからいえるのは、予防デーを生かして、徹底的な対応をしていることである。こうしたところから、ハンセン病への恐怖心を県民が高めたことが容易に推測できる。

もちろん、行事だけでない、継続的な取り組みがあった。光田は、一九四一年には山口県に残る患者は七名のみとし、「隔離の効果は明瞭に証明されて来た」と誇っている。[35]もっとも、ハンセン病は潜伏期間が数年から一〇年以上と非常に長く、また発病しても自覚して診察がなされるまである程度の期間を要することが多いので、短期間に患者を収容すれば、残る患者が一時的に急速に減少したように見えるのは当たり前で、隔離の効果が証明されたとはいえない。その程度のことを光田がわからないはずはなく、隔離を正当化するための意図的な詭弁といわざるをえない。

光田はさらに、こうした効果をあげる県では官吏の勤務が熱心だとして「山口県では衛生係の巡査が一人の患者を入院させるために往復四里の峠を越えて二十数回も勧誘に通った記録がある。職務以上に誠実な人間的な官吏の努力は常に自ら民衆を動かす」と述べている。[36]隔離を強力に推進した光田の目からも山口県の取り組みは満足できるものだったのである。

山口県の無癩県運動が「注目」を集め、評価されていたことは、山口県を訪問した医師による報告からもわかる。神宮良一「山口県癩予防週間に使して」内田守「山口県の無癩県運動戦線を馳駆して」田尻敢「山口県下検診行」早田皓「無癩県を征く」が、光田が園長をしていた長島愛生園の機関誌『愛生』に掲載されている。

神宮は、キリスト教のハンセン病施設の回春病院の医師から、長島愛生園に転出した人物である。内田は熊本の九州療養所（現・菊池恵楓園）の医師をしていたが、退職せざるをえなくなり長島愛生園に移った。戦後、光田の伝記を執筆している。[37]田尻は全生病院（現・多磨全生園）に勤務の後、長島愛生園に移った、典型的な光田直系の医師である。早田は戦時下に長島愛生園から国頭愛楽園（現・沖縄愛楽園）に移り、国家主義的運営を行って、園内のキリスト教勢力に抑圧を加え、園に出入りしていた牧師を追放、敗戦後も園が米軍の支配下になるまでは患者に宮城遥拝をさせていたという人物である。

キリスト教への姿勢の違いなどの相違はあるが、いずれも、隔離政策を忠実に実行していた光田派の人物である。光田への忠誠合戦のなかで、光田の出身地である山口県を高く評価しようとした面もあるので、その記述をすべて鵜呑みにはできない。内田は「吾等の慈父光田園長の出身県」と明記しているほどである。儀礼的に述べている部分もあることに留意すべきではあるが、内容は事実のありのままの報告であり、全体として信用性は高いといえよう。

神宮は一九三七年六月二二日より検診と県内の高等女学校で講演するため、山口県を訪問した[38]。柳井、下松、徳山、防府、厚狭、小串、人丸、於福と検診している。都市部だけでなく、日本海側の農漁村地域にまで及んでいる。行く先々で、警察や役場職員の協力を得ている。無癩県へ向けて、県と市町村が力を入れて、患者の把握が行き渡っていることが示されている。ただ、あらかじめ患者の可能性のある者を警察に呼び出しておくなど、お膳立てをしたうえでの検診であったにもかかわらず、検診の拒否などがあって、予定した者への検診ができないケースもいくつかあって、無癩県運動も患者の段階ではスムーズでなかったことをうかがわせる。

神宮からバトンを受けるように引き続いて講演したのが内田である[39]。深川高等女学校や萩高等女学校で講演しつつ、萩市・阿武郡方面での検診を行っている。「阿武郡地方を廻って何の駐在所へ行つても駐在巡査の人が皆愛生園に一度来られた事のある人であり予防上の知識に明るく患者救済に極めて積極的なるに敬服させられた。本県の方針として或る地方で療養所へ送致すべき患者があれば出来るだけ該地駐在の巡査の保護のもとに送致されてゐる」と語っている。患者の発見・入所において末端の警察官まで方針が行き届いている様子がうかがわれる。「先ず山口県下が何処へ行つても為政者も一般人民も癩の事に熱心であることに驚かされた」「県当局の努力と一般民衆の理解及病者それ自身の自覚との三拍子が揃つた」「無癩県のゴールを眼ざして眼覚ましく突進してゐる県は某々二県と山口の三県」と賛辞を惜しまない。

なお、神宮と内田による高等女学校の訪問による感想文ものっている[40]。生徒が講演を受けて、愛生園の患者宛の手紙という形態で出されたものである。「皆様は、御親切な人に治療して頂かれます。どうぞ力を落さず、根気よく御治療なさいまして、一日も早くお治りになり、日本の国に、病に悩むかわいそうな人が一人もないやうに、つとめやうと存じて居ますから皆さまも御安心なさいまして、よく御治療なさいませ」といった情緒的な内容が綴られている。

田尻は一九三八年の六月にやはり講演と検診で訪問し、岩国高等女学校や徳山実業実践学校、山口高等女学校、宇部高等女学校、下関高等女学校と山陽の主要都市を網羅する形で講演するとともに、その周辺での検診を行った。(41)「大掃除の後片付」と印象を述べており、この時点で無癩県運動がかなりすすんでいることを示している。

早田の論考は題名自体が、山口県を代表的な「無癩県」とすることを自明の前提としている。(42) 一六ページにわたり、量的にも格段に多い。一九三九年の時点で、「無癩県運動」が山口県で相当にすすんでいたことをうかがわせる。検診で県内各所を巡回したレポートであることには他と変わらない。「山口県の病人は実に幸せだと思つた。十年前迄は恐らく数百名は下らなかつたであらう病者も今は僅に二十一名にしか過ぎなくなつた」として、山口県の成果を評価している。そして、山口県について「隔離事業を範とした我が救癩史上に特筆すべき一大快事」を礼賛して終わっている。早田はもちろん、隔離政策の正当性と、実行の急務を主張するためにこれを書いているのだが、結果的に隔離政策の限界や患者の抵抗を示す部分もある。ひとつは、逃走した患者の実在である。大島療養所にしろ長島愛生園にしろ、離島であるために逃走は困難であるはずだが、実際には逃走する患者は少なくなかった。山口県出身者のなかに逃走する者がいたことは、園の統計によって示されているが、その具体例がでてくる。周防大島では「大島（筆者注・大島療養所）から逃走してどうしても帰所しないと云ふ患者が居つたので宣撫班の役目を買つて出るには出たが」患者の強硬な入所拒否にあってしまったというのである。また、下関でも「五、六ヶ月程で辛抱出来ず逃走した」というケースである。やはり、患者の頑強な拒否にあっている。このことは、療養所の生活をことさらに美化して描き、隔離政策の悲惨さを隠蔽するやり方に、ほころびがでているということである。

もうひとつ、京都大学による在宅診療のケースがある。高根村において、京大での受診経験があり、京大で処方された薬で、改善がみられたため、京大を信頼して、療養所への入所の意思が乏しい患者がいたという。隔離一辺倒の時代において在宅治療を主張したとして、京大の医師であった小笠原登が注目されているが、山口県でも京大での治療を試みた患者がいたことがわかる。それに対し、早田は「病院生活をするのが一番賢明な策であらうが、果して此人に其の決心がつくかどうか、京大での治療成績に可成の自信を持つて居るので高根村最後の病者としての採るべき正しき態度を正確に実行できるかは多分の疑を持つ」として、京大を信頼する患者への不快感を隠さないが、同時にこれは小笠原ら京大への不快感でもある。こういう実例に触れていることが、学会での小笠原への攻撃へとつながっていくのであろう。

療養所側の状況をみたとき、一九三七年の長島愛生園の状況でみると、一九三七年初の県別の入所者は山口県は一〇六人である。周辺の広島県が一九人、愛生園のある岡山県でも三一人であり、山口県が突出している(43)。さらに、一九三七年の収容者は山口県が二三人で、広島県一人、岡山県一一人である。鳥取県が四三人で非常に目立つが、鳥取県もまた「無癩県運動」の活発な県であり、運動の活性化した時期であったと思われる。各県の療養所への入所者は、全国の療養所全体で判断すべきであろうし、長島愛生園は園長の光田が山口県出身ということで、山口県からの患者がもっぱら愛生園に入所したという事情があったのだろうか。しかし、山口県の患者が収容される大島療養所も、愛生園設立後の一九三四年でみると、八九人入所しており、これは大島療養所のある香川県の一四四人に次ぐ(44)。一九三四年の新入所も二〇人おり、これも香川県の二八人に次いでいる。つまり、愛生園の設置によって、愛生園にばかり患者が送られたわけではない。

むしろ、大島療養所においても、一九三〇年代に山口県の患者の増加傾向が確認できる。一九二九年には山口県の患者は三五人であり、これは愛媛県四〇人、岡山県三八人より少なく、島根県でも二四人おり、山口県が特に多かったわけではない。また、山口県の患者収容に無理があったと推測されるのは、収容後、「非癩患者ト確定」して退所した患者の存在である。つまり、ハンセン病ではないにもかかわらず、ハンセン病と誤認されて、いったん収容された人の存在である。長島愛生園のデータでは山口県では開所以来八人いる。他の大半の県はゼロであるか、いても一人だけであり、山口県だけが異常に多くなっている。前述の田尻の論考でも「あとの検診者十五名は本病ではなかつた、其他今迄本病として取扱はれてゐたもの八名をついでに検診して治癒としたものが二名」と報告しており、患者でない者が広く検診の俎上に乗せられていた様子が把握できる。[45]

隔離収容という深刻な結果をもたらす以上、診断には慎重さが求められたはずである。山口県のみ誤認による収容が多いのはそうした慎重さが乏しく、疑わしきは入所させる方針であったことをうかがわせる。誤診と判明したから一件落着ではない。一度収容されたからには、その人と家族にはハンセン病との噂がついてまわって、患者に近い差別を受けたであろうことは容易に推測できる。

また、長島愛生園の収容を増やすために取り組まれたのが「十坪住宅運動」である。国家予算では、増える一方の患者を収容する建物が足りないので、民間の寄付で建物を建てようとしたものである。建物だけ建てても、それに見合う医師、看護婦、生活費等が確保できないので患者からすれば生活水準の低下をもたらすものであった。

この運動について神宮は「本年初めより広く全県下市町村及学校へ呼び掛け十坪住宅運動を起し学校へは一銭献金を勧誘して約三棟を建つるとのことなり」と、山口県で強力に取り組まれていることを報告している。[46] 寄付に山口県から女学校の教員・生徒などから多くの寄付が寄せられている。一九三七年五月末現在の寄付は二、九七七円四三銭に及んでいる。[47] 大口としては山口県連合婦人会、山口県衛生課扱県下募集ノ分、それに光田の出身地である中関町であるが、いずれも広く集めた寄付をとりまとめたものであろう。この金額は岡山県の一四、〇二〇円九六銭よりは大幅に少ないものの、広島県の二倍であるほか、岡山県以外のどの県よりも多い。患者の幸せを考えての善意の寄付ではあったのだが、隔離政策を民間から支えるものであった。

また、予防デーに寄付金を集めることも行われていたようである。[48] たとえば一九三六年の『愛生』には下松高等女学校や久賀高等女学校の校長名の手紙が掲載されている。[49]

こうした取り組みによって、一九三〇年代初頭には三二八人だった県内の患者は一九三五年には一三八人へと半減し、前述にように一九四〇年頃にはわずかな数になっていくのである。[50]

六、隔離政策との関係

山口県とハンセン病とのかかわりは光田や山根が仲立ちする形で、早い時期からすすんでいた。当初は医師らの活動であったが、癩予防ニ関スル件制定により、患者の収容が始まる。それは法の実行という実務的なものであったので、むしろこのことが県費の有効活用ではないとの疑念さえ生み、ハンセン病対策は必ずしも歓迎されるものではなかった、

しかし、一九三〇年代の無癩県運動は強力に実行される。この変化の理由として、一衛生政策から「国策」へと強まったこと、特に癩予防協会が結成されて官民あげての取り組みが求められたこと、また癩予防協会は道府県ごとの状況を発表していたので、山口県としてもそれ相応に対応する必要があるばかりでなく、他県より劣るわけにはいかなかった。光田はじめ医師らの講演や検診活動が世論においても隔離政策を支えていくことになる。ことに光田が山口県出身であるためめに県民の関心を高めることになった。単に行政が音頭をとっただけにとどまらず県民自身が講演の聴講や療養所への寄付等の形で関与することになった。それは患者への素朴な同情や、療養所の業務の支援でしかなかったのではあるが、隔離政策の路線のもとでは隔離政策に参加することでもあった。

大半の患者がそのなかで、療養所の入所を余儀なくされるが、部分的ではあるが、唯々諾々と従わない患者がいたのは、運動の欺瞞を示す面をもっていた。

注

（1）『山口新聞』（二〇〇一年六月一六日）一頁。

（2）『平成十三年六月　山口県議会定例会会議録』（第六号）五六頁～五七頁。

（3）拙稿「山口県とハンセン病」『草の根福祉』（第一九号、一九九一年九月）。拙著『山口県社会福祉史研究』（葦書房、一九九七

年）所収。
（4）『夢へのその一歩　光田健輔物語』防府青年会議所、一九九四年。『山口・人物ものがたり』フレーベル館、一九八四年でも、巻末の「山口県の人物資料」にて「らい病（ハンセン病）との戦いに一生を捧げた医者」として紹介されている。
（5）拙稿「人物を用いた福祉教育のあり方」『日本福祉教育・ボランティア学習学会第二回大会』一九九六年一一月、九四頁～九五頁。
（6）青柳緑『ライに捧げた八十年』（新潮社、一九六五年）。内田守『光田健輔』（吉川弘文館、一九七一年）。ほかに桜沢房義・三輪照峰編『柊の垣はいらない　救らいに生涯をささげた医師の記録』（世界ハンセン病友の会、一九九五年）といった、ハンセン病人物史における紹介は数多い。
（7）阿部志郎は『福祉の哲学』（誠信書房、一九九七年）、一〇頁で、「ハンセン病の父と呼ばれ大きな貢献をした光田健輔は、療養所・長島愛生園の園長をしていたとき、病者を迎えるたびに、目に涙をいっぱいためていたという。これが、医学者光田健輔のハンセン病者に対するアイデンティティであり、病者への一体感の表現であったといえよう」と述べて、光田を賞賛している。隔離政策批判のなかで語られている光田像とは全く異なる見解である。
（8）『防長医事』（第一号、一九〇一年八月）一頁。
（9）『防長医事』（第一〇号、一九〇二年五月）九頁～一一頁。
（10）『防長医事』（第一七号、一九〇二年一一月）八頁。
（11）『防長医事』（第二一号、一九〇三年三月）七頁。
（12）『防長医事』（第二三号、一九〇三年五月）九頁。
（13）『防長医事』（第二五号、一九〇三年七月）八頁。
（14）『防長医事』（第三〇号、一九〇三年一二月）七頁～八頁。
（15）『防長医事』（第三〇号、一九〇三年一二月）九頁。
（16）『防長医事』（第三一号、一九〇四年一月）四頁～七頁。
（17）三浦英一「臨時会談話」『大日本私立衛生会支会雑誌』（第一二号、一八八九年六月）二三頁～二四頁。
（18）『大正十四年山口県会議事速記録』二七頁～二九頁。

(19)『昭和三年山口県会議事速記録』二四七頁〜二五二頁。
(20)『大島療養所二十五年史』(大島療養所、一九三五年)七六頁〜七八頁。
(21)『昭和五年山口県会議事速記録』四二二頁〜四二三頁。
(22)『山口県社会時報』(第一九号、一九二六年一月)二六頁。
(23)『ハンセン病問題に関する検証会議最終報告書』(日弁連法務研究財団、二〇〇五年)三三五頁〜三三九頁。
(24)三好秋東「日本に於ける救癩事業」『山口県社会時報』(第一二七号、一九三五年五月)二六頁〜二七頁。
(25)『山口県社会時報』(第一二五号、一九三五年三月)三九頁。
(26)『昭和六年山口県会議事速記録』五八〇頁。
(27)『昭和六年山口県会議事速記録』五九六〜六一二頁。
(28)『昭和七年山口県会議事速記録』三〇七頁〜三一〇頁。
(29)『十坪住宅』(長島愛生園慰安会、一九三四年)。
(30)『全国癩患者表　昭和十年三月三十日現在』二八頁。
(31)『昭和六年度事業成績報告書』(癩予防協会、一九三三年)一六頁〜一七頁。
(32)『昭和十一年度事業成績報告書』(癩予防協会、一九三八年)四頁。
(33)『昭和十一年度癩患家の指導』(癩予防協会、一九三七年)一〇四頁〜一〇五頁。
(34)『昭和十二年度癩患家の指導』(癩予防協会、一九三八年)一六二頁〜一六七頁。
(35)光田健輔『愛生園日記』(毎日新聞社、一九五八年)一七八頁。
(36)光田健輔『回春病室』(朝日新聞社、一九五〇年)一五六頁〜一五七頁。
(37)内田については自身で編纂した『珠を掘りつつ』(金龍堂書店、一九七二年)があるが、内田を研究対象とした論文として馬場純二「医官、内田守と文芸活動」『歴史評論』(第六五六号、二〇〇四年一二月)がある。
(38)神宮良一「山口県癩予防週間に使して」『愛生』(第七巻第八号、一九三七年八月)一〇頁〜一五頁。
(39)内田守「山口県の無癩運動戦線を馳駆して」『愛生』(第七巻第九号、一九三七年九月)一〇頁〜一五頁。
(40)『愛生』(第七巻第八号、一九三七年八月)一六頁〜一七頁。

(41) 田尻敢「山口県下検診行」『愛生』（第八巻第八号、一九三八年八月）五頁〜八頁。
(42) 早田晧「無癩県を征く」『愛生』（第九巻第九号、一九三九年九月）七頁〜一二頁。
(43) 『昭和十二年度年報』（国立療養所長島愛生園、一九三八年）五八頁〜五九頁。
(44) 『大島療養所二十五年史』（大島療養所、一九三五年）一六六頁〜一七四頁。
(45) 田尻敢「山口県下検診行」『愛生』（第八巻第八号、一九三八年八月）五頁。
(46) 神宮良一「山口県癩予防週間に使して」『愛生』（第七巻第八号、一九三七年八月）一〇頁。
(47) 『十坪住宅』（長島愛生園慰安会、一九三七年）一〇頁。
(48) 『愛生』（第六巻九号、一九三六年九月）には『「十坪住宅」建設資金』として、萩高等女学校、徳山高等女学校、柳井中学校、周南家庭実科高等女学校、深川高等女学校、下松高等女学校、久賀高等女学校、宇部商業学校、久賀小学校の名がある。
(49) 『愛生』（第六巻第七号、一九三六年七月）二八頁〜二九頁。
(50) 『全国癩患者表　昭和十年三月三十日現在』一一八頁。

第二節　朝鮮人と社会事業―宇部市同和会をめぐって―

一、国際化の課題

今日、社会福祉の課題として国際化が叫ばれている。国際化という場合、ひとつは社会福祉が国際的な視野で責任を果たすことであり、もうひとつは国内で増加する外国人が、社会福祉の利用者としても活動の主体としても比重を増していることを意味する。後者の面から、福祉教育の場においても、在日外国人の人権尊重がテーマの柱となっている。

しかし、国際化について議論する場合、かつて日本の社会事業がさまざまな形で植民地侵略に加担するとともに、国内でも朝鮮人を治安の対象として扱ってきたことを、無視していたり、あるいは無知であったりしてはいないだろうか。社会事業と植民地侵略との関係については、戦後問われるどころか事実すら指摘されることさえ少なかった。外国人とともに社会福祉をつくっていくためには、戦前の社会事業が外国人に何をしたのかを把握することが前提ではないだろうか。「従軍慰安婦の強制連行はなかった」等の議論においては朝鮮人を蔑視する観点が散見され、歴史的実証を欠いた言動が容易に流布されるところに、なお日本が外国人を排斥する発想から逃れていないことを痛感する。

筆者はすでに山口県の「内鮮融和」事業を概観し、ことに下関での朝鮮人対策の拠点となった昭和館について触れてきた。(1)本節ではそのときに概略しか触れることのできなかった山口県宇部市の宇部市同和会を取り上げて検討する。以下「同和会」とのみ記すが、この同和会は戦後結成される保守系の同和団体である同和会とはむろん無関係である。

『宇部市史』では一九六六年の版では同和会はおろか社会事業の記述自体がほとんどなかったし、(2)宇部市での郷土史でも取り上げられることは多くはなかった。しかし、一九九三年版の『宇部市史』では宇部の朝鮮人問題や同和会の歩みを比較的詳しく記している。[3] 市町村史のなかには朝鮮人をめぐる歴史を隠したり歪曲したりするものもあると指摘されていることを考えれば、[4] 史実を記して分析している姿勢は評価できよう。しかし、通史であるため、なお活動内容の詳細や評価には補足すべき点があることと、社会事業としての位置づけが不十分であることから、改めて取り上げたい。

なお、本節では、「鮮人」「半島人」等の朝鮮人を蔑視する用語を含んだ史料について、その史料のもつ歴史的意義を考慮してそのまま引用している。

二、宇部市同和会の結成

同和会を考える場合、宇部の主力産業であった炭鉱について理解することが前提となろう。宇部では炭鉱があったことから、近代以降急速に発展を見せ、人口も確実に増加し、一九二一年には村から一挙に市へと昇格していく。炭鉱には朝鮮人が多数流入し、朝鮮人人口を急増させる原因となる。「宇部市に於ては炭鉱都市であるだけに鮮人《ママ》も多いが、其の大部分は炭抗夫として鉱夫長屋に居住してゐる。従て下関市に於けるが如く他と隔離した独立の朝鮮人部落を構成するものではなく、炭鉱の長屋の一部に群居して内地人と共に密集地を造ってゐる訳である」[5]「彼等が全市に分散して生活してゐる。これが普通の都市だと、半島人《ママ》は密集居住して、いはゆる『半島部落《ママ》』を形成しがちなのだ。半島人《ママ》が勝手に密集するところ、そこには、とかく、半島内でなされてゐる低い生活環境をそのまゝつゞけることとなり、不良住宅地区となりやすい。職業的にみて木建労働者の多い郷市ほどこの傾向が強い。ところが本市では半島人《ママ》の集団といへば、炭鉱労働者の社宅に限られてゐるので、不良住宅地区となる危険はない[6]」とされる状態で、朝鮮人は比較的集住することが少なかったので、日本人との接触は日常的であった。その分、犯罪の被害・加害となることをはじめ、さまざまなトラブルも頻発していた。朝鮮人人口も一九二七年末で約一、二〇〇人[7]、一九三〇年二月には約二、二〇〇人[8]と着実に増加していた。

宇部の有力地方紙である『宇部時報』には「白昼の沖の山海岸で鮮人《ママ》が子供を焼く実はお産の汚物と知れて口アングリの喜笑劇」[9]「使ひの鮮人《ママ》仏壇を飲む仏罰テキ面文なしになった処を御用」[10]「一身の安危を賭し身投げ女を救助す勇敢なる鮮《ママ》人」[11]「冗談から駒が出て鮮人《ママ》頭を割らる」[12]「鮮人《ママ》の妻反物万引き直に御用」[13]などと、朝鮮人をめぐる事件をおもしろおかしく取り上げる記事が散見される。

しかし、そんな市民レベルのもめごと以上に支配層が不安だったのは、治安上の問題であった。宇部では米騒動が激化して、軍隊まで出動して多数の逮捕・起訴者を出すにいたった「反省」から、さまざまな思想対策や地域対策をすすめていく。地域に報徳会と方面委員をはりめぐらせるとともに、さまざまな教化活動がすすめられた。そのため、米騒動以後は労働運動もほとんど発展することはなく、「安定」していく。

だが、朝鮮人は教化の網の目からもれてしまう存在であった。また、人数が増えることは脅威であり、たとえば、東見初炭坑居住の有権者約一、一〇〇人のうち、朝鮮人が約五〇人であることが報じられているが[14]、これは朝鮮人が政治勢力としても一定の力をもち、選挙結果すら左右しかねないことを示している。しかも、民間レベルで朝鮮人関係の団体をつくる動きもあり、一九二八年六月には「日鮮融和」を掲げて一〇〇人余の朝鮮人ほか宇部市社会課長、市議、警察らを集めて相愛会が結成され、朝鮮人の糾合、失業者の救済、衛生状態の向上などを掲げた[15]。しかし、一二月には早くも活動が行きづまって休止状態になってしまった[16]。さらに相愛会から分裂する形で労友会が一九二九年一月につくられたが、長続きしなかったようである[17]。民間による朝鮮人関係の団体は当面の朝鮮人問題を抑制する効果については期待できても、純粋な民間団体であれば、それ自体が地域の教化に逆行する存在になる可能性があり、一概に歓迎できるものではなく、真に必要なのは支配層がコントロールできる団体であった。また、すでに下関には山口県社会事業協会により昭和館が設立されていて活動を始めていた。下関に続く朝鮮人人口をかかえる宇部としてもはや放置できない課題であった。

同和会結成の動機として一九二九年一一月一八日に秩父宮が宇部を訪問し、炭鉱経営者で代議士でもあった渡辺祐策邸にて「内鮮融和」の下問があったことがきっかけとされている。すなわち、秩父宮が「本市には鮮人《ママ》も相当居住して居るやうに聞き及ぶが、内鮮融和の状態はどんなものか」と質問し、渡辺は「極めて良好で、其の間に少しの問題もござりませぬ」と答えた。さらに、「内鮮人《ママ》の収得の差はどんなものか」との問いがあり、「鮮人《ママ》も大部分は炭鉱稼働者でござりまする。炭鉱作業は、多くは請負制度になつてをりますから、収得の多寡は、全く当人の腕次第、働次第でござりまする」と答えたという(18)。

だが、渡辺の答えには両面の問題がある。本当に「内鮮融和」が「極めて良好」なら、わざわざ新たな「内鮮融和」団体をつくる必要はない。良好であるというのが事実に反するとすれば、渡辺は皇族に対してその場しのぎの虚偽を述べたことになる。すなわち、美談仕立ての話も、よくよく考えてみると矛盾だらけで、そのまま受け取ることはできない。宇部の朝鮮人が放置できない状況になるなか、皇族の話を利用することで、朝鮮人団体をつくることへの支配層の意思統一をはかったのであろう。

会長予定の渡辺剛二らが昭和館の視察などをした後(19)、同和会という形で一九三〇年に設立された。当初は宇栄会という名称になっていたが、同和会に変更された。発会式は三月二三日午後に行われ、国吉信義市長、床晋太郎代議士、山口県社会事業主事の篠崎篤三、昭和館長の薬師寺照宣などの参加があり、二五〇名の参加があったという(20)。発会式では通訳をつけて、内容を出席している朝鮮人に徹底させる方針であった(21)。

同和会は趣意書、綱領、会則を定めた(22)。趣意書では「今尚顕著ナル融和ノ実績ト隔意ナキ親善ノ美トヲ挙グルニ至ラザルハ実ニ国民同憂ニ堪ヘザル所ナリ是レ全ク言語風俗習慣ノ相異ニ基因シテ意思ノ疎隔ヲ来シヤヽモスレバ嫉視反目ノ不祥事ヲ惹起スルニアルモノ多シ」と朝鮮人へさまざまな差別のあることを指摘したうえで、差別観念の撤廃と「内鮮融和」の徹底を目指して「特ニ朝鮮人労働者ノ精神的教化善導経済的保護救済」を図ることをうたっている。

綱領では

一、会員ハ宇部市憲ヲ遵守シテ其ノ実現ヲ期ス

一、大局ニ高処シテ内鮮融和ノ徹底的実行ヲ期ス

一、質実剛健ノ気風ヲ養ヒ軽兆浮薄ノ思潮ヲ排ス
一、勤勉力行ノ風ヲ興シテ放従堕弱ノ弊ヲ戒ム
一、会員ヲシテ極力現代文明ニ均露セシメ内鮮《ママ》人生活ノ近接ヲ期ス

として、精神主義が全面に出ている。会則では会の目的として「人類相愛ノ精神ニ基キ差別観念ヲ撤廃シテ内鮮融和ノ徹底的実現ヲ図ルコト」「自由平等ノ本義ニ立脚シテ思想及生活ノ安定ヲ図ルコト」「共存同栄ノ本義ニ立脚シテ特ニ朝鮮人ノ教化及救済ニ努ムルコト」を掲げているが、ことに朝鮮人への「教化及救済」に注目すべきであり、教化と救済をセットにすることで、朝鮮人の治安を目指す意図があらわれている。

事業としては親睦のための会合、貧困者のための保健衛生の向上、各種の救済事業、争議協調や人事相談が掲げられている。会員は朝鮮人が通常会員となり、特別会員の制度もあった。実際には宇部に在住する朝鮮人全員が会員とされた。会長は渡辺剛二、副会長二人のうちひとりは宇部市社会課長の椋梨並枝であった。会長の渡辺は渡辺祐策の次男で、宇部興産につながっていく宇部の主要企業の社長や市議、県議をつとめる人物であり、宇部屈指の名士であり、その点では名誉職として会長になっているにすぎないが、炭鉱経営者の立場の者が会長になるところに、会の目指す方向があらわれている。さらに渡辺祐策ほか宇部市の名士が顧問や相談役になっており、宇部市の行政と地元資本家が一体となった組織であった。

こうした官製団体には反発もあり、別団体をつくる動きもみられた。一九三一年一二月に朝鮮人数人により、相愛会と称する団体をつくる動きが表面化し、二七日に発会式が行われた(23)。「一部鮮人《ママ》が同和会に反旗」と報じられているように、同和会に不満な者による動きであった。同和会は「同一目的のもとに幾つもの機関が出来ることがいゝことか悪いことかは自ら判然としてゐる」という渡辺会長の談話にあるように、当然拒否的な態度であった(24)。強固な基盤をもつ同和会に対抗できるはずもなく、相愛会が発展することはなかった。

同和会の活動のひとつは宇部市で開催される新川市祭での朝鮮人保護である(25)。祭りのなかで日本人と朝鮮人との間で言

葉が通じないことや日本人側からの差別的態度でトラブルが起きるのに対応することなどが目的である。朝鮮人である幹事らを動員して市内を巡視し、泥酔者の対策や喧嘩の仲裁などをすることとなっていた。「被差別行為に対する協調をなすこと」も含まれてはいるが、基本的には朝鮮人を祭りの秩序を乱す存在として、管理をしようとし、しかも主要な活動は朝鮮人自身にさせたのである。また場合によっては警察への報告も求められた。

児童への夜学も行われた。夜学と本科の別科がおかれ、本科は満六歳以上一五才未満の日本語の通じぬ者、別科は一五歳以上の男子という形ではじまった[26]。夜学は日本の教育からもれる者を日本の教育におしこめるものである。夜学児童を対象に遠足が実施され、市内の琴崎八幡宮への参拝が行われた記事が『宇部時報』一九三四年一〇月二三日付に掲載されているのも、そのあらわれである。「学習態度の意外に真剣なのを喜ばれてゐる」とされているのは、朝鮮人の側にとっては、日本の体制の枠内に入ることが死活問題となっていたことを示している[27]。貧困者に年末同情金も支給された[28]。

そのほか、職業紹介、人事相談、同和報徳会、総会と精神修養講話及び活動写真、貧困者調査救済、副業奨励、同和飯場組合、寄宿人保護などをあげている。教化や地域対策が列挙されている。すでに発足当初から、統制色が強く、救済の側面は皆無ではないものの、比重は小さかった。

昭和八年度の実績は、夜学が開催夜二八三日、出席生徒延べ五六七人、職業紹介が求人一五人、求職二〇二人、日雇い労働一六五人、貧困者調査救済二一戸・八二名、中津瀬神社祭典・迷子一〇件、泥酔者保護八件、拾得物処理一件、「内鮮人」意思疎通一件となっている。そのほか朝鮮での水害の義捐金募集などを行っている[29]。

同和会は資金として、会費や寄付金のほか三井報恩会などの助成を受ける。形式的には民間の社会事業団体であったので、一九三五年の山口県私設社会事業協会の設立にあたっては、会員として名をつらねている[30]。

三、同和会館の設立

同和会の設立の一方で、方面委員が「内鮮融和」の活動をすることも期待されていた。同和会による朝鮮人対策とともに期待されたのは方面委員である。宇部市では一九二四年に山口県に先駆けて市独自の方面委員制度を実施していた。米騒動を背景として設置された方面委員制度は、動機が切迫していただけに比較的充実したものであり、それだけ「内鮮融和」への活躍も期待されたのである。宇部市方面委員規定では当初はなかった「融和促進内鮮融和ニ努ムルコト」が含まれるようになり、方面委員総会では「融和促進並内鮮融和ニ関スル件」が指示され[31]、さらに単独で「内鮮融和ニ関スル件」として指示されるようになった[32]。

同和会が結成されたものの、その活動は必ずしも満足できるものではなかった。また、朝鮮人人口が一段と増加し、さらなる対応が必要になっていた。そのため、一九三五年に活動の拠点として同和会館が設立された。場所は当時の西海岸通り一丁目の沖の山旧坑付近である。経費は会員（すなわち朝鮮人）による拠出が三〇〇〇円、山口県、慶福会や三井報恩会の補助が二、〇〇〇円、宇部市内の炭鉱会社による寄付金が八〇〇円、宇部市内の有志寄付金が一、〇〇〇円の計四、一〇〇円とされたが[33]、最終的には四、四〇八円となったようである[34]。敷地は一五〇坪、本館が木造二三坪二五、附属として八坪の平家から成っている。

一九三五年九月に竣工して一部は使用されていたが、一一月二一日に落成式を行った。式には知事代理、市長代理、警察署長らの出席があり、「同胞諸君は益々国家の為め宇部市の為めに努めなければならぬ」と会長の式辞で強調され、知事祝辞でも「目的ガ達成セラル、ト否トハ一ニ懸ツテ当事者ガ自己ノ使命ヲ充分ニ自覚シ不撓不屈ノ精神ヲ以テ事ニ当ルノ覚悟ヲ有スルカ否カニ存スル」とされているところに、同和会館が朝鮮人の福利厚生ではなく、日本人の利益のためであることが示されている[35]。

宇部市のみならず県からの期待も大きく、知事祝辞は儀礼的とはいえ、「精神都市ノ神髄ヲ遺憾ナク発揮シタモノト言フ可ク極メテ時宜ヲ得タ施設」と礼賛し、県社会課の木村尭は一九三六年に「内鮮融和事業の徹底」を訴え、「下関に昭和館なる内鮮融和施設を設けしめてゐるけれど、これのみでは到底県下全体に渉る活動等期し得べくもない。市町村等を督励して各地の実情に適した計画の下に、内鮮融和事業の施行を促してゐるから、昭和十一年に於ては相当見るべき施設が出来て来るであらう」と述べているが、(36) まさに市町村での見るべき施設の先駆として同和会館が登場したのである。

同和会館は「内鮮融和」の拠点として活動をすすめていく。従来からの祭りでの活動や夜学のほか、職業紹介、人事相談、無料代書等を行い、専任書記に朝鮮人を採用している。会館が建設された昭和一〇年の実績は、夜学開催夜一九九日、祭りでの事故防止では迷子一三人、「内鮮」意思疎通五件、泥酔保護三人、交通指導二件、放馬取押一件、映画会二回、職業紹介七八件、人事相談二〇件、貧困者処置一三人、報徳会、飯場組合指導などとなっており、この年の朝鮮人は四、七二一人であった。(37)

朝鮮人の教化をねらっていることにかわりはなく、日本料理講習会のような一見何の変哲もない事業も、その目的は「日本料理を通じて鮮人《ママ》の同化」であった。(38) また、一九三六年に市内で農作物が荒らされる被害が相次いだのを朝鮮人女性の行為と決めつけ、朝鮮人への「指導」を行っているのは、朝鮮人を犯罪の温床とみる本音のあらわれであろう。(39)

同和会の傍系団体として一九三七年五月二三日に宇部同和婦人会を組織する。「会員相互の連絡提携を図り内鮮融和の徹底を期する為生活改善に励み併せて心身を修養し智識技能を練磨し婦人の資質を向上せしむる」ことを目的とし、精神修養、生活改善、副業等に関する講習会、講演会、視察、社会奉仕事業を行うこととした。(40) 「内鮮融和の実を挙ぐる為には婦人の資質を向上し、家庭生活の改善を図らざるべからず」というねらいであり、(41) 同和会によってもなお漏れがちな女性をも管理の網のなかに確実にとらえておくとともに、家庭生活の隅々まで同化をはかろうとした。したがって、活動のうえで留意する事項として「報恩感謝の念を涵養、礼節を重んじ公衆道徳に留意」「内地の風習に順応して言語を早く習得、衣服を改善し宇部市を自己の生国として差別の心を棄て、生活に留意」などを挙げている。婦人会といいながら、会長はやはり渡辺剛二である。

一九三八年に社会事業法が制定されるが、同和会は社会事業法による社会事業団体として隣保事業の届出を行っている(42)。

四、戦時体制と同和会

一九三七年七月の日中戦争の本格化以降の戦時体制は、宇部市にとってそれまでつちかってきた地域支配の体制の成果が問われる状況でもあった。同和会もその本質をより一層鮮明にしていく。

一九三七年一〇月には同和会から実践事項なるものが指示されたが、それは国旗掲揚、国歌斉唱、神社参拝励行、国語使用などである(43)。山口県社会事業協会も一九三七年の二月の紀元節のために一、〇〇〇戸に日の丸の無料配布を行い、一九三八年の正月には全戸で掲揚できるよう、さらに五〇〇戸に配布しており、そのうち宇部警察署管内で一四二戸が対象となっている(44)。同和会を軸として社会事業界全体が朝鮮人の教化に、より関心を深めていくのである。

一九三七年一〇月に同和青年会が発足したが、会長はやはり渡辺剛二である。「青年たるの本分に精進し以て国家総動員の実を挙げざるべからず」ことを趣旨とする宣言とともに

一、時局の重大性を認識し心身の鍛錬に努め銃後の責務を完うせんこと

一、風教の改善を図り内鮮融和の徹底を期す

を決議したように、戦争遂行にとって重要な役割をもつ青年層をフルに活用すべく組織の強化を図ったものといえよう(45)。

一九三八年三月の山口県社会事業協会協和部による大阪府への協和事業視察には、同和会副会長として朝鮮人一名が警察や行政関係者とともに参加している(46)。

一九三八年の二月一一日には「国運隆昌皇軍将士武運長久祈願祭並に半島人《ママ》兵役志願制度創始祝賀式」を挙行し終了後提灯行列を行った(47)。式では「今後益々心身の鍛錬と内鮮一如に努め誓って国家総動員の実を挙げ堅忍持久相率ひて国策達

成に遭進せざるべからず」との宣言と

一、志願兵制度創設に感激し一層至誠奉公の実現を期す

一、皇軍将兵の労苦を感謝し倍々銃後の後援を期す

一、国民精神総動員の普及徹底に努め之が実践を期す

という決議を行った。この結果志願兵として志願する者が相次いだという。炭鉱の講堂など市内各所で精神総動員講話も行い[48]、あるいは総会とあわせて時局講演会を開催した[49]。一九三九年九月には同和保育所が設立され、一一日に開園式が行われた[50]。保育所の目的は「国民精神の涵養」と「国語」の習得であった。保育所の写真が宇部の文化誌『大宇部』に掲載されている。児童がひとつの机にふたり座り、若い保母とともに食事をとろうとしている写真である。カメラを意識していることは考慮しなければならないが、児童の表情は明るいようにも見える[51]。保母と児童の人数比は一九三九年一一月調で園児四二名に対し保母一名となっている[52]。宇部の他の保育所では沖ノ山保育園が園児一二〇人に対し保母四人、西覚寺保育園が二〇〇人に五人などとなっており、おおむね三〇人～四〇人に一人程度であり、同和保育所も宇部市の平均的な数値ではある。同和会は体育大会を開催しているが、『大宇部』に掲載されている写真を見るかぎり、かなりの参加者がいたようである[53]。

創氏改名にも動員された。「在住半島人《ママ》の改姓ぶりはどうです？　と西海岸通りの事務所を訪れる▲まだ締切が八月十五日なので少ないですよ、其に改姓は戸主がやらねば許可されないですが、宇部にきてる者のほとんどは戸主でないので朝鮮の本籍の方と交渉しなければなりません。それでどうしても六月頃になるでせう▲しかしこれで実際の内鮮融和ができます殊に学校に行く子供はよろこぶことでせう」と記されているように、同和会は創氏改名の推進本部となっていた[54]。

同和会は「昭和館と共に県下に於ける二大施設である。特に同和会は宇部市伝統の報徳の精神に依り内鮮一体に努力してゐる点で特異性を示している」と高く評されるようになる[55]。

一方、全国的に協和会と呼ばれる団体が結成されていた[56]。協和会は朝鮮人の治安対策のために各地につくられ、会の事

務所は常に警察署におかれていた。山口県協和会は一九三六年に結成され、いったん山口県社会事業協会協和部へと移行し、一九三九年に再び山口県協和会となるが、すでに一九三七年二月には長生炭鉱、東見初炭鉱、沖ノ山炭鉱で協和講演会を開催している(57)。宇部市でも協和会宇部支会が一九四〇年一月二五日に結成され、二月一一日に発会式を行った(58)。

協和会は皇国臣民として新東亜建設のために報国に励むことを内容とした「宣言」、「吾等は国家総動員の意を体し総親和の実を挙げ以て内鮮一体の教化徹底を期す」などを内容とした「決議」及び「実行事項」として

一、皇国臣民の誓詞を暗記すること
二、国語を使用すること
三、毎月一日は必ず神社に参拝すること
四、祝祭日その他廉ある日には国旗を掲揚すること
五、寄留届児童の就学を届けすること
六、服装の改善に努めること
七、被服住宅等を清潔にすること

を定めた。これら「宣言」「決議」「実行事項」はすでに同和会が取り組んできたことであり、協和会の目的は同和会と同一であった。すでに同和会のある宇部では、協和会は必要ないものであったが、協和会をくまなく組織する全国的な方針のもとでは、朝鮮人の比重の大きい宇部で協和会をつくらないわけにはいかなかったのであろう。だが、協和会は同和会と対立したり縄張り争いをしたりする存在ではなく、「不離不即の関係」とされていた。協和会宇部支会の発会式には同和会長として渡辺剛二も出席して祝辞を述べている。協和会宇部支会は班を組織化し、稼働督励、移動防止を指示したり、時局講演会の開催、時局についての懇談指導などを行っていく。また、一九四〇年五月には厚生省と中央協和会の主催により、移住半島労働者の教化指導に関する懇談会が福岡県庁で開催され、山口県社会課や警察関係のほか、本山炭鉱、長生炭鉱、東見初炭鉱、沖ノ山炭鉱から出席しており、協和事業が朝鮮人労働者対策であることを示している(59)。一九四〇年

一二月に朝鮮総督府関係者らが内地協和事業視察のために山口県を来訪した折には、宇部にも立ち寄り、東見初炭鉱の視察や宇部支会の説明がなされている(60)。

協和美談をつくりだして、公表しており、飯場組合にて日本人に先んじて朝鮮人が多額の献金をしたこと、協和会活動に積極的に参加するとともに神社参拝を行った女性、皇民化の啓発に努めるとともに廃品回収をして利益を国防献金とした女性が宇部支会での美談として紹介されている(61)。これら「美談」が事実だとすれば、生きるために日本人に倍して戦争協力を強いられた朝鮮人の追い詰められた状況が明らかになっているものである。だが、やはり同一目的の団体が二つ併存しているのは好ましくないと考えられたのか、同和会は協和会へと解消することになり、事業は協和会に引き継がれ、同和会館と保育所は宇部市に継承された。解散式は一九四一年三月二三日に新川講堂で、山口県社会事業主事として協和事業をおしすすめた稗田実言らをむかえて開催された(62)。同和会館は協和会館と呼ばれるようになった。保育所も協和保育所の名で継続していく。また、協和会へと解消できたところに、同和会が社会事業の形をとってはいても、協和会と同じ団体にすぎないことを証明しているといえる。なお、会長であった渡辺剛二は、一九四〇年の紀元二千六百年奉祝全国協和事業大会で、中央協和会より協和事業功労者として表彰されている(63)。協和会もやはり朝鮮人の教化をすすめ、協和飯場組合の指導、報徳会の開催、神社参拝、国防献金の推進、街頭美化を行う(64)。模範地区を設定して、神棚安置、国旗掲揚、神社参拝、衛生の普及徹底、門札掲出、服装改善を一戸残らず徹底させる計画も実施された(65)。個人的に、献金を集めたり廃品回収をして国防献金をしたり海軍機献納資金として寄付する者もいた(66)(67)。食料増産のために炭坑跡地の開墾を行った(68)。

積極的に自ら神社参拝をする朝鮮人もおり、美談として紹介されている(69)。報徳会も強化がはかられた。さらには、伊勢神宮、橿原神宮の参拝や大阪の協和事業の視察も実施される(70)。同和会の約一〇年の活動を背景として、協和会がとめどもなく、朝鮮人を戦時体制に組み込んでいった。

五、社会事業と植民地

以上のように、同和会は社会事業の形態をとってはいるものの、朝鮮人を危険視したうえで皇民化を目指すための組織でしかなかった。問題なのは、このようなものが社会事業として存在しえたことである。同和会はもともと行政や企業家主導であり、民間社会事業とは異なっていたとはいえ、当然のように社会事業とみなされた。これは、社会事業が植民地侵略を肯定し、戦争協力をすすめてきたことと無関係ではない。

社会事業はさまざまな形で日本の朝鮮侵略にかかわってきた。国内でも朝鮮侵略にどう協力できるかに関心が注がれたのも自然な成り行きであった。侵略される側の立場を考慮する発想を社会事業はもちあわせていなかった。植民地侵略は軍事力でのみ達成できたのではない。国内外で社会事業の支えがあってこそ遂行することができた。同和会の個々の事業それ自体は、悪いものばかりではないという評価もできるかもしれないが、朝鮮人を尊重する姿勢を欠いた事業が朝鮮人にプラスになるはずはなかった。今日の社会福祉では、かつての戦争責任の問題を欠落させたまま、ムードだけで国際化が叫ばれている。日本の経済力に期待するアジア各国から、直接に日本の社会福祉の戦争責任の問いかけがなされることはないから、気づくこともない。こんななかでは、真に国際的な社会福祉がつくりあげられることはないだろう。

注

（1）拙著『山口県社会福祉史研究』（葦書房、一九九七年）二九五頁〜三二五頁。
（2）『宇部市史』通史篇（宇部市史編纂委員会、一九六六年）。
（3）『宇部市史』通史篇下巻（宇部市、一九九三年）六三五頁〜六四〇頁。
（4）金静美は朝鮮人への一方的な虐殺が、市史で何らの反省もないばかりか「素朴な愛町心の発露」と礼賛し、抗議を受けても居直っているケースを指摘している（金静美『故郷の世界史―解放のインターナショナリズムへ―』現代企画室、一九九六年、二四一頁〜二四八頁)。
(5) 木村尭「内鮮融和事業私見」『山口県社会時報』第一二二号(一九三四年一二月)四頁〜五頁。
(6)『大宇部』第三九号(一九三七号一〇月)二頁。
(7)『宇部時報』(一九二八年五月二五日)。
(8)『宇部時報』(一九三〇年三月六日)。
(9)『宇部時報』(一九二八年六月一五日)。
(10)『宇部時報』(一九二八年一月一八日)。
(11)『宇部時報』(一九三〇年三月一一日)。
(12)『宇部時報』(一九三一年二月五日)。
(13)『宇部時報』(一九二一年二月一五日)。
(14)『宇部時報』(一九三〇年二月六日)。
(15)『宇部時報』(一九二八年六月三〇日)。
(16)『宇部時報』(一九二八年一二月一五日)。
(17)『宇部時報』(一九二九年一月六日)。
(18)『素行渡辺祐策翁』(渡辺翁記念事業委員会、一九三六年七月)九七一頁。『大宇部』第七五号(一九四一年四月)二頁〜三頁でも同様の紹介があるし、同和会の由来を記した戦前の史料はおおむね御下問が同和会結成のきっかけだと説明している。
(19)『宇部時報』(一九三〇年二月六日)。
(20)『宇部時報』(一九三〇年三月二五日)。
(21)『宇部時報』(一九三〇年三月一四日)。
(22)「昭和十年一般社会事業」社会課、山口県文書館所蔵戦前県庁文書。
(23)『宇部時報』(一九三一年一二月二三日)。
(24)『宇部時報』(一九三一年一二月二九日)。
(25)『宇部時報』(一九三一年四月二九日)。

(26)『宇部時報』(一九三一年三月五日)。
(27)『宇部時報』(一九三一年三月一九日)。
(28)『宇部時報』(一九三一年一二月一九日)。
(29)「昭和十年一般社会事業」社会課、山口県文書館所蔵戦前県庁文書。
(30)『山口県社会時報』第一三二号(一九三五年一〇月)一七頁。
(31)『宇部時報』(一九三〇年三月一九日)。『宇部時報』(一九三〇年三月二一日)。
(32)「方面委員記録綴」宇部市教念寺所蔵。
(33)「昭和十年一般社会事業」社会課、山口県文書館所蔵戦前県庁文書。
(34)『宇部市社会事業要覧』(宇部市社会課、一九三六年一〇月)二七頁。
(35)『宇部時報』(一九三五年一一月二一日)。『山口県社会時報』第一三四号(一九三五年一二月)四一頁〜四二頁。
(36)木村尭「本県社会事業の進展方策に関する考察―昭和十一年の本県社会事業への待望―」『山口県社会時報』第一三五号(一九三六年一月)二〇頁。
(37)『宇部市社会事業要覧』二七頁。
(38)『宇部時報』(一九三六年四月二四日)。
(39)『宇部時報』(一九三六年五月二一日)。
(40)『山口県社会時報』第一五二号(一九三七年六月)四二頁。
(41)『宇部時報』(一九三七年五月二五日)。
(42)『山口県社会時報』(一九三九年六月)五三頁。
(43)『宇部時報』(一九三七年一〇月五日)。
(44)『山口県社会時報』第一五八号(一九三七年一二月)二三頁。
(45)『宇部時報』(一九三七年一〇月二六日)。
(46)『山口県社会時報』第一六二号(一九三八年四月)六二頁。
(47)『宇部時報』(一九三八年二月一二日)。

(48)『宇部時報』(一九三八年二月一六日)。
(49)『宇部時報』(一九三八年六月一一日)。
(50)『宇部年鑑』昭和十五年版(渡辺翁記念文化協会、一九四〇年)七九頁。
(51)『大宇部』第四四号(一九三九年一二月)。
(52)『宇部年鑑』昭和十五年版、二七頁。
(53)『大宇部』第四四号(一九三九年一二月)及び第六八号(一九四〇年一二月)。
(54)『大宇部』第五〇号(一九四〇年三月)一二頁。
(55)杉田三朗「山口県に於ける協和事業」『協和事業』第二巻第六号(一九四〇年七月)五七頁。
(56)樋口雄一『協和会』(社会評論社、一九八六年)。朴慶植『天皇制国家と在日朝鮮人』(社会評論社、一九八六年)。
(57)『山口県社会時報』第一四九号(一九三七年三月)二三頁。
(58)『宇部時報』(一九四〇年二月一三日)。
(59)『山口県社会時報』第一八八号(一九四〇年六月)六一頁。
(60)『山口県社会時報』第一九五号(一九四一年一月)五三頁。
(61)『防長路に馥る協和銃後美談』(山口県協和会、一九四一年)。
(62)『山口県社会時報』第一九八号(一九四一年四月)七五頁。
(63)『協和事業年鑑』昭和十六年版(中央協和会、一九四二年)四六頁。
(64)『山口県社会時報』第二〇一号(一九四一年九月)五五頁。
(65)『山口県社会時報』第二〇二号(一九四一年一〇月)七七頁。
(66)『山口県社会時報』第二〇一号(一九四一年九月)五四頁。
(67)『山口県社会時報』第二〇四号(一九四二年二月)四七頁。
(68)『山口県社会時報』第二〇三号(一九四一年一二月)五七頁。
(69)『山口県社会時報』第二〇三号(一九四一年一二月)五八頁。
(70)『山口県社会時報』第二〇四号(一九四二年二月)四九頁。

終章

第一節　山口県社会事業の特質

一般に一九一八年頃に成立するといわれる社会事業は、山口県でも一九二〇年代前半にその形が明確になる。社会事業の形成を促したのは、一つには前史としての慈善事業であり、特に児童の救済は、社会事業への動きを民間サイドから後押しした。その背景として近代への移行にともなう棄児の増加があったとはいえ、慈善事業に着手した仏教者らの人道的姿勢が、やがて社会事業へとつながった面も見逃してはならない。それは、実践、思想、人材などの面で慈善事業のもつ慈恵性を越えていくエネルギーをもつことになる。

しかし、それは主に都市化の影響下にある地域にとどまっていることも否定できない。したがって、一九二〇年代における、行政側より推進された社会事業のシステムの整備が、社会事業の体制を県全体に浸透させていくうえで、より大きな力となっていく。県の社会課を中心として、官製の擬似民間団体である山口県社会事業協会、雑誌『山口県社会時報』、山口県社会事業大会は、それぞれの権威ともあわせ、確実にその役割を果たしていく。それぞれ水準の高いものであり、そこには篠崎篤三をはじめとした行政内部の者の意欲的姿勢の影響がある。だが、単に篠崎らの個人的努力の賜物なのではなく、塩田争議、労働運動、小作争議、部落問題の顕在化などの動き、韓国併合後に予想された山口県の特殊な地勢的な役割等における政策側の危機意識のあらわれである。

したがって、行政の側に権利性を社会事業のなかに植えつけることに熱意があったわけではない。篠崎も含め、権利性を強調するような議論はほとんど見出すことはできない。むしろ権利性に触れずに社会事業を遂行できる体制として重視されたのが、方面委員制度と経済保護事業であった。方面委員制度は日本的な隣保相扶に立脚した事業として好都合であったので、全県的に実施される。しかし、全県的な実施は、薄く広く、という形になり実効性に乏しい。社会問題の深刻な都市部ではそれでは不十分であり、宇部市や下関市では長く、市独自の方面委員制度を実施することになった。宇部市での活発な方面委員の活躍は、他の方面委員の停滞を示すものでもある。それでも、婦人方面委員の積極的活用など、方面委員制度を最大限に生かす意思はある程度認められる。ただ、方面委員制度は救護法、方面委員令、さらには戦時体制への組み込みと、創設期には予期しにくかった全国的な動きに左右されて、方向が定めにくく、結果的には山口県特有の複雑な経緯を残すことになった。

その点、経済保護事業、とりわけ公益質屋はスムーズであった。県下各地に設置され、また公立が多いことにその行政的性格があらわれている。行政的性格がある以上、とりあえず県の意向にそって広がっていくのは当然ではあった。ただ、事業として普及したことと、経済保護事業が本来期待された、権利性の問題を惹起させることなく労働者の生活課題を緩和されるという機能が果たせたかどうかとは、別である。一定の利用者を確保できたとはいっても、もともと極貧層には無縁の事業であった。

それは特に、一九三〇年代の農村の不況との関係であらわになる。農村での生活困難は、経済更生運動のような安易な策で解決できる問題ではないのはもちろん、社会事業の既存のシステムの延長でも、対応できるものではない。農村にも方面委員はいたし、公益質屋を農村でも広げようとするが、それで問題が解決できるはずもなかった。

ところが、農村側が、社会事業を活用して、少しでも問題解決を図ろうとしたかといえば、そうとはいえない。農村社会事業という領域が徐々に認知され、具体的な動きもみられるようになってはいく。しかし、救護法を実施しない町村は多かったし、救護委員の設置に際して委員を不要と考える町村もみられた。県社会課が示した具体的な施策も一部で実現したにすぎなかった。

社会事業に消極的な農村においても、問題を糊塗する手法で対応できないのは医療問題であった。命にかかわるというだけでなく、戦時色が強まってくると軍事的要請にもなってくる。それでも、医療救護が実施されない町村があるのだから、社会事業への後ろ向きな姿勢には根深いものがあった。ただ、そうした現実への危機感が、屋祢本正雄のような人物を生み出すことになる。農村部を多くかかえる山口県は農村の住民への対策が不可避であり、そのことは年を追うごとに明白になり、産業組合による病院や保健婦を生み出し、国民健康保険組合の普及にもつながる。

それなりの対応がみられるのは児童の領域である。児童保護に関連して、一般の児童を含めた対応が広く見られた。孤児や障害児への慈善事業を先駆として、一般の児童を対象とした諸活動に広がりを見せる。しかし、それも児童愛護デーという行事や、農村での自主的事業、あるいは農繁期託児所といった地域ごとのささやかな事業にまかせるだけで、踏み込んだものではなかった。そうしたものが積みあがって、全体として児童への実践のまとまりが形成されて、民間の潜在的な力を示してはいるが、それを糾合・発展させるまでの力はなかった。

非行児だけは、治安的性格が明確なうえ、感化法という根拠をもっていることもあって、積極的な対応がとられ、理念を明確にしたうえで、県立育成学校が設立される。県が直轄する以上、効果的に目的達成を目指すのは当然であるし、そこに熊野隆治といった人物にも恵まれた。ただ、日々の実践は誠実に取り組まれてはいるが、特にきわだった特徴を示すことはなかった。

社会的な安定の確保という点では、感染症への対応も不可避であるはずである。しかし、結核についてはさほど積極さがみられず、ハンセン病も当初は県費による負担に否定的な空気もあった。疾病への危機意識が高かったとはいいがたい。だが、ハンセン病に関しては、無癩県運動を積極的に繰り広げることになる。これは、国家を挙げての隔離政策全体との関連でなければ理解できないであろう。

朝鮮人について、山口県社会事業協会が昭和館を設立するなど積極姿勢がみられ、宇部市では同和会がうまれていく。背景に植民地政策の安定という国家レベルの課題があり、社会事業の対象として救済をすすめているが、同化政策の枠内での活動にすぎない。保育など個々の活動に必要があったにせよ、社会事業全体への影響は限定されている。

こうして検討していくと、各領域において、独自の社会事業をすすめる積極さはみられた。行政内にも意欲的な動きがあり、民間サイドでも、行政の意向にとらわれずに行っていく。姫井伊介が突出してはいるが、各地で独自に社会事業活動を創る動きはあり、隣保事業、児童保護事業、農繁期託児所などがある。それらは一つひとつは小さいために、現在では忘れられ、痕跡すら残っていないこともあるが、地域福祉の源流として、位置づけておくべきであろう。社会事業協会による方面委員制度は意図はどうあれ、他府県と異なる動きであった。

しかし、日本における社会事業の枠を飛び越える展望を示せたわけではない。積極的な提起や批判を繰り返す木村尭や姫井伊介においても、既定の制度が機能しないことについての批判は手厳しいが、県民サイドから、権利性について社会事業を利用する気持ちになっての視点はほとんど存在しない。法制度がある以上、それを最大限活用すべきだという立論によって、利用者に有利な結論を常に導いてはいるが、それ以上踏みこんだ議論はできなかった。当時の社会連帯を機軸にした社会事業論の水準では、地方人の彼らに多大な期待を寄せることは無理ではある。彼らの理論上の弱さではなく、政策自体が巧妙に権利性は避け続け、常に権利性の生じない事業が優先された。児童愛護デーや結核予防デーのような年中行事的活動に始まり、公益質屋や児童保護事業がその典型である。また、恤救規則がいつまでも残っていたり、失業者への包括的な救済策がなかったり、国民全体への医療保障がなされなかったりといった、法制度そのものの欠落についてまで、批判が及んだわけではなかった。

以上の点から、山口県社会事業の特質として、第一は、社会事業の意義を理解した積極的人物が政策、民間、方面委員と各所に存在して彼らのリードによって、活発な活動が展開されたということである。行政では篠崎篤三や木村尭であり、民間では姫井伊介や山中六彦であり、町原虎之助もこの範疇に含められる。方面委員では小河内行衛や福谷堅光である。産業組合運動の屋祢本正雄もここにいれていいだろう。

第二は、個々の領域でのユニークな成果である。数多い農繁期託児所、全国的にも突出した婦人方面委員などである。これらは明らかに山口県が突出している。社会事業協会による方面委員制度も理念としては地域密着の委員制度を模索したものであった。『山口県社会時報』もすぐれた社会事業雑誌であった。突出とまではいえないにしろ、児童愛護デーの全県的な展開は、一定の組織力と社会事業の有用性への広い理解がなければ、実行できないものである。

こうした点は、社会問題を糊塗し、社会運動の抑制を狙った国家による政策的意図を、地域において実行したという観点では説明できないものである。現実の課題への使命感から、独自の人材を活用することで、地域の実態に即した社会事業を創造する動きが力を持ちつつあった。

第二節　山口県社会事業の背景

社会事業は、社会事業独自の論理でのみ動くのではなく、思想、風土、国家政策、社会運動、世論等の多様な背景のなかで展開する。山口県も日本の一部であるからには、日本のもつ社会事業の特質をそのままなぞるかのような動きもあった。行政は奨励のみ盛んに行い実務は宗教者らの自発的行動に期待するという不明朗な公私関係、公益質屋を中心とした経済保護事業への過度の依存、一部の町村での救護委員不要論や救護法の救済の無さ、ハンセン病患者の強制隔離などである。権利性を否定しつつ社会問題を糊塗して国家の安定を図る国家全体の動きに対して、山口県が何らかの違った対応をすることには、大きな限界があった。

しかし、山口県独自の背景も少なくない。宇部や徳山での工業の発展は、労働者の人口の移動をもたらし、ことに他府県からの流入をまねいた。さらに、朝鮮との出入り口である下関市をかかえることから朝鮮からも多くの人々が入ってくる。こうした社会変動は、地域の地縁血縁の力を脆弱にし、社会運動の土壌にもなる。隣保相扶に依拠するだけで社会事業をすすめることを困難にした。事実、労働運動が宇部市など一部で活発に展開する。宇部市では報徳会を組織して精神主義で乗り切ろうと試みられるが、それだけで対処できるとは考えられなかった。こうした事情が、政策担当者らに社会事業を拡充すべき危機感ないし緊張感をもたらしていた。被差別部落の問題も深刻であり、姫井伊介が解決を強く叫んだことや水平運動が起きることなどのなかで、部落問題にとどまらず、社会問題の解決を図ることの緊急性を認識させることにもなった。

反面で、農村県であることにも変わりはなく、農村をベースにした事業も求められていた。一定の緊張感のもとで農村に向き合ったとき、方面委員制度、農繁期託児所、児童保護事業が農村においてそれなりに活発に展開することになった。ただ、農村部も含めてユニークな活動がみられるのは瀬戸内海側であり、日本海側で取り上げることができたのは町原公益財団ぐらいである。情報の少なさ、県社会課の意向の伝わりにくさ、相互扶助への志向の強さ等の関係であろうか。

一般には山口県について、保守的ないし明治国家体制に追随的というイメージがある。確かに、長州藩が薩摩藩とともに明治維新において中核を担い、戦後の岸信介・佐藤栄作にいたるまで、政権の中枢に絶えず山口県出身者がいた。光田健輔が「救癩の父」として世に出ることができたのも、そうした人脈と無関係とはいえない。乃木希典、児玉源太郎といった著名な軍人もいる。そこへ、一九二三年末の虎ノ門事件が発生したことへの対応が加わって、保守的性向に拍車をかけた。この事件が教育界等にもたらした影響は多大であり、社会事業の自由な発展を抑制する効果をもったであろう。

政党政治が浸透してくるなかでも、山口県で勢力が大きいのは、保守本流ともいうべき政友会であった。山口県出身の首相田中義一もまた、政友会所属である。キリスト教や社会主義の浸透は、個々に注目すべき事象、たとえば野坂参三ら共産党の主要人物に山口県出身者がいるといったことはあるが、全体としては小さいといいえる。

山口県の政治、行政の主要な課題が治安対策であったことは否めない。朝鮮半島に近いということは、当時としては朝鮮人が流入するというだけにとどまらず、国際的な玄関口という性格があった。関門海峡や徳山の海軍燃料廠など軍事的に重要な拠点がみられる。山口県東部の瀬戸内海は、戦艦の停泊地に接しているし、戦争末期の人間魚雷「回天」の訓練基地も山口県内におかれた。こうした状況のもと、社会事業の発展の背後に治安的要請があったであろうことは、容易に推測できる。

しかし、社会事業の展開において、特別に強く国家政策に追随しているとか、保守的であるということは、筆者の研究の範囲では、ハンセン病の隔離政策などで部分的にはみられるが、全体としては明確にそうした傾向があるわけではない。

姫井伊介や篠崎篤三などのリベラルな人物の影響下で、自らの社会事業を模索していた。社会事業が生活を支えるものある以上、戦前においても生活の目線から思考する性格を有していたのである。

したがって、独自性のなかに新たなものを生む可能性はあったのだが、戦時下に流れ込むなかで、戦時目的に収斂されていった。農村医療や児童保護は戦力育成策になり、方面委員は軍事援護が主になった。篠崎篤三や木村尭はすでに山口県を離れていたが、姫井伊介や山中六彦は戦時体制に迎合的な議論をはじめることになる。こうしたなかで、戦後、山中のように自身のなかでは戦前の活動を発展させるかたちで活動した者もいたとはいえ、戦前の蓄積が必ずしも自覚的に継承されずに戦後をむかえることになった。

近代社会事業は、米騒動後の社会不安の沈静化や、社会主義運動をはじめとした社会運動への対応を背景として成立したといわれる。そしてそれが日本的な脆弱さのゆえにファシズムへの流れの中で変質し、戦時厚生事業へと流れ込んだという。しかし、山口県での動きは、そうした変化のなかでの国家の政策の縛りがありつつも、地域の生活実態への対応として発展した。しかし、財政、民主主義、科学性・専門性などを欠く条件を克服しきれず、独自の展開には制約があった。地域に根ざした実践を生むことで日本の社会事業の多様性や可能性を示しつつ、戦時体制にぶつかることでその発展が阻害されることになってしまった。

第三節　今後の課題

本研究において、山口県社会事業の形成についての解明を行うことにより、この研究を踏まえた、今後の課題も明確になってきた。

第一は、公的救済の展開とその政策的意図の分析の必要性である。本研究では、実践に軸足をおき、政策側については、経済保護事業やハンセン病など個別具体的な課題、もしくは直接担った人物である篠崎篤三とか木村尭とかに着目しているため、マクロな政策展開、特に公的扶助や軍事救護についてはあまり触れていない。しかし、救貧施策を中心とした公的救済が長く社会事業・社会福祉の主要な柱であったことは、いうまでもない。方面委員にしても本来は、恤救規則・救護法の展開との関連で追及すべき存在である。山口県での救護法の実施状況については寺脇隆夫による詳細な研究があるとはいえ、それは地域社会福祉史の観点からのものではない。罹災救助や軍事救護も、戦前社会における比重は大きいものがある。

第二は、より個別の地域に焦点をあてた研究である。県を単位とした研究を意図した意義は序章で述べた。反面、山口県では、瀬戸内海側と日本海側、工業地帯と農村、都市部と非都市部、また離島や漁村など、ひとくくりにできない違いを大きくもっている。こうした違いのなかで社会事業がどう異なる展開をしてきたのか、あるいは共通点があるのか、それを明確にしていくことで、より地域に密着した研究になるであろう。

第三は、社会事業を支える、地域の指導的な人物の掘り起こしである。本研究において、従来ほとんど知られていなかった、町原虎之介、福谷堅光、小河内行衛、山中六彦といった人物を取り上げることができた。しかしこれらは、ささやかながら各地で社会事業を担った人たちのごく一部分であろう。ほかにも、はじめから注目されることもなく地道に地域の生活を支え消えていった人たちが大勢いる。石井十次とか賀川豊彦のような、特異なカリスマ性や行動力をもった人物だけが社会事業の基礎をつくったのではない。ごく普通に生活していた人のなかから、社会事業に関心をもち活動する者があらわれ、社会事業を浸透させたことの積み上げが戦後の社会福祉につながってくることを軽視してはならない。こうした人物をさらに掘り起こすことが、本研究をさらに深めるうえでの今後欠かせない作業である。

第四は、第三とは逆に、全国的な動きからの山口県社会事業への影響である。本研究は山口県への焦点化にあえて力点を置いたため、それが全国の動きのなかでどう位置づいているのか、明確にしきれていない。第三章第一節では、石井十次からの影響の可能性を示唆したが、ほかにも家庭学校に勤務していた篠崎篤三は当然に留岡幸助からの影響があるであろうし、育成学校の実践形態は家庭学校ないし他の感化院と無関係ではない。賀川豊彦は繰り返し山口県で講演している。こうした点を明らかにしていくことで、日本社会事業全体の姿を、地域から描くことも可能になるであろう。

第五は、戦後とのつながりである。本研究は社会事業の形成に焦点をあてているので、戦後にはほとんど触れていない。しかし、研究の最終的な目標は今日の社会福祉の課題を見出すことであり、本研究で明らかにした点が、戦後の社会福祉においてどう継承され、またはどう変化したのかを、戦後社会福祉の展開の解明をあわせて示していく必要がある。

以上の課題に今後取り組むことで、本研究で方向付けた、地域における社会事業の特質の究明を、さらに今日の実践につなげた形で議論していくことができると考える。そのことにより、住民サイドに立った地域福祉の方向性を見出すことにもなるであろう。

おわりに

私は日本福祉大学で永岡正己先生のゼミに在籍していた一九八三年頃から、山口県の社会事業史の研究を行っている。その成果を一九九七年に『山口県社会福祉史研究』（葦書房）として発刊した。しかし、同書は既発表論文の収録にすぎないという限界があったし、もちろん研究が完結したわけではなかった。また、布引敏雄先生による山口県の隣保事業研究や寺脇隆夫先生による救護法研究が出てくるなど、研究の前進もみられた。引き続き研究を重ねるなかで、本書が生み出された。

本書は、長崎純心大学に提出した学位論文「近代社会事業の形成における地域的特質―山口県における社会事業の形成と展開をめぐって―」に若干の修正を行ったものである。また、論文にまとめるにあたり、以下の学会報告や論文を前提としつつ、編集や加筆・修正が行われている。

・「山口県社会事業主事としての篠崎篤三」日本社会福祉学会第四三回全国大会、一九九五年一一月一一日、淑徳大学
・「山口県における社会事業普及の方策―社会事業雑誌と社会事業大会―」『草の根福祉』（社会福祉研究センター）第二八号、一九九八年一〇月
・「経済保護事業の展開過程」『純心人文研究』（長崎純心大学）第八号、二〇〇二年三月
・「戦前における農村社会事業の展開過程」『純心人文研究』第七号、二〇〇一年三月
・「山口県における農村医療の展開」『草の根福祉』第三三号、二〇〇一年一一月
・「山口県における結核」『中国四国社会福祉史研究』（中国四国社会福祉史研究会）第四号、二〇〇五年八月
・「山口県における方面委員制度の創設と展開」『日本の地域福祉』（日本地域福祉学会）第一七巻、二〇〇四年三月
・「山口県における戦時下の方面委員活動」日本地域福祉学会第一九回全国大会、二〇〇五年六月五日、北星学園大学

・「吉見村隣保館と小河内行衛について」『山口県地方史研究』（山口県地方史学会）第八〇号、一九九八年一〇月
・「防長婦人相愛会育児所と防長孤児院」『近代日本の慈善事業―実態とその変容―』社会福祉形成史研究会、二〇〇六年三月。
・「山口県における戦前の児童保護」『中国四国社会福祉研究』第三号、二〇〇四年六月
・「山口県の保育及び社会福祉と山中六彦」『草の根福祉』第三〇号、一九九九年一〇月
・「山口県立育成学校の理念について―少年教護法制定前まで―」『中国四国社会福祉史研究』第一号、二〇〇二年六月
・「山口県立育成学校の感化実践」『中国四国社会福祉史研究』第二号、二〇〇三年六月
・「少年教護法の実施過程」『純心人文研究』第九号、二〇〇三年三月
・「山口県におけるハンセン病対策の展開―無癩県運動期を中心に―」『山口県史研究』第一四号、二〇〇六年三月
・「戦前における社会事業と朝鮮人―宇部市同和会をめぐって―」『草の根福祉』第二六号、一九九七年一〇月

社会福祉研究・教育において歴史研究が軽んじられる状況が続いているが、特定の地域に限定した、いわゆる地域社会福祉史研究はなおさら、注目度の低い研究である。『山口県社会福祉史研究』について、まとまった論評を加えたのは、私が把握している限り『千葉県社会事業史研究』第二八号（二〇〇〇年一〇月）の金子光一・藤森雄介（ただし、該当部分に「担当：工藤隆治」と記されている）「地域社会福祉史研究の課題に関する一考察―先行研究を踏まえて」のみである。私の著書については、単に水準が低いことが理由だといえるかもしれないが、布引先生の『隣保事業の思想と実践』は、実証性や実践的性格にすぐれたものがあるにもかかわらず、状況は似たようなものである。

地域福祉の充実が叫ばれてはいるが、その先駆である方面委員制度や隣保事業を学ぼうと考える者は皆無に近いのが現実である。社会福祉研究は、政策の動きを追いかけることに終始し、歴史や思想を丁寧に分析することはなくなった。スローガンとしてノーマライゼーションとかインクルージョンとかを語りはするが、戦前の障害者の置かれた状況に向き合うことはしないのである。社会福祉学研究者は、口では利用者主体を繰り返す。だが、たとえば「障害学」という新しい

領域が社会福祉学とほとんど無関係なところから登場するのは、社会福祉学が利用者から信用されていないあらわれではないのか。

社会福祉士などの専門職者養成のカリキュラムや国家試験の出題において、歴史が軽視されているのではないかとの批判が、資格制定当初からあった。しかし、批判を受けて歴史を重視する方向に行くのではなく、ますます技術修得が重視されていくようである。アメリカのソーシャルワーカー養成がモデルの一つとして想定されているように思われるが、公的医療保険を否定し、銃を是認し、今なお国民の多数が原爆投下を正当だったと考え、死刑を大量に執行し、他国に戦争を仕掛けると多数がそれを支持する、そんな国のソーシャルワーカー養成のシステムが、それほど信頼できるものなのだろうか。歴史を軽視したソーシャルワーカー養成をいくら時間をかけて行っても、すぐれたワーカーが養成されることはなく、施設における体罰や補助金不正受給の記事が、新聞から消えることもないだろう。しかし、こうした主張はごく少数で、主張するごとに主流から取り残されていく感がある。

私とて、介護保険研究のような日の当たることをして一儲けしたいという誘惑にとらわれないわけではない。また、社会福祉がマイナーだったちょっと前まで社会福祉に何の関心もなかったのに、儲かる分野だとわかったとたんに社会福祉の専門家を自称する人たちを見ていると、何で自分だけが誰も注目しない研究を黙々と続けなければならないのかと考えないわけでもない。横須賀俊司氏は河合香織『セックスボランティア』と比べて自著が売れていないとして、河合が羨ましいなどと言っているが（『構造的差別のソシオグラフィ』世界思想社、二〇〇六年、四〇〜四一ページ）、横須賀氏よりもはるかに売れない私は、一体何者なのであろうか。

それでも踏みとどまって、なお研究を継続しているのは、姫井伊介、篠崎篤三、兼安英哲といった、地道に社会事業の基礎を築き、無名のまま消えていった人たちの実践や思想の価値のゆえである。現在の社会福祉の諸制度は彼らの働きのうえに成り立っているのであり、その働きを無視している限り、すぐれた社会福祉を創っていくことはできない。また、私はかつて特別養護老人ホームや障害者作業所に勤務していたにもかかわらず、現場を離れてしまった。潜在化した実践を掘り起こす研究によって利用者主体による福祉実践の基盤を提示しないことには、利用者の方々に申し訳ないと感じる。

本書をまとめていくなかで、最も残念だったのは吉田久一先生が亡くなったことである。私の大学院時代に、集中講義で社会福祉発達史特講を吉田先生が担当してくださったのが吉田先生との直接の関係のはじまりである。一九八七年の日本社会福祉学会で「山口県社会事業協会と昭和館」とのテーマで初めて発表したとき、会場でさっそく助言をくださった。以後学会等でお会いするたびに、励まされた。吉田先生は山口県のことでは赤松照幢に関心をおもちであったようである。しかし、私の研究は、なかなか赤松まで手がまわらなかった。ようやく赤松の研究にいくらか着手したのに、お見せすることができなかった。

二〇〇一年には、中国四国社会福祉史研究会が結成された。初代会長の田代国次郎先生はいうまでもなく、地域社会福祉史研究の先駆者である。また、実質的に担っている井村圭壮先生はじめ、ようやく研究の体制ができてきた。

『山口県社会福祉史研究』の序文で「県史は現在刊行作業中で、社会事業がどれくらい記述されるかは刊行されるまでわからない」と人ごとのように記述したが、その後、県史編さん室近代部会の調査委員をつとめることとなり、相良英輔先生ほか関係の先生や編さん室の方にご指導をいただいている。

本書を作成する過程で多くの方にお世話になったが、文中にその都度記載させていただいた。また、史料収集で活用させていただいたのは、山口県立図書館、山口県文書館、下関文書館、宇部市立図書館、周南市立図書館、山口大学東亜経済研究所、結核研究所図書室、山口県社会福祉協議会、高松宮記念ハンセン病資料館、黄檗文化研究所、大阪府立中央図書館、日本社会事業大学附属図書館などである。

最初に述べたように、本書は学位論文としてまとめられたが、一番ヶ瀬康子先生より論文の提出を勧められなければ、まとめることはなかったであろう。また、津曲裕次先生と日比野正己先生には丁寧なご指導をいただいた。米倉利昭先生には今後の研究の方向についてご助言を受けることができた。なんといっても、これらの先生方でなければ、歴史軽視の学界の動きと異なるこうした研究が、評価を受けることはなかったであろう。きわめて幸運だったといわざるをえない。

また、日常の教育・実習等の業務のなかで、研究に取り組めたのは、長崎純心大学の先生、職員の方々の支援のおかげである。歴史研究の重要性についての私の主張に共鳴して、資格取得に無関係な「社会福祉発達史」を選択したり、就職や国家試験対策に有利とは思えない私のゼミを選ぶ学生の存在も励みとなっている。

研究の一部は、前任の宇部短期大学（現・宇部フロンティア大学短期大学部）在職中に行われている。宇部短期大学の先生方にもお世話になってきた。

最後に私事になるが、一九九四年に長女が誕生して以来、子どもに恵まれなかったのだが、思いがけず二〇〇一年に双子の男児が誕生した。多忙な高校教員の職務をこなしつつ、育児を担った妻直子の支えがなければ、こうした研究は不可能であった。深く感謝したい。

著者略歴

杉山　博昭（すぎやま・ひろあき）

1962年生まれ。日本福祉大学大学院修士課程修了。博士（学術・福祉）。
特別養護老人ホーム、障害者作業所勤務、宇部短期大学講師を経て、
2000年より長崎純心大学助教授。

主要著書

『山口県社会福祉史研究』（葦書房、1997年）
『キリスト教福祉実践の史的展開』（大学教育出版、2003年）
『日本社会福祉綜合年表』（共著、法律文化社、2000年）
『社会福祉の原理と思想』（分担執筆、有斐閣、2003年）

近代社会事業の形成における地域的特質
——山口県社会福祉の史的考察——

2006年10月31日　第１版第１刷
定　　価＝4500円＋税

著　　者　杉　山　博　昭 ©
発 行 人　相　良　景　行
発 行 所　㈲　時　潮　社
174-0063 東京都板橋区前野町４-62-15
電　話 (03) 5915-9046
FAX (03) 5970-4030
郵便振替　00190-7-741179　時潮社
URL http://www.jichosha.jp
E-mail kikaku@jichosha.jp

印 刷 所　㈲ 相 良 整 版 印 刷
製 本 所　仲　佐　製　本　所

乱丁本・落丁本はお取り替えします。

ISBN4-7888-0609-6

時潮社の本

アメリカ　理念と現実

分かっているようで分からないこの国を読み解く

瀬戸岡紘著

Ａ５判並製・282頁・定価2500円（税別）

「超大国アメリカとはどんな国か」――もっと知りたいあなたに、全米50州をまわった著者が説く16章。目からうろこ、初めて知る等身大の実像。この著者だからこその新鮮なアメリカ像。

実践の環境倫理学

肉食・タバコ・クルマ社会へのオルタナティヴ

田上孝一著

Ａ５判・並製・202頁・定価2800円（税別）

応用倫理学の教科書である本書は、第1部で倫理学の基本的考え方を平易に解説し、第２部で環境問題への倫理学の適用を試みた。現行の支配的ライフスタイルを越えるための「ベジタリアンの倫理」に基づく本書提言は鮮烈である。

国際環境論〈増補改訂〉

長谷敏夫著

Ａ５判・並製・264頁・定価2800円（税別）

とどまらない資源の収奪とエネルギーの消費のもと、深刻化する環境汚染にどう取り組むか。身のまわりの解決策から説き起こし、国連を初めとした国際組織、ＮＧＯなどの取組みの現状と問題点を紹介し、環境倫理の確立を主張する。ロング•セラーの増補改訂版。

大正昭和期の鉱夫同職組合「友子」制度

続・日本の伝統的労資関係

村串仁三郎著

Ａ５判・上製・430頁・定価7000円（税別）

江戸時代から昭和期まで鉱山に広範に組織されていた、日本独特の鉱夫たちの職人組合・「友子」の30年に及ぶ研究成果の完結編。本書によって、これまでほとんど解明されることのなかった鉱夫自治組織の全体像が明らかにされる

時潮社の本

中国のことばと文化・社会

中文礎雄著

Ａ５判並製・352頁・定価3500円（税別）

中国5000年にわたって脈々と伝え、かつ全世界の中国人を同じ文化に結んでいるキーワードは「漢字教育」。言葉の変化から社会の激変を探るための「新語分析」。この２つのユニークな方法を駆使して中国文化と社会を考察した。

〈06年10月刊〉社会的企業が拓く市民的公共性の新次元（仮）

粕谷信治著

Ａ５判並製・予価3500円（税別）

〈近刊〉難病患者福祉の形成

――膠原病系疾患患者を通して――

堀内啓子著

Ａ５判函入り上製・224頁・予価3500円（税別）

〈近刊〉マルクス疎外論―研究の発展のために（仮）

岩淵慶一著

時潮社　話題の２冊

二〇五〇年 自然エネルギー 一〇〇％ 増補改訂版

フォーラム平和・人権・環境〔編〕

藤井石根〔監修〕

Ａ５判・並製・280ページ

定価2000円＋税

ISBN4-7888-0504-9　C1040

「エネルギー消費半減社会」を実現し、危ない原子力発電や高い石油に頼らず、風力・太陽エネルギー・バイオマス・地熱など再生可能な自然エネルギーでまかなうエコ社会実現のシナリオ。

『朝日新聞』（05年９月11日激賞）

労働資本とワーカーズ・コレクティヴ

白鷗大学教授　樋口兼次著

Ａ5判・並製・210ページ

定価2000円＋税

ISBN4-7888-0501-4　C1036

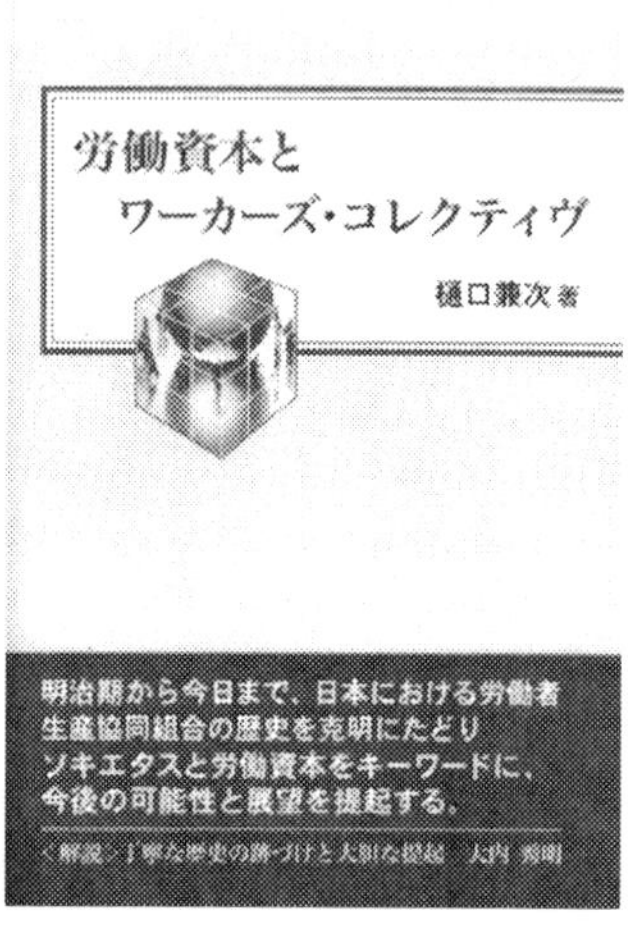

明治期から今日まで、日本における生産協同組合の歴史を克明にたどり、ソキエタスと労働資本をキーワードに、大企業組織に代わるコミュニティービジネス、NPO、SOHOなどスモールビジネスの可能性と展望を提起する。